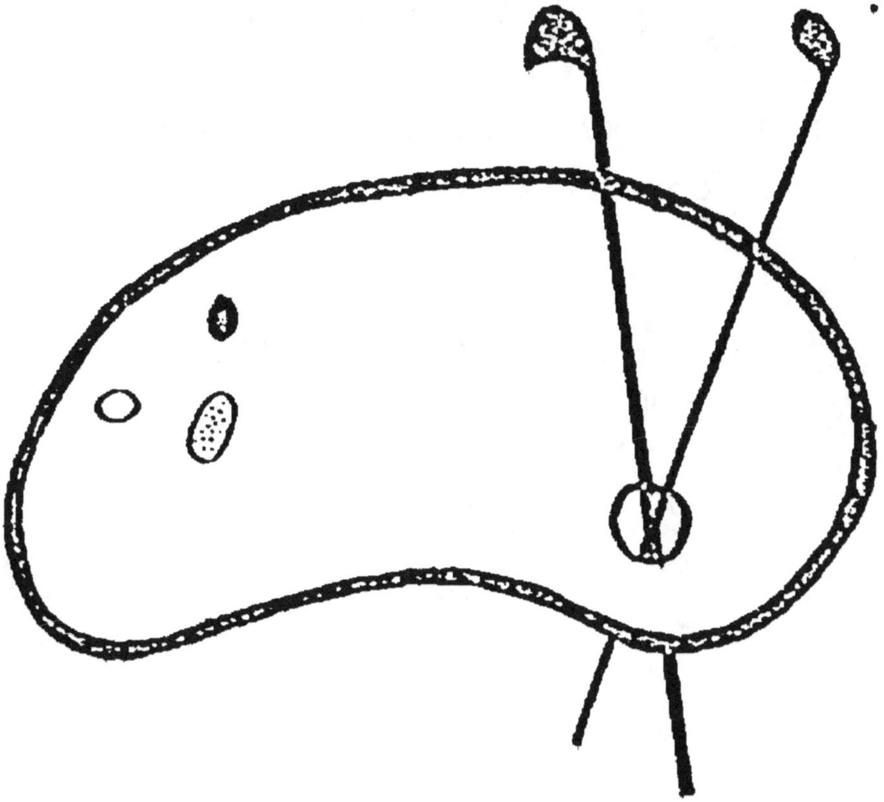

COUVERTURE SUPERIEURE ET INFERIEURE
EN COULEUR

ÉTUDE PHILOSOPHIQUE

SUR

L'HOMME

SON ORIGINE, SA NATURE, SA CONDITION,

SA DESTINÉE, SA VIE EN SOCIÉTÉ

PAR

L'abbé BERTRAND J. B. A.

ANCIEN CURÉ DE GRIGNON, A PONTCHARRA (Isère.)

PARIS
Ch. DOUNIOL & Cⁱᵉ, Libraires-Éditeurs
RUE DE TOURNON, 29.

DENTU, Libraire	DILLET, Libraire
AU PALAIS-ROYAL	RUE DE SÈVRES, 15

1876

Tous droits réservés.

Arras. — Typ. Schoutheer, rue des Trois-Visages, 53.

ÉTUDE PHILOSOPHIQUE

SUR

L'HOMME

ÉTUDE PHILOSOPHIQUE

SUR

L'HOMME

SON ORIGINE, SA NATURE, SA CONDITION,
SA DESTINÉE, SA VIE EN SOCIÉTÉ

PAR

L'ABBÉ BERTRAND J. B. A.

ANCIEN CURÉ DE GRIGNON, A PONTCHARRA (Isère.)

PARIS
Ch. DOUNIOL & Cⁱᵉ, Libraires-Éditeurs
RUE DE TOURNON, 29.

DENTU, Libraire | DILLET, Libraire
AU PALAIS-ROYAL | RUE DE SÈVRES, 15

1876

Tous droits réservés.

PRÉFACE

En écrivant ce livre, nous n'avons certes nullement la prétention de l'offrir au public comme une œuvre entièrement neuve et originale. Nous avons voulu seulement réunir en corps des systèmes, des faits, des assertions et des raisonnements divers, que nous avons puisés à des sources sûres, dans l'intention de faire jaillir le plus de lumière possible sur quelques vérités importantes, qui, de nos jours, sont mises en doute et même absolument niées. Cet ordre de vérités se rapporte à l'homme ; il comprend son origine, ses progéniteurs, le premier développement de son langage et de sa raison, sa condition naturelle, l'accord qui existe entre les sciences naturelles et la Révélation en général.

Les doctrines impies et antisociales, qui de nos jours

agitent et troublent les esprits, ne sont pas nées d'hier On en trouve l'origine dans la Philosophie payenne. La Phisolophie du XVIII° siècle en a recueilli le triste héritage, et, sous un langage spécieux et nouveau, l'a transmis à ses modernes partisans. Or, dévoiler ses sophismes, en montrer les absurdes et funestes conséquences, c'est renverver les pernicieux système qu'elle a engendrés. Mille fois déjà, de savants et profonds écrivains l'ont entrepris avec succès. Mais la raison aveuglée par l'orgueil s'attache opiniâtrément à l'erreur et s'efforce de la répandre sous toutes les formes et par tous les moyens, dût-elle en venir aux actes les plus sauvages.

Nous avons essayé, selon la mesure de nos forces, d'en arrêter les progrès en exposant ces erreurs dans toutes leur laideur et en les faisant suivre de considérations capables, croyons-nous, de satisfaire tout esprit exempt de préjugés.

Notre but est de relever l'homme de l'état dégradant où la Philosophie l'a plongé, et de défendre les principes constitutifs de l'ordre social que la Philosophie menace d'une ruine imminente.

Nous déclarons franchement que nous excluons de notre œuvre tout désir d'entrer en polémique avec qui que ce soit. Notre but unique est de fournir au Lecteur, qui cherche sincèrement la vérité, des éléments solides afin qu'il puisse se former une idée juste de la vérité ou de la fausseté de certaines assertions qui se trouvent répandues dans les écrits d'un grand nombre d'auteurs, et qui, grâce à l'apparat scientifique qui les enveloppe, peuvent donner à l'erreur une apparence de vérité difficile à nier.

C'est évidemment dire que nous ne nous sommes nullement proposé de réfuter d'une manière particulière tous les systèmes vieux ou nouveaux, concernant l'origine et la condition de l'homme, mais que nous avons voulu uniquement exposer clairement quelques uns des vrais principes dictés par la saine raison et la Religion chrétienne, et qui, selon nous, sont plus ou moins attaqués dans ces systèmes.

En exposant, dès le commencement et dans toute leur horrible nudité, des systèmes remplis d'absurdités et d'erreurs, nous n'avons pas eu non plus en vue de satisfaire uniquement la curiosité du lecteur; nous avons voulu seulement en tirer occasion de faire briller en plein soleil quelques-unes des vérités métaphysiques, historiques et morales qui anéantissent ces erreurs. Si nous eussions commencé par prouver qu'il existe un créateur éternel, — que l'on doit nécessairement admettre un ordre surnaturel, — que la race humaine descend d'un seul homme, — que l'état naturel de l'homme n'est pas la barbarie, — que l'âme est, de sa nature, spirituelle, libre, immortelle, — que, après la mort, il y a une destinée future pour l'homme, etc., etc., — n'eût-il pas été à craindre que, parmi les lecteurs les mieux intentionnés, il s'en fût trouvé plus d'un qui, peu au courant des erreurs accumulées par la Philosophie sur cet ordre de vérités, se fussent empressés de s'écrier, en rejetant dédaigneusement notre livre : Pourquoi perdre ainsi son temps à prouver des choses que personne ne songe à révoquer en doute ! N'eût-il pas mieux valu écrire des choses pratiques !...

Mais, n'est-il pas vrai, au contraire, que, après avoir lu les graves erreurs qui, de nos jours, sont répandues même contre les vérités premières enseignées par la raison humaine, tout lecteur sera forcé d'admettre la véritable nécessité qu'il y a de confirmer de plus en plus ces vérités fondamentales, d'où dépendent et la rectitude du raisonnement de l'esprit et la pureté de la morale humaine.

Donc, pour éviter toute espèce de malentendu, nous déclarons, de nouveau et de la manière la plus formelle, que nous n'avons, en publiant ce livre, d'autre intention que celle de mettre à la disposition du Lecteur une espèce d'arsenal, où il trouvera des arguments et des faits propres à lui permettre de saisir clairement et de défendre victorieusement les principes émanant de la raison et de la foi ; lesquels principes sont, aujourd'hui plus que jamais, vigoureusement attaqués par la trop nombreuse armée des Matérialistes, des Sceptiques, des Sophistes, et par celle non moins dangereuse mais plus honnête des Rationalistes spiritualistes.

Les récents et épouvantables événements qui se sont passés à Paris, à Lyon, à Marseille et dans d'autres villes importantes, durant la tyrannie de l'horrible Commune, — toutes ces scènes affreuses où l'on vit Dieu banni de ses temples et des écoles, — les prêtres de Jésus-Christ emprisonnés et fusillés, — les hommes réputés pour être les défenseurs du vrai et juste subissant le même sort, — l'incendie couvrant de ses feux et de sa fumée sinistres la plus belle capitale du monde et dévorant en quelques heures les plus splendides monuments de la terre — des milliers de monstres à figure humaine, ivres de fureur et de sang, répandant partout la terreur, la désolation et la mort, — toutes les doctrines les plus subversives étalant en plein jour leurs hideuses figures et terrifiant toutes les âmes honnêtes, — ne sont-ils pas une preuve tristement irréfutable que le livre que nous publions ne saurait manquer d'avoir quelque actualité et son utilité. Si faible que soit le mérite de notre écrit, il pourra certainement, avec l'aide de Dieu, servir à éclairer ceux qui, n'étant pas aveugles par obstination de volonté, sont capables d'être convaincus. Quelques incrédules l'accueilleront peut-être bien avec des sarcasmes et des injures : mais, d'un autre côté, nous avons la confiance qu'il sera, en même temps, lu avec plaisir, attention et utilité par les amis de la religion et de la vérité.

Nous avons, d'ailleurs, d'autant plus de confiance dans l'utilité de notre livre qu'il nous est arrivé, dans quelques chapitres, de nous inspirer des idées émanées d'un savant Anglais célèbre, le D. Mélia, qui a écrit de magnifiques choses sur la même matière.

Quoiqu'il en soit, nous confions et abandonnons entièrement à la volonté de Dieu ces pages que le désir de le voir mieux connu, aimé et glorifié de tous nous a inspirées.

DIVISION DE L'OUVRAGE.

Cette étude se trouve divisée en deux parties :

PARTIE I. — *De l'homme, considéré en lui-même, par rapport à son origine, à sa condition et à sa destinée.*

Après avoir embrassé d'un regard rapide et sommaire, dans un premier chapitre, l'ensemble des erreurs de la Philosophie anti-chrétienne en général par rapport à Dieu et à l'homme, nous exposerons, dans une série de chapitres, les erreurs principales émises sur la matière par les Philosophes anciens et modernes, et, après les avoir jugées sommairement, nous établirons les vrais principes, qui lient l'homme à Dieu, son créateur et sa fin, affirment l'unité de son origine, expliquent sa nature, et constituent sa destinée.

Au fur et à mesure que nous aborderons l'examen d'une question, nous ferons marcher de pair la réfutation des principales erreurs qui s'y rattachent.

PARTIE II. — *De l'homme considéré en société.*

Dans cette deuxième partie, nous procéderons à peu près comme dans la première. Examen et réfutation des diverses erreurs principales émanées de la Philosophie anti-chrétienne sur ce sujet, et affirmation solidement raisonnée des principes qui sont la vie essentielle de toute société.

Le sujet que nous entreprenons de traiter est vaste et ne saurait certes être plus intéressant. Nombreuses sont les questions diverses qui se rattachent à son domaine, puisqu'elles embrassent tout ce qui se rapporte à l'humanité entière. Tout en nous imposant de justes limites, nous n'omettrons aucun des points essentiels.

Inutile de dire que nous suivrons l'ordre logique des questions à traiter, et que partout nous nous montrerons clair, sobre et précis dans les idées, comme dans le style.

Quoique, dans notre titre, il ne soit nullement question de Dieu, nous aurons néanmoins lieu d'étudier diverses propositions qui s'y rapportent. Comment serait-il possible de séparer l'homme de Dieu, surtout dans le genre d'étude que nous entreprenons. D'ailleurs, pourquoi tant d'erreurs et de ténèbres amoncelées sur l'homme et ses destinées par la Philosophie anti-chrétienne, si ce n'est parce que nos prétendus Philosophes, anciens et modernes, ont été des incrédules, fermant obstinément les yeux à la lumière qui leur manifestait Dieu et ses attributs essentiels ?

PARTIE I

DE L'HOMME CONSIDÉRÉ, PAR RAPPORT A SON ORIGINE,
SA NATURE, SA CONDITION
ET SA DESTINÉE.

CHAPITRE I

DE LA PHILOSOPHIE ANTICHRÉTIENNE EN GÉNÉRAL.

Les ténèbres et les mauvais penchants que la chute originelle a légués à l'humanité n'ont pas tellement obscurci la raison qu'elle ne puisse s'élever à la connaissance des premiers principes de la loi naturelle, et en déduire la notion de quelques devoirs. Mais quand, enorgueillie de ses faibles lumières, elle prétend acquérir, avec ses propres forces, la connaissance de toutes les vérités, de tous les devoirs qui doivent diriger l'homme vers son immortelle destinée, elle se précipite dans un abîme d'erreurs. Tel a été le sort des Philosophes anciens et modernes. Rien n'est plus séduisant que les discours de ces prétendus Sages en faveur de la raison. Tout ce qu'ils ont d'éloquence tend à prouver que nous ne devons pas avoir d'autre guide qu'elle. Mais les écarts en tout genre où ils tombent serviraient bien plus, s'il est permis de parler ainsi, à faire considérer la raison comme une girouette que comme une boussole. A quels vents de doctrine n'obéissent-ils pas ? Les uns sont athées, les autres déistes; ceux-ci sont fatalistes, ceux-là pyrrhoniens ; tous enfin sont matérialistes, ou ne sont rien. Examinons leurs doctrines, et voyons à quoi se réduisent les clartés qu'ils ont fait briller sur le genre humain, soit avant soit après l'établissement du Christianisme.

I

Philosophie Ancienne

Il résulte de l'étude de l'homme que, durant sa vie terrestre, il ne saurait secouer entièrement l'empire des sens et des passions, empire presque toujours trompeur. La matière pèse si fortement sur l'homme, que, livré à ses propres forces, il lui est difficile et même moralement impossible d'éclaircir et de voir, dans toute sa pureté, ce que il lui importe le plus de connaître.

En voici la preuve :

La première et la plus essentielle de toutes ces connaissances, c'est incontestablement la connaissance de la Divinité. Or, si on y regarde de près, on ne peut qu'avoir honte de la manière dont les Sages du paganisme en ont parlé. Il n'y a qu'un Dieu indépendant, existant par lui-même; les Philosophes l'ont divisé en autant de dieux qu'il y a, aux cieux et sur la terre, d'êtres créés par lui. Partout, excepté chez le peuple juif où la vraie lumière avait brillé, où l'autorité avait parlé, on avait mis des divinités ridicules à la place de l'Être parfait. Telle est, sur le plus important de tous les dogmes, l'histoire de l'esprit humain, avant la publication de l'Évangile. Ce triste spectacle nous permet-il de conclure que la raison n'a pas besoin d'un autre guide ?

C'est, dira-t-on, l'histoire de la multitude ; l'homme sensé fait exception. Soit : accordons même que la notion du vrai Dieu n'a jamais été entièrement effacée du cœur humain ; les excès où s'est abandonnée la multitude montrent qu'elle avait souverainement besoin d'instruction, et que, sous le règne de la Philosophie payenne, elle s'est livrée aux plus grands écarts. Admettre des cultes infâmes, des sacrifices impurs, des dieux parjures, menteurs, adultères, des divinités cruelles et barbares, des sacrifices humains, le vice dans les temples et sur les autels, peut-on, je le demande, pousser plus loin l'aveuglement et la folie?

Si les Philosophes ou les Sages du paganisme rejetaient, dans leur cœur, ces infamies, que résultait-il de leur conduite qui put faire estimer davantage le culte qu'ils rendaient à la Divinité? Il n'y avait que contrariété dans leurs écoles, que diversité dans leurs opinions, non-seulement sur la nature de Dieu, mais sur les principes de la morale. A les entendre, il paraît que le vrai Dieu leur était aussi peu connu qu'au reste des hommes. Ils n'ont du moins jamais osé, devant la multitude, percer le voile dont ils couvraient la majesté de l'Être suprême et ses attributs les plus essentiels.

Il est très-important de connaître l'origine du mal. Or, quelle notion les anciens Philosophes en ont-ils donnée? Ils ont cru faire beaucoup en joignant au Dieu du bien une divinité malfaisante, chargée de gouverner une partie de l'univers, comme s'il pouvait y avoir un dieu du mal? Que nous apprennent-ils de l'origine du monde? Que nous ont-ils enseigné sur la matière et le mouvement? Ils faisaient de la matière un être éternel, et du mouvement une qualité qui lui est essentielle. Tout cela leur paraissait de la raison, tandis que la raison nous dit que les lois et les variations auxquelles le mouvement est sujet supposent nécessairement un moteur, et que ce qui est éternel ne saurait éprouver aucun changement.

Qu'ont-ils su de l'origine de l'homme, de sa nature intime, de sa condition, de sa destinée? L'exposition de leurs systèmes absurdes nous l'apprendra plus loin. Pour le moment, qu'il nous suffise de dire qu'ils l'ont déprimé, avili, ou qu'ils l'ont rempli d'orgueil; jamais ils n'ont su concilier la force et la faiblesse dont nous sommes composés. Les lumières que nous sommes capables d'atteindre, les ténèbres dans lesquelles nous restons enveloppés ont formé de tout temps à leurs yeux un contraste dont ils n'ont connu ni la cause, ni le remède. Nous chérissons la vertu; mais nous sommes entraînés au vice. Loin d'avoir su expliquer le combat que cette contrariété nous occasionne, ils ont essayé de nous délivrer de nos misères en nous rendant plus malheureux. Ils ne nous ont pas dit, ou ils ont ignoré ce qui devait nous contenter ou nous être contraire. Pour mobile à la vertu, ils n'ont trouvé que l'ostentation. Quant au remède contre le vice, ils ont échoué dans toutes leurs découvertes. Qu'on les appelle, après cela, du nom de Sages dont ils ont osé se parer! Leur doctrine les en rend indignes. Leur conduite n'a jamais présenté qu'un spectacle stérile. On peut bien compter quelques disciples qui les ont admirés; mais pas un seul ne les a imités. Le peu de lumière qui est sortie de la doctrine des Sages du paganisme ne peut être considéré que comme une légère étincelle au milieu d'un monde couvert de ténèbres épaisses.

Le Lycée a pu jouir de quelque régularité; le reste des hommes n'avaient aucun frein. Parmi ceux-ci, l'on ne connaissait la divinité que pour la couvrir d'infamie. On n'en parlait que pour en faire le modèle du crime. Le culte qu'on lui rendait était dirigé par l'idolâtrie, la superstition, la cruauté ou la débauche. Ceux qui se prétendaient sages, loin d'attaquer ces énormités, ont caché leur doctrine, ou partagé les sentiments de la multitude. Sans crédit, sans pouvoir, sans lumières suffisantes, quand même ils auraient osé la produire, ils n'auraient point guéri l'aveuglement général. Ignorant un grand nombre de vérités importantes et nécessaires, il leur était impossible d'opérer cet heureux effet. Il y a trop de points sur lesquels ils ont eu des doutes dont ils n'ont pas trouvé l'éclaircissement. Ceux qu'ils croyaient très-certains n'étaient pas démontrés avec une évidence qui ne laisse rien à désirer. Ou ils manquaient d'autorité pour faire accepter leur croyance, ou ils ne l'exposaient pas, pour ménager les préjugés populaires. De là, le peu de

réforme dans les mœurs, au temps des plus célèbres Moralistes. De là, la corruption de la Grèce et de Rome, au siècle des Socrate, des Platon, des Cicéron. Ce dernier s'écriait avec vérité : « Il y a bien peu de Philosophes qui
» aient pris la raison pour règle de leur conduite ; il en
» est peu qui aient employé la Philosophie par principe, et
» non par ostentation ; bien peu qui aient pratiqué eux-
» mêmes ce qu'ils enseignaient aux autres, et qui aient
» vécu d'une manière conforme à leurs principes. »

Le genre humain eût été bien à plaindre s'il n'eût eu pour s'éclairer que la lumière philosophique. Socrate, la gloire la plus pure du paganisme, convient qu'il ne sait se conduire s'il n'a pas des lumières plus sûres que celle de sa raison ! Quel aveu ! On ne dira pas qu'il sort d'un homme qui ne sait pas apprécier les facultés humaines ; jamais personne n'en a peut-être porté la connaissance plus loin que le Philosophe d'Athènes. Si un vain orgueil empêche de souscrire à ce sentiment, qu'on examine les progrès qu'ont fait ceux qui se sont exercés à décider les points les plus importants de la morale : ils ont mis tout en question, et n'ont fait naître que des doutes. Montaigne les a examinés ces progrès, et il en a tiré le sujet de la plus vive reconnaissance envers l'Esprit divin qui a daigné nous instruire. Il a trouvé si peu à glaner chez les Philosophes anciens que, en s'adressant à l'auteur des vraies lumières, il s'est écrié : « O Dieu ! quelle obligation n'avons-nous pas à la
» bénignité de notre souverain Créateur, pour avoir déniasé
» notre créance de ces vagabondes et arbitraires opinions,
» et l'avoir logée sur l'éternelle base de la sainte parole !
» Tout est flottant entre les mains de l'homme. je ne puis
» avoir le jugement si flexible (1). »

En vain l'on dira que la Philosophie que nous combattons est un guide sûr ; en vain on la regardera comme

---

(1) Essais, liv. II, chap. 12.

l'astre unique qui doit nous conduire au port ; en vain l'on soutiendra que la Révélation est inutile, que l'homme peut s'en passer, et qu'il n'était pas nécessaire qu'un Dieu vînt sur la terre pour apprendre aux hommes leurs devoirs. Où est l'homme qui sache les trouver tous ? S'il est vrai que, en nous formant, l'auteur des êtres grava dans nos âmes la connaissance des devoirs que nous avons à remplir, il ne l'est pas moins que cette connaissance a été obscurcie par la tache originelle, et que nous avons besoin maintenant d'une lumière divine pour les découvrir tous. L'homme ne saurait en lire la règle entière dans son cœur, si son premier auteur ne vient à son aide. Les vains efforts, qui ont été faits dans tous les temps par ceux-mêmes qui avaient le plus d'habileté, prouvent l'impuissance de la Philosophie. C'est au jour de la raison, dont on vante tant la suffisance, qu'ont su leurs devoirs ces anciens qui faisaient l'admiration du genre humain. Mais pour être admirables, ils n'ont pas mieux trouvé la règle qui devait servir à nous conduire ; et l'on est forcé de dire que leur sagesse faible et bornée satisfait peu le besoin qui nous presse. Seule, elle a pu luire un instant avec un certain éclat au milieu d'une nuit profonde. On se réjouissait de ce crépuscule, faute de mieux. Mais à côté de la sagesse incarnée, qu'est-elle autre chose qu'un corps sans lumière et sans vie ?

La Philosophie payenne la plus pure ne peut suffire à l'instruction de l'homme. Pour relever l'homme par la morale, il lui eût fallu connaître sa chute ; mais la Philosophie avait là-dessus des idées si vagues qu'elle ne savait même pas distinguer ce qui restait à l'homme de sa première élévation. Elle voyait bien en nous des sentiments opposés ; elle ne pouvait se cacher notre grandeur, ni notre bassesse qui se manifestaient tour à tour ; mais elle ne put jamais découvrir la source de notre dignité, ni la cause de notre avilissement. Son jugement ne pouvait concilier ces deux étonnantes contrariétés. Ou elle flattait l'orgueil humain qui a besoin d'être abattu, ou elle ajoutait à une dégradation à laquelle il eût fallu remédier. Parmi les Philosophes, les uns inspiraient à l'homme une grandeur pure, vaine fiction inventée par une fausse sagesse; les autres l'avilissaient entièrement, ne lui prêchaient que la bassesse en réduisant tout à l'ordre matériel. Il eût fallu tout à la fois le rendre humble et le remplir de confiance. Mais ignorant la vraie source du mal, on ne pouvait le guérir. Ce sublime ministère était réservé à la Révélation. Elle seule a su le secret d'abaisser l'homme sans le désespérer, et de l'élever sans l'enfler, ni l'éblouir.

Pour juger de la faiblesse de l'ancienne Philosophie, considérons-là dans ses maîtres, c'est-à-dire dans ceux que toute l'antiquité regardait comme les plus sages et les plus profonds Philosophes. — Socrate est le premier, dit-on, qui reconnut l'unité de Dieu. Tout porte à croire qu'il admettait un dogme si sensé; mais quel hommage public lui a-t-il jamais rendu? Pendant sa vie, ne sacrifiait-il pas aux faux dieux? Il laissa sa patrie aussi idolâtre après sa mort qu'elle l'était à sa naissance. Ce Philosophe que l'oracle même avait reconnu pour le plus sage des hommes, donna-t-il de grandes marques de sagesse, en violant, comme il faisait, une des principales règles de l'honnêteté publique? La polygamie était rare chez les Grecs, on la jugeait contraire au droit naturel. Néanmoins, outre Xantippe, célèbre par sa mauvaise humeur, Socrate avait épousé Myrto, fille d'Aristide. C'était un exemple indigne d'un vrai Sage, et bien peu propre à soutenir la pureté de la morale.

Comme Socrate, Platon ne croyait qu'à un seul Dieu. Mais s'il a disserté sur la nature et sur les attributs de ce premier des êtres, il n'a pas su comment on devait le servir. Il ne se délivrera jamais de la honte d'avoir permis qu'on adorât, outre le Dieu suprême, des dieux inférieurs tels que les démons ou génies.

Aristote veut tantôt que la Divinité réside dans l'intelligence, tantôt que le monde même soit Dieu. Il admet ensuite un autre Dieu supérieur au monde, dont il règle les mouvements. Ailleurs, il enseigne que Dieu n'est autre chose que le feu qui brille dans le soleil.

On dit des merveilles de Pythagore. Ce Philosophe nous apprend, en effet, de bien grandes choses, quand il nous raconte qu'il a vu aux enfers l'âme d'Homère, et qu'il se souvient d'avoir été Euphorbe au siége de Troye ! Voilà sa partie historique. Son dogme est aussi sensé et donne la plus grande édification. Tandis que Pithagore offrait en public des hécatombes à Jupiter, il enseignait secrètement l'athéisme.

Zénon faisait un Dieu du feu de l'éther : à son jugement, les astres, les élémens, les grands hommes méritaient le même titre. Il ne croyait pas les âmes immortelles ; et les crimes les plus contraires aux mœurs lui paraissaient des actions fort innocentes.

Une des âmes où la raison paraît avoir placé son siége principal, c'est celle de Cicéron. Ce Philosophe n'admettait, comme Platon, qu'un seul Dieu. Mais tout le monde sait que, au lieu d'attaquer les idoles, il fut leur prêtre et exerça les fonctions d'Augure. Quel personnage jouait-il là, lui qui fait dire à Caton que, quand un aruspice en rencontrait un autre, il ne pouvait s'empêcher de rire ? S'il n'y a qu'un Dieu, devait-il entretenir le peuple dans l'impiété de croire qu'il y en a plusieurs ? Le dogme de l'unité de Dieu ne lui tenait guère à cœur, puisqu'il conseillait à ses concitoyens de se conformer à la décision du Pontife, par rapport aux victimes qu'il fallait offrir à chaque divinité.

Il n'est pas un Philosophe parmi les anciens qui n'ait méconnu, dans sa conduite, le Maître de l'univers, ou ait osé le confesser publiquement. Excepté la Judée, partout ailleurs l'ancienne Théologie n'était qu'un amas de fables absurdes, de superstitions grossières, de mystères honteux, de sacrifices abominables. Toutes les horreurs du polythéisme étaient réunies dans le peuple et les grands, soutenus dans leurs erreurs par les docteurs mêmes de la Philosophie. — Il est certain que, de tous les systèmes que la Philosophie payenne a fait éclore, il n'en est pas un auquel la saine raison puisse se fixer, parce qu'il n'en est pas un dont le contraire ne puisse être soutenu par des arguments insolubles. C'est à peine si on y trouve quelques débris de vérité. Des opinions flottantes, quelques dogmes épars et inutiles qu'elle annonçait sans autorité et auxquels elle ne savait donner ni fondement, ni suite, telles sont les connaissances qu'elle a eues, et à la faveur desquelles elle n'a obtenu de la célébrité que parce que le reste des hommes était plongé dans une profonde ignorance. Si on apprécie beaucoup le moindre fanal dans une nuit obscure, on rejette le plus clair flambeau quand le soleil vient à paraître. Nous jouissons de la lumière divine; les rayons en ont été versés abondamment sur nous par un effet de la clémence éternelle; il faudrait être bien aveugle et bien ingrat pour en rejeter l'influence salutaire; c'est pourtant ce qu'ont fait les Philosophes des temps modernes, comme nous allons le démontrer.

II

Philosophie Moderne.

On peut comparer la Philosophie moderne à la statue colossale de ce roi rêveur qui gouvernait autrefois les Assyriens : un peu d'or, un peu d'argent; mais la base est d'argile, le moindre choc est capable de la renverser. Dans le malheur, et surtout dans les moments où ce qui compose notre corps va tomber en dissolution, à quoi sert cette philosophie, cette sagesse fondée sur le matérialisme, source de désespoir? Considérez ses pieds, leur fragilité nous avertit qu'elle ne peut être notre soutien.

Et en effet, si, en parcourant les sentiments des anciens Philosophes, nous sentons le besoin d'être éclairés par une autre lumière que la leur, nous ne trouvons pas plus de ressources auprès des Philosophes modernes. Opposés les uns aux autres, et, sous une apparence de respect pour la loi naturelle, tout ce qu'on peut reconnaître dans leurs doctrines, c'est beaucoup d'indifférence pour toute loi en général, et, au fond, l'athéisme découvert ou voilé. Leurs ouvrages n'enseignent que la Théologie du matérialisme et la morale des passions. La plupart professent le déisme, il est vrai, mais c'est pour la forme. Ils sont dogmatistes aujourd'hui, demain pyrrhoniens, changeant d'opinion et de langage selon les circonstances et les temps. Et ils prétendent être les guides du genre humain !

— Des Philosophes qui n'entendent rien en fait de religion, sans valoir mieux en fait de mœurs, sont indignes de cet auguste titre. Justifions la force de ce reproche.

Ici, pour base de la loi naturelle, la seule qu'ils veuillent reconnaître, ne mettent-ils pas la conformité d'origine, de penchants et de droits dans les brutes et dans les hommes? Là, pour distinguer le vice et la vertu, n'en appellent-ils pas aux conventions humaines, aux institutions politiques? Quelques-uns donnent, pour principe des grandes et belles actions, la sensibilité physique, l'amour sensuel, la volupté. Tous enfin favorisent également le libertinage, le luxe immodéré, l'indépendance, l'orgueil et toutes les passions. En cela, ils inspirent tour à tour et même tout à la fois l'horreur et la pitié.

C'est en toute vérité que Rousseau, qui, plus que personne, a droit d'être cru sur cette matière, nous dit après avoir parlé de leurs différents systèmes :

« Le paganisme livré à tous les égaremens de la raison
» humaine n'a rien laissé à la postérité qu'on puisse com-
» parer aux monuments honteux que lui a préparés l'im-
» primerie sous le règne de l'Évangile. » Il est certain que,

moins philosophes à bien des égards, moins conséquents que les Sages de l'antiquité payenne, on voit, à leurs égarements monstrueux, que les Philosophes modernes ont abusé de plus de secours, et ont cherché à éteindre dans leur âme plus de véritables lumières. Les anciens étaient nés dans l'aveuglement et les ténèbres; les modernes y sont tombés. Placés au centre de la clarté, de quelle hauteur n'est pas leur chute !

On trouve bien dans leurs écrits quelques vérités éparses, quelques principes de morale qui seraient utiles, quoiqu'insuffisants, si on en faisait un corps de doctrine. Mais sont-ils capables de le faire sans y entremêler des erreurs ? Il faudrait pour cela un génie supérieur qui possédât au plus haut degré le discernement du vrai; et c'est ce qui n'est pas donné à ceux qui repoussent la vérité pour embrasser l'erreur. « C'est une chose, dit Lactance, qui est au-dessus de l'esprit de l'homme, à moins que Dieu même n'ait pris soin de l'instruire (1) ». Jamais les Philosophes n'ont connu ce que c'est qu'un corps de doctrine composé de toutes les vérités. Quoique chacun, de son côté, ait trouvé quelqu'une des pièces qui doivent entrer dans l'édifice nécessaire à l'âme humaine, aucun n'est venu à bout de les assembler. Il n'en est même aucun qui ait su déduire les conséquences nécessaires des principes qu'il établissait, ou qui ait établi des principes d'où l'on pourrait déduire toutes les conséquences nécessaires. Habiles à détruire, ils n'ont jamais su édifier.

Instruits par la Révélation, nous ne trouvons rien de plus simple que de dire aux hommes : Aimez Dieu et votre prochain, c'est en cela que consiste toute la règle de votre conduite. Mais quel Philosophe a jamais atteint cette règle si courte ? En connaît-on quelqu'un qui ait fait consister le bonheur du cœur dans le désir de posséder Dieu ? qui ait

---

(1) De vitâ beatâ. lib. 7º.

appris à rapporter à Dieu toutes nos actions, et à lui demander la vertu? En est-il un seul qui ait jamais songé à regarder la vertu comme un bienfait de la Divinité (1)? Dans l'école de la Philosophie, loin de s'affliger de la perte de Dieu, on ne sait même pas ce que c'est que de le perdre. Dans le présent comme dans l'avenir, on n'y montre rien dont on puisse être touché. On connaît la faiblesse de l'homme; mais on en ignore le remède, et l'on ne sait à qui s'adresser pour en obtenir la guérison. Dans cette école, les sentiments les plus éloignés du cœur sont la pénitence et l'humilité; cette dernière vertu est regardée comme la bassesse de la naissance, de la condition et des sentiments. Demandez aux Philosophes s'il faut se dépouiller de toute affection terrestre, porter sa croix et se soumettre aux volontés d'un Dieu qui ne nous humilie sur la terre que pour nous élever dans le séjour éternel; demandez leur si les béatitudes de l'homme sont celles qu'enseigne l'Evangile, et s'ils ont jamais rien compris, entendu par eux-mêmes du sermon que Jésus-Christ a prêché sur la montagne; ils resteront muets, ou ils conviendront que leur esprit ne s'est jamais élevé jusque là. En effet, ces vérités auraient été inconnues au genre humain, si le Père des lumières ne les eût révélées. Aussi, le code de la Philosophie est-il incomplet tant à raison des lois qui n'y sont pas suivies, qu'à raison de celles qui, malgré leur nécessité, ne s'y trouvent pas.

Que les Philosophes anciens, au milieu des ténèbres du paganisme, n'aient pu parcourir toute la carrière de la morale, on n'en est pas surpris: ils manquaient de la lumière qui aurait pu les éclairer. Mais quand on voit les Philosophes modernes révoquer en doute les vérités les plus nécessaires, parler sans cesse de mœurs, de vertu, et en ébran-

---

(1) *Virtutem nemo unquam Deo retulit.*
Cicer. de natura Deor... lib. 3.

ler tous les fondements ; quand on les voit soutenir les opinions les plus pernicieuses, étaler les systèmes les plus funestes, éblouir ainsi et déshonorer leur siècle, malgré les secours les plus salutaires et les plus désirables, non-seulement on est étonné, mais on est contraint de convenir que l'homme a besoin d'un autre guide que la Philosophie pour le conduire à la vertu.

De tous les Philosophes, celui qui aurait plus le droit de s'applaudir, c'est sans doute le déiste. L'ingrat ! il s'est enrichi aux dépens de la parole divine, et il ose la rejeter ! Mais ôtez-lui toutes les dépouilles qu'il a enlevées à la Révélation, et il sera tout aussi dénué que le reste des hommes ; sa raison sera aussi faible, et il n'aura pas le moindre dégré de gloire de plus. Qu'il ne se vante pas de celle qu'il a acquise, elle n'est pas de son fond. Ce frelon s'est nourri du miel de l'abeille. Voulez-vous, en un mot, lui donner un nom ? C'est Pythagore chez les Juifs. Cet ancien Philosophe mit dans sa doctrine des choses admirables, dont il fut redevable aux docteurs hébreux, et surtout aux prophètes Ezéchiel et Daniel. Le déiste peut lui être comparé : il brille, comme lui, d'un éclat emprunté ; et comme lui, sans le secours de la Révélation, il fût resté bien loin des vérités qu'il annonce.

Les Philosophes anciens et modernes n'ont jamais défini ni l'origine, ni la condition, ni la destinée de l'homme. Leurs idées n'en ont pas même montré l'ombre. Leurs sentiments ont même tellement varié, ils sont tellement discordants, tellement ridicules, absurdes et avilissants que le doute où ils nous jettent sur ces objets suffit pour nous prouver leur impuissance à nous tirer de nos misères.

Au jugement de ceux qui ont acquis le plus de lumières

(1) Nous pensons, comme Erasme, non de la droite raison qui peut arriver sûrement aux vérités de sa compétence, mais de la raison pervertie des Philosophes antichrétiens, aussi ennemie de la droite raison que des vérités révélées.

parmi eux, il est décidé que l'homme le plus savant avouera qu'il ne sait rien. « Je trouve, dit le Philosophe de Rotter-
» dam, celui de tous les Philosophes qui pouvait le mieux
» apprécier l'objet qui nous occupe, je trouve que ce juge-
» ment est le plus sensé qu'on puisse faire de la Philoso-
» phie. Notre raison n'est propre qu'à brouiller tout, et
» qu'à faire douter de tout. Elle n'a pas plutôt bâti un ou-
» vrage qu'elle vous montre les moyens de le ruiner. C'est
» une vraie Pénélope qui, pendant la nuit, défait la toile
» qu'elle a faite le jour. »

C'est de là sans doute que viennent tant d'opinions qui partagent tous les hommes en général. Suivant l'âge, l'éducation, les coutumes et les préjugés, le sentiment et les pensées varient. L'honnêteté et la justice, ces deux vertus si nécessaires, ne se présentent pas partout sous le même caractère. Il est des esprits qui en jugent tout autrement que bien d'autres. En faisant les mêmes actions, vous êtes loué des uns et blâmé des autres. Ici, vous êtes reçu, honoré ; là, vous êtes dédaigné sans changer de manières. Il n'est pas jusqu'à la loi naturelle, qui est la loi éternelle appliquée aux êtres créés, dont la clarté n'ait été obscurcie par les ombres qu'y ont répandues les Philosophes. Du moins dans la Religion catholique nous avons un tribunal auquel Dieu a promis de présider jusqu'à la consommation des siècles ! Par cette assistance divine, nous sommes assurés de ne pas donner dans l'erreur. Partout ailleurs, l'homme livré à lui-même en est la victime. Entraîné par les préjugés de son esprit et par les passions de son cœur dont il ne peut secouer le joug, de quelque Philosophie dont il se pare, quelle est la loi, même la plus sainte, dont il ait pu empêcher le renversement ? Sans le secours du ciel, les crimes seraient encore permis de toutes parts, et la vraie vertu ne se serait peut-être jamais montrée sur la terre.

Telle est, en peu de mots, le résumé de la doctrine enseignée par l'ancienne et moderne Philosophie, en dehors du

Christianisme: voilà les monuments qu'elle nous a laissés. Les admirateurs font-ils preuve de sens, quand ils nous la donnent pour guide? En rappelant quelques-unes de ces funestes doctrines, ne dirait-on pas que nous avons fait l'histoire de sectes livrées au désordre et au délire? Non, cette Philosophie n'est pas, ne peut être le guide du genre humain. Elle n'est pas la raison, mais une indigne prostitution de cette fille du ciel.

Après cet aperçu préliminaire sur les erreurs de la Philosophie antichrétienne en général, nous allons commencer l'exposition des principaux systèmes anciens et modernes sur l'homme, son origine, sa condition et sa destinée.

CHAPITRE II

ERREURS DE LA PHILOSOPHIE ANCIENNE SUR L'ORIGINE
DE L'HOMME.

La nature humaine disparaît sous les fausses couleurs dont les Philosophes la couvrent. Cherchons sa véritable origine ; nous n'aurons pas à parcourir les espaces et les siècles, nous en trouverons la vraie notion dans nous mêmes.

Quest-ce que l'homme ? Contentons-nous, pour le moment de dire que c'est un composé d'esprit et de corps. Combien cette simple définition m'agrandit ! Je ne suis plus un atome à peine aperçu par les yeux du Philosophe, et confondu sans distinction dans la masse de tous les êtres. Par le corps, je tiens au dernier être de la nature ; par l'esprit, je puis m'élancer jusqu'au trône de l'Infini. Ainsi, j'embrasse par moi-même la chaîne entière de tout ce qui existe.

Mais d'où l'homme est-il venu ? Grande et importante question autour de laquelle se sont évertués mille systèmes philosophiques, sans qu'aucun d'eux ait réussi par lui-même à la résoudre d'une manière satisfaisante, d'une manière raisonnable. Pour se convaincre qu'il faut demander ailleurs qu'à la Philosophie la réponse à cette question capitale, il suffit d'interroger sur ce sujet et la Philosophie ancienne et la Philosophie moderne. Écoutons d'abord la Philosophie ancienne. Tout ce qu'elle nous dit sur l'origine de l'homme se réduit aux erreurs suivantes.

I. Les anciennes histoires des Assyriens, des Chaldéens, des Égyptiens et des Indiens sont remplies de tant de confusion; elles abondent tellement en contradictions, qu'il est impossible, avec la meilleure volonté du monde, d'affirmer rien de certain sur l'origine de ces nations. Celui qui lit les historiens de l'antiquité, — par exemple, Hérodote — voit que cet auteur, l'une des gloires de la Grèce, attribue aux Assyriens un empire dont la durée fut de mille cinq cent vingt ans, et qu'il fait remonter l'existence de cette nation huit cents ans avant leur empire.

Bérose, le Chaldéen, qui écrivit son histoire environ cent vingt ans après Hérodote, donne à l'empire d'Assyrie une durée de quatre cent mille ans.

Xénophon et Ctésias diffèrent entre eux sur ce point, et ne sont pas d'accord avec les auteurs que nous venons de nommer.

Aussi, Strabon n'hésite-t-il pas à affirmer qu'il est préférable de s'en rapporter aux récits des poètes Hésiode et Homère plutôt qu'aux assertions de Ctésias et d'Hérodote.

II. Pour ce qui concerne les Indiens, Buffon raconte qu'ils croyaient que tous les êtres avaient été, dans le principe, produits par une idée, appelée par eux *Prakrite*.

Cette idée, nommée *Prakrite*, engendra *Ankara*, un être substantiel, d'où, comme on le supposait, dérivaient les sentiments et les sensations.

A son tour, *Ankara* engendra *Adima*, qui contenait en lui-même l'embryon de tous les hommes et de tous les animaux, depuis l'Éléphant jusqu'à la Fourmi.

Adima était hermaphrodite; il avait en lui la forme de l'homme et de la femme, — ce qui lui permit de se diviser en deux et de donner origine aux premiers hommes. — Ensuite, *Adima* fut transformé, et produisit un taureau.

Buffon rapporte encore que les Egyptiens de l'antiquité croyaient aussi que les premiers êtres vivants dans le monde sortirent du sable et de la fange du Nil, sous l'action de la chaleur produite par les rayons du soleil. (BUFFON, *Histoire de ses travaux*.) Mais n'est-il pas évident que, par manque de documents authentiques, il est absolument impossible d'affirmer d'une manière certaine ce que furent, en réalité, les systèmes des nations primitives, dont nous venons de parler, les Hébreux exceptés, par rapport à l'origine de l'homme.

III. Il ne semble pas que les Grecs, quelle qu'ait été leur origine, aient jamais eu aucune tradition certaine sur ce sujet. Et la preuve, c'est que leurs Philosophes eurent des opinions opposées sur l'origine du monde et des hommes.

Thalès de Milet affirmait que l'eau est le principe de toutes les choses.

Anaximandre enseignait que l'Univers, étant d'une nature illimitée, produisit les éléments qui composent toutes les choses existantes.

Anaxagore croyait que, de la matière qu'il supposait infinie, se détachèrent en bas des petites parcelles qui commencèrent par se mêler confusément entre elles, et qui furent ensuite mises en ordre par une intelligence infinie.

Anaximène affirma que toute nature définie, la terre, le feu et l'eau dérivent de l'air qui est infini, et que ces diverses natures, unies ensemble, ont donné l'origine à toutes les autres choses.

Empédocle partagea l'opinion d'Anaximène.

Parménide et Héraclite attribuèrent au feu l'origine de toutes les choses.

Platon enseignait que Dieu forma ce monde éternel avec la matière, qui est apte à se transformer en toute espèce de choses.

Les disciples de Pythagore virent le principe de toutes choses dans l'harmonie des nombres, des points et des lignes mathématiques.

Les Stoïciens tenaient pour certain que l'Univers, doué de savoir et d'intelligence, se créa lui-même, forma ensuite toutes les choses, donna le mouvement, l'ordre et la direction à tout ce qui est dans le monde. Ils affirmaient encore que le soleil, la lune, les étoiles, la terre et la mer sont autant de dieux, et que, à la fin, il viendra un temps où le monde entier sera détruit par le feu.

Aristote, au contraire, était persuadé que ce monde n'eut jamais de commencement, et qu'il est tellement parfait qu'il ne saurait jamais avoir de fin.

Xénophon s'imagina que la lune est habitée, couverte de montagnes et de villes nombreuses.

D'autres Philosophes de l'antiquité, parmi lesquels je me contenterai de citer Cicéron, soupçonnaient l'existence de peuples habitant une autre partie de notre terre et ayant leurs pieds opposés aux nôtres, et, à cause de cette particularité, ils leur donnèrent le nom d'*Antipodes*.

IV. Le lecteur me pardonnera facilement, je l'espère, de m'écarter ici un peu de mon sujet. Mais je ne pourrais passer sous silence le nom de Icète ou Nicète de Syracuse, qui sut conquérir à bon droit l'estime et l'admiration universelles. Cent ans avant l'ère chrétienne, ce Sage comprit et enseigna que le mouvement diurne du soleil, de la lune et des étoiles autour de nous n'existe pas réellement, et n'est autre chose qu'une simple illusion d'optique. Il affirma également que la terre, en tournant fort rapidement autour de son axe, donne une apparence telle que nous sommes portés à croire que le ciel tourne autour de nous. Dans sa préface au Souverain-Pontife Paul III, Copernic s'exprime ainsi : « Ayant lu, dans Cicéron, que Nicète fut le premier à connaître que notre globe tourne autour de son axe, je pris de là occasion d'appliquer mon esprit à l'étude du mouvement de la terre. »

V. Mais revenons à notre sujet. Il serait trop long de rapporter ici toutes les fables imaginées par les poètes de l'antiquité sur l'origine de l'homme et de la société civile. D'ailleurs, à quoi bon répéter les inventions mensongères d'un Orphée qui, par la puissance des sons harmonieux de sa lyre, faisait sortir des forêts les tribus barbares d'hommes et les réunissait en société civilisée. Qu'ont à faire encore ici les contes ridicules d'un Amphyon qui, au son de sa harpe, mettait les pierres en mouvement et bâtissait ainsi les premières cités ?

Afin de permettre au lecteur de se former une idée claire et nette des systèmes crus par la majeure partie des Grecs et des anciens Romains sur l'origine et la nature de l'homme, sur l'origine et la condition de l'Univers et de la société civile, je citerai deux auteurs principaux, appartenant également à l'école d'Épicure, ce philosophe si blâmé par Cicéron, dans ses œuvres philosophiques, mais, en même temps, qualifié par lui du titre de philosophe illustre qui sut ébranler non-seulement la Grèce et l'Italie, mais encore toutes les nations barbares: *Philosophus nobilis, a quo non solum Græcia et Italia, sed etiam omnis barbaria commota est* (*De finib.*, l. II, n. 15). Ces deux auteurs sont Horace et Lucrèce.

Dans la satire III de son livre I, Horace s'exprime comme il suit : « Lorsque les premiers animaux sortirent de la terre, comme un muet et vil troupeau, ils commencèrent par se battre à coups d'ongles et de poings, afin de se procurer des glands et des lits. Ensuite, ils se battirent avec des bâtons, et enfin avec des armes que l'expérience leur avait appris à fabriquer. Ils inventèrent des paroles et des noms pour exprimer leurs pensées et leurs sentiments. Puis, cessant de se combattre les uns les autres, ils commencèrent à construire et à armer des forteresses, et à faire des lois contre les voleurs, les assassins, les adultères, etc. »

Exposons maintenant le système de Lucrèce, tel qu'il a été tracé par sa plume, dans son ouvrage: *De rerum natura*, l. V, vers 420 et suivants : « Il est certain que les éléments primitifs de toutes les choses ne s'unirent pas ensemble en obéissant à aucune loi d'ordre ou de raison, et qu'ils n'effectuèrent pas, de concert entr'eux, leurs divers mouvements. Mais comme les atomes, depuis un temps infini, étaient agités en toute direction, par la vertu de leur propre poids, et étaient portés ainsi à s'unir les uns avec les autres, ils subirent, grâce à une longue succession de temps, toute sorte de combinaisons diverses. Après une multitude de tentatives qui ne produisirent aucun résultat, les atomes finirent par réussir à obtenir des effets magnifiques, et formèrent ainsi la terre, la mer, les cieux et toute espèce d'animaux.... Et ainsi la terre vit l'existence des mortels. Car le sol étant abondamment imbu d'humidité et de chaleur, des outres sortirent des racines mêmes du sol partout où l'endroit était favorable à cette éclosion. Lorsque les enfants enfermés dans ces outres furent arrivés à la maturité, la Nature, au moyen de petits canaux ouverts dans la terre, leur fournit avec abondance un liquide semblable au lait que la femme donne aujourd'hui à l'enfant qu'elle a mis au monde. La terre donna des aliments à ceux qu'elle avait engendrés, la vapeur les couvrit de son manteau, et de splendides et moelleuses herbes leur fournirent les lits les plus doux. Aussi, est-ce à bon droit que la terre est appelée notre mère, puisque c'est elle-même qui a créé la race humaine. »

Ici, après avoir raconté que les lions, les renards, les cerfs, les chiens, les brebis, les bœufs furent livrés à la garde de l'homme, Lucrèce continue ainsi : « Les hommes qui naquirent du sein de la terre étaient de complexion fort robuste ; leurs membres étaient formés d'os fort gros et fort compactes, avaient des muscles et des nerfs très-puissants, et étaient, à cause de cela, bien moins sensibles que nous à l'action de la chaleur et du froid. Ils vivaient d'une nourriture tout-à-fait commune, et n'étaient sujets à aucune maladie. Pendant de bien longues années, ils menèrent une vie errante çà et là, semblables aux bêtes des champs. Ils ne savaient ni l'art d'allumer le feu, ni l'art de préparer leurs aliments, ni l'art de se servir de la peau des animaux sauvages pour recouvrir leurs membres. Les fruits, que la terre produisait spontanément sous l'influence de la pluie et du soleil, suffisaient à apaiser leur faim, et l'eau des ruisseaux à éteindre leur soif. Ils prenaient leur repos sous des chênes. Les forêts et les cavernes des montagnes leur servaient d'asile. Quand l'intempérie des saisons les y forçait, ils se réfugiaient sous des arbustes. Ils ne connaissaient aucun lien de société ou de parenté; ils n'obéissaient à aucune loi. Quand le hasard faisait tomber entre leurs mains une proie quelconque, ils en profitaient uniquement pour eux-mêmes, chacun s'occupant exclusivement de sa propre vie, de son propre intérêt. Leurs unions s'accomplissaient dans les forêts, et étaient le fait soit d'une inclination naturelle, soit d'une violence brutale faite par l'homme, ou la récompense de dons consistant en glands, en poires ou autres fruits. En ce temps-là, les hommes luttaient avec les bêtes sauvages: quelquefois, il leur arrivait de tuer ces animaux féroces : quelquefois, ils étaient vaincus et mis en lambeaux par eux. Partout où la nuit les surprenait, ils étendaient leurs membres nus sur la terre comme les bêtes des forêts, n'ayant pour se couvrir autre chose que les broussailles et les feuilles des arbres.

« Longtemps après, ils commencèrent à se fabriquer des cabanes, apprirent à se faire des vêtements, et trouvèrent l'usage du feu. Alors, ils contractèrent des mariages particuliers entre homme et femme, observèrent réciproquement la fidélité et reconnurent leurs propres enfants. Alors, la race humaine prit des mœurs plus douces, et commença à mener une espèce de vie civile. Alors, des amitiés se formèrent; et chacun possédait en propriété le terrain qu'il occupait près des autres, sans faire aucune injure à son voisin, ni violer les droits d'autrui.....

« La nature leur avait appris à articuler avec la langue divers sons, et le besoin commun leur fit donner des noms particuliers aux divers objets..... Il serait absurde de supposer qu'une personne particulière ait donné le nom à chaque objet, et que les autres hommes aient appris de cette personne le premier langage. »

Lucrèce expose ensuite les raisons suivantes pour confirmer la proposition qu'il vient d'émettre : — 1° Si l'on suppose que l'homme ait été capable d'inventer le premier langage, nous devons croire que les autres hommes possédèrent également une semblable capacité. — 2° L'on ne peut supposer qu'une personne particulière ait eu en son pouvoir le moyen de faire comprendre aux autres la signification des noms inventés par elle. — 3° Quand même l'on admettrait qu'il en ait été ainsi, cette personne particulière n'avait aucune autorité pour obliger les autres à adopter son langage.

Le poète ajoute :

« Or, de même que les brutes, bien que privées de la parole, émettent cependant des sons différents, selon les différentes sensations qu'elles éprouvent, de même doit-on, à plus forte raison, croire que les hommes purent appliquer des noms particuliers aux objets particuliers.

« Il arriva ensuite que les rois commencèrent à bâtir des villes, à construire des châteaux pour leur propre habitation et leur propre défense. Ils partagèrent les terres et les animaux entre ceux de leur peuple qui se distinguaient par la beauté et la force de leur corps, ou par la supériorité de leur intelligence. La beauté et la force du corps furent d'abord tenues en grande estime. Ensuite, on honora particulièrement les richesses et l'or : la beauté et la force furent donc moins estimées. Ainsi, les hommes aspirèrent à devenir glorieux et puissants, songeant uniquement à se faire une fortune stable et à mener une vie tranquille, dans l'abondance de tous les biens. Vaine tentative! car chacun visant à conquérir le rang le plus élevé, ils se mirent en opposition les uns contre les autres, et l'envie, semblable à un fleuve qui tombe d'en haut, les renversa à terre et les précipita honteusement dans le noir tartare... Ainsi, les rois furent assassinés; l'antique gloire des trônes et sceptres superbes fut anéantie;

les ornements des têtes couronnées, souillés de sang et foulés aux pieds par la multitude, devinrent un objet d'abomination et d'horreur, parce que l'on en était déjà arrivé à briser avec une rage avide tout objet qui auparavant semait l'épouvante. Grâce à cette tendance rivale qui portait chacun à parvenir aux postes les plus élevés et à s'emparer du pouvoir suprême, il en résulta pour l'État comme une condition extrême de confusion et de désordre. Une telle situation des choses montra aux hommes la nécessité de créer des magistrats, de faire des lois et de les pratiquer par leurs actions. »

Pour ce qui concerne l'existence de l'Être suprême et la profession exacte de la Religion, Lucrèce dit que tout cela tira son origine de songes nocturnes, et fut en partie produit par l'ordre régulier observé dans les cieux et plus encore par l'épouvante causée par les grondements et les coups de la foudre, comme il l'avait déclaré dans un autre livre :

Primus in orbe Deos fecit timor, ardua cœlo
Fulmina cum caderent.

CHAPITRE III

ERREURS DE LA PHILOSOPHIE MODERNE SUR L'ORIGINE DE L'HOMME

Quant à ce qui concerne les systèmes des auteurs modernes sur l'origine de l'homme, nous prions le lecteur de vouloir bien nous dispenser de les énumérer tous, et de nous permettre de nous borner à exposer en peu de mots quelques-uns des principaux.

Tout le monde sait asurément le sens qu'il faut attacher au mot *Panthéisme*, dérivé des deux mots grecs παν (tout) et θεος (Dieu), et qui signifie que *toute chose est Dieu*.

L'École des Panthéistes peut se diviser en deux sections: celle des *matérialistes* et celle des *idéalistes*.

Le nom de Spinosa est fameux entre tous les matérialistes. Ce fut lui, en effet, qui remit en vigueur l'ancien système venant de quelques peuplades de l'Arabie, qui croyaient que la seule divinité réelle et subsistante était la matière existant dans la nature.

I

École Allemande

Les allemands Kant, Fichte, Schelling et Hégel appartiennent plus ou moins à la classe des idéalistes. Ils adoptent pour principe général que toute chose dépend de notre esprit et de notre concept; que le *Moi* est l'objet, et que le *Non-Moi* est le sujet. D'après eux, le *Moi* est au-dessus de tout; il est le centre, le principe et la source de toutes les choses. Le *Moi* est l'être indépendant et libre en tout sens. Soumettant à leur critique les principaux dogmes, les Philosophes allemands se posent divers problèmes sur la substance et la destinée de l'âme, sur la création, sur la nature des éléments de la substance, sur celle de la cause et de l'être dans l'univers. A leurs yeux, toutes les réalités ne sont que des créations du *Moi*, et toute existence s'identifie à la pensée même. Ainsi, l'homme n'est homme qu'en se connaissant comme *Moi*, c'est-à-dire comme substance intelligente. Or, cette intelligence est une activité libre qui aspire à l'infini; c'est une force infinie qui est arrêtée par un *Non-Moi* qu'elle doit repousser sans fin. En sorte que la Philosophie rationaliste des Allemands aboutit nécessairement au panthéisme ou au scepticisme.

Il est donc évident que les matérialistes et les idéalistes se confondent avec les athées, puisqu'ils nient implicitement l'existence de Dieu, la nature divine et ses attributs de créateur et de gouverneur de toute chose.

II

École Française

1. Le nom de Jean-Jacques Rousseau est trop généralement connu pour que nous puissions passer entièrement sous silence son système. Dans son *Contrat social*, et surtout dans son *Traité sur l'origine et les fondements de l'inégalité entre les hommes*, Rousseau enseigne que l'état naturel de l'homme est de vivre solitaire dans les bois, — en dehors de toute société, — semblable aux animaux sauvages, dans leur nourriture et dans leurs instincts par rapport à la génération, — sans parole et sans usage de la

raison. Il ajoute que cet état de simple nature doit avoir existé dans le principe, quoique les voyageurs n'aient pu le découvrir nulle part, vu que les Sauvages eux-mêmes découverts par les voyageurs vivaient en société domestique, entourés de leurs femmes et de leurs enfants, et obéissaient généralement aux ordres d'un Chef reconnu par eux comme tel. Il dit que l'intelligence de l'homme et celle des brutes ne diffèrent pas en substance, mais seulement dans la diversité de degré, du plus au moins. L'homme civilisé est un être dégénéré. Les Ourangs-Outangs et les Singes peuvent fort bien être les ancêtres et les progéniteurs de la race humaine ; et il n'existe certainement aucune raison qui permette de séparer les bêtes de l'homme.

Ces assertions singulières et ridicules, écrites par Jean-Jacques Rousseau, ont été plus ou moins répétées par Cousin, Dameron, Pierre Leroux et par plusieurs autres, parmi lesquels il faut signaler G. Renaud.

II. Voici maintenant en quels termes s'exprime l'auteur des *Pensées sur l'interprétation de la nature :* » L'animalité
» avait, de toute éternité, ses élémens particuliers, épars et
» confondus dans la masse de la matière ; il est arrivé à ces
» élémens de se réunir, parce qu'il était possible que cela
» se fît. L'embryon, formé de ces éléments, a passé par une
» infinité d'organisations et de développements ; il a eu, par
» succession, du mouvement, de la sensation, des idées, des
» pensées..... Il s'est écoulé des millions d'années entre
» chacun de ces développements ; il a peut-être encore
» d'autres développements à subir, et d'autres accroisse-
» ments à prendre, qui nous sont inconnus ; il a, ou il aura
» un état sationnaire. Il s'éloigne, ou il s'éloignera de cet
» état par un dépérissement éternel, pendant lequel ses
» facultés sortiront de lui, commes elles y étaient entrées ; il
» disparaîtra pour jamais de la nature, ou plutôt il con-
» tinuera d'exister, mais sous une forme et avec des facultés

» tout autres qu'on lui remarque dans cet instant de
» la durée. »

III. Renaud, dans son livre intitulé : *Terre et Ciel*, professe et dit que le premier état des hommes fut la vie sauvage, et que l'homme, — par un développement tout naturel, et sans aucun secours étranger, — acquit la grande et précieuse faculté de penser et de parler, trouva les moyens pour bien régler sa vie, et établit ainsi l'ordre intellectuel et moral. En sorte que non-seulement les vérités appartenant au domaine de la loi naturelle, mais Dieu lui-même ne sont autre chose qu'une invention du cerveau humain.

Les idées de Renaud sont à peu près entièrement partagées par les deux fameux philosophes allemands Goëthe et Oken, etc., etc.

IV. Lamark, qui publia son système à Paris, en 1809, admet la création directe d'une certaine quantité de monades à peine visibles, mais douées de vie dans le sein de la mer. Il suppose que, par une certaine génération spontanée et par un continu développement perpétuel pendant un laps de temps qu'il est impossible de déterminer, mais plus long qu'on ne saurait le calculer, ces monades ont donné origine à tous les êtres organiques tels que les plantes et les animaux, en procédant par ordre des moins parfaits aux plus parfaits, conformément aux deux règles suivantes, qui sont : 1° L'inclination naturelle au perfectionnement progressif. 2° Les efforts occasionnés par les circonstances extérieures et par la nécessité. « Ainsi, à cet égard, dit Lamark, les besoins seuls auront
» fait naître les efforts, et les organes propres aux articu-
» lations des sens se seront développés par leur emploi
» habituel. » Et expliquant son système, Lamark continue en disant que, selon les deux principes indiqués précédemment, l'homme descend des Singes.

On raconte, à ce sujet, que le célèbre naturaliste Cuvier,

en entendant Lamark expliquer cette hypothèse, s'écria :
« Oui, en vérité ! l'homme s'est formé le nez en se servant
» d'un mouchoir pour le nettoyer ! »

Lamark ajoute que bon nombre de la meilleure qualité des Singes, se trouvant dans la nécessité de se défendre, furent obligés de rester longtemps debout sur leurs mains postérieures, et que, avec le temps, ces mains prirent la forme du pied humain. Ensuite, une grande partie de la forme extérieure et des organes intérieurs de leur corps s'altéra graduellement, jusqu'à ce qu'ils furent transformés en homme. Continuant toujours leurs efforts sous cette nouvelle forme ainsi développée, ces animaux acquirent la faculté de parler, d'abord d'une manière confuse ; mais bientôt, grâce aux mêmes efforts occasionnés par la nécessité, ils parvinrent à parler d'une manière distincte et avec des sons articulés.

Après avoir ainsi expliqué longuement ce système, sans pouvoir apporter aucune preuve réelle à son appui, Lamark nous dit que les autres Singes, qui ne furent pas ainsi privilégiés, rentrèrent dans les forêts, où, se séparant de la société de leurs compagnons transformés, ils s'établirent dans des circonstances différentes. Et c'est là ce qui nous explique pourquoi nous ne saurions rencontrer chez eux un développement semblable.

V. Alfred Naquet, dans son livre intitulé : *Religion, Famille et Propriété*, entre autres faussetés aussi énormes que sa bêtise, s'efforce en vain de prouver que l'homme n'a pas une âme spirituelle, et qu'il ne doit y avoir dans le monde aucune religion ni aucun culte.

VI. Notre exposé des erreurs de la Philosophie moderne serait incomplet si nous n'y ajoutions une analyse des doctrines de la Philosophie positiviste créée par Auguste Comte, dignement représenté aujourd'hui par son disciple Littré, philosophe, académicien et député actuellement à l'Assemblée nationale.

Nous venions d'achever la lecture d'un livre d'Auguste Comte afin d'y saisir son système, et, désolés de n'y avoir rien compris, nous nous disposions à chercher ailleurs, quand nous avons appris par les journaux que M. Littré, le pontife actuel de la Philosophie positiviste, venait, à l'occasion de sa réception dans le corps de la Franc-Maçonnerie, de prononcer un discours dans lequel il expose la doctrine positiviste sur la question qui nous occupe. Nous nous attendions à trouver dans ce discours des principes clairs et affirmatifs. A notre grand désenchantement, nous avons été forcé de constater que le disciple vaut le maître, et que rien n'est plus nébuleux que le monde d'idées dans lequel il vit. Au Lecteur de juger à son tour ; nous citons textuellement et entièrement. Il s'est fait trop de bruit autour du nom de M. Littré, pour que l'on ne désire pas connaître le résumé fait par lui de la doctrine positiviste.

« Messieurs,
» J'ai à exposer quels sont les devoirs de l'homme envers Dieu. Un Sage de l'antiquité, qu'un roi interrogeait sur la notion de Dieu, lui demanda un délai qu'il prolongea de jour en jour, reculant ainsi une réponse qu'il ne se sentit jamais en mesure de donner. Ma réponse, à moi, ne tardera pas aussi longtemps, réponse que j'ai tort de dire mienne, car elle est celle d'une Philosophie dont je suis disciple, et qui a élaboré pour moi, comme pour tous ceux qui voudront en user, le jugement à porter sur les doctrines de cause première et d'origine.

» Ceux qui connaissent la Philosophie positive, ceux qui ont lu quelques pages venues de ma plume, savent d'avance ce que je vais dire, et n'attendent ni une affirmation ni une négation. Quoi donc! diront ceux en bien plus grand nombre à qui les principes de cette Philosophie sont demeurés inconnus, est-il possible de n'affirmer ni de nier? Oui, cela est possible, et, à notre point de vue, cela est sage, cela est salutaire.

» Permettez-moi donc d'entrer dans le cœur de la question, non sans ménagements, mais sans réticences et avec la plénitude de la liberté philosophique. . . . . . .

» Il est clair que la question proposée, remise à la doctrine que je nomme positive, va changer d'aspect. Du moment que l'un des termes est reculé dans les régions inaccessibles à notre intelligence, et que l'autre subsiste, vu que l'homme est un être essentiellement relatif, il reste à déterminer où sont placées les relations souveraines qui décident de la destinée morale.

» La notion des dieux ou de Dieu nous vient des anciens temps. Ce que les hommes ont pensé là-dessus dans les époques préhistoriques, nous ne le savons ; mais les livres primitifs, ceux qui contiennent ou les plus vieilles annales, ou les plus vieux préceptes, ou les chants les plus vieux, sont consacrés à informer les hommes de la grande et mystérieuse souveraineté qui les gouverne.

» En se simplifiant et s'épurant de plus en plus, cette notion est arrivée jusqu'à nous, et aujourd'hui elle s'impose aux intelligences sous deux formes, l'une historique, l'autre philosophique. Sous la forme historique, Dieu a parlé aux hommes, il s'est révélé, c'est un fait. Sous la forme philosophique, le monde est un effet, un ouvrage ; il a une cause, un ouvrier.

» Que faut-il penser du fait historique ? La critique, qui pèse les documents et qui compare les cas semblables, a trouvé, en parcourant les annales de l'humanité, plusieurs révélations, et, pour aucune, les témoignages qui la certifient ne lui ont paru, dans leur antique innocence, capables de contre-balancer la doctrine expérimentale de la stabilité des lois naturelles. Une révélation est un miracle ; or il n'est pas de science qui, dans le domaine qu'elle cultive, reçoive le miracle, ni l'astronomie dans les cieux, ni la physique sur la terre, ni la chimie dans les combinaisons élémentaires, ni la biologie dans les phénomènes vitaux,

Non pas qu'aucune science le nie en principe, mais aucune ne l'a jamais rencontré en fait.

» Derechef, que faut-il penser, quittant l'ordre historique et philosophique, de la notion de cause première, de causalité suprême ? Aucune science ne nie une cause première, n'ayant jamais rien rencontré qui la lui démentît; mais aucune ne l'affirme, n'ayant jamais rien rencontré qui la lui montrât. Toute science est enfermée dans le relatif; partout on arrive à des existences et des lois irréductibles, dont on ne connaît pas l'essence. On ne nie pas qu'une cause ultérieure ne soit derrière; mais on n'a jamais passé de l'autre côté. L'expérience n'y atteignant pas, chaque science, quelque créance qu'un savant en particulier puisse accorder au fait historique ou au dogme philosophique, chaque science, dis-je, se refuse à introduire, dans l'enchaînement des lois et des théories qui lui sont propres, rien qui soit emprunté à la conception d'une causalité première. Cela est toujours laissé à la théologie et à la métaphysique.

» A ce point, chacun voit, et j'ai à peine besoin de l'indiquer, ce qu'a fait la philosophie positive. Ces absences d'affirmation et de négation, fragmentaires, il est vrai, et que personne n'avait songé à réunir, elle les a rangées en un ordre hiérarchique; et, quand elle les eut tenues ainsi sous son regard, dans leur ensemble, qui embrasse la connaissance du monde, de l'homme et des sociétés, elle a énoncé que la doctrine totale, résultant de leurs doctrines partielles, n'affirmait rien, ne niait rien sur une cause première et sur un surnaturel; mais elle a déclaré en même temps que cette doctrine, par cela même qu'elle est totale, exclut rigoureusement de la trame des choses une cause première, qui ne se montre plus, si elle s'est jamais montrée, et un surnaturel qui fuit devant l'observation sérieuse et précise.

» Quoi que je fasse, je ne peux, tel que je suis, me mouvoir dans le cercle de la question qui m'est proposée, sans m'appuyer sur les dogmes essentiels de la philosophie positive. Depuis près de quarante ans, je la prends pour guide de mon intelligence et de ma conduite. Vous me pardonnerez donc mon langage convaincu ; mais ce que vous ne me pardonneriez, ce que je ne me pardonnerais pas non plus, ce serait de ne pas rappeler le nom d'Auguste Comte, qui a inauguré le mouvement philosophique positif. La reconnaissance, d'accord en ceci avec la vraie sagesse et la saine ambition, veut que le disciple ne se montre que derrière le maître.

» Entre les mains de la philosophie positive, la notion de cause suprême se transforme et, d'absolue qu'elle était, devient relative. Mais cette transformation ne change rien à l'ordre de nos devoirs et à leur rapport. Ils restent aussi liés à la conception substituée qu'ils l'étaient à la conception primitive. Le mode de penser que suit cette philosophie l'oblige à reconnaître que les opinions qui ont dirigé le monde jusqu'à nos jours ont été, en somme, hautement favorables à l'évolution morale de l'humanité; mais le même mode de penser l'oblige à reconnaître, par connexité historique, que le régime scientifique ajoute une nouvelle force à cette impulsion, et que nos devoirs y gagnent en affermissement et en étendue.

» Les faire dépendre de ce que l'on ne connaît point, comme il fallut dans les différentes périodes de l'humanité, est efficace, tant que l'on croit connaître. Mais, dès que cette croyance faiblit, tout ce qui s'y rattache faiblit aussi. Alors, dans cet état des intelligences et des cœurs, qui est celui de beaucoup parmi les hommes de notre temps, où chercher la règle des devoirs, si ce n'est dans la règle des choses? et où apprendre la règle des choses, si ce n'est dans les sciences expérimentales, positives, qui nous enseignent ce qu'est l'univers et ses lois, je veux dire la portion d'univers et de lois qui nous est accessible?

» Les choses nous parleront sévèrement sans doute, selon

leur nature rigide et indifférente. Mais elles ne nous laisseront pas ignorer ce qui nous concerne, et elles nous diront en quoi elles nous seront obéissantes et en quoi elles nous opposeront une résistance insurmontable. C'est une des plus précieuses instructions que nous puissions recevoir.

» Un mot sur les choses. Nous sommes placés dans une nébuleuse composée de millions de soleils. Le nôtre, même avec son cortège, y occupe un très-petit coin. Un coin encore plus petit est tenu par la terre qui nous porte. Sur cette terre, à un certain moment de sa durée, la vie apparut en mille formes, toutes enchaînées par une sorte de types, depuis le végétal jusqu'au vertébré le plus compliqué. Au sein de cette vie, à un moment différent de la production des organismes plus simples, l'homme, sans que, jusqu'aujourd'hui, on ait rien que des hypothèses sur son origine comme au reste sur celle des autres animaux et des végétaux, l'homme, dis-je, vint prendre sa place aux rayons du soleil et sa part aux fruits de la terre.

» Un être ainsi lié à toutes sortes d'existence et assujetti à un mode organique qu'il partage avec les autres habitants de la planète n'est point un être abandonné. Seulement les rapports qui le maintiennent et le dirigent ne se découvrent, sauf en ce qu'ils ont d'élémentaire et de spontané, qu'avec lenteur et par le travail assidu. Les devoirs découlent de ce qu'il est en tant que créature appartenant à un ensemble. Là est la force vive qui les fait prévaloir à travers toutes les mutations sociales et malgré tous les assauts. Elle a été revêtue de bien des noms et de bien des formes, tant qu'on la connut mal ; mais cela ne l'a point empêché d'être toujours la même et toujours présente, et d'imprimer à son œuvre le caractère de la continuité et du développement.

» Il importe d'indiquer quelques linéaments très-généraux de cette réaction du monde sur l'homme, laquelle de plus en plus détermine la vie collective et individuelle.

» Le monde désormais est ouvert devant nous, ciel et terre. Une curiosité active, que rien n'arrête plus, nous porte à le sonder dans ses lointains, dans ses profondeurs, dans son passé. En même temps la nécessité impérieuse nous force à lui demander non seulement notre pain quotidien, mais encore une multitude de satisfactions qui se perfectionnent tous les jours. Etude et travail, savoir et exploitation : voilà les deux grandes directions où nous sommes engagés, sans pouvoir ni vouloir rebrousser chemin.

» Une autre face du monde, je veux dire une autre face de ces choses que nous ne faisons pas, mais qui nous font, se montre dans le groupement des sociétés et le dynamisme qui les travaille. Il s'est trouvé que des annales, recueillies d'abord sans aucune vue d'assurer la continuité de l'histoire, ont fourni des documents qui révèlent le développement social, le progrès des civilisations et l'idée de l'humanité. Tandis que les chrétiens damnent leurs aïeux païens et que les révolutionnaires méprisent leurs aïeux chrétiens, une reconnaissance plus éclairée et meilleure embrasse tout le passé humain. Rien n'est à scinder dans l'immense héritage qui nous a été transmis. Il n'est de pitié profonde pour les ancêtres ni de souci sérieux pour les descendants, quand des préjugés dogmatiques classent les hommes non selon leurs services, mais selon leurs croyances.

» Si, d'un côté, ce que les lois naturelles ont de modifiable excite l'activité de l'homme par le profit qu'il tire de ces modifications, de l'autre, ce qu'elles ont d'immuable, pleinement reconnu, lui enseigne la résignation consciente et voulue, grande vertu pour un être aussi chétif et aussi assailli. Le juste balancement entre l'activité et la résignation est l'attribut de la conception positive du monde.

» L'extension de la tolérance, non pas seulement de cette tolérance passive qui se contente de souffrir les autres, mais de cette tolérance active qui rend pleine justice à toutes les forces sociales dans le passé, cette extension grandiose est due à la philosophie positive montrant que l'évolution humaine est un enchaînement sans solution de continuité. Et cela n'a pu être conçu et ratifié que parce que, dans toutes les constructions intellectuelles et morales, un contingent a toujours été fourni, sans que nous en eussions conscience, par l'ensemble des conditions qui nous régissent au dehors et au dedans ; contingent d'autant plus petit que cet ensemble est moins connu, d'autant plus considérable que cet ensemble est connu davantage.

» C'est en cette sorte que l'évolution morale est si étroitement liée à l'évolution scientifique. Le fait a été nié par plusieurs, qui, arguant, ce qui est vrai, que savoir et moralité sont choses distinctes, n'ont voulu voir qu'une simple coïncidence dans le rapport dont l'histoire témoigne entre ces deux développements. La vérité est que l'homme ne pénètre avant dans les devoirs réels qu'à mesure qu'il écarte davantage les faux milieux que la nature a mis autour de lui.

» Ces faux milieux, l'expression est du fabuliste, sont partout. Ils courbent le bâton mis dans l'eau, *que la raison redresse,* dit au même endroit La Fontaine. Ils nous montrent obstinément le soleil se levant à l'orient et se couchant à l'occident. Soyez-en sûrs, il n'y a pas moins de faux milieux dans l'ordre moral que dans l'ordre physique, nous imposant certains devoirs imaginaires ou mauvais, et nous masquant d'autres devoirs réels et salutaires. Ainsi le veulent les combinaisons entre les choses et notre sensibilité.

» Quiconque déclare avec fermeté qu'il n'est ni déiste ni athée fait aveu de son ignorance sur l'origine des choses et sur leur fin, et en même temps il humilie toute superbe. Aucune humilité ne peut être assez profonde devant l'immensité de temps, d'espace et de substance qui s'offre à notre regard et à notre esprit, devant nous et derrière nous. En présence de ces horizons lointains, découverts par la science, je n'hésite pas à répéter les fortes paroles de Bossuet, qui, ravi dans une contemplation illimitée, bien que tout autre, s'écriait : « Taisez-vous, mes pensées ! »

» La sanction, non plus, ne fait pas défaut. Comment en pourrait-il être autrement, puisque la règle morale émane de cela même qui constitue notre vie individuelle et collective ? Et comment celui qui la viole ne se trouverait-il pas exposé à toutes sortes de punitions ? Mais, comme ces punitions visibles n'atteignent pas tous les coupables, et que des maux semblables à des punitions frappent des innocents, il faut s'élever plus haut et arriver au tribunal du juge qui condamne et qui absout. Ce juge est la conscience. Elle résulte de la somme de règles morales que chaque civilisation, chaque époque fait prévaloir dans les milieux sociaux. Elle est nécessairement transformable et perfectible. Mais, à chaque étape, elle exerce sur les hommes une action puissante. Elle ne manque son efficacité que sur quelques organisations malheureuses, qui, d'ailleurs, ne sont pas moins réfractaires à la doctrine des peines et des récompenses après la mort, comme le montrent et le passé et le présent.

» Que si l'on demande davantage, c'est-à-dire une pénalité effective après que l'homme a subi le trépas, nous n'avons rien à répondre, rien à nier, rien à affirmer, ignorant absolument et ce qui est après le tombeau et ce qui est avant la vie ; mais nous constatons que la conscience, développée selon le degré de culture collective et individuelle, est l'œil vigilant toujours ouvert, même sur les actes les plus secrets.

» Homère représente les vieillards troyens assis aux portes Scées, pendant que les guerriers vaillants soutiennent le poids du combat, et il les compare, s'entretenant des prouesses passées, à des cigales oisives dont la voix grêle résonne dans la forêt touffue. En effet, les vieillards, touchant au terme de la carrière, se reposent ; leur voix faible ne se fait pas entendre au loin, et ils laissent aux jeunes les grands travaux et les vastes pensées. Mais, quand l'inévitable vieillir ne les a pas trop atteints et qu'ils gardent sinon le feu, du moins la lumière, alors il leur reste, pour les accompagner jusqu'au bout, la satisfaction de prêter leur parole et leur expérience à ce qui peut être utile : satisfaction d'autant mieux ressentie qu'il ne s'y mêle plus d'autre souci que celui qui occupait le vieillard de La Fontaine. »

Si la noble Académie n'avait que M. Littré pour nous donner des leçons de clarté dans les idées, il faut avouer que nous serions vraiment bien à plaindre. *Fiat lux!*

III

Ecole Anglaise.

Nous passerons sous silence tous les autres Philosophes anglais qui ont donné dans des erreurs plus ou moins extravagantes sur le grave sujet qui nous occupe, pour nous occuper surtout du système de Ch. Darwin, qui, de nos jours, a eu un immense retentissement non-seulement dans la Grande-Bretagne, mais dans tout le monde civilisé; ainsi que de quelques autres moins fameux, c'est vrai, mais partisans d'erreurs semblables.

1° Avec tout son bagage considérable de connaissances naturelles, il n'est pas moins vrai que le célèbre zoologiste anglais suit en grande partie le système de Lamark. Mais, avant tout, nous devons observer que, malgré les objections formidables que l'on peut élever contre une partie de son système, Ch. Darwin ne fait nullement profession d'appartenir à l'école des athées. Il nous affirme, au contraire, que toutes les intelligences les plus profondes qui ont existé reconnaissent l'existence « d'un Créateur et Régulateur de l'Univers. » Ce point établi, écoutons-le nous exposer lui-même son système, dans son livre intitulé : *l'Origine de l'homme*. Voici en quels termes Darwin s'exprime au chapitre 11 de la première partie de ce livre :

« Apprenons que l'homme descend d'un quadrupède couvert de poil, muni d'une queue et ayant des oreilles pointues probablement comme des arbres, et qui habitait dans l'ancien monde. Si un savant dans l'histoire naturelle avait pu examiner la structure d'un tel être, il l'aurait certainement rangé dans la classe des animaux à quatre mains, comme étant celle à laquelle appartiennent incontestablement les singes, qui sont les ancêtres les plus généraux et les plus anciens de l'homme, dans l'ancien et dans le nouveau monde.

» Les animaux à quatre mains et la première classe des mammifères sont probablement produits par quelque ancien animal des marais, qui, après avoir subi une longue série de formes diverses, tire son origine où d'un être semblable aux reptiles ou des amphibies qui, à leur tour, descendent de quelque animal semblable aux poissons. Nous pouvons entrevoir, au milieu de l'épaisse obscurité du passé, que l'antique progéniteur de tous les animaux pourvus de vertèbres doit avoir été un animal aquatique. La plus grande difficulté qui se présente à nous, quand nous sommes conduits à cette conclusion sur l'origine de l'homme, c'est l'état élevé de son pouvoir intellectuel et des dispositions morales auquel il est parvenu. Nonobstant, quiconque admet le principe général d'évolution doit voir que la force mentale des animaux les plus parfaits, — qui est de la même espèce de celle des hommes, quoique d'un degré bien différent, — est capable de perfectionnement. Un grand pas vers le développement intellectuel dut avoir lieu aussitôt que, par le moyen d'un perfectionnement précédent, le langage, fruit de l'art ou de l'instinct, vint en usage. Car l'usage continuel de parler aura réagi sur le cerveau et produit un effet héréditaire, qui, lui aussi, aura réagi en perfectionnant le langage (Part. II, p. 390). »

Quoique le sommaire qui précède et qui est traduit mot pour mot des livres de Darwin suffise pour expliquer clairement son système, nous croyons utile de citer encore quelques courts passages du même ouvrage, qui nous feront connaître mieux encore l'idée de l'auteur. Ainsi, Darwin dit avec Grattam que l'homme sortit de l'état sauvage dans un temps qui n'est pas comparativement bien éloigné. « J'ai eu en vue, ajoute-t-il, *premièrement*, de montrer que les espèces n'ont pas été créées séparément, et, *en second lieu*, que la *sélection* naturelle a été le premier agent pour produire un tel changement. (Part. 1, c. 4). »

Après avoir dit ailleurs (c. VI) que « le pouvoir spirituel ne peut être ni comparé ou classé par les naturalistes, » Darwin continue en disant que « les facultés mentales de l'homme et celles des animaux de bas étage ne sont pas d'espèce différente, quoiqu'il existe entr'elles une différence immense dans le degré. Mais cette différence de degré, si grande qu'elle soit, ne nous donne pas le droit de placer l'homme dans un règne distinct. »

Un peu avant (c. III), Darwin avait dit qu'il lui semblait fort probable « que tout animal, doué d'un instinct particulier social, acquerrait inévitablement un sens moral de conscience, aussitôt que sa force intellectuelle se développerait comme dans l'homme, ou presque à peu près comme elle se développe dans l'homme. Il est probable que les progéniteurs de l'homme, de nature semblable au singe, furent également sociables. La différence d'esprit entre l'homme et la brute la plus parfaite, si grande qu'elle soit, consiste certainement dans une différence de degré et et non d'espèce... La raison, dont l'homme se glorifie, peut se trouver chez les bas animaux, dans un degré inférieur et quelquefois d'une manière fort développée. Pour que un être, semblable au singe, ait pu se transformer en homme, il est nécessaire que son ancienne forme se soit altérée, et qu'il ait subi aussi plusieurs autres transformiations successives et dans son esprit et dans son corps. Il est impossible d'avoir une évidence directe sur ce point (c. IV). »

Nous compléterons ces notions sur le système de Darwin dans nos chapitres sur l'origine et sur l'unité de l'espèce humaine.

2° Dans le livre intitulé : *L'homme dans le présent, dans le passé et dans l'avenir*, — traduit de l'allemand, par le docteur Buchner, on lit les passages suivants que nous traduisons fidèlement, à notre tour :

» *D'où venons-nous ?*..... L'homme n'est pas descendu du ciel sur la terre comme fils du paradis..... mais, comme tout le reste du monde organique, il s'est développé graduellement durant le cours de plusieurs milliers d'années et de générations innombrables, en commençant à exister comme sauvage grossier et à peine supérieur aux autres animaux..... Les premiers êtres humains doivent avoir eu ce signe (le signe du cordon ombilical) qui est le propre de leur nature originelle ; et de cette simple réflexion vient la nécessité d'admettre toute la théorie de leur descendance. La même conséquence se tire aussi du rapport de la poule et de l'œuf ; parce qu'aucune poule n'a jamais été produite sans un œuf, et qu'aucun œuf n'a jamais été produit sans une poule. En conséquence, l'un et l'autre ne peuvent être autre chose que le résultat d'une précédente et longue altération de formes et la dernière analyse de l'origine spontanée du premier et plus simple élément de forme organique.

» *Que sommes-nous ?*.... l'homme considéré scientifiquement peut être regardé seulement comme une famille distincte appartenant à l'ordre la plus élevé des Mammifères, qui comprend en outre le singe original. La préséance que l'homme a sur les autres animaux est plutôt relative qu'absolue... Cette préséance consiste principalement dans une perfection plus grande, dans un développement plus avantageux de ces caractères qu'il possède en commun avec les bas animaux..... Si l'on y réfléchit plus attentivement, on voit disparaître tous les caractères distinctifs supposés entre l'homme et les bêtes, voire ceux qui regardent les qualités intellectuelles et morales, l'attitude droite en marchant et le libre usage des mains, la physionomie humaine et le langage articulé, la vie sociale et les instincts religieux, etc. etc..... La croyance dans la divinité est un je ne sais quoi produit et entretenu par le peu de connaissance que l'on a des lois de la nature et de leur lien intime. L'homme sans éducation, ne sachant expliquer ces lois d'une manière naturelle, les rapporte à une origine invisible et mystérieuse..... La science est en opposition continuelle avec une telle idée..... Aussi, toute science, et particulièrement toute philosophie, qui cherche la réalité et non l'apparence, la vérité au lieu du mensonge, doit être nécessairement athée..... En effet, le mot *Dieu* est une expression pour voiler notre ignorance, et on doit en dire autant, dans d'autres circonstances spéciales, des mots *force vitale, instinct, âme,* etc., etc.

» A la troisième et grande question proposée par nous, c'est-à-dire : *Où allons-nous ?* on ne peut faire d'autre réponse que en ce qui concerne, ce qui embrasse cette vie terrestre, et ce qui se rapporte à la future perfection de l'homme sur la terre..... A mesure que nos connaissances scientifiques croissent en profondeur et en étendue, elles nous rapprochent toujours davantage de la nature et de l'existence terrestre, — pendant que, en même temps, elles nous éloignent, dans la même proportion, des hypothèses spirituelles et des chimères du passé..... C'est non-seulement un droit, mais une obligation pour l'homme de se regarder lui même comme étant le régulateur de tout ce qui lui est voisin, de diriger et d'altérer les choses selon ses nécessités et ses idées, autant que cela lui est possible.

» L'homme est sur la terre non pas pour se préparer à passer dans un monde meilleur, comme disent les Théologions, mais simplement pour l'habiter. On pourrait ajouter *pour y être heureux et tranquille*, si le bonheur et la tranquillité ne disparaissaient pas presque entièrement sous le poids de la matière et des horreurs qui accompagnent les efforts que l'on fait pour vivre et obtenir des jouissances sur cette terre. »

3° Citons maintenant quelques passages du livre de Winwood Reade, intitulé, *The Martyrdom of Man, Le martyre de l'homme*. Ces extraits suffiront pour nous donner une idée du système de l'auteur.

» Ces points de gélatine animée, n'ayant aucune forme ou figure particulière, nageant sans le savoir dans la mer primitive..... sont les ancêtres de l'homme. L'histoire de notre race commence avec eux..... Mais pour ce qui regarde l'origine de l'homme, nous n'avons qu'un seul document auquel nous puissions en appeler, et ce document c'est le corps de l'homme..... Considérez un squelette, et vous y verrez un petit os plié, derrière, entre les jambes..... Nous avons tous une queue sous notre peau. Mais si nous descendons jusqu'à ces singes qui ressemblent à l'homme, nous trouvons que la queue est aussi tronquée chez eux et sans usage comme chez nous..... Les ancêtres de l'homme doivent être cherchés dans le bas règne animal... De même que le beau, mais non encore parfait, corps de l'homme s'est dégagé lentement de viles et obscures créatures aquatiques et terrestres, ainsi la belle mais non parfaite encore intelligence de l'homme s'est lentement dégagée des instincts des bas animaux.

» La seule vraie religion est celle qui consiste à développer, de tout notre pouvoir, notre génie et notre amour. Nous enseignons qu'il y a un paradis dans les âges fort éloignés de nous, mais ce paradis n'est pas pour nous, petits corpuscules que nous sommes ; il n'est pas pour nous qui ne sommes que des points de gélatine animée. Ce paradis est pour celui dont nous sommes les éléments, et qui, pendant que nous sommes détruits, ne meurt jamais... Notre espérance repose dans la félicité de notre postérité. Notre foi est placée dans la perfectibilité de l'homme.

» Le Christianisme doit être détruit. Le monde civilisé a surpassé une telle religion. Aujourd'hui, la science, la liberté et la prospérité couvrent la terre. Pendant les trois derniers siècles, la vertu humaine n'a fait que croître d'une manière régulière, et le genre humain est préparé à recevoir une foi plus sublime. Mais pour pouvoir édifier, il faut auparavant détruire..... Ce temps viendra quand la science transformera nos corps et nos esprits par des moyens que nous ne pouvons conjecturer..... Les maladies seront extirpées, les causes de décadence disparaîtront, l'immortalité sera retrouvée. Alors, la terre étant trop petite, le genre humain franchira l'espace et traversera ces déserts sans air qui séparent les planètes des planètes et le soleil du soleil. La terre deviendra une terre sainte, qui sera visitée par des pèlerins qui accourront de toutes les parties de l'univers. Enfin, les hommes régleront les forces de la nature ; ils seront eux-mêmes architectes de systèmes, et fabricateurs de mondes. Alors, l'homme sera parfait ; alors, l'homme sera créateur. Alors, l'homme sera, par conséquent, un être parfaitement semblable à celui que le vulgaire adore comme Dieu. »

CHAPITRE IV

OBSERVATIONS SUR LES SYSTÈMES PRÉCÉDEMMENT EXPOSÉS
ET SUR QUELQUES AUTRES DU XVIIIe SIÈCLE
NON MOINS ABSURDES.

I

1. Nous avons exposé les principaux systèmes sur l'origine et la nature de l'homme, tels qu'ils ont été décrits par les Philosophes anciens et modernes; mais, comme nous l'avons dit dans notre Prologue, nous n'avons nullement l'intention de les réfuter dans tous les points où ils sont en opposition avec les vérités les plus claires. Nous ne croyons pas qu'il soit convenable de porter la guerre au milieu des paisibles domaines des sciences métaphysiques et naturelles, et cela d'autant plus que la majeure partie des systèmes indiqués par nous s'éloignent tellement des idées communément adoptées par le genre humain, que les avoir exposés dans leur sens naturel c'est les avoir suffisamment réfutés. La sentence de condamnation qu'ils portent gravée sur leur front peut être facilement aperçue par quiconque est doué du sens commun et libre de tout préjugé.

Le but, que nous nous proposons dans ce chapitre, est seulement de faire diverses observations sur ces générations générales, sur ces systèmes, et sur quelques explications qu'ont cherché à en donner plusieurs auteurs, entre autres Buffon et Voltaire. Tous ces systèmes prouvent à quels égarements peut s'abandonner l'esprit de l'homme, si grand soit son génie, si vaste soit son érudition, quand, se confiant en ses propres ressources, il s'éloigne de la règle des principes généraux qui sont les seuls fondements de la véritable philosophie. Par exemple, tous doivent confesser l'existence d'un Être suprême, créateur et gouverneur de l'Univers, attendu qu'il ne peut exister aucun effet sans une cause qui l'ait produit, et qu'aucun ordre parfait et constant ne saurait régner dans la nature sans une intelligence régulatrice. Cependant Épicure et quantité de ses disciples anciens et modernes aiment mieux admettre que les êtres, qui sont contenus dans l'Univers, sont le produit du hasard, plutôt que de reconnaître l'existence d'un Dieu créateur et gouverneur de toutes choses.

Voici avec quelle énergie de raisonnement l'éloquent Cicéron réfute une assertion si singulière et si ridicule, dans le n° 37 de son livre II, *De natura* :

« Ne dois-je pas m'étonner qu'il se trouve un homme qui se persuade que certains corps solides et indivisibles se meuvent par leur propre force et leur poids, et que, de leur rencontre fortuite, s'est fait un monde si beau et si brillant ? Je ne vois vraiment pas pourquoi celui qui croit que cela a pu se faire ne croirait pas aussi que, en jettant un nombre prodigieux des vingt-et-un caractères de l'alphabet (qu'ils fussent d'or ou d'une autre matière), et en les répandant sur le sol, on en peut composer d'une manière lisible les annales d'Ennius ? Je doute pourtant que le hasard soit capable d'en faire jamais un seul vers. Dès-lors, comment ces gens-là peuvent-ils affirmer que le monde s'est fait de corpuscules qui ne sont doués ni de couleur, ni d'aucune de ces qualités que les Grecs désignent par le terme de ποιότης, ni d'aucun sentiment ; qui ne se rencontre que fortuitement ? Ou comment peuvent-ils affirmer que, à chaque instant, il naît un nombre infini de mondes, et qu'il en périt d'autres? Si la rencontre des atomes peut former un monde, pourquoi ne peut-il pas aussi former un portique, un temple, une maison, une ville? Ce seraient des ouvrages beaucoup moins pénibles, beaucoup plus faciles. En vérité, ils parlent du monde d'une manière si peu sensée, que je suis tenté de croire qu'ils n'ont jamais contemplé la magnificence du ciel. Aristote dit donc fort bien : « que s'il y avait des hommes qui eussent toujours demeuré sous terre, dans de superbes maisons ornées de statues et de tableaux, garnies de toutes ces choses que possèdent en abondance ceux qu'on estime heureux; mais qu'ils ne fussent jamais venus à la surface de la terre et qu'ils eussent pourtant appris, par le bruit public, qu'il existe quelque être supérieur, quelque puissance divine. Que s'il se faisait ensuite, dans un temps quelconque, quelque ouverture dans la terre, et qu'ils pussent se rendre de leur séjour ténébreux dans les lieux que nous habitons: après avoir vu tout-à-coup la terre, les mers et les cieux, observé la grandeur des nuages et l'impétuosité des vents, contemplé le soleil, sa grandeur, sa beauté, et remarqué sa puissante action qui fait le jour en répandant la lumière sur l'horizon; après avoir vu, quand la nuit aurait obscurci la terre, le ciel tout parsemé d'astres éclatants, les différentes phases de la lune croissante et décroissante, le lever et le coucher de tous ces astres; après avoir vu tout cela, ils ne douteraient certainement plus ni qu'il n'y eût des Dieux, ni que ce fussent là leurs œuvres. »

Au n° 38, Cicéron s'exprime encore comme il suit:
« ... En effet, qui donc voudrait donner le nom d'homme à celui qui, voyant le mouvement si juste du ciel, le cours si régulier des astres et la liaison si heureuse de tout, nierait pourtant qu'il y ait là une cause intelligente, et prétendrait établir par le hasard ce dont la sagesse ne peut pas même être conçue par la nôtre? Quand nous voyons quelque

mouvement mécanique, par exemple, celui d'une sphère, d'une horloge ou d'autres objets, nous ne doutons pas que ce ne soient là les ouvrages d'une intelligence ; et lorsque nous voyons le ciel, entraîné avec une si merveilleuse rapidité, tourner d'une manière si constante, et offrir, pour le plus grand bien et la conservation de toutes choses, les diverses saisons de l'année, douterions-nous que cela ne soit dirigé par quelque intelligence et même par une intelligence supérieure, divine ? Car enfin il n'est plus besoin ici de raisonnements subtils ; nos yeux peuvent examiner la beauté des choses dont nous attribuons l'établissement à la Providence. »

II. Nous observerons, en outre, que plusieurs des systèmes dont il s'agit sont en contradiction les uns avec les autres. D'où il résulte évidemment, en fait de systèmes contradictoires, que, si l'un est démontré vrai, tous les autres doivent être nécessairement considérés comme faux. Ainsi, s'il est vrai que la véritable origine de l'homme consiste en ce qu'il soit sorti immédiatement du sein de la terre, et que ces enfantements de la terre aient produit immédiatement des êtres humains, comme Lucrèce et Épicure l'affirment, il devient certainement impossible d'admettre comme vrai que les premiers hommes tombèrent comme une pluie du haut des nuages sur la terre, ou qu'ils se dégagèrent de la fange du Nil, ou qu'ils tirèrent leur origine de monades par un développement naturel et régulier qui dura des milliers d'années, s'améliorant graduellement jusqu'à ce qu'il fut arrivé à la forme la plus parfaite des singes, ces progéniteurs supposés de l'homme. En sorte que, si l'on admet un de ces systèmes comme vrai, alors tous les autres, le premier compris, doivent être absolument rejetés comme faux.

Il faut encore observer que personne n'est obligé d'admettre un système qui n'a pas pour base des preuves claires et solides ; de sorte que tout homme sensé doit, généralement parlant, ne faire aucun cas d'un système quelconque, tant que l'on n'a pas allégué en sa faveur des arguments évidents ou au moins capables de donner une probabilité sérieusement fondée. Par conséquent, que penser, nous le demandons, de tous ces systèmes que nous avons exposés, dont plusieurs sont en opposition directe avec les principes les plus évidents de la raison, et qui tous ne sont confirmés par aucun fait ? Quant à nous, nous le déclarons franchement, si n'était la grande estime que nous professons pour certains Zoologistes modernes, nous n'hésiterions pas à dire que les sciences physiques n'auraient rien à perdre si l'on faisait un faisceau de toutes les hypothèses qui ne s'appuient sur aucune preuve, et si on les reléguait au milieu du bazar des contes inventés pour amuser les enfants et les oisifs.

III. En comparant les systèmes des païens avec ceux des auteurs modernes, on voit clairement que, quoiqu'ils diffèrent entr'eux par les expressions, les Philosophes modernes n'ont fait en grande partie que calquer leurs systèmes réellement absurdes et ridicules sur ceux des païens. En sorte qu'en cela, comme sous beaucoup d'autres rapports, on peut dire avec l'Ecclésiaste que « il n'y a rien » de nouveau sous le soleil. » Ceux qui, de nos jours, nient par système l'existence d'un Créateur et d'un Régulateur suprême, ne font qu'imiter ces païens aveugles qui, tout en adorant différentes divinités, ne reconnaissaient en même temps aucun Dieu, et attribuaient au hasard tout ce qui existe dans la nature. Les Idéalistes d'aujourd'hui ne doivent certes pas ignorer que les Indiens du vieux temps attribuaient, eux aussi, l'origine de tous les êtres animés à une simple idée, comme l'attestent leurs fables. Ceux qui, de notre temps, affirment que la condition primitive de l'homme fut de vivre comme les bêtes et sans société ont pour maîtres les philosophes de l'antique école épicurienne. Les modernes disciples de Darwin ne sauraient non plus se vanter d'une originalité absolue, quand ils font descendre tous les êtres vivants d'un animal aquatique, car les Égyptiens de l'antiquité croyaient, eux aussi, que les premiers êtres vivants sortirent du sable du Nil. Que le langage articulé et les facultés intellectuelles de l'homme ne soient pas un privilége particulier à lui accordé par les Dieux, comme l'enseignait Cicéron, mais qu'ils soient seulement un effet spontané des efforts occasionnés par les besoins et les circonstances où l'homme s'est trouvé, comme le prétendent certains philosophes modernes, — ce n'est là qu'un écho de la doctrine des anciens philosophes païens, célébrés dans le poème du vieux Lucrèce.

IV. Malgré tout cela, on trouve chez les philosophes modernes quelques propositions auxquelles il ne semble pas que l'on puisse appliquer l'axiome : *Nihil sub sole novum*, tant elles sont nouvelles par leur extravagance et leur absurdité ! Citons, pour exemple, cette maxime de Rousseau : « L'homme civilisé est un être dégénéré »; cette autre proposition émise par Darwin : « Tout animal
» doué d'un instinct particulier sociable pourrait inévita-
» blement acquérir un sens de conscience morale, aussitôt
» que ses forces intellectuelles deviendraient aussi déve-
» loppées ou presque aussi développées que celles de
» l'homme », et cette autre encore : « La raison dont
» l'homme se glorifie peut se retrouver à l'état de premier
» degré et quelquefois aussi très-développée chez les bas
» animaux. »

Rousseau pense donc que l'état parfait de l'homme consiste dans cette forme primitive de nature sauvage imaginée par lui, mais qu'on n'a retrouvée nulle part, dans laquelle l'homme ne parle pas, ne raisonne pas et agit selon les instincts de ses nécessités sensuelles. Darwin, lui, tout en admettant que la raison est un privilége dont l'homme peut se glorifier à juste titre, admet cependant qu'il peut se trouver des bêtes douées de conscience, de facultés intellectuelles et même de la raison, dans un degré fort avancé. Si Phèdre, l'élégant fabuliste du temps des anciens Césars, vivait de nos jours, il nous raconterait certainement que les animaux qu'il a célébrés sont aujourd'hui remplis d'un noble orgueil et se sont réunis en assemblée pour voter des remerciements à Rousseau et à Darwin : — à Rousseau, parce que celui-ci, en privant l'homme d'intelligence et de raison, l'a abaissé à leur niveau; — à Darwin, parce que celui-là, avec sa prétendue science zoologique, a élevé, autant qu'il a pu, les bas animaux au-dessus de leur nature sensuelle, et les a fait participer à l'intelligence et à la raison de l'homme. Or, comme nous n'avons trouvé, dans aucun système des anciens Philosophes, aucune proposition aussi absurde que celles que nous venons de citer, on nous permettra, sans doute, de les comprendre dans la classe des aberrations inouïes nouvellement enfantées par l'esprit humain.

V. Quant à ce concerne quelques-uns des derniers écrits publiés sur l'origine de l'homme, qu'ils regardent comme un descendant des singes, et aux affirmations par lesquelles ils avancent que l'on a retrouvé aujourd'hui l'anneau qui unit les hommes aux animaux, nous avons consulté tout récemment plusieurs professeurs distingués d'anatomie comparée sur la valeur des preuves alléguées par ces auteurs à l'appui de leur dire. Or, l'opinion de ces maîtres de la science se trouve entièrement contraire aux assertions des auteurs auxquels nous faisons allusion. Les principaux restes anciens que l'on a découverts, supposé qu'ils soient authentiques, sont le crâne d'Angis (près Liége), ainsi nommé du lieu où il fut découvert par le docteur Schmerling, — le crâne de Néanderthal (Prusse), découvert, en 1857, par le docteur Fuhlrott, — et la mâchoire de Moulin-Quignon, découverte, en 1863, en ce lieu par Boucher de Perthes. Or, le crâne d'Angis n'est certainement pas un type des bas animaux; quant au crâne de Néanderthal, c'est incontestablement une monstruosité qui n'a rien de commun avec l'homme, quoique Leyell l'ait jugé avoir appartenu à un homme d'une époque géologique antérieure d'une multitude de siècles aux temps historiques ; enfin, la mâchoire de Moulin-Quignon, que l'on peut voir au musée de Paris, n'est certes pas une mâchoire de singe. Les découvertes faites par le docteur Dupont, en Belgique, révèlent une tendance progressive à renouveler les familles de l'Australie et du Mongol ; mais elles ne peuvent en aucune façon s'appeler des anneaux de conjonction entre l'homme et le singe. Si aux découvertes que nous venons d'énumérer nous ajoutons celles de Laing et de Huxley, dans Caithness, la mâchoire humaine de Collyer, découverte par lui dans une caverne, l'homme fossile contemporain du Mastodonte, au comté de Calavéras, la mâchoire de Moulin-Quignon déjà mentionnée, nous constatons que tous ces objets sont jugés ou ridicules ou non authentiques, et ont souvent été déclarés faux et de nulle valeur par la majeure partie des hommes à science profonde, quoiqu'ils fussent admis par une minorité plus bruyante qu'autorisée.

En exprimant maintenant notre opinion sur le plus grand nombre des auteurs modernes qui ont écrit sur l'origine de l'homme, nous sommes forcé de déclarer qu'ils nous fournissent des exemples éclatants pour montrer quelle sorte de productions littéraires peuvent mettre au jour des hommes certainement instruits et élégamment élevés, mais qui refusent d'éclairer les faits scientifiques avec la lumière de la vérité.

Nous ajouterons encore que la crédulité excessive qui distingue quantité de savants modernes est certainement bien plus grande que la crédulité naïve qu'ils reprochent à celui qui croit en Dieu et à sa révélation.

II

Aussi tous les systèmes inventés par les Philosophes antichrétiens, anciens ou modernes, sur l'origine de l'homme ne sont-ils que pure supposition ou absurdité. Voilà où l'on en est réduit lorsqu'on veut faire des systèmes de la nature, interpréter la nature, raisonner sur les principes de la nature en dehors de ce que nous apprend l'auteur même de la nature par la raison et la révélation. Ne saurions-nous autre chose que ce que la Religion nous dit, que nous sortons des mains du Créateur, nous sommes contraints d'avouer qu'elle dit vrai, parce que ce qu'elle nous apprend est la seule chose que nous puissions admettre. Notre intelligence ne saurait s'accommoder que de la création, tout incompréhensible qu'elle est.

VI. Pour combattre cet acte du Tout-Puissant, il n'est pas d'hypothèse que la Philosophie n'avance. On n'a pas besoin de rien supposer quand on voit clair. La matière vivante et la matière morte, voilà tout ce qu'on peut voir dans l'univers. On entend par matière vivante celle qui se meut par elle-même ; et par matière morte celle qui reçoit son mouvement d'une autre matière. C'est de l'union de ces deux matières qu'on nous dit que nous sortons. Mais puisque, en géométrie, une quantité réelle jointe à une quantité imaginaire donne un tout imaginaire, que sommes-nous donc, nous, qui sommes composés d'un certain nombre de molécules de matière vivante et de matière morte ? Il fait beau voir la Philosophie en contradiction avec la géométrie, qu'elle appelle la science la plus sûre et la plus exacte.

Mais les Philosophes trouvent, dans la nature, le pouvoir de tout faire. En excluant tout autre pouvoir, ils en font un être de raison qu'ils prétendent trouver dans la réunion des deux espèces de matière. Ils conviendront du moins que ce qui en résultera peut être vivant ou mort. Alors demandons-leur : quand et pourquoi ce résultat sera-t-il vivant ? quand et pourquoi sera-t-il mort ? Mort ou vivant, il existe sous une forme ; et, sous quelque forme que ce soit, quel en est le principe ?

Voici leur réponse : N'imaginent-ils pas des moules dont ils font les principes des formes (1) ? Mais qu'est-ce qu'un moule ? Est-ce un être réel et préexistant ? Alors comment s'est-il formé ? Si ces moules ne sont, comme ils le prétendent, que les limites intelligibles de l'énergie des molécules vivantes, alors cette énergie, comment variera-t-elle ? Ses limites sont déterminées par son rapport en tout sens aux résistances en tout sens. Variera-t-elle par elle-même ? ou ne variera-t-elle que selon la quantité, la qualité, les formes de la matière morte ou vivante à laquelle elle s'unira ?

Illustre historien de la nature, vous avez fourni la réponse que je demandais aux Philosophes, c'est à vous que je m'adresse pour m'expliquer la formation de l'homme! Vous me dites que les molécules organiques sont renvoyées de l'un à l'autre sexe ; que, dans les organes qui leur servent de réservoir, ces molécules se réunissent, s'arrangent par une attraction particulière, dans un moule intérieur. Vous me dites que la molécule organique n'est ni animal, ni végétal ; elle produit cependant les animaux et les végétaux. Comment cela peut-il être ? Et comment ces molécules que vous supposez inaltérables peuvent-elles être moulées dans un moule intérieur ? Des éléments qui se modifient ne sont plus des éléments ; et s'ils restent inaltérables, ils ne peuvent concourir à la formation d'un corps organisé. Daignez m'expliquer tout cela.

(1) BUFFON, *Hist. natur. des anim*, ch. II et suiv.

Je voudrais bien encore savoir comment des molécules, qui, suivant vous, partent de toutes les parties du corps générateur, il peut se former un corps complet, quand celui qui a contribué à cette formation n'est pas complet lui-même ? Comment un fœtus naît-il avec deux mains quand son père est né manchot ? Comment, en un mot, se fait l'arrangement de toutes les parties organiques ? Montrez-m'en le mécanisme ! Tout doit nager sans ordre dans le fluide qui tient lieu de réservoir, ou il faut me montrer quel est l'architecte d'un si bel ouvrage. Ce moule est-il partout, ou n'est-il nulle part ?

Tout le monde vous regarde comme le digne hiérophante d'un temple tout rempli de mystères auxquels nous souhaitons avec ardeur d'être initié. Pourquoi tarder de nous instruire ? Ce n'est pas mauvaise volonté, c'est impuissance de votre part. Il faut du moins vous rendre cette justice : les travaux infatigables et les recherches pleines de curiosité dont vous vous êtes occupé vous rendent digne d'un si beau titre.

Telle sera toujours la situation de tout Philosophe, quand il s'agira d'expliquer les premiers principes. En ce point, notre ignorance vaut bien leur superbe sagacité. Toutes les fois que le génie humain se mêlera d'expliquer les opérations de la nature, il ne dira jamais rien de satisfaisant, quand il parlera de l'état actuel des choses. Cet état est le seul où il puisse porter ses scrutations. Mais dire que les choses ont commencé comme elles se passent à présent, c'est ne parler que d'après l'imagination. Cette seule observation suffit pour renverser le parti de la Philosophie.

A la question : d'où sont venus les hommes qui ont peuplé l'Amérique ? Voltaire répond qu'ils y ont été mis par celui qui fait croître l'herbe des champs ; et qu'on ne doit pas être plus surpris de trouver en Amérique des hommes que des mouches (1). Le philosophe de Ferney avait déjà dit

(1) *De l'Amériq.* (*Discours prélimin.*)

que la Providence qui a mis des hommes dans la Norwége en a planté aussi en Amérique et sous le cercle polaire, comme elle y a planté des arbres et fait croître de l'herbe (1).

Cette réponse est loin de satisfaire celui qui veut absolument savoir son origine, parce qu'il n'ignore pas que l'on ne plante pas les hommes comme les arbres, et qu'ils ne croissent pas à l'aventure comme les herbes. Oui, l'on trouve en Amérique des hommes comme on y trouve des mouches; mais le germe humain n'a pu y être transporté, comme celui des mouches, dans une matrice qui lui fût étrangère.

Voltaire dit encore qu'il n'est permis qu'à un aveugle de douter que les Blancs, les Nègres, les Albinos, les Hottentots, les Lapons, les Chinois, les Américains, ne soient des races entièrement différentes (2). Nous serions aveugles nous-mêmes si nous doutions que Voltaire, par toutes ces assertions, ne veut nous ôter la connaissance que la Révélation nous donne de notre origine. Mais ni Voltaire, ni les autres Philosophes ne nous persuaderont jamais que les hommes aient une tige différente les uns des autres. Jamais ils ne nous feront entendre que nous sortons de la terre comme les champignons ; et c'est ce qu'il faut admettre quand on donne tout à la nature, et qu'on exclut un Dieu dont le pouvoir créateur a fait un tronc primitif d'où sortent tous les hommes.

L'Amérique fut longtemps inconnue. On veut savoir comment s'est peuplé ce continent. Il me paraît aisé de s'en instruire : il faut observer que, de tous les animaux, il n'y a que ceux qui habitent ou fréquentent les terres du Nord qui soient communs aux deux mondes. Ne voit-on pas par là que les deux continents sont ou ont été contigus vers le Nord; et les animaux qui leur sont communs

---

(1) *Des différ. races d'hommes.*
(2) *Des différ. races d'hommes.*

n'ont-ils donc pas pu passer de l'un à l'autre par des terres que nous ne connaissons pas, que nous ne connaîtrons peut-être jamais, parce qu'une révolution les aura englouties pour toujours.

D'ailleurs, on n'a pas encore pénétré dans toutes les terres de *Yeso ;* on ne connaît pas encore le continent qui est entre leur nord et l'Orient ; on doute si ces terres ne sont pas jointes au continent septentrional de l'Amérique. Pourquoi les hommes ne seraient-ils pas entrés par là dans ce dernier pays? Le Philosophe qui, pour croire que les Américains ont une autre origine que les autres hommes, suppose qu'ils n'ont point eu de communication ensemble, fait donc une supposition purement gratuite.

N'en déplaise à la gravité philosophique, nous nous permettons de rire de l'idée comique d'un auteur sérieux qui dit que le corps humain tire son origine du sein des ondes. Je dis *sérieux*, car quoique cet auteur ait fait les honneurs de son livre à Cyrano de Bergerac, auteur lui-même des voyages imaginaires dans le soleil et dans la lune, en le lui dédiant par une épître badine, il traite de la manière la plus grave son extravagant sujet, et l'on trouve dans l'exposition de son sentiment, quelque ridicule qu'il soit, tout le sérieux d'un Philosophe. Cet auteur, qui, toute sa vie, avait fait une étude particulière de l'histoire naturelle, s'était occupé surtout de connaître la nature du globe et l'origine de l'homme. S'il est un séjour qu'aucun homme ne puisse habiter, c'est assurément le fond des eaux. Cependant, pour y faire naître notre premier père, il y arrange une matière où les premiers éléments du chef des humains se sont combinés et perfectionnés. Il est vrai que la Mythologie dit que Vénus naquit ainsi ; mais cette idée ne fut jamais qu'allégorique, et en cela a brillé le génie des anciens. Jamais on n'a regardé la naissance de la déesse de l'amour que comme une fable. Pourquoi écrire l'histoire avec les mêmes traits? Diodore se moquait sans doute de la crédulité de ses lecteurs quand il écrivait que le limon du Nil, aidé des rayons du soleil, donna naissance aux animaux. Mais nous nous moquons à notre tour de celui qui assure que l'eau fut le sein où se formèrent les hommes. Nous reléguons cette idée parmi celles des temps fabuleux où l'on se persuadait que le fils de Prométhée et sa femme, pour obéir à l'oracle de Thémis, avaient jeté des pierres derrière eux, et que le monde en avait été peuplé. Est-ce que l'ancienne fable ne vaut pas l'histoire de nos nouveaux naturalistes ?

VII. Ce qu'il y a de certain, c'est que l'homme ne s'est pas fait lui-même ; il faut donc reconnaître qu'il tient tout de la bienfaisance d'un Être supérieur. Je sais bien que, pour ôter à cet Être son empire et son pouvoir, on assigne à l'univers des révolutions dans lesquelles on prétend que la matière, toujours munie des germes des différents corps, a produit tantôt des êtres qu'on nommera comme on voudra, tantôt l'homme tel qu'il s'offre à nos yeux. Mais enfin l'homme a commencé ; son corps est bien organisé ; son esprit est intelligent. Or, la matière devrait être intelligente elle-même pour faire un ouvrage aussi merveilleux. Mais une matière intelligente offre des idées trop disparates pour qu'elles puissent se concilier même dans la tête du Philosophe.

O homme, toi dont la moindre fibre décèle dans son mécanisme l'intelligence la plus parfaite, toi qui fus l'ouvrage d'un bras puissant en merveilles inimitables, cherche ton origine ailleurs que dans la matière ! Ta noblesse est trop grande pour être avilie. Lis ; l'univers dépose pour la confirmation de tes titres ; ils ont le sceau de Celui qui a tout fait, du Souverain qui a répandu l'ordre, depuis le plus petit grain de poussière jusqu'au plus vaste globe de l'univers. La même main, qui a semé les étoiles dans les cieux et le sable sur la terre, t'a formé. Voilà ce qu'attestent les caractères ineffaçables qu'a tracés partout la puissance infinie ; puissance intelligente, différente ainsi de la matière, incapable par elle-même de produire l'être le moins composé, puisque cette puissance t'a donné, sans le prendre ailleurs que dans son sein, de quoi te démêler supérieurement de tous les êtres qui t'environnent.

Garde-toi de consulter les Philosophes, tu ne trouverais dans leurs archives arbitraires qu'une généalogie d'imagination, je dirai même couverte d'ignominie. Pour savoir d'où tu viens, il faut entendre la voix de ton auteur : lui seul fut présent à ton origine ; lui seul peut t'apprendre ce qu'il en est. Ou si tu tiens à interroger ceux qui, pour t'instruire, n'ont que leurs conjectures, et qui se mêlent d'en raisonner, demande-leur pourquoi il existe quelque chose. Ils ne pourront répondre sensément à la question que tu leur feras ; ils auront tout autant d'embarras quand tu leur demanderas comment l'existence a eu lieu. Cet embarras est bien clair, puisque, pour s'en tirer, l'éternité des choses est la seule ressource qu'ils aient trouvée. Juge donc de là qu'ils ne peuvent t'apprendre d'où tu viens.

Où ne nous élève pas l'origine que nous donne la Révélation ? Elle nous donne un Dieu pour père. Malheur à celui qui ne sent pas sa noblesse, qui dégénère et qui s'avilit en s'incorporant dans une autre famille.

Il n'y a qu'une puissance dans l'univers. Faut-il que, pour nous soustraire aux droits qu'elle a sur nous, nous la confondions avec la masse qui nous environne? Cette masse qui ne peut rien sans un moteur sera-t-elle reconnue pour la seule cause de notre existence? Il est dans cette masse un ressort très-distinct qui la fait mouvoir. Ouvrons-la, développons ce ressort ; son artifice et sa force nous démontreront que nous sortons d'autre part que du sein de la matière. Et si ce n'est pas assez, observons le tableau mobile qui s'offre autour de nous, nous découvrirons que tout y est pur instrument, et que tout, ainsi que nous, est dans une subordination et une dépendance entières. Usons de la faculté qui nous distingue et nous honore ; nous reconnaîtrons que tout subsiste, tout agit parce que le Tout-Puissant a tout mis en jeu.

On peut se représenter l'univers comme un clavecin résonnant. Il n'y aurait ni instrument, ni son, si les doigts qui tirent l'air dont nos oreilles sont si admirablement frappées, n'avaient eux-mêmes fait l'instrument. On se le représente encore mieux sous l'idée d'une famille dont les enfants ne sont que ce que le père les a faits : existence, conservation, destination, tout est dû au chef ; et il n'y aurait point de famille s'il n'y avait point de père.

J'entends la lyre d'Apollon ; je me garderai bien de dire que c'est Midas qui la touche. Naturalistes, voilà pourtant ce que vous prétendez quand, pour principe des choses, vous prenez une matière aveugle, inintelligente. Par vos discours insensés, vous nous ravissez autant qu'il est en vous la seule gloire que nous ayons, celle de tirer notre être d'un auteur puissant et sage. Vous trouverez peu de gens de votre avis ; mais dites-moi combien vous êtes, et je compterai le nombre des rivaux d'Apollon.

CHAPITRE V

IL EXISTE UN PRINCIPE INDÉPENDANT ET ÉTERNEL
DE TOUTES LES CHOSES
A QUI L'HOMME DOIT SON ORIGINE

Cette maxime : *L'insensé dit dans son cœur : Il n'y a pas de Dieu,* — remonte à des temps bien reculés. L'insensé tint ce langage au fond de son cœur, mais il n'osa le parler avec sa bouche, dans la crainte, nous pensons, que tous les êtres existants, les étoiles, le soleil, les planètes, la terre, la mer, et l'air lui-même ne vinssent à s'élever contre lui pour l'accuser de blasphème et de mensonge. Nous rougissons de honte en nous voyant obligé de dire que, de nos jours, il se trouve des hommes mille fois pires que l'insensé des temps anciens. Il existe, en effet, des individus qui jouissent de la réputation d'hommes éclairés et savants, et qui, cependant, non contents de nier l'existence de Dieu dans leurs paroles, enseignent et cherchent encore, dans leurs écrits, à persuader au genre humain qu'il n'y a pas de Dieu, et que, par conséquent, le Christianisme est faux, que le culte de Dieu n'est qu'une idolâtrie détestable, que les prières sont vaines et inutiles, que l'âme n'est pas immortelle, qu'il n'y a ni récompenses à espérer, ni châtiments à craindre dans un monde futur. Ce n'est pas sans peine, assurément, que nous répétons les affirmations qui remplissent les livres des incrédules de nos jours ; mais nous croyons qu'il est du devoir de tout homme raisonnable de déverser le blâme le plus grand sur ces hommes dénaturés qui mettent leur gloire en ce qui fait leur honte, et qui ne craignent pas de blesser profondément le sens commun. Ce n'est pas à ces hommes pervers que nous nous adressons, mais bien au lecteur intelligent à qui nous voulons montrer, dans ce chapitre, les fondements solides sur lesquels est basée la croyance universelle de l'existence d'un Principe éternel de toutes les choses qui appartiennent et à l'ordre naturel et à l'ordre surnaturel. Les arguments fournis sur ce point par la raison humaine sont si clairs, si décisifs, qu'ils produisent une évidence parfaite dans l'esprit de ceux qui ne sont pas entièrement dénués de bon sens ou aveugles volontaires.

Comme notre faible intelligence ne possède pas les moyens de démontrer l'existence de Dieu par des arguments *a priori*, elle est réduite à recourir aux arguments tirés des objets naturels qui existent et que nous voyons. Mais nous n'en arrivons pas moins à connaître d'une manière absolument certaine qu'il existe un Dieu, de même que par les rayons du soleil, qui viennent d'en haut frapper nos yeux, nous connaissons avec certitude l'existence du soleil. Le fait de l'existence de Dieu n'est pas, à proprement parler, un article de révélation, mais c'est une vérité dérivée des principes naturels de la raison humaine. Et quoique, avec la simple lumière de notre intelligence, nous ne puissions connaître d'une manière parfaite tous les attributs et la perfection du premier Principe, néanmoins notre raison, même seule, suffit pour nous faire connaître son existence. Nous prions donc le lecteur de vouloir bien considérer avec une attention particulière chaque partie des raisonnements philosophiques suivants.

I

Argument tiré de la nécessité d'un premier moteur.

Qu'il existe des êtres sensibles inorganiques, ayant, dans l'univers, un mouvement fixe et régulier, c'est là un fait connu et avoué de tous. Or, aucun objet matériel et inorganique ne possède par nature le mouvement; mais il est absolument nécessaire qu'il soit mis en mouvement par une force active, entièrement distincte de lui. Il est, en effet, impossible qu'aucune chose soit, en même temps et sous le même rapport, la cause motrice et le sujet mis en mouvement; c'est-à-dire, il est impossible qu'un objet matériel et inorganique se donne à lui-même le mouvement. On aurait beau supposer que la force motrice de cet objet matériel et inorganique dérive de l'impulsion reçue d'une autre force motrice, et que cette dernière vient aussi d'une autre qui, à son tour, est le produit d'une quatrième, et ainsi indéfiniment, nous n'en sommes pas moins forcés d'arriver à une cause motrice finale. Car, s'il en était autrement, il en résulterait qu'il n'existe pas de premier moteur, et que, par conséquent, aucun mouvement n'est possible dans la chaîne des êtres dont il s'agit ici. Donc, les moteurs secondaires doivent être supposés mis en mouvement par un premier moteur essentiellement actif de sa nature et qui ne reçoit d'aucun le mouvement qu'il possède.

Ainsi, une bille de billard est bien capable de recevoir le mouvement; cependant elle ne se mettra jamais en mouvement si le mouvement ne lui est communiqué par une force extrinsèque et indépendante d'elle. La main du joueur donne le mouvement à la queue; la queue communique le mouvement qu'elle a reçu à la bille, et cette bille communique, à son tour, le même mouvement aux autres billes avec lesquelles elle vient en contact. Mais tout ce mouvement et de la queue et des diverses billes est évidemment dû exclusivement à la première impulsion donnée par la main de l'homme, sans laquelle et la queue et la bille resteraient certainement immobiles sur la table du billard.

Nous sommes donc obligés de conclure que le mouvement régulier que nous observons dans les objets matériels et inorganiques, — par exemple, dans notre système planétaire, — suppose nécessairement l'existence d'un premier moteur qui, ne recevant d'aucun le mouvement, le possède essentiellement de sa nature.

Or, ce premier, ce nécessaire, cet intelligent moteur, c'est l'être que nous apppelons Dieu.

Que l'on ne vienne pas nous dire que les lois de la nature et les forces naturellement existantes produisent le mouvement de nos planètes, etc., car alors je demanderais : Comment ces lois naturelles, ces forces naturelles existent-elles donc ? D'où viennent-elles donc ? Quelle est leur origine ? Elles doivent certainement avoir pour auteur une cause efficiente quelconque, car elles ne peuvent venir du néant. Eh bien ! l'auteur de ces lois et de ces forces naturelles, le principe unique d'où elles tirent leur origine, c'est Dieu.

II

Argument tiré de l'ordre qui existe dans le monde.

Il existe, dans le monde, des corps qui sont, de leur nature, entièrement privés de connaissance et d'entendement, et qui cependant agissent d'une manière invisible avec une sagesse telle qu'ils tendent constamment à des fins parfaitement déterminées. De ce fait il ressort que leurs opérations sont toujours ou fréquemment dirigées de façon à atteindre de la même manière un but utile et général, sous des lois constantes. De ce genre sont la croissance régulière des arbres et des plantes, les révolutions de notre terre sur son propre axe dans son orbite, le cours régulier des autres planètes, la constance des lois pneumatiques et hydrostatiques, etc. La raison nous oblige donc à conclure de ces faits, que de telles opérations de la nature ne peuvent certainement pas être l'effet du hasard et de l'incertitude, mais qu'elles sont le produit de lois constantes et intentionnelles.

Or, tous ces corps, qui, de leur nature, ne possèdent ni connaissance, ni intelligence, ne pourraient pas évidemment tendre ainsi vers leurs fins déterminées, si elles n'étaient dirigées par un pouvoir extrinsèque tout-à-fait indépendant d'eux, doué d'intelligence et de connaissance. Aussi, quand nous voyons un dard ou un boulet de canon fendre l'air, en sifflant, et se diriger vers un but particulier, nous concluons aussitôt qu'il existe un agent intelligent, un sagittaire ou un canonnier qui dirige avec intelligence le dard ou le boulet.

Donc, nous aussi, nous sommes forcés, par les faits d'ordre régulier que nous observons dans le monde, de conclure qu'il existe une intelligence supérieure et souveraine, dirigeant les corps vers leur fin. Or, ce premier être intelligent, principe et régulateur de toute chose, c'est lui que nous appelons Dieu.

III

Argument tiré des effets et des causes.

L'expérience commune nous montre que, parmi les objets sensibles, il existe une dépendance d'effets et de causes. Tout produit naturel du règne végétal et animal, ainsi que les divers phénomènes de l'air, sont une preuve évidente de ce fait. D'ailleurs, la raison et l'expérience nous démontrent encore qu'il est impossible qu'aucune cause soit cause efficiente d'elle-même, c'est-à-dire, qu'aucune chose puisse se produire elle-même ; car ce qui n'existe pas ne peut évidemment rien produire.

Or, dans une série de causes qui produisent des effets, il est absolument impossible de monter à l'infini sans arriver à une première cause qui ne dépende en aucune façon de cette même série; car, dans toute espèce de série, le premier agent produit l'effet moyen ou les effets moyens, et l'effet moyen produit l'effet dernier.

Supposons des effets intermédiaires aussi nombreux que vous le désirerez, le raisonnement nous conduira toujours à la même conclusion, qui est celle-ci : — S'il n'existe pas une première cause indépendante, nous sommes toujours forcés de dire qu'il est absolument impossible qu'aucun effet puisse exister.

Donc, de même qu'il est évident que des effets existent réellement dans toutes les parties du monde, ainsi il doit exister nécessairement une cause première et indépendante de ces effets. Or, cette cause, c'est Dieu.

IV

Argument tiré de la série des générations humaines

Le raisonnement général, que nous venons de faire, conserve toute sa force et s'applique particulièrement à la première origine de l'homme.

Et, en effet, dans une série d'hommes dont le dernier né reconnaît devoir son existence à ses générateurs immédiats, qui, eux aussi, reconnaissent la tenir de leurs parents immédiats, et ainsi de suite, il faut nécessairement admettre qu'une telle série doit tirer son origine d'un principe extrinsèque et tout-à-fait indépendant d'aucun de ses membres.

Pour rendre ce raisonnement plus sensible, supposons une longue chaîne suspendue au plafond d'une chambre. Le dernier anneau de cette chaîne est attaché à l'anneau supérieur. Ce second anneau est, à son tour, soutenu par un troisième anneau plus élevé, etc. En parcourant ainsi successivement tous les anneaux de la chaîne, nous arrivons nécessairement à une poutre à laquelle le premier anneau de la chaîne est fixé, ou à quelque autre soutien extrinsèque à la chaîne et indépendant d'elle. Car, s'il en était autrement, cette chaîne ne pourrait évidemment pas rester suspendue.

Le même raisonnement conserve toute sa force, alors même que l'on supposerait que la chaîne descend d'une hauteur illimitée, attendu que la longueur illimitée de la chaîne ne détruit en aucune façon la nécessité d'un soutien extrinsèque et indépendant, qui l'empêche de tomber tout entière en bas.

Et quand même on supposerait, pour forme d'argument, que le corps du premier homme et celui de la première femme, progéniteurs de la race humaine, dérivent, au moyen d'une transformation naturelle, d'une nature bien inférieure, par suite d'une gradation insensible, en descendant jusqu'au dernier point animé, — il n'est pas moins vrai que la conséquence que nous avons établie précédemment ne perd rien de sa force et nous conduit nécessairement à la même application. Car ce premier point animé ou cette monade, — qui, dans l'hypothèse imaginée par Darwin, a donné l'origine à la longue série des animaux vertébrés, et partant à la forme du corps humain, — doit avoir été produit par une cause efficiente absolument étrangère à toute la série des transformations supposées.

Eh bien! cette cause efficiente, — qu'on la suppose dérivée d'un être déjà existant ou bien d'une série d'êtres d'abord existants, — nous conduit toujours à la nécessité d'admettre une cause ou un principe efficient, qui ne soit pas compris dans la série, et qui soit entièrement indépendant d'elle. Autrement, il faudrait arriver à l'absurde nécessité d'admettre l'existence d'effets sans cause qui les ait produits.

Or, cette cause indépendante et efficiente, à laquelle il faut nécessairement faire remonter l'origine de toute chose et celle de la race humaine, c'est celle que l'on appelle généralement et communément Dieu.

CHAPITRE VI

CONSÉQUENCES LOGIQUES DE L'EXISTENCE D'UN PREMIER PRINCIPE DE TOUTES CHOSES

I. Dieu est la première cause de l'existence de toutes choses. Donc, il doit posséder en lui-même, au degré le plus parfait, toutes les perfections qui se trouvent éparses dans les êtres existants : *Nemo dat quod non habet.*

II. Dieu est l'être suprême qui subsiste indépendamment de toutes choses, et qui possède dans sa nature la source de son existence. Donc, il ne peut être ni restreint, ni déterminé dans aucune limite. Donc, Dieu est infini.

III. Dieu est l'unique principe de l'être de toutes choses; en sorte que rien n'existe sans sa volonté, sa sagesse et sa puissance. Mais là où est la puissance, la sagesse et la volonté de Dieu, là aussi est Dieu lui-même ; car Dieu n'est pas distinct de sa sagesse, de sa puissance et de sa volonté. Donc, Dieu est partout.

IV. Dieu possède naturellement en lui-même tout genre de perfections infinies ; on ne peut rien lui ajouter, rien lui ôter. Donc, Dieu est immuable. Les objets extérieurs changent selon la volonté du premier Principe, mais le premier Principe ne change pas.

V. Le mot *Éternité*, dans son sens le plus étendu, signifie la pleine possession d'une vie toujours présente et parfaite, qui n'a ni commencement, ni fin. *Interminabilis vitæ tota simul et perfecta possessio* (Boèce). Dieu est absolument indépendant des vicissitudes du temps ; il a toujours été, il est toujours et il sera toujours cet Être parfait et immuable qu'il est. Donc, Dieu est éternel selon la signification la plus étendue du mot.

VI. Dieu est le seul être qui subsiste par la nécessité de sa nature. Donc, Dieu ne peut avoir aucun égal. En outre, Dieu possède un pouvoir indépendant et sans limites. Donc, l'existence d'un autre Dieu, doué d'un pouvoir indépendant, est impossible. De plus, l'unité d'ordre la plus parfaite règne sur la terre et dans les cieux ; donc, il n'existe qu'une seule intelligence régulatrice de toutes choses.

VII. Dieu, avec son intelligence souveraine, a disposé et appelé toutes choses à l'existence, et il gouverne toutes choses avec l'ordre le plus parfait. Donc, Dieu possède une sagesse infinie.

VIII. Comme l'éternité de Dieu n'a aucune succession de temps et est toujours la même, ainsi non-seulement toutes les choses qui ont existé, qui existent aujourd'hui, mais encore toutes celles qui, par rapport à nous, existeront dans l'avenir, lui sont également présentes. Donc, Dieu connaît tous les événements accomplis et toutes les choses qui arriveront. Et quoique, par rapport à leurs causes particulières, bien des choses soient abandonnées au hasard, et s'appellent pour cela choses *contingentes*, néanmoins ces mêmes choses sont certainement présentes dans l'esprit et la connaissance éternelle de Dieu, telles qu'elles existeront et comme si elles existaient.

IX. Dieu est la cause de l'existence de toute chose, non-seulement en général, mais encore en particulier, parce qu'il est l'auteur de leur être. Donc, il est nécessaire que toutes les choses existantes soient dirigées par lui vers la fin qui leur est propre. Car comme tout agent intelligent agit toujours pour obtenir une fin particulière, il serait déraisonnable de supposer que l'Intelligence suprême ne se propose aucune fin dans ses actions.

Or, le mot *Providence* ne signifie pas autre chose que

diriger avec sagesse les objets dépendants vers leur fin particulière. Donc, Dieu possède la Providence.

X. Quant à ce qui concerne les défauts que l'on aperçoit dans la nature, il faut observer qu'un administrateur universel permet judicieusement l'existence de quelques défauts dans son administration, afin de ne pas empêcher le bien total qu'elle doit produire. De la même manière, Dieu, régulateur universel, ne supprime pas du monde toute sorte de mal, afin qu'une multitude de biens puisse se produire dans l'univers. Voilà pourquoi saint Augustin dit à ce propos : « Le Dieu tout-puissant ne permettrait pas qu'aucun mal existât dans ses œuvres, s'il n'était pas assez puissant et assez bon pour tirer le bien du mal. (*Enchir.*, c. II). »

Dieu, dans sa sagesse, a disposé que certaines choses arriveraient nécesssairement dans ce monde, et il a, pour cela, établi les causes nécessaires qui produisent infailliblement leurs effets. Mais il a ausssi voulu que d'autres effets seraient abandonnés à l'aventure ou au hasard, et il a établi que ces effets seraient produits par des causes contingentes, comme sont la liberté et la volonté de l'homme par rapport à ses actions morales.

La Prédestination appartenant à la Providence de Dieu, Dieu, en sa qualité de Providence suprême et générale, peut permettre certains défauts dans les choses créées, et que l'homme commette des fautes morales et soit pour cela sujet à être puni pour ces fautes. Dans ce cas, la conduite de Dieu s'appelle *Réprobation*.

La Prédestination suppose en Dieu la volonté d'accorder sa grâce et une récompense à ses fidèles. La réprobation suppose en Dieu la volonté de permettre à l'homme de commettre le péché et de mériter pour cela d'être condamné. La Prédestination est le motif pour lequel Dieu donne sa grâce et ses récompenses aux hommes vertueux. Mais la réprobation n'est pas la cause pour laquelle l'homme tombe dans le péché. La réprobation signifie seulement que

Dieu, dans sa justice, laisse l'homme dans son péché, et que, pour ce péché, il le destine à subir des châtiments futurs. Il faut bien faire attention que les péchés et les iniquités de l'homme sont uniquement des effets de son libre et mauvais choix, et ne sont, en aucune façon, occasionnés par Dieu. La réprobation n'ôte ni ne diminue pas la liberté de l'homme réprouvé ; et quand on dit qu'il est impossible qu'il reçoive son pardon, le mot *impossible* n'est pas pris dans le sens absolu, mais dans le sens conditionnel, c'est-à-dire supposé que l'homme reste librement obstiné dans le mal jusqu'à la fin de sa vie. A celui qui nous demanderait pourquoi Dieu réprouve tel homme et ne réprouve pas tel autre, nous répondrions avec saint Augustin : « Ne cherchez pas à approfondir et à juger la conduite de Dieu en cela, si vous ne voulez pas vous tromper (*Tract. XXVI sup. Joan.*). » Dieu est le maître absolu de tous les hommes, et quand, de son côté, il nous donne les moyens nécessaires pour éviter les châtiments, il ne fait certainement tort à personne, s'il dispose de nous comme il lui plaît.

X. Tout ce que nous venons de dire et tout ce que nous pourrions ajouter sur les attributs de Dieu est loin de donner une idée adéquate de son être infini. Grâce à un raisonnement évident, nous arrivons à connaître, par l'existence du monde visible, qu'il existe un suprême Principe invisible de toutes choses, de la même manière que la croissance et le développement de l'arbre nous fait conclure qu'il possède en lui un principe de vie que nous ne voyons pas. Mais en ce qui concerne les attributs de Dieu, nous sommes incapables de connaître positivement leur nature, quoique nous soyons absolument certains de leur existence. Comme les connaissances humaines dépendent en grande partie de nos sens, nous ne pouvons nous élever jusqu'à la perception des objets spirituels qu'en raisonnant d'après les idées sensibles. Aussi, nos idées sur la nature et les attributs de Dieu, au lieu d'être positives et exactes, sont-elles seulement négatives et métaphoriques. Nous pouvons bien dire ce que Dieu n'est pas, mais nous ne saurions être capables de dire ce qu'il est positivement. Voilà pourquoi les livres mêmes de la Révélation, quand ils parlent de la nature et des attributs de Dieu, emploient toujours des expressions métaphoriques que l'on ne doit pas prendre dans leur sens matériel, mais dans un sens plus élevé qui correspond à l'expression matérielle. Par exemple, quand la Bible nous parle des yeux, des oreilles, de la bouche, du doigt, du bras de Dieu; quand elle nous montre Dieu marchant, se tenant debout, parlant; quand elle nous raconte que Dieu sort de son sommeil, est rempli d'indignation, de rancune et de vengeance, a du chagrin, se repent et change d'idée, etc., — toutes ces expressions et autres semblables ne sont ni adéquates, ni propres, mais symboliques et métaphoriques; elles sont employées pour nous faire apercevoir, à la manière humaine, un petit coin de la nature incompréhensible de Dieu et de ses opérations par rapport à nous. Car il est certain, en effet, que Dieu, étant un esprit infiniment parfait, n'a aucun sens matériel, aucun membre, aucune nécessité corporelle; il ne change pas, il n'est sujet à aucune des passions humaines. En sorte que si, en parlant de Dieu, nous avons de semblables expressions, tirées des sens et des affections humaines, c'est uniquement par nécessité, parce que, sans l'aide de ces métaphores, les personnes ignorantes seraient incapables d'acquérir la moindre connaissance de Dieu, et parce que encore, comme nous l'avons déjà dit, nous sommes obligés de nous servir des choses visibles pour nous élever jusqu'aux choses invisibles. En sorte que toutes ces sortes d'expressions signifient que Dieu voit et connaît toutes choses, qu'il possède les moyens de se faire comprendre de nous, qu'il produit extérieurement des effets semblables à ceux que l'homme produit, quand il est saisi d'indignation, se repent, etc., etc.

CHAPITRE VII[1]

ACCORD ENTRE LE RÉCIT COSMOGONIQUE DE LA GENÈSE
ET LES CONCLUSIONS LES PLUS RÉCENTES DE LA SCIENCE

Avant d'aborder l'intéressante question de l'unité de l'espèce humaine et des divers points principaux qui s'y rattachent, nous croyons utile de la faire précéder de quelques considérations particulières au récit de Moïse relativement à la création de l'univers en général, l'homme excepté.

Tradidit mundum disputationibus eorum. Cette parole de l'Écriture reçoit, de nos jours, une vérification incessante. On se pose les problèmes les plus divers et les plus complexes, on veut soulever tous les voiles et scruter toutes les origines, et, dans cette œuvre, on utilise les moyens d'investigation qu'offrent à la fois une science toujours progressive et les facilités de locomotion que la vapeur a fournies. Le savoir contemporain interroge les textes de l'Inde, les traditions de l'Océanie, les monuments de l'Egypte et de l'Assyrie, qu'il a su dépouiller d'un long et irritant mystère. La Géologie fouille les couches de l'écorce terrestre ; elle ressuscite des faunes et des flores éteintes, avec ces blocs énormes, ces roches gigantesques, ossements du globe, pour parler avec Leibnitz : *Magna telluris ossa; nudæ illæ rupes, atque immortales silices.* L'Ethnologie

---

[1] Ce chapitre, ainsi que les deux suivants, ne sont qu'une analyse fort sommaire des excellents livres de M. Quatrefarges, intitulés : *Rapport sur les progrès de l'Antropologie* et *Unité de l'espèce humaine.* (Aven. Cath.).

constate les migrations des peuples. La Linguistique retrouve des origines et rétablit des filiations incertaines ou perdues. L'Anthropologie étudie l'espèce humaine, ses variétés et ses groupes.

Un aussi vaste mouvement n'a-t-il obéi qu'à cette curiosité invincible qui pousse et ramène continuellement l'esprit humain à l'étude des questions les plus difficiles, et qui trouverait, au besoin, sa justification dans les paroles mêmes de l'Écriture que nous rappelions tout-à-l'heure ? N'a-t-il jamais subi l'empire de préoccupations étrangères à la science et hostiles à un ensemble de convictions que leur nature et leur origine rendraient seules respectables, n'étaient encore les preuves sur lesquelles elles se sentent solidement établies ? Ces entraînements, il serait puéril de les nier : héritière des discussions dogmatiques qu'a soulevées le dix-huitième siècle, la science contemporaine aspire assez naturellement à les résoudre, et c'est trop souvent dans le même esprit et avec le même espoir. Les armes ont pu changer ; l'appareil scientifique prendre la place de l'ironie, dédaigneuse ou amère ; une érudition chercheuse se substituer aux aperçus vagues; une dialectique pressée, aux arguments décousus. Le langage s'est encore empreint de plus de gravité et de décence. Les arrêts rendus aiment enfin à s'entourer de quelque pompe, et aspirent visiblement à l'impartialité et à la sérénité. Ces apparences cachent mal une hostilité qui n'a pas changé de nature, parce qu'elle a pris de nouvelles formes et endossé un nouvel habit. Au fond, l'œuvre que poursuit la critique nouvelle, comme elle-même s'appelle modestement, c'est l'œuvre de Bolingbroke, de Toland, des Encyclopédistes : c'est la négation des vérités chrétiennes. Elle écarte, avec plus d'habileté que de bonne foi, l'incomparable morale de l'Évangile, et, dans le domaine encore incomplet des sciences naturelles de la Linguistique, de l'Ethnographie, elle opère un triage, qu'elle s'est choisi favorable en apparence à ses préjugés ou à ses desseins. Certains faits sont groupés avec art, d'autres amplifiés, des conséquences sont forcées, des rapports altérés. C'est ainsi que le doute se confirme dans des esprits prévenus déjà, ou naît dans des esprits libres de préjugés, mais inhabiles à dégager le faux du vrai dans les investigations scientifiques.

On a signalé le danger ; qu'il nous soit permis maintenant de le réduire à ses proportions véritables, et de ne pas réunir dans une même condamnation l'essor du savoir et quelques-uns de ses écarts. Aussi bien la question n'est-elle plus de savoir s'il eût mieux valu que les croyances et les traditions chrétiennes restassent au-dessus de toute controverse et de tout contrôle. Est-il au pouvoir de personne de ramener ces temps où elles se montraient entourées d'un respect universel et d'un assentiment invincible ? L'esprit humain est entré désormais dans une phase d'examen, de doute, tranchons le mot, qui impose à la Religion elle-même l'épreuve de la controverse. Il lui faut chercher dans le raisonnement, dans l'histoire, dans la science une force et des arguments nouveaux, afin de vaincre l'indifférence des uns, ou la résistance des autres. Le grand Buffon avait, ce semble, un sentiment bien net de cette situation, quand il écrivait ces paroles mémorables : « Les vérités de la nature ne devaient paraître » qu'avec le temps, et le souverain Être se les réservait » comme le plus sûr moyen de rappeler l'homme à lui » lorsque la foi, déclinant dans la suite des siècles, serait » devenue chancelante. » Ces lignes datent d'un siècle bientôt, et on les dirait écrites de la veille. Mais le moyen de donner raison à la vérité qu'elles renferment, si on déserte la lutte au lieu de l'accepter franchement, vaillamment, et si on laisse l'incrédulité en possession paisible d'un terrain qu'elle s'imagine avoir définitivement conquis ? C'est au nom d'une science incomplète qu'elle prononce, c'est à une science plus entière de réviser ses décisions.

La science restée chrétienne n'en est plus d'ailleurs à sa première épreuve ni à son premier succès ; elle a subi sur le terrain de la Genèse une épreuve délicate et qu'on se flattait de rendre tout-à-fait décisive. Quand, au siècle dernier, la Géologie lançait ses premières hypothèses, qui aurait prévu, dans le camp philosophique, que cette science dût fournir un jour la démonstration inattaquable d'un récit que les uns soupçonnaient d'imposture, que les autres taxaient d'imbécilité ? Voltaire attribuait alors aux pélerins revenus des croisades l'apport de ces coquilles fossiles qui forment des bancs puissants dans l'intérieur de la terre et dans les flancs des montagnes. Ces mêmes coquilles avaient jadis suggéré au Stagyrite et à Strabon des vues plus philosophiques sur les soulèvements et les affaissements de certaines parties de la terre. Reprises et agrandies au XVIIe siècle par le Suédois Sténon, elles sont devenues, sous la plume des Léopold de Buch et des Élie de Beaumont, cette théorie célèbre du soulèvement des montagnes, à laquelle nous devons, dit M. Flourens, « l'aperçu le plus général sur l'effort continuel et la réaction incessante de l'intérieur du globe contre son enveloppe. » Avant Aristote, avant Strabon, saint Rupert, qui vivait au XIIe siècle, et Cornelius Vandstaen, commentateur du XVIe siècle, l'avaient indiquée dans les saintes Écritures, et le dernier avait dit en toutes lettres : *Tertio mundi die fecit Deus terram, partim sub-* » *sidere, partim assurgere, unde facta sunt montes et* » *valles.* » Buffon, il faut le reconnaître, se scandalisait de la prétendue explication de Voltaire ; mais qu'est-il advenu de son propre système cosmogonique ? Un écolier de nos jours saurait lui opposer la ténuité de leur matière qui ne permet pas aux comètes de franchir l'atmosphère solaire, et l'incompatibilité de l'origine qu'il prêtait à la terre avec le double mouvement de rotation sur elle-même et de translation autour du soleil auquel cette planète est assujettie. Quand il s'agit de ces origines premières, un mot du physicien Charles nous revient toujours à la mémoire : « Allez, » disait-il, à un de ces curieux vulgaires qu'il ne faut pas confondre avec les savants et qui vous poursuivent de *pourquoi* étranges, « Allez le demander au Père éternel ; » lui seul aujourd'hui est en état de vous répondre. »

Aussi, laissons-nous à de plus hardis le soin de prononcer sur une autre hypothèse encore plus fameuse, le système de Laplace, qui fait sortir la terre et les planètes de la matière cosmique que fournissait l'atmosphère solaire aux premiers âges du monde. Cette matière, qui éprouve, à la suite de l'irradiation de la chaleur répandue dans les espaces stellaires, une condensation et une contraction progressives ; cette contraction qui accélère la vitesse rotative de la masse et cette force centripète qui s'accroît dans la même proportion ; cet équilibre de ces mêmes forces au plan équatorial de la masse tournante, qui amène la séparation d'immenses zones de vapeur, affectant à l'origine la forme d'anneaux concentriques au planétoïde, et destinés à garder cette forme si toutes leurs parties avaient présenté une régularité parfaite et si le refroidissement avait pu s'opérer d'une manière uniforme ; ces zones, qui, dans l'absence de cette double condition, se partagent, viennent ensuite circuler autour du corps engendrant, forment en un mot des planètes principales, diverses de masse et de volume, et dont les plus grosses devaient, en vertu de leur force attractive, s'assujettir les autres et les fixer autour de leur propre centre. Voilà du moins un système qui restera toujours de sa nature très-hypothétique, mais qui ne froisse point les lois de la mécanique ; qui satisfait à merveille aux particularités du système solaire, et, à l'égard de la terre, s'accorde avec la théorie fondamentale de la géologie, la fluidité gazeuse de tous les corps planétaires.

Or, cette fluidité, le deuxième verset de la Genèse nous la représente dans cet état de diffusion complète où le premier acte de la volonté divine laissa la terre. D'accord avec les Septante et les plus anciens commentateurs, on entend aujourd'hui par le firmament, *Rakia*, qui fut l'œuvre de la deuxième époque, la force qui *consolide, solidifie*, qui rend *stable*, et non une voûte solide à la manière des anciens. Cette force qu'Herschell appelle le lien et le support de l'univers, la science la connaît sous les noms divers de pesanteur, d'attraction, de gravitation universelle. C'est sous son action puissante, à la fois impulsive et conservatrice, que les atomes sidéraux se sont condensés en vapeur, puis en matières liquides et solides, se sont séparés, suivant leur nature, et ont pris la place que leur assignait l'un ou l'autre de ces états. En d'autres termes, la deuxième époque a été celle dans laquelle les masses stellaires et planétaires, les mondes et les systèmes de monde apparurent sous leur forme primitive. A cette interprétation des cinquième et sixième versets, on pouvait, il y a quelques années, encore opposer l'incertitude de la science quant à l'universalité de la gravitation. Grâce aux travaux des Herschell, de Struve, de Mœhler, de Hind, de Bessel, l'objection a perdu sa portée. La même loi régit le système solaire et les systèmes stellaires. Circonstance qui fait paraître une analogie singulière entre l'hypothèse de Laplace et le récit mosaïque.

Suivons jusqu'au bout l'historien sacré : il nous fera assister successivement à la formation des mers, à l'exhaussement des continents, à l'apparition de la végétation et de la vie animale, à celle de l'homme, œuvre du dernier jour, terme extrême et couronnement de la création. Remarquons la gradation et l'enchaînement qui président à ces diverses phases : les végétaux avant les animaux, et, dans le règne végétal comme dans le règne animal, le passage des organisations simples aux organisations composées. La science actuelle contredirait-elle à ces données sommaires, mais précises ? Pour lui être apparue tardivement, l'idée d'une création par succession et continuité, n'a cessé d'y grandir, inspirant même à d'illustres naturalistes des systèmes qui en semblent l'exagération bien plus que le développement légitime. L'ordre de succession des couches terrestres, la nature des débris fossiles qu'ils renferment, la localisation des espèces détruites fournissent autant de preuves que la vie s'est produite et s'est étendue sur notre globe dans les conditions mêmes que lui assigne la Genèse. Si les recherches d'Ampère et de Brongniart sont exactes, l'atmosphère terrestre, dans les premiers âges, était saturée d'acide carbonique, et cette circonstance, qui la rendait impropre à la respiration animale, favorisait au contraire la végétation. Ainsi s'expliquent et l'antériorité des végétaux et la taille gigantesque de ces plantes analogues à nos lycopodes et à nos mousses rampantes, mais qui atteignaient des hauteurs de 70 à 90 mètres. Ainsi s'explique encore l'apparition des invertébrés, les premiers à cette époque géologique dans laquelle les végétaux avaient absorbé et détruit assez d'acide carbonique pour rendre la respiration facile, mais aux animaux seuls qui absorbent l'air indirectement.

Nous pourrions ajouter que la Genèse contient en aperçu la théorie de la lumière, telle que la science la conçoit aujourd'hui. Personne ne conteste plus que la lumière ne soit une propriété inhérente à la matière ; que les molécules de celle-ci n'en recèlent une certaine quantité, qui se manifeste dans les conditions mêmes où se trouvent ces molécules. Modification, peut-être, comme l'électricité et la chaleur « de cette substance subtile, impondérable, éthérée, » qui pénètre tous les corps, comme elle les enveloppe » tous (1). » Newton avait fait prévaloir contre le sentiment de Descartes, d'Huyghens, de Hooke, le système de l'émission lumineuse. Mais, reprise au commencement de ce siècle par Young et Malus, l'hypothèse de l'émission

(1) ISIDORE GEOFFROY SAINT-HILAIRE, *Histoire naturelle générale des règnes organiques*, 2e partie, 32-33.

ondulatrice a été élevée au rang d'une quasi-certitude par Fresnel, Arago, Poisson, Biot, J. Herschell. Du moins, les phénomènes de la polarisation et les interférences, irréductibles à l'hypothèse newtonienne, s'adaptent parfaitement au système ondulatoire, et ce système seul explique tant d'autres faits d'optique, qu'on peut dire, avec J. Herschell, qu'il a eu vraiment une succession de *bonheur* et qu'il mérite d'être exact, s'il ne l'est pas. Or, c'est une remarque d'un des commentateurs scientifiques de la Genèse, que son récit cosmogonique s'accorde davantage avec la théorie des ondulations, en ce sens qu'elle conduit « à admettre l'exis-
» tence d'une matière ou substance éthérée, susceptible
» d'être mise en vibration, au sein de laquelle se trouvent
» dispersés, suivant des lois éternelles, les divers fragments
» de la matière pondérable qui constitue les planètes et les
» astres stellaires (1). » En un mot, sauf quelques particularités que Moïse, qui n'écrivait ni en géologue ni en astronome de profession, n'a eu ni le désir, ni le besoin de préciser, il règne entre le premier chapitre de la Genèse et les conclusions les plus récentes de la science un accord bien constaté. Et cet accord, le grand nombre des savants, qui ont concouru à l'établir, l'ont rencontré en dehors de toute préoccupation dogmatique, quelques-uns même, en dépit de préjugés anti-bibliques.

(1) MARCEL DE SERRES, *De la Cosmogonie de Moïse*, I, 417.

CHAPITRE VIII

MONOGÉNISTES ET POLYGÉNISTES

Aujourd'hui, c'est sur le terrain des origines humaines que la lutte s'est transportée. D'où vient l'homme, et quel rang occupe-t-il sur l'échelle des êtres organisés ? Est-il un animal, et, s'il l'est, quelle place lui assigner dans les cadres zoologiques ? Quel est son berceau, et les variétés humaines se rattachent-elles à une souche unique ou à des souches multiples ? Voilà les questions qui s'agitent à cette heure, dans les livres, dans les *Revues,* dans les amphithéâtres. Elles relèvent d'une science dont l'apparition a été tardive par cela même qu'elle emprunte le secours de sciences auxiliaires, dont la plupart sont elles-mêmes de formation récente. Ainsi en est-il de la géologie, de la paléontologie animale et humaine, de la linguistique comparée, de l'archéologie et de la géographie même, si indispensable à l'étude des groupes humains. Près de trois cents ans séparent, en effet, les découvertes de Colomb et de Gama des voyages de Cook dans la mer du Sud, de Pallas dans la Sibérie et de Bruce dans l'Abbyssinie. Ce n'est que dans les vingt dernières années du XVIIIᵉ siècle que Levaillant entama l'Afrique australe, et Mungo-Park l'Afrique centrale. Les grandes explorations de Humboldt et d'Alcide d'Orbigny, dans l'Amérique équatoriale, appartiennent à notre temps. Quant à la linguistique comparée laquelle nous montre « comment des races séparées par de » vastes pays sont cependant unies entre elles et origi- » naires d'une même contrée », et nous découvre la direction et le chemin des migrations (1), elle se débattit longtemps sous l'étreinte des fausses hypothèses. Son émancipation ne date guère que du jour où le génie universel de Leibnitz, renversant le système extravagant de Goropius, fit déserter le préjugé qui faisait de l'hébreu la première souche des langages humains.

D'après M. de Quatrefages (2), la première attaque contre l'unité de notre espèce serait venue de La Peyrère, gentilhomme protestant, au service du prince de Condé. Charlevoix cependant mentionne l'opinion du célèbre Paracelse, « qui voulait que chaque nation eût eu son Adam. » Quoi qu'il en soit, le livre de La Peyrère, publié en 1655, semble bien avoir ouvert la discussion véritable. La Peyrère ne présenta d'ailleurs sa thèse qu'avec précaution et sous une forme hypothétique : *Systema theologicum ex præadamitarum hypothesi;* et ce fut en chrétien, au nom du respect dû aux textes bibliques même, qu'il contesta le dogme adamique. Deux versets de la Bible consacrent l'origine de l'homme : Dieu, dit le 27ᵉ verset du chap. 1ᵉʳ de la Genèse, « Dieu » créa l'homme à son image. » Le Seigneur Dieu, porte le 7ᵉ verset du second chapitre, « forma donc l'homme du » limon de la terre. » La Peyrère essaya de prouver que ces deux versets devaient s'entendre d'une double création de l'homme, opérée à deux époques différentes. Dans ce système, les Gentils auraient précédé Adam, mais sans entrer dans le Paradis terrestre ; quant à Adam lui-même, le premier homme sorti du limon de la terre, il aurait été le père, non de l'humanité, mais de la race juive seule. On ne sait si cette thèse, qui choisissait mal son temps pour se produire, valut à son auteur quelque désagrément : toujours est-il que le *Système* qui devait avoir deux parties s'arrêta à la première. Il faut même franchir un

(1) DE HUMBOLT, *Cosmos* (trad. Faye et Galusky, II, p. 130).
(2) *De l'unité de l'espèce humaine.*

grand laps de temps, si l'on veut retrouver la question agrandie et envenimée.

Nul doute qu'il ne faille rattacher au xviiie siècle l'origine des deux écoles que l'on a désignées récemment sous le nom de Monogénisme et de Polygénisme. Toutefois, à cette époque, ce n'est pas sur ce terrain même que la controverse anti-chrétienne porta son effort principal : elle chercha surtout à rabaisser le rang que l'homme occupe dans la création. Dans son *Systema naturæ*, Linné l'avait placé, comme espèce unique, en tête de ses primates et dans le même genre qu'un singe anthropomorphe. Mais « quand » l'illustre Suédois, suscrivait à côté l'un de l'autre *l'homme » sapiens* et *l'homme nocturnus*, il n'entendait nullement » leur prêter une parenté quelconque. Il met son lecteur » en garde contre cette idée. Il déclare lui-même que des » recherches ultérieures feront probablement retourner » aux vrais singes l'être qui présente déjà des rapports » avec eux. Les caractères anatomiques qu'il ne connais- » sait pas lui manquent seuls pour le séparer entièrement » de l'homme, en qui il voit d'ailleurs un être exceptionnel, » couronnement et fin de la création. » On en croira sans doute M. de Quatrefages, et on reportera à lord Monboddo l'honneur équivoque d'avoir proclamé le dernier notre descendance plus ou moins directe d'un ou de plusieurs singes. Cette théorie devint celle de Lamarck et conquit quelques disciples. Au surplus, on écrirait, ou plutôt Blumenbach a déjà écrit un triste livre, mais bien curieux, sur les conceptions étranges qu'aimaient alors à accueillir les esprits les plus cultivés. Maupertuis s'exaltait au sujet des Patagons, ces géants dont les idées devaient répondre à la *taille*. Un bon docteur allemand, qu'embarrassait la couleur différente des hommes, imagina la création de deux Adam, l'un blanc, l'autre noir. Un naturaliste anglais proposait deux échelles des êtres ; le docteur Arbuthnot et lord Monboddo écrivaient, chacun de son côté, l'histoire de *l'homme de la nature*, qu'on venait de découvrir, près d'Hameln, tout nu, ne parlant pas et dévorant avec avidité les fruits dont il pouvait s'emparer. Et pour réduire à néant cette prétendue découverte, il fallut que Blumenbach vît le jeune garçon, trouvé près d'Hameln, et mît hors de doute que ce n'était qu'un pauvre enfant, né muet, chassé par une marâtre du toit paternel !

Tous les partisans de l'origine simienne, d'ailleurs, ne l'étaient pas en même temps de l'origine multiple, témoin Lamarck que même ses idées excessives sur la variabilité des espèces n'entraînèrent point jusque-là. Virey fut le premier naturaliste qui combattit l'unité spécifique de l'homme ; il rangea tous les groupes humains sous un genre qu'il partagea en deux *espèces* caractérisées par l'ouverture de leur angle facial. Evidemment, dit M. de Quatrefages, « à se placer sur ce terrain, le nombre des *espèces* » humaines était de beaucoup trop restreint. Aussi ne tarda- » t-il point à s'accroître. » Bory de Saint-Vincent et A. Desmoulins publièrent, en 1825, leurs classifications anthropologiques. Le premier énumera quinze espèces d'hommes, et le second, qui s'était d'abord arrêté à onze, porta, l'année suivante, ce chiffre à seize. Depuis, l'école américaine a singulièrement augmenté ces nombres. Morton compte trente-deux familles et un plus grand nombre d'espèces. Gliddon et ses disciples vont jusqu'à cent cinquante familles. Le docteur Knox, enfin, professe ouvertement la doctrine de la création sur place de tous les groupes humains. C'est lui qui a placé au frontispice de ses *Types of mankind* une gravure réunissant la silhouette d'un Grec montagnard à la figure saillante et au nez crochu, et l'effigie d'un Moujik à la face plate et au nez écrasé, en écrivant au-dessous ces paroles : « Tous deux sont de race » blanche ; voyez comme ils se ressemblent ! » Enfin, un naturaliste plus compétent, M. Agassiz, regarde à la vérité les hommes comme appartenant à une seule et même espèce, mais en prétendant que cette espèce a pris naissance, soit à la fois, soit successivement, sur plusieurs points du globe, et que les diverses races ont apparu toutes formées avec les caractères qui les distinguent aujourd'hui. Mais M. Agassiz rattache chaque groupe humain à une faune, à un centre de création animale.

A cette heure, le nombre des Polygénistes paraît assez considérable. M. de Quatrefages a donné de ce fait une explication que nous trouvons naturelle. Il n'ignore pas, et reconnaît même expressément que des considérations antidogmatiques ont guidé un certain nombre de personnes dans l'adoption de cette doctrine. Il ajoute que d'autres ont subi à cet égard l'entraînement des passions politiques et sociales. C'est ainsi qu'aux États-Unis il a paru « de gros » ouvrages polygénistes qui ne sont au fond qu'un plaidoyer » en faveur de l'esclavage », et qu'un ministre de l'Union a opposé les théories de Morton aux instances en faveur de la race nègre de France et de l'Angleterre réunies. Il constate que, chez la plupart des anthropologistes, l'histoire naturelle de l'homme n'a été qu'un accessoire à d'autres études, et qu'un très-grand nombre d'entre eux sont médecins. « Or, si la médecine nous fait très-bien connaître » *l'individu*, elle nous éclaire fort peu sur *l'espèce*. Par cela » même qu'elle habitue l'esprit à tenir compte des moin- » dres détails, elle les porte à s'en exagérer la valeur. Les » différences, même légères, qui séparent les groupes » humains acquièrent ainsi, aux yeux des médecins, une » importance bien supérieure à celle qui leur revient en » réalité », et ils glissent ainsi, comme à leur insu, vers le Polygénisme. Il en est ainsi de certains groupes de naturalistes, de paléontologistes, par exemple. Leurs travaux ordinaires ne leur offrent d'autre guide que la ressemblance ou la différence toute matérielle des formes. Aussi, quand le paléontologiste passe à l'étude des êtres vivants, de l'homme surtout, lui devient-il très-difficile, sous l'empire de ses préoccupations habituelles, de faire une juste part aux phénomènes physiologiques et aux oscillations morphologiques que cette étude lui révèle de toutes parts. L'hérédité ne lui explique rien ; il s'exagère l'importance de certains traits différentiels, et le voilà polygéniste. Tout occupé de déterminer les espèces d'après leurs caractères extérieurs, les entomologistes, les conchyologistes exclusifs subissent encore l'influence de tendances analogues. Remarquons encore, ajoute l'illustre professeur, que le Polygénisme séduit par la nouveauté, par la simplicité apparente, par l'indépendance et la liberté de pensée qu'il s'attribue, et qu'il ne nécessite pas la variété et l'étendue des études, difficiles et complexes, indispensables à la doctrine rivale. Et comment admettre « qu'un homme d'intelligence et qui » connaît le prix du temps allonge, de gaieté de cœur, la » route qu'il lui faudra suivre pour arriver au but ? »

Car la tâche du monogéniste est de nos jours passablement ingrate. Défend-il ses convictions, au nom du dogme même on lui répond par le dédain. On parle de préjugés traditionnels et d'un esprit de secte indigne du xixe siècle ; de la raison affranchie qui doit savoir s'élever au-dessus des entraves dogmatiques, « et, sur ce thème bien rebattu, » on sème parfois des plaisanteries spirituelles, parfois aussi » de bien lourdes déclamations. » Le monogéniste se renferme-t-il, au contraire, dans la science seule, on le taxe d'indifférence « et, pas plus dans un camp que dans un autre, » on n'aime les indifférents. » Heureux encore si cette attitude toute scientifique suffit à lui épargner des objections et des fins de non-recevoir que les polygénistes aiment à tirer de la ressemblance de sa doctrine avec le dogme incriminé !

CHAPITRE IX

QUELLE PLACE L'HOMME OCCUPE-T-IL DANS L'ORDRE
DE LA CRÉATION ?

Entrons maintenant dans le vif du sujet qui nous occupe actuellement.

La première question qui s'impose au naturaliste, au début d'une pareille étude, est celle de savoir *quelle place l'homme occupe dans l'ordre de la création*. Si, à l'exemple de Linné, il cherche à embrasser l'ensemble des choses, il reconnaît dans tous les corps, chez tous les êtres, un ensemble de phénomènes qui ne diffèrent que par leur petit nombre et leur simplicité chez les uns, leur variété et leur complexité plus ou moins grande chez les autres. Guidé par cette observation, il répartit ces êtres en un petit nombre de groupes si faciles à distinguer que tout le monde admet d'instinct cette distinction. C'est ainsi que Linné a classé, sous trois règnes, le règne minéral, le règne végétal, le règne animal, auquel M. de Candolle ajoute le règne sidéral, l'ensemble des êtres et des corps. Passe-t-on d'un de ces règnes à l'autre, en s'élevant du simple au composé, on discerne tout un ensemble de faits, tout un ordre de phénomènes complètement étrangers aux groupes inférieurs, mais qui se retrouvent dans le groupe supérieur. De sorte que, chez le plus élevé de tous ces groupes, apparaît une réunion de faits et de phénomènes existant chez tous les autres, en même temps qu'il possède les siens propres et caractéristiques. Ajoutons que chacun de ces ordres de faits ou de phénomènes se rapporte évidemment à un petit nombre de faits et de phénomènes fondamentaux qui peuvent à leur tour se rattacher, tantôt avec presque certitude, tantôt avec probabilité, à une cause unique.

Les préliminaires posés ; demandons-nous si l'homme appartient au règne animal ; demandons-nous s'il vient du singe par descendance directe, ou s'il est le cousin, même aussi éloigné que « l'on voudra, des gorilles, par l'in-
» termédiaire d'un vertébré primordial dont le type est
» aujourd'hui perdu, » comme le proclame M. Pouchet, le restaurateur mal inspiré des générations spontanées (1).

Au point de vue de l'*organisation physique*, l'homme est un véritable animal : rien de plus ; rien de moins. C'est l'opinion de tous les naturalistes modernes, de tous les anatomistes et de tous les physiologistes, et M. de Quatrefages la partage : « Pour si loin, dit-il, qu'aient pénétré le
» scapel et le microscope, ils ont trouvé chez l'homme les
» mêmes appareils, les mêmes organes composés des mêmes
» éléments que chez les animaux : et les différences de
» forme, de rapports, de proportions que l'on a justement
» signalées entre lui et les groupes supérieurs de l'anima-
» lité ne dépassent jamais, n'atteignent pas toujours celles
» que l'on peut signaler de ces groupes aux groupes
» suivants. En outre, et comme il était aisé de le prévoir,
» le jeu de ces éléments, de ces organes et de ces appareils
» est exactement le même chez nous et chez la bête. » C'est en exagérant des ressemblances que personne ne nie, en tirant des inductions générales de quelques faits exception-

(1) *Bulletin de la Société d'Anthropologie*, t. V, 48. On connaît les idées de M. de Blainville sur la *Série animale*. M. de Quatrefages, M. Gervais, M. Gratiolet y ont tour-à-tour renoncé à raison de l'abîme infranchissable qui sépare les invertébrés des vertébrés. M. Pouchet est dans le même cas : mais, afin de justifier cette origine simienne à laquelle il paraît tenir beaucoup, il se figure « si on reste dans l'embranchement des vertébrés, la série,
» à la manière des rameaux d'une tige arborescente à laquelle manqueraient
» actuellement beaucoup de branches qui représentent autant d'espèces
» éteintes. »

nels, en admettant des relations d'effet à cause entre quelques analogies, en faisant appel, enfin, à certaines *possibilités*, que des naturalistes ont tenté d'établir entre l'homme et le singe une filiation dégradante. Au XVIIIe siècle, la théorie, à ses débuts, exagérait les différences de forme qui existent entre le crâne du Nègre et celui de l'Européen ; elle diminuait la capacité du premier et le rapprochait de celui de l'orang-outang, et concluait du singe à l'homme. Mais Daubenton et Blumenbach firent remarquer que de la tête du sanglier à celle du cochon domestique, les caractères variaient plus que la tête du blanc à celle du nègre. En reproduisant cette opinion, Pritchard l'étendit aux têtes de diverses races de chiens. Si l'on place, en effet, d'un côté les têtes de nègre et de blanc les mieux caractérisées ; de l'autre, les premières têtes venues de dogue, de barbet, de lévrier, on saisit, au premier coup d'œil, des différences bien plus caractérisées dans le second groupe que dans le premier. Tiedmann a plus tard établi l'égalité de poids entre le cerveau de l'européen et celui du nègre. Si quelques mesures postérieures tendent à infirmer ce résultat, ces mesures ont encore besoin de contrôle, et il n'est pas douteux, du moins d'après les recherches de Reichart, de Huschke et de M. Pruner Bey, que le cerveau du nègre adulte présente des rapports très-remarquables avec le cerveau de l'enfant blanc. L'étude enfin des circonvolutions cérébrales, *fondamentales* ou *primaires*, a révélé à M. Gratiolet des particularités qui distinguent nettement l'homme des singes même les plus élevés, et le fait paraît aujourd'hui accepté par les anatomistes de toutes les Écoles. Aussi, la doctrine de l'origine simienne paraissait-elle oubliée, quand tout-à-coup elle a reparu « avec tout l'appareil de la science moderne et
» appuyée sur la doctrine de la *sélection naturelle*, et a
» produit un grand effet sur le public étranger à la
» science. »

Cette doctrine, un éminent naturaliste anglais l'a développée dans un livre, qui est vite devenu fameux, tant à cause de sa science incontestable, des faits qu'il coordonne et des difficultés qu'il semble résoudre, qu'à raison des armes nouvelles que la critique anti-chrétienne a cru y rencontrer (1). Elle se pique, on le sait, de plus de passion que de souvenir; sinon, elle eût facilement reconnu, dans quelques idées de M. Darwin, une réminiscence certaine des théories de Maillet, de Robinet, et de Lamarck. Maillet faisait sortir tous les animaux, même l'homme, du sein des eaux, et expliquait leur état actuel par des transformations successives (2). Robinet ne voyait dans les différents êtres que des essais, des études de la nature, « apprenant à faire l'homme (3). » Lamarck, malgré son génie, recherchait dans la monade ou le Polype, l'embryon humain. M. Darwin s'est moins aventuré, sans doute : il est visible, toutefois, que la nature de ses recherches et leur tendance le font incliner à l'hypothèse d'un prototype, élément mal défini, d'où toute la création serait descendue par voie de génération ininterrompue et de métamorphoses graduelles, aidées par la sélection naturelle et la concurrence vitale. Nous ne chicanerons pas le naturaliste anglais sur cette dernière loi qui agit de telle façon qu'elle détruit le plus d'individus dans les espèces inférieures, afin de laisser à la sélection naturelle le champ plus libre dans son perfectionnement des êtres élus, des espèces supérieures, ni sur cette sélection elle-même, que l'auteur appelle *inconsciente* et qui montre une intelligence merveilleuse, puisqu'elle opère chaque jour, à travers le monde entier, un choix

(1) *Origin of the species by means of natural selection, or the Preservation of favoured races in the struggle of life.*

(2) *Entretiens d'un philosophe indien avec un missionnaire français sur la diminution de la mer*, publiés sous l'anagramme de Telliamed.

(3) *Considérations philosophiques sur la gradation naturelle des formes de l'être ou les Essais de la nature qui apprend à faire l'homme.*

entre les variations même les plus imperceptibles, quand elle conserve et ajoute ce qui est bon, rejette ce qui est mauvais. Je ne rappellerai point l'opinion de Buffon, qui ne craint pas d'appeler dégénérescence ce que M. Darwin taxe de perfectionnement ; ni l'examen des bassins paléontologiques les mieux étudiés ; ni la persistance des types inférieurs, lesquels n'auraient pas probablement conquis Buffon aux opinions de M. Darwin. Il ne paraît pas non plus que la sélection naturelle puisse rendre compte des différences profondes qui séparent les espèces, ni l'étude des couches terrestres justifier l'hypothèse d'une descendance commune pour toutes les espèces. Cuvier s'est livré dans le temps à des recherches très curieuses. Il examina de nombreux squelettes d'ibis, de crocodiles, de bœufs apportés de l'Égypte par Geoffroy-Saint-Hilaire, et ne trouva pas plus de différences entre ces êtres et ceux de même espèce que nous en voyons aujourd'hui entre les momies humaines et les squelettes des hommes actuels. Dans les déformations variées que peuvent éprouver les êtres, dit M. Serres, « jamais ils » ne dépassent les limites de leur classe pour revêtir les » formes de la classe supérieure. Jamais un poisson ne » s'élèvera aux formes encéphaliques d'un reptile. Celui-ci » n'atteindra jamais les oiseaux ; un oiseau, les mammi- » fères (1). » Voilà les faits, et les partisans de la fixité des espèces continueront de les invoquer, sans que les expériences de Daubenton, de Bakewel, de Collins, qui reposent sur le principe de l'amélioration des races par elles-mêmes, le *Breeding in and in* des Anglais, puissent les infirmer. Ces expériences n'ont pas, que nous sachions, réussi à transformer le bœuf en cheval, ni le mouton en bœuf.

Nous reviendrons sur les phénomènes de variations et leurs limites ; en attendant, nous constatons, avec M. de Quatrefages, que la doctrine de M. Darwin, adaptée

(1) *Recherches d'anatomie transcendante*, etc., 85-86.

au fait de l'apparition de l'homme, conduirait logiquement à nier sa descendance simienne. Dans cette doctrine, en effet, les transformations ne s'opèrent ni au hasard, ni en tout sens.

« En vertu de la sélection naturelle, l'organisme, obéis-
» sant à des conditions impérieuses, se trouve modifié et
» *adapté* de plus en plus à des combinaisons par voie
» d'élimination. De là, il résulte que certaines fonctions
» prédominent, et que les caractères en rapport avec leur
» accomplissement s'accusent de plus en plus. De là, il résulte
» aussi qu'une fois engagé dans une certaine voie, l'être
» organisé peut bien s'élever dans la même direction et subir
» des modifications secondaires, tertiaires; mais qu'il ne
» saurait perdre le caractère essentiel de son type originel.
» Par conséquent, deux êtres appartenant à des types origi-
» nairement différents peuvent bien, dans la théorie de
» Darwin, remonter à un ou plusieurs ancêtres communs,
» mais l'un ne saurait descendre de l'autre. » Or, consi-
dérés à ce point de vue, l'homme et les singes présentent un caractère des plus frappants : le premier est un animal marcheur et qui marche sur ses membres de derrière : tous les singes sont des animaux grimpeurs. Dans les deux groupes, l'appareil locomoteur porte l'empreinte de ces destinations fort différentes, et les deux types restent parfaitement distincts. C'est un fait sur lequel Vicq d'Azyr et Lawrence avaient insisté déjà, et que les recherches de M. Duvernoy, de M. Gratiolet, de M. Alix ont étendu aux singes anthropomorphes.

Voici donc le raisonnement que devrait tenir le Darwiniste, s'il voulait rester fidèle à l'esprit et à la méthode de sa doctrine : nous connaissons un grand nombre de termes de la série simienne; ils se ramifient en séries secondaires, aboutissant aux anthropomorphes, qui sont non pas les membres d'une même famille, mais bien les *termes correspondants supérieurs* de trois familles distinctes.

L'orang, le gorille, le chimpanzé restent fondamentalement des singes et des *grimpeurs* : et l'homme en qui tout révèle un *marcheur* ne saurait appartenir à l'une ni à l'autre de ces séries. Il ne saurait être que le terme supérieur d'une série distincte dont les autres représentants ont disparu ou ont échappé jusqu'à présent à nos recherches. Et il ne servirait à rien de prétendre que, une fois parvenu au degré d'organisation qu'accusent les anthropomorphes, l'organisme, subissant une impulsion nouvelle, s'est trouvé modifié pour la marche : « ce serait ajouter une hypothèse
» à une autre, et cette fois on n'aurait pas même à invoquer
» la gradation organique présentée par l'ensemble des
» quadrumanes, et sur laquelle on insiste comme condui-
» sant à la théorie que je combats. On serait complètement
» en dehors de la théorie de Darwin, sur laquelle on pré-
» tend s'appuyer. »

Qu'on étende, sans en sortir, ces considérations purement morphologiques aux caractères généraux les plus saillants chez l'homme et chez les anthropomorphes, on arrive à constater un ordre inverse du terme final du développement dans les appareils sensitifs et végétatifs, dans le système de la reproduction. M. Pruner-Bey, qui constate le fait général, le retrouve dans la série des phénomènes du développement individuel, pour une partie, par exemple, des dents permanentes. M. Velker montre que les modifications de la base du crâne, cette partie du squelette dont les rapports avec le cerveau sont des plus intimes, ont lieu dans un sens inverse chez l'homme et chez le singe ; M. Gratiolet, que le développement de ces plis cérébraux, sur lesquels on avait trop insisté pour les besoins de la cause et qui sont communs à l'homme et à l'anthropomorphe adulte, sont produits chez l'un et chez l'autre par une marche inverse. L'embryogénie vient donc, après la morphologie et l'anatomie, combattre l'application du Darwinisme à l'origine simienne.

Ces faits généraux autorisaient, sans doute, M. Gratiolet à déclarer que rien ne permet de voir dans le cerveau du singe un cerveau d'homme, frappé d'arrêt de développement, ni dans le cerveau de l'homme un cerveau de singe développé, et M. Pruner-Bey à nier tout passage possible entre les deux. On a invoqué, cependant, certaines similitudes entre la main de l'homme et celle des anthropomorphes, certains mouvements de rotation que l'articulation de l'épaule permet à l'un et aux autres, et à eux seulement, l'infléchissement, chez les Néo-Calédoniens et chez les Australiens, de la voûte crânienne, vers le haut des deux côtés et son redressement vers la ligne médiane. Double circonstance dans laquelle on voit un acheminement vers ces boîtes osseuses qui se dressent, dans cette région, chez quelques anthropomorphes. Mais les mains ne sont nullement adaptées aux mêmes usages; les os seuls de l'épaule trahissent des différences de mouvements, et la musculature des différences d'adaptation; mais ces crêtes osseuses se détachent des parois de la voûte et n'en font point partie. Le cerveau des microcéphales présente, dit-on, un mélange de caractères simiens et humains, indice d'une conformation intermédiaire, jadis normale, mais qui ne se réalise aujourd'hui que par un arrêt de développement et un fait d'atavisme. Mais s'il est vrai que chez les microcéphales le cerveau humain se simplifie, le plan initial ne change point pour cela, et ce plan n'est pas celui que l'on constate chez le singe. Homme amoindri, le microcéphale n'est pas une bête. On argue enfin du fameux crâne de Néenderthal et de son cachet pithécoïde, comme d'un passage d'un type à l'autre, qu'il semble accuser nettement. D'abord, sir Charles Lyell a émis des doutes très-sérieux sur l'ancienneté des débris découverts par le docteur Fuhlrott, et les croit contemporains tout au plus du crâne d'Engis, lequel reproduit le type des têtes caucasiques. Puis, à quelque antiquité que ce crâne puisse remonter, il n'est pas impossible de lui retrouver des analogues dans les races relativement modernes. Déjà, M. Gratiolet avait déposé au Muséum de Paris la tête osseuse d'un idiot contemporain, qui reproduit ce crâne, quoique dans des proportions moindres ; M. Busk et M. Bernard-Davis avaient établi des similitudes entre lui et certains crânes danois de Borreby, ou des crânes de leurs collections. Il paraissait singulier, en outre, que, dans un être intermédiaire entre l'homme et les anthropomorphes, le corps fût devenu entièrement humain, tandis que la tête conservait le caractère simien. Mais M. Prunier-Bey a signalé entre le crâne de Néenderthal et un crâne celtique, extrait d'un tumulus du Poitou, des similitudes tant intérieures qu'extérieures tellement frappantes, qu'il faut ranger l'individu auquel il appartient dans la race celtique.

Ne voyons donc dans la théorie de l'origine simienne « qu'une pure hypothèse ou mieux un simple jeu d'esprit, » en faveur duquel on n'a pu encore invoquer aucun fait » sérieux et dont, au contraire, tout démontre le peu de » fondement. » Que d'hypothèses, que de jeux d'esprit, pour parler comme M. de Quatrefages, la place de l'homme dans les cadres zoologiques n'a-t-elle pas également enfantés ! « Le tableau des contradictions de l'esprit humain, » disait jadis Isidore Geoffroy-Saint-Hilaire, « est ici com- » plet ; pas une case n'y reste vide. » M. de Quatrefages n'a pas voulu en créer une autre : à l'exemple de Blumenbach (1) et de M. Serres, il a voulu séparer l'homme des animaux et en former un règne à part, qu'il propose d'appeler le règne *Homminal* ou le règne humain. Afin de ustifier cette proposition, il recherche s'il existe ou non dans l'homme un ensemble de faits ou de phénomènes complétement étrangers à l'animal. Cette caractéristique, comme

---

(1) Un intervalle profond, sans *liaison*, sans *passage*, sépare *l'espèce humaine* de toutes les *autres espèces*. Aucune autre *espèce* n'est voisine de *l'espèce* humaine, aucun *genre même*, aucune *famille*. Flourens, *Éloges historiques* (Blumenbach), p. 297.

7.

disent les naturalistes, notre naturaliste ne la trouve ni dans l'organisation, la structure, le jeu des appareils, puisque l'anatomie comparée, la physiologie comparée ont répondu depuis longtemps par la négative, tandis que la chimie et la micrographie conduisaient aux mêmes résultats ; ni dans la station verticale :

> Os sublime homini dedit ; cœlumque tueri
> Jussit et erectos ad sidera tollere vultus.

puisque plusieurs oiseaux, les pingouins, par exemple, et nos canards domestiques se tiennent naturellement tout droit, et que les singes anthropomorphes, dont la station est essentiellement oblique, prennent facilement l'attitude humaine; ni même exclusivement dans les caractères intellectuels, car, quelque grande, quelque immense que soit ici la distance du plus au moins, elle n'a rien de fondamental, puisque l'animal, quoiqu'en disent Malebranche et les Cartésiens, sent, veut, se souvient, raisonne. Cette caractéristique, M. de Quatrefages la discerne dans ces trois faits fondamentaux, qui ne se rencontrent que chez l'homme : la notion du bien et du mal, la croyance à des êtres supérieurs et la croyance à une autre vie. La *moralité* et la *religiosité*, voilà les attributs essentiels du règne humain, et l'anthropologiste les obtient sans s'écarter de la voie que suivent les sciences naturelles quand il s'agit des plantes et des animaux. L'immortel auteur du *Systema naturæ* trouva dans le règne animal deux phénomènes entièrement étrangers au règne végétal, et produisant un grand nombre de phénomènes secondaires, la *sensibilité et le mouvement volontaire;* sans chercher à les expliquer, il n'hésita point à les prendre pour des *attributs* propres à caractériser un groupe de premier ordre, supérieur à celui des plantes. M. de Quatrefages a fait comme Linné, et il en a eu incontestablement le droit, si du moins la moralité et la religiosité appartiennent bien à l'homme et n'appartiennent qu'à lui. Pour la moralité, la question ne paraît pas faire doute, et personne, que je sache, quelque puisse être son matérialisme, ne tente ni de dépouiller l'homme de la connaissance du bien et du mal, ni de transporter cette connaissance même aux espèces animales les plus intelligentes. Mais on objecte les populations athées, les peuplades sans notion religieuse ; on invoque l'exemple des peuplades africaines, australiennes, mélanésiennes, des sauvages de la mer du Sud. M. de Quatrefages ne nie nullement l'existence individuelle d'athées plus ou moins nombreux. « Des » hommes éminents se sont proclamés, se proclament » encore tels. On doit les croire sur parole ; bien que, dans » certains au moins, le langage de l'intimité différât » quelque peu du langage public ; » et c'est ainsi que faisait Lalande, athée pour le public, déiste chez lui. Mais il n'existe pas de nations athées, et l'éminent professeur le prouve dans un chapitre spécial, auquel je reprocherais même de trop méconnaître les tendances athées que certaines formes religieuses, le bouddhisme, par exemple, retiennent à l'état de germe, ou, pour mieux dire, de suspension. Les traditions africaines, aussi immuables que les arts auxquels elles se rattachent, et d'accord sur ce point avec celles de tous les peuples, attribuent les inventions fondamentales à un être supérieur. Cette remarque de l'archevêque Whately (1) tire une autorité plus grande des observations des voyageurs les plus récents. Campbell a démenti l'athéisme des Hottentots et des Cafres, et M. d'Avezac celui des Yébous. Les Boschimen même, au témoignage de M. Daumas et de M. Arbousset, croient à l'existence d'un *kaang*, ou chef, qui réside dans le ciel et dont ils disent « qu'on ne » le voit point des yeux, mais qu'on le connaît dans le » cœur. » L'illustre Livingstone a retrouvé partout dans le bassin du Zambèse, à côté d'un amas de superstitions puériles ou sanguinaires, de coutumes atroces, de rites affreux,

---

(1) WHATELY, *History of religions worship*. London, 1849.

la croyance à un être suprême, créateur de toutes choses et habitant au-dessus de la sphère étoilée. Épave échappée au naufrage de la révélation primitive, la croyance à l'immortalité de l'âme paraît, à la vérité, moins générale dans la Péninsule africaine. M. d'Avezac la retrouve bien chez les Yébous, qui y joignent la doctrine de la récompense et de la punition futures. Pour les Boschimen encore, « la mort » n'est qu'un sommeil. » Livingstone a constaté cette croyance, quoiqu'incomplète, chez quelques tribus Makololos, mais il l'a entendu nier par d'autres tribus de ces mêmes peuplades (1), et M. du Chaillu a reçu d'un grand nombre de nègres du Gabon cette réponse uniforme : « Nous » croyons qu'il y a un Dieu ; mais nous ne croyons pas que » nous le verrons après notre mort. » De même, les tribus très-abruties qui peuplent le bassin du Haut-Nil n'ont pas la plus légère idée de l'immortalité de l'âme ; tel est le témoignage formel de sir Samuel White Baker, le dernier voyageur qui les ait visitées. L'une de ces croyances ne paraît donc pas aussi universelle que l'autre, mais cette circonstance n'infirme nullement l'attribut de religiosité. Quant aux Océaniens si calomniés, grâce à la légèreté de Wallis, qui, après un mois de séjour à Tahiti, déclara ces peuples sans religion et sans culte, on sait aujourd'hui que, dans tous leurs archipels, un même Dieu suprême s'adore sous des noms différents, que le culte s'y mêle à tous les actes de la vie civile ; et on ne voit plus de simples cimetières dans ces *moraïs* si vénérés, dont aucune femme ne peut même toucher la terre sainte. Pénètre-t-on dans la Nouvelle-Calédonie, cette terre de nègres et d'anthropophages, on y rencontre une disposition merveilleuse à ouïr les missionnaires, à se pénétrer des sentiments religieux ; un penchant à l'ascétisme susceptible d'engendrer les actes

---

(1) *Explorations du Zambèse et de ses affluents* (1858-1864), éd. française, 119.

de dévotion les plus extraordinaires (1). De bonne foi, serait-ce là l'indice d'âmes complétement étrangères à toute notion divine? Je ne dis rien des Peaux-Rouges de l'Amérique du Nord : je renvoie ceux qui leur contesteraient encore toute croyance religieuse à l'*Histoire* du P. de Charlevoie ou au beau livre encore inachevé de M. Bancrost (2).

A ces deux attributs, il convient, si je ne me trompe, d'ajouter la parole. Les animaux ont la voix, a dit Aristote, il y a déjà bien des siècles : « l'homme seul a la parole. » La science contemporaine ne tient pas sur ce point un autre langage. Elle voit dans la parole articulée le grand trait distinctif de l'espèce humaine, la différence incommensurable et pratiquement infinie qui « sépare l'homme du » singe. » Ainsi parle un savant Anglais, M. Huxley, dans un petit livre d'allure très-polémique, et qui ne s'inspire certainement d'aucun parti dogmatique (3). Privé de la parole, dit à son tour M. Pruner-Bey, « l'animal » domestique, même soumis aux soins assidus de » l'homme, ne peut prétendre qu'à une perfectibilité très-» restreinte. Voilà les limites qui séparent l'homme de » l'animal, et c'est ici que j'ose insister sur la réalité du » règne humain accepté déjà par tant d'illustres natura-» listes, mais peut-être pas assez nettement délimité (4). » On s'étonne vraiment de l'étrange assimilation que fait M. Agassiz entre les langages humains et les cris des divers mammifères, et de la conclusion encore plus extraordinaire qu'il en tire, savoir qu'une langue ne peut pas plus dériver d'une autre langue que les grondements des ours

---

(1) J. GARNIER, *Voyage à la Nouvelle Calédonie* (1863-1866). Ap. *Tour du monde*, n° 404.

(2) *History of the United States from the discovery of the American continent*, éd. Routledge, t. II, chap. XXII (the Aborigenes east of the Mississipi).

(3) *Evidence as to man's place in nature*. London, 1863.

(4) *Bulletin de la Société d'Antropologie*, V, 127.

du Thibet et d'Europe, les miaulements des félins d'Asie et d'Amérique, le caquetage des différents gallinacés ne peuvent descendre les uns des autres. Les véritables linguistes attachent un tout autre caractère aux modifications du langage. Une langue quelconque, disait Guillaume de Humboldt, loin d'être immuable, « est un organisme » vivant et en voie sans cesse de création. » — « Trois » époques distinctes, ajoute M. Alfred Maury, marquent » l'histoire du langage : le monosyllabisme, l'agglutination » et la flexion. Non pas que toutes les langues aient néces- » sairement passé par ces trois phases, mais parce que les » idiômes qui appartiennent à la dernière époque, celle de la » flexion, portent l'empreinte d'une organisation plus déve- » loppée que celle de l'époque intermédiaire correspondant » à l'agglutination, ces dernières langues étant elles- » mêmes d'une organisation supérieure aux langues mono- » syllabiques. Entre les langues parlées jadis et celles que » l'on parle aujourd'hui à la surface du globe, les unes ont » passé par les trois phases, les autres se sont arrêtées dans » leur développement. Ainsi, l'agglutination renferme le » monosyllabisme, la flexion renferme à la fois le monosyl- » labisme et l'agglutination, absolument de même que, » parmi les espèces animales, les unes se sont arrêtées à un » organisme élémentaire, tandis que d'autres se sont » élevées, dans la période de gestation, de cet organisme » primitif à une organisation plus riche et plus déve- » loppée (1). » M. de Quatrefages, enfin, rappelle que le tigre n'a jamais appris à rugir comme le lion, ni le chien du berger à hurler comme le loup, ni le loup à imiter l'aboiement du chien, « tandis que des peuples entiers ont » changé de langage, et que M. Agassiz lui-même parle et » écrit avec la même élégance, avec la même clarté, au » moins dans trois langues. »

(1) *La terre et l'homme*, 419.

CHAPITRE X

DE LA RACE HUMAINE ET DE L'ESPÈCE HUMAINE

La question se réduit maintenant à savoir si le règne humain embrasse une ou plusieurs espèces. C'est dire que l'exposé qui va suivre ne s'adresse point aux ethnographes, ou aux anthropologistes qui contestent la réalité de l'espèce ou qui critiquent la façon dont les naturalistes comprennent le groupe élémentaire. Que répondre, en effet, au docteur Knox qui déclare inutile de définir l'espèce et la race ; à Gliddon qui raille la peine que se sont donnée les physiologistes européens pour se faire une idée exacte de la première ? La discussion ne paraît guère plus profitable avec ceux qui font reposer l'espèce sur le seul fait de la ressemblance, niant ainsi tous les travaux faits en zoologie et en botanique, depuis Linné et Buffon jusqu'à nos jours ; avec ceux encore qui contestent la distinction entre la fécondité continue et la fécondité bornée ; surtout avec ces polygénistes qui prodiguent au système de leurs contradicteurs les épithètes malsonnantes d'*illusion peu scientifique*, de *préjugé rétrograde*, et se bornent, pour leur compte, à évoquer certaines *possibilités* paléontologiques, à exciper de certaines *préférences*.

I

Qu'est-ce que la race et l'espèce humaine ?

Et d'abord, qu'est-ce que l'espèce? C'est une question qui s'est posée tardivement, affirme M. de Quatrefages, et dont

les anciens, les savants du Moyen-âge ou de la Renaissance, pas plus Conrad Gessner qu'Albert le Grand ou Aristote n'essayèrent de se rendre compte. S'il s'agit de la notion de l'espèce, telle qu'elle appartient aux naturalistes, nous nous inclinons devant la compétence de M. de Quatrefages : nous ne connaissons Conrad Gessner que de nom, et nous n'avons pas fait des livres d'Albert de Bollstœdt, surnommé le Grand, cette lecture même superficielle, qui avait laissé à Cousin l'impression d'un compilateur infatigable et d'un savant allemand du XIIIe siècle, plutôt que d'un penseur original. Mais il y a des noms plus glorieux dans la scolastique, et pour n'en citer qu'un seul, celui de Guillaume de Champeaux, si heureusement remis en lumière par les travaux de M. Charles de Rémusat, de M. Rousselot, de M. Hauréau et tout récemment de M. l'abbé Michaud. « Or, Guillaume de Champeaux, d'après l'assurance que
» nous en donne Abélard, professait qu'une matière iden-
» tique par essence est toute entière et simultanément dans
» les êtres qu'elle produit, en sorte que les individus sont
» matériellement réductibles à leur espèce, les espèces à
» leur genre, les genres à leur règne, et les règnes à cette
» matière première qui est le fond essentiellement iden-
» tique de tous les êtres matériels, l'universel des univer-
» saux, c'est-à-dire l'universel irréductible des règnes,
» des genres, des espèces (1). » N'y avait-il donc rien de fécond dans cette conception, ou plutôt n'a-t-elle pas rencontré un appui considérable et une vérification inattendue dans quelques-unes des théories scientifiques contemporaines : la doctrine dynamique et l'unité de la matière, par exemple ? Quant à l'antiquité, sans remonter aux débats sur l'un et le multiple qui s'agitèrent dans les écoles de l'Ionie, chez les Éléates ; sans rappeler les systèmes des Pythagoriciens, d'Héraclite, de Démocrite, d'Empédocle,

---

(1) L'abbé MICHAUD, *Les écoles en France* (*Correspondant*, novembre 1866).

Aristote, dialecticien et philosophe, n'a certainement méconnu ni l'espèce, ni le genre. S'agit-il d'une espèce à définir ? il enseigne nettement qu'il faut considérer les individus qui la composent et rechercher chez eux les attributs essentiels et généraux dont la réunion caractérise l'espèce ; d'un genre ? il prescrit de le diviser en espèces, de définir chacune d'elles et de réunir les attributs qui leur sont communs (1).

Quoiqu'il en soit, il faut arriver, parmi les modernes, à l'anglais Ray (1686) et au français Tournefort (1700) pour voir la question prendre une partie de son importance. Tous les deux étaient botanistes : le premier composa l'espèce de toutes les plantes qui ont une origine commune ; le second, de toutes les plantes qui se distinguent par quelque caractère particulier. En d'autres termes, Tournefort s'en tint aux ressemblances morphologiques, tandis que Ray saisissait la valeur de la filiation. Avec l'accroissement des collections zoologiques et botaniques, la notion de l'espèce se dégagea du vague, et Linné y fit entrer la double donnée de la ressemblance et de la filiation : L'espèce, dit-il, « se » compose d'individus tous semblables les uns aux autres » et reproduisant, par génération, des êtres semblables à » eux. » Définition qu'ont répétée, avec quelques variantes de formes, Laurent de Jussieu, Buffon, Cuvier, de Blainville, pour qui « l'espèce n'est que l'individu répété dans le temps et dans l'espace », et Isidore Geoffroy-Saint-Hilaire qui parle également « d'une transmission de traits naturelle, » régulière et indéfinie dans l'ordre actuel des choses. » Lamarck y a fait entrer une réserve en faveur des causes modifiantes, des circonstances qui font varier les habitudes, le caractère et la forme des individus perpétués. De nos jours, M. Vogt y a introduit les phénomènes de généagenèse, le retour « d'individus » par eux-mêmes ou par leurs descendants à leurs premiers ancêtres, et M. Chevreul

(1) *Premiers analytiques*, t. I, 27-31 ; — *Derniers analytiques*, t. I, 16-23.

la notion de ces différences qui ressortent « d'un certain
» ensemble de rapports mutuels existant entre des organes
» du même nom, » et qui constituent des *variétés* en
général. Au fond, M. Chevreul ne fait que réunir, dans un
seul contexte, deux notions, celle de *l'espèce* et celle de la
race, que Buffon, Lamarck, Cuvier avaient séparées. Ainsi
Buffon définissait la race : « une variété constante qui se
» conserve par génération, » et M. de Quatrefages n'exprime
pas une autre idée quand il dit : « *La race est l'ensemble*
» *des individus semblables ayant reçu et transmettant par*
» *voie de génération les caractères d'une variété primi-*
» *tive.* » De même qu'il résumait les idées communes aux
grands naturalistes ses devanciers, en appelant l'espèce :
« *L'ensemble d'individus plus ou moins semblables*
» *entre eux, qui sont descendus ou qui peuvent être*
» *regardés comme descendus d'une paire primitive unique,*
» *par une succession ininterrompue de familles.* »
Il règne ici un accord remarquable et qu'a constaté Isidore
Geoffroy Saint-Hilaire : « Telle est l'espèce et la race,
» dit-il, non-seulement pour une des écoles entre lesquelles
» se partagent les naturalistes, mais pour toutes, car la
» gravité de leurs dissentiments sur l'origine et les phases
» antérieures de l'existence des êtres ne les empêche pas
» de procéder tous de même à la distinction et à la déter-
» mination de l'espèce et de la race. Tant qu'il s'agit seu-
» lement de l'état actuel des êtres organisés (accord
» d'autant plus digne de remarque qu'il n'existe guère
» qu'ici), tous les naturalistes pensent de même, ou du
» moins agissent comme s'ils pensaient de même (1). »

Nous avons déjà dit que, à ces attributs fondamentaux, la
ressemblance et la filiation, nous ajoutions la fixité : la fixité
dans une certaine limite, et avec une certaine variabilité. Jusqu'à ces derniers temps, partisans de la variété illimitée et

(1) *Histoire générale des règnes organiques*, t. II, 2ᵉ partie, 271.

défenseurs de l'immutabilité ont agi comme s'ils pensaient de même ; ils ont reconnu la double action à laquelle l'espèce est soumise, et de laquelle découlent deux ordres de faits, attestant les uns une inclination manifeste à la stabilité, les autres une inclination non moins évidente à la variation. Lamarck croit encore à une certaine constance dans l'espèce. Buffon, Cuvier et Blanville eux-mêmes admettent une certaine variabilité. Aujourd'hui, on trouve insuffisantes les réserves de Cuvier et de ses disciples; on déclare l'hypothèse erronée ; on admet que les variations n'atteignent pas seulement les caractères superficiels et accessoires, et qu'elles portent, dans quelques cas, sur les organes profonds et sur les caractères considérés par tous les naturalistes comme spécifiques ou même génériques. Nous restons de l'avis de Buffon, qui appelait les races : « des touches » accessoires », et nous rappelons les faits d'atavisme constatés par Roulin sur les animaux transportés de l'ancien continent dans le nouveau, et qui sont tous plus ou moins revenus à leur première allure de liberté et de sauvagerie naturelle. A ceux qui allèguent le développement insensible des êtres et le croisement des espèces, nous répondons avec Flourens que l'un ne fait pas varier l'espèce, et que l'autre n'a jamais donné d'espèces intermédiaires (1). Aux arguments tirés des révolutions du globe, nous opposons avec M. Godron et M. de Quatrefages la stabilité des types originaires ; un jour est venu où des conditions nouvelles ont rendu leur existence impossible ; alors ils ont péri, mais ils ne se sont pas modifiés. Au surplus, l'origine de l'espèce humaine est pour le moment hors de cause. Le débat s'arrête à la nature et à l'étendue des variations, qui suffisent, suivant les polygénistes, à caractériser des espèces, et, suivant les monogénistes, ne déterminent que des races

---

(1) *Ontologie naturelle, ou Étude philosophique des êtres et origine des espèces.*

primaires, secondaires ou tertiaires, « branches, rameaux, ramuscules, comme le dit M. de Quatrefages, d'un arbre dont l'espèce est le tronc. »

C'est une observation de J.-J. Rousseau, que beaucoup de philosophie est nécessaire dans l'observation des faits qui sont proches de nous. Cette philosophie, l'apportons-nous dans l'étude continuelle et presque inconsciente que nous faisons incessamment de l'homme : étude qui nous permet de discerner les plus légères nuances, au moins pour un certain nombre de ses caractères ? Non, répond M. de Quatrefages : cette délicatesse même a ses inconvénients, et nous porte, d'une façon à peu près inévitable, à exagérer la valeur des différences, et à leur donner la valeur de caractères quand il ne faudrait y voir que les traits distinctifs des divers groupes humains. Cependant un examen quelque peu attentif révèle chez les végétaux ou les animaux des variations plus étendues qu'on ne le croit d'ordinaire, et que ne dépassent jamais, qu'atteignent rarement les groupes humains. Rappelons seulement ces variétés *devenues héréditaires* de légumes, de fleurs, d'arbres fruitiers ou d'ornement, dont le nombre s'accroît sans cesse, et dans lesquelles les éléments anatomiques et les éléments chimiques même se multiplient ou s'amoindrissent parfois dans des proportions énormes ; chez qui les formes et les dimensions varient, ainsi que la consistance et le goût. Remarquons encore les variations physiologiques qu'accusent la précocité ou le retard de certaines races végétales, leur fécondité extrême ou amoindrie.

Nous retrouverons chez les animaux des phénomènes identiques : des éléments musculaires, adipeux, des organes et des appareils qui s'adaptent progressivement à la destination actuelle de nos bêtes de travail, de course, d'alimentation ; une fécondité décroissante chez certaines races par trop déviées du type primitif, s'exaltant chez d'autres au point de devenir triple et sextuple ; l'époque de la reproduction changeant pour se mettre en harmonie avec un nouveau climat; des modifications enfin qui atteignent l'animal dans ce je ne sais quoi d'où dépendent ses actes instinctifs ou raisonnés, et qui font que les castors, par exemple, dispersés et traqués, perdent leurs instincts primitifs, et, de sociaux et bâtisseurs qu'ils étaient, deviennent solitaires et fouilleurs.

Comparons, dans leurs squelettes, l'homme et les races domestiques. Jamais la variation ne se montre égale chez l'un à l'étendue qu'elle manifeste chez les autres ; jamais le squelette humain ne donne l'idée de ces différences (nombre de vertèbres; races sans queue et à queue traînante; races cornues et races sans cornes) fréquentes chez les animaux de même espèce. Les dimensions générales, les proportions des diverses parties du corps, le nombre et l'intensité des couleurs de la peau et de ses dépendances, les villosités ne conduisent pas à une autre conclusion. « Une comparaison rigoureuse met donc hors
» de doute que, chez l'homme, les limites de variation des
» caractères sont à tous égards moins étendues que chez
» certaines races animales d'une même espèce. Par consé-
» quent, quelque grandes que soient ou que paraissent les
» différences existant entre les groupes humains, c'est
» raisonner d'une manière arbitraire que de leur attri-
» buer une valeur de *caractères spécifiques*. Il est pour le
» moins tout aussi rationnel, tout aussi scientifique de les
» regarder seulement comme des *caractères de races*. » Et s'il est vrai que, en y regardant de près, tous les arguments des polygénistes se réduisent à la différence prétendue irréductible entre le blanc et le nègre, ne voilà-t-il point cette argumentation qui, dès à présent, croule en grande partie par la base ?

Mais, sans sortir du domaine morphologique, il est facile de porter entièrement la balance du côté du monogénisme. Existât-t-il de grandes différences entre les extrêmes, les naturalistes s'accordent à regarder comme de même espèce l'ensemble des individus qui passent les uns aux autres par nuances insensibles « sans caractère arrêté. » Eh ! bien, s'écrie M. de Quatrefages, quel groupe animal présente à « un plus haut degré que l'homme ce caractère morpholo- » gique ? » Et il en appelle à tous les savants ou les voyageurs qui ont entrepris de caractériser nettement et avec quelque détail les populations du globe. En Afrique même où les extrêmes sont le plus distincts, la difficulté est bien moins de trouver chez l'homme des ressemblances que de préciser des différences. S'il s'agit d'espèces animales, quelque rapprochées qu'elles soient, un ou plusieurs caractères, absents chez les uns, présents chez les autres, servent toujours à établir une différence précise. Dans les races, au contraire, les caractères s'entrecroisent de telle façon que le trait distinctif reste très-difficile à démêler. L'homme à cet égard ne fait pas exception. Examinez le blanc et le nègre, non pas en Europe et en Guinée, mais là où ils se sont rapprochés, et leur distinction, en dehors de la couleur, deviendra fort difficile. En Abyssinie, le seul trait vraiment distinctif se trouve dans le prolongement exagéré du talon chez le nègre de sang pur. Mais sur le littoral occidental de l'Afrique, des peuplades entières offrent un talon identique au nôtre. Voici de nouveaux faits encore plus probants. Jamais, chez les végétaux ou les animaux, une *espèce* ne montre des individus qui présentent accidentellement les caractères propres à une autre *espèce*, tandis que le fait est fréquent entre *races* animales ou végétales, et se vérifie dans les groupes humains. Il n'est pas peut-être de race colorée où les voyageurs n'aient rencontré des individus offrant le teint des races blanches, tout en conservant leurs autres caractères propres et sans qu'il puisse être question d'albinisme. Il n'est pas jusqu'à la perforation de la fosse olecranienne, dont Desmoulins a fait un des traits les plus frappants de la race austro-africaine, qui ne se soit retrouvée chez les momies guanches, égyptiennes et jusque chez un nombre considérable d'individus extraits d'une même sépulture en France. « De cet ensemble » de faits nous pouvons conclure que la morphologie à elle » seule suffirait pour faire regarder l'unité spécifique des » hommes au moins comme *sensiblement plus probable* » que l'existence de plusieurs espèces humaines. »

La démonstration suit son cours ascendant ; elle va invoquer maintenant le double fait qui caractérise respectivement le croisement entre *espèces* et le croisement entre *races*, dans le règne végétal comme dans le règne animal, à savoir la fécondité continue du métissage et l'infécondité à peu près constante de l'hybridation. Cette loi, que Buffon a formulée jadis dans les termes les plus précis (1), n'est pas, comme le prétendent les polygénistes, une de ces règles formulées arbitrairement, que l'on place dans les prémisses et qu'il n'est pas difficile dès lors de retrouver dans la conclusion. Il y a dans cette accusation, dit M. de Quatrefages, une erreur historique. « Avant de nommer l'espèce, la » race, la variété, les naturalistes les avaient rencontrées » dans leurs travaux. La *connaissance des choses* a pré- » cédé la *terminologie*. C'est par l'expérience qu'on a été » conduit à reconnaître l'importance des faits de reproduc- » tion et de filiation, et à trouver dans les phénomènes de » l'hybridation et du métissage les caractères de l'espèce et » de la race. » Cette expérience, ces observations se sont prolongées pendant quatre siècles environ et elles ont fourni des résultats constants. Partout les croisements humains, même entre les groupes les plus éloignés par leurs caractères, se sont montrés faciles. Le blanc a partout donné naissance à des races métisses, et les unions croisées, loin de voir leur fécondité moindre que si elles avaient eu lieu entre les blancs seuls, l'ont vue s'accroître

(1) *Histoire naturelle générale et particulière.* Éd. in-4 de l'Imp. roy., II, p. 10.

dans certains cas, à raison même de la différence des types associés. Ainsi en a-t-il été des unions entre le blanc et la hottentote, au témoignage de Levaillant ; entre le blanc et la péruvienne indigène, entre le nègre et la péruvienne, comme l'atteste Hombron. M. d'Omalius constate que les mulâtres et les sambos forment déjà au moins un quatre-vingtième de la population totale du globe. Dans certains États de l'Amérique du Sud, la majorité des habitants, de ceux-là même qui prennent la qualité de blancs, se compose exclusivement de métis. Dans la Californie enfin, la législature locale a déclaré déchu de son titre de citoyen quiconque aura cohabité ou vécu maritalement avec un individu de race nègre, mulâtre, indienne ou chinoise. Dans le règne végétal ou dans le règne animal, au contraire, quand la fécondité s'est exceptionnellement conservée chez les hybrides de premier sang, elle a disparu, au bout d'un nombre de générations extrêmement restreint ; et quand on a maintenu cette fécondité, en augmentant la proportion du sang d'un des parents primitifs, les produits retournent aux types de ces mêmes parents ou de l'un d'eux, après un petit nombre de générations. En Italie, où les hybrides du mouton et de la chèvre sont connus depuis longtemps et figuraient dans les écrits de quelques anciens sous le nom de *titires* et de *mousmons*, pas plus qu'au Chili et au Pérou où ils s'appellent *chabins* et *ovicapres*, il n'existe de population animale hybride entre ces deux espèces.

« Par conséquent, les groupes humains *ne sont pas des espèces différentes*, ils ne sont que des *races d'une seule et même espèce.* »

II

Formation des races humaines.

Il reste à expliquer la formation des races humaines. A la vérité, cette explication fît-elle défaut, la thèse n'en subirait aucune fâcheuse conséquence. Elle est désormais prouvée; *itstands*, elle se tient, comme disent nos voisins d'outre-Manche. M. de Quatrefages le fait remarquer : « En » dehors de toute hypothèse, de toute interprétation, l'*espèce* » et la *race* sont ce que nous les avons trouvées, avec tous » les naturalistes qui se sont le plus occupés de la création » vivante, qui ont le plus sérieusement étudié ces questions. » Par conséquent, ce que nous avons dit à ce sujet resterait » acquis, alors même que nous ne saurions en rendre » compte en aucune façon. » Mais, tout ardu que soit ce problème, objet de méditations de tant d'hommes éminents, depuis Hippocrate et Aristote jusqu'à Burdach et à Muller, la science contemporaine possède des moyens de le résoudre. Si on écarte les théories nombreuses qui ont voulu rattacher ces phénomènes à des forces particulières, reconnues aujourd'hui inutiles, ou à des influences que l'on sait n'être pas actives, on retombe sur deux faits généraux : *l'hérédité* et les *actions de milieu*, auxquels s'adapte d'une manière satisfaisante l'ensemble des faits particuliers. Ces deux circonstances réunies expliquent, dans les races animales, les modifications qui mettent l'animal, importé dans un milieu où n'avaient pas vécu ses ancêtres, en harmonie avec les nouvelles conditions d'existence qu'on lui a imposées. Ces modifications ne s'accusent que progressivement, et leur maximum d'action n'apparaît qu'à la longue, à la suite d'un certain nombre de générations livrées à elles-mêmes; les actions de milieu produisent, au contraire, ces variétés brusques et tranchées qui forment parfois autant d'exceptions aux règles de l'hérédité. Pour l'animal et pour la plante, l'homme évidemment fait partie du milieu.

Non que l'homme puisse exercer sur les végétaux et sur les animaux qu'il s'est appropriés une influence personnelle et pour ainsi dire magique. Cette thèse, qui est celle de quelques physiologistes et de quelques naturalistes, tombe devant la plus légère réflexion. Mais l'homme, avec sa volonté et son intelligence, s'empare des forces naturelles; il les dirige, les façonne, les pétrit, pour ainsi parler. « Dès qu'il met la main sur une espèce et la domestique, » celle-ci semble s'ébranler : et bientôt elle compte de » nombreuses races. Nos plus récentes acquisitions en végé- » taux et en animaux fournissent ici des exemples frap- » pants. » Cette méthode de la sélection artificielle, l'homme n'a eu que peu d'occasions de se l'appliquer à lui-même; c'est à peine si l'histoire en mentionne quelques exemples : les grenadiers de Frédéric de Prusse, les gardes de corps du grand électeur et du duc de Deux-Ponts. Une autre cause empêche encore toutes les déviations trop fortes du type humain : c'est la lutte que l'homme sait soutenir contre le milieu et dans les lieux mêmes d'où la race à laquelle il appartient est originaire et dans les régions où il émigre. Il réagit tantôt contre les froids du pôle, tantôt contre les chaleurs des tropiques. Partout où il transporte sa personne, l'homme transporte également des mœurs, des habitudes, des pratiques qui sont propres à sa race et à son pays, et qui viennent atténuer l'action du nouveau milieu. Car M. de Quatrefages ne s'en tient pas à la doctrine des milieux, telle qu'elle se trouve chez Hippocrate et chez Buffon, « qui sur ce point peut être considéré comme le » disciple du père de la Médecine; » à plus forte raison répudie-t-il cette théorie des climats dont Bodin prit le germe chez Platon et chez Aristote, et que Montesquieu et Cuvier ont su encore exagérer. Pour notre professeur, le climat, la chaleur, le froid, l'humidité, la sécheresse, l'abondance ou la pénurie, la bonne ou la mauvaise qualité de la nourriture ne possèdent pas seuls le pouvoir de modifier l'homme. Il fait rentrer, et à juste titre, dans les actions de milieu la religion, les institutions, les mœurs. La polygamie et les harems, par exemple, lui expliquent l'abâtardissement, à la fois moral et physique, des populations orientales. « Comment, dit-il, ces influences délétères agissant sur une » longue suite de générations ont-elles pu ne pas exercer » quelque action sur la race ? » et plus équitable que certains écrivains, faciles à nommer et qui siégent aussi sur les bancs de l'Institut, il renvoie à l'Islamisme la responsabilité de ces dégénérescences.

Ce n'est pas à dire toutefois que l'homme, quoiqu'il s'en défende, puisse se soustraire à l'action du milieu. Trop de faits viendraient contredire une pareille assertion. M. Théodore Pavie constate qu'un long séjour en Amérique a fait perdre au créole canadien les vives couleurs de sa carnation. Son teint a revêtu une nuance d'un gris foncé ; ses cheveux tombent à plat comme ceux de l'Indien; on ne reconnaît plus en lui le type européen, et moins encore le type gaulois (1). Dans nos Antilles, la gracilité des extrémités, la cambrure du pied, l'extension exagérée de la main, la teinte mate et plombée de la peau, certaines immunités pathologiques attestent, chez les créoles, la formation d'une race dérivée de la race française, comme le *Yankee* constitue une race dérivée de la race anglaise. « Un petit » nombre d'années a suffi pour établir une distinction déjà » très-marquée entre les Américains modernes et les Anglais » dont ils descendent. Nous demanderons au voyageur » attentif, qui a parcouru les États-Unis, de nous dire ce » qu'il pense de certaines familles de New-York et de la » Pensylvanie, dont le sang est demeuré pur depuis un » siècle ou deux, et des populations le plus anciennement

(1) *Revue des Deux-Mondes*, 15 décembre 1850.

» établies dans le Kentucky et sur les bords du Mississippi.
» N'a-t-il pas observé comme nous une altération sensible,
» non-seulement dans les traits, mais dans le caractère ? A
» part la civilisation européenne qui les a suivis, on
» retrouve déjà chez les uns, avec l'angle facial, la fierté,
» l'esprit de ruse de l'Iroquois, chez les autres, avec l'exté-
» rieur, la rudesse, la franchise et l'indépendance de l'Illi-
» nois et du Cherokee (1). » M. Rameau, M. Élisée Reclus,
M. Desor confirment ce témoignage. A ces traits d'emprunt,
Smith et Carpenter ajoutent l'allongement du cou; Edwards,
l'augmentation de taille. M. Cunningham signale, enfin,
dès la première génération, la modification des caractères
anglais, chez le colon australien.

« La race anglo-saxonne n'est cependant fixée aux États-
Unis que depuis environ deux siècles et demi; que sera-ce
donc quand elle aura subi pendant quarante ou cinquante
siècles l'action de ce milieu qui a déjà porté de pareilles
atteintes à son type originaire ? L'émigration, le changement de climat ne sont pas, d'ailleurs, nécessaires pour
produire des altérations dans la race, et M. de Quatrefages
signale à ce sujet un fait encore bien voisin de nous. A la
suite des guerres civiles du XVIIe siècle, des populations
irlandaises furent refoulées tout entières dans les parties
les plus sauvages de l'île. Vouées, depuis cette époque et
pendant de longues générations, à la misère, à la faim, à
l'ignorance, elles sont revenues, pour ainsi dire, à l'état
sauvage. Leurs caractères physiques en ont fait une race
parfaitement distincte de celle dont elles sont sorties,
laquelle se retrouve, sans modifications, dans les comtés
voisins. »

En résumé, les croisements, l'influence combinée des
actions d'hérédité et de milieu suffisent, d'après M. de Qua-

---

(1) Abbé BRASSEUR DE BOURBOURG, *Histoire des nations et des peuples civi-
lisés du Mexique et de l'Amérique centrale durant les siècles antérieurs à
Christophe Colomb*, I, p. 8.

trefages, à expliquer la formation directe des races humaines.

Les données manquent encore, il le confesse, pour éclairer le phénomène dans tous ses détails; mais dans l'ensemble il lui paraît très-aisé à comprendre. Les limites qui s'imposent à ce travail ne nous permettent pas de suivre le très-savant anthropologiste dans la réfutation des objections assez nombreuses qui ont été faites à sa doctrine. Il en est une que nous ne saurions omettre : c'est celle que les Polygénistes tirent de la permanence du type parmi certains peuples et surtout les Égyptiens. M. de Quatrefages ne nie nullement que, aussi loin que remontent les renseignements fournis par la peinture et la sculpture, ces renseignements attestent, chez les habitants de la vallée du Nil, des types remarquablement uniformes. Mais quelles raisons, demande-t-il, auraient-ils donc eu de varier ? « Dans cette région exceptionnelle à tant d'égards, rien n'a » changé depuis les temps historiques, ni la terre, ni le ciel, » ni le fleuve. Les habitudes, les mœurs, *la vie journa-* » *lière* sont restées ce qu'elles étaient au temps des premiers » Pharaons. L'Égyptien va jusqu'à se servir d'ustensiles » pareils à ceux qu'employaient ses ancêtres, il y a trente » ou quarante siècles : toutes les conditions d'existence et, » par conséquent, *toutes les actions de milieu* sont les » mêmes que dans ces temps reculés. Bien loin de tendre à » modifier la race, elles ont donc tendu à la stabiliser. » Dans l'ordre d'idées que défend M. de Quatrefages, le phénomène vraiment inexplicable serait la variation du type égyptien, et l'exemple, tant de fois objecté, tourne à la confirmation de la théorie des milieux. Ce serait, en vérité, le cas de dire que les adversaires des traditions bibliques savent, suivant l'heure et l'occasion, faire flèche de tout bois. A la tradition de l'unité de notre espèce, ils opposent aujourd'hui la permanence du type égyptien. Jadis, par l'organe de Volney, ils invoquaient le teint de ces mêmes Égyptiens, afin de contredire le xᵉ chapitre de la Genèse. Volney arguait d'une ou deux phrases de quelques historiens qui parlent, en effet, de la peau noire des Égyptiens. Volney se trompait, la couleur de la peau n'est pas ici le témoignage décisif : c'est la forme du crâne ; et le crâne des momies qu'Étienne Geoffroy-Saint-Hilaire a rapportées d'Égypte ne laissait aucun doute. « Quel qu'ait » pu être son teint, le peuple célèbre, chez qui toutes les » traditions placent le berceau des sciences, appartenait à » la même race d'hommes que nous (1). »

III

Unité de l'espèce humaine.

Il y a donc de nombreuses *races* humaines, mais il n'y a qu'une espèce humaine, et cette espèce qui est aujourd'hui cosmopolite, la science est en droit d'affirmer que primitivement elle était *cantonnée*, et qu'elle est descendue d'une paire *primitive et unique*.

La physiologie et l'observation directe ne permettent point de proclamer absolument ce double fait. Néanmoins, elles autorisent à dire que *tout est comme si* l'humanité avait commencé par une paire unique. Ici, la zoologie, la géographie et la botanique viennent suppléer à l'insuffisance de l'anthropologie.

Les animaux, pas plus que les plantes, ne sont distribués, au hasard, sur la surface de notre globe. Chaque région a ses genres, ses espèces, ses types particuliers. L'observation nous l'enseigne, et l'expérience nous apprend encore que certaines espèces, transportées d'une région dans une autre, peuvent y vivre et prospérer. La physiologie, à son tour,

---

(1) Flourens, *Éloges historiques* (Geoffroy-Saint-Hilaire), 43.

démontre que les espèces vraiment polaires ne peuvent vivre et n'ont pas réellement vécu, même passagèrement à côté des espèces équatoriales. La théorie qui assignait aux animaux et aux plantes un centre de création *unique* est en conséquence condamnée : elle doit faire place à la doctrine, en ce qui concerne le règne végétal et le règne animal, des centres de création *multiples*. Pourquoi donc, en attribuant à l'homme des origines géographiques multiples, faire de lui une exception *unique* parmi les êtres organisés? Voit-on parmi les végétaux phanérogames, parmi les mammifères, des espèces cosmopolites, tandis que l'homme, au contraire, se montre partout ? Enfin, plus l'organisation d'un être est complète, plus son aire se restreint. Ainsi, les singes anthropomorphes sont cantonnés d'une façon très-remarquable. La distribution géographique force donc à admettre le cantonnement de l'*espèce* humaine, si l'on est monogéniste, et du *genre*, si l'on est polygéniste.

Où se trouvait le centre de la création humaine ? en Asie, très-probablement, non loin de la région du massif central. Telle est l'opinion de M. de Quatrefages, comme c'est l'opinion de Humboldt, de d'Eckstein, et de M. Lassen (1). Autour de ce massif, se groupent les trois types fondamentaux de l'humanité, « réunis par des intermédiaires, » accusant soit la fusion des races, soit ces modifications » imprimées par des milieux remarquablement différents. » Autour de ce même massif, on parle des langues très-diverses et représentant les trois grandes divisions linguistiques généralement admises ; on y rencontre toutes les espèces animales dont la domestication se perd dans la nuit des temps. Enfin, que l'on interroge l'histoire et les tradi-

---

(1) V. Humbolt, *Asie centrale*, I, 163; et *Hist. crit. de la géographie du nouveau continent*, III, 119. — D'Eckstein, *Athéneum français*, 1854. — Assen. *Indische Alterthumskunde*, I, 526 et 599.

tions sur les migrations des peuples, elles indiquent des mouvements et des directions qui ramènent la pensée vers ce massif ou ses dépendances, comme le point d'irradiation.

C'est en savant, et en dehors de toute préoccupation biblique ou antibiblique, que M. de Quatrefages a étudié la belle et vaste question dont nous avons essayé précédemment de donner une idée à nos lecteurs. La méthode qu'il a suivie dans l'*Unité*, comme dans le *Rapport*, n'est autre que la méthode dite naturelle. Elle est d'un usage bien autrement difficile que celui d'un système, puisqu'elle oblige à rechercher *tous* les caractères, au lieu de se contenter de *quelques-uns*. Par compensation, cette méthode seule peut donner de la certitude à des résultats laborieusement acquis. Chercher à résoudre par une étude restreinte à l'homme la question de l'espèce ou du genre, en ce qui le touche, ce serait agir à la façon d'un algébriste qui voudrait dégager son x, sans recours aux quantités. L'homme, ici, est l'*inconnu* du problème ; comment en fournirait-il la solution ? D'un autre côté, comment trouver les quantités *connues* propres à dégager cet *inconnu*? dans la recherche des faits et des phénomènes qui caractérisent l'espèce et la race dans le règne animal et dans le règne végétal. Si l'homme, en effet, possède des attributs qui le séparent des animaux, de même que l'animal a des caractères par lesquels il se distingue des végétaux, il n'en reste pas moins « le siége de phénomènes communs à tout » les êtres doués de vie et d'organisation. En outre, par son » corps, il n'est autre chose qu'un animal, et, à ce titre » encore, il présente tous les phénomènes organiques et » physiologiques constatés chez les animaux. » C'est après avoir recueilli, dans les deux règnes, les faits et les phénomènes caractéristiques de l'espèce et de la race, que l'anthropologiste reviendra vers l'homme et lui appliquera les résultats de ce travail. Les caractères qui distinguent les groupes humains sont-ils ceux qui, chez les animaux et chez les plantes, différencient les espèces ? il conclura légitimement au *genre* humain. Ces caractères sont-ils ceux qui appartiennent à la race dans le règne animal et dans le règne végétal ? il devra conclure à l'*unité spécifique* du règne humain.

C'est en suivant rigoureusement cette voie que M. de Quatrefages est arrivé au Monogénisme. Il proclame, avec Linné, Buffon, Lamarck, Blumenbach, Cuvier, Jean Muller, les deux Geoffroy-Saint-Hilaire, Blainville, Lyell, Humboldt, l'antique unité de notre espèce. La Bible l'avait déjà proclamée. S'étonnera-t-on de cet accord entre la Révélation et la science ? Ce serait oublier que, si la Bible ne contient pas *toute* la vérité, comme c'est le thème du Protestantisme, elle ne renferme rien qui ne soit vrai, rigoureusement vrai. Ces vérités, parfois, sont enveloppées d'un voile ; elles se trouvent, pour ainsi dire, à l'état latent. Parfois encore, le texte sacré semble offrir des contradictions avec telle ou telle vérité, que le naturaliste ou le géologue considère comme incontestable. Que faire en pareille circonstance ? Citons, en réponse à cette question, les paroles de l'éminent auteur de *la Bible et de la nature*. « Avant tout
» et en toute circonstance, dit M. Reusch, il faut être
» loyal, et prendre garde de souiller notre cause, si pure et
» si sainte, par des sophismes et des chicanes ; il ne faut à
» aucun prix déguiser, ni amoindrir l'objection, ni épilo-
» guer sur la valeur des paroles de la Bible, ni vouloir faire
» passer pour défectueuses les propositions que le natura-
» liste a acquises par la voie d'une véritable science. Le
» plus grand savant n'a pas à rougir d'avouer, avec le Sage
» de l'antiquité, qu'il ignore encore bien des choses. Donc,
» dans le cas proposé, nous ne devons pas craindre notre
» impuissance à lever cette contradiction apparente, et

» néanmoins nous pouvons exprimer la ferme conviction
» qu'elle n'est qu'apparente, et sera résolue tôt ou tard,
» quoique nous ne puissions y réussir avec les données
» qu'offre actuellement la science. Un tel aveu doit nous
» sembler d'autant moins pénible que les sciences sont dans
» un développement continu (1). »

(1) *La Bible et la nature*, trad. Hertel, p. 22-23.

CHAPITRE XI

LA RACE HUMAINE TIRE SON ORIGINE D'UN SEUL PÈRE
ET D'UNE SEULE MÈRE

I

Les faits géologiques n'infirment en rien notre proposition.

Dans la revue *The Month* de mai et juin 1871, le savant P. Weld et les non moins doctes écrivains de la *Civiltà cattolica* ont affirmé et établi que personne n'a encore réussi à démontrer avec certitude que les instruments et les restes d'ossements humains, que l'on a tirés de la surface de la terre, ou que l'on a trouvés dans des grottes, appartiennent à une époque plus ancienne que celle attribuée à Adam. Examinant quelques-unes des preuves alléguées par les auteurs modernes pour en déduire que notre race est beaucoup plus ancienne qu'Adam, le P. Weld, particulièrement, établit : 1° que, parmi les objets découverts près le delta du Nil, objets considérés comme l'œuvre d'hommes plus anciens qu'Adam, on a trouvé des mosaïques romaines, — et, à la profondeur de quarante pieds, une tête sculptée en pierre, du temps des Ptolémée, — arguments évidents contre ladite antiquité; — 2° que les dépôts annuels du Nil, étant quelquefois plus hauts, quelquefois plus bas, elles ne peuvent fournir une base certaine pour déterminer en quel temps fut construit le célèbre obélisque d'Héliopolis; — 3° que les fameuses constructions d'Ohio, qui ont été recouvertes de plusieurs couches de dépôts sur lesquels ont poussé des forêts d'arbres, ne donnent pas fondement à croire qu'elles remontent au-delà de trois mille ans ; — 4° que, par rapport aux dépôts du Mississipi et à l'abaissement du terrain, près de la Nouvelle-Orléans, considérés par quelques Géologues comme ayant, les premiers, au moins cent mille ans d'existence, et le second cinquante mille ans, la raison nous fait une nécessité de leur refuser une telle antiquité, attendu que le colonel Willis, possesseur de vastes terres, près Natchez, dans le Mississipi, assure que, en moins de soixante ans, il s'est ouvert une vallée proche de ses possessions, laquelle vallée mesure sept milles d'étendue, et dont la profondeur est, en certains endroits, de soixante pieds ; — 5° que, par rapport au crâne humain découvert en Amérique, tous les savants sont convaincus que l'on ne saurait le faire valoir pour prouver qu'il existait des hommes, en Amérique, contemporains du Mammouth ou du Mastodonte ; — 6° qu'une opinion semblable est communément adoptée pour les ossements humains découverts à la Guadeloupe.

D'autres fossiles ont été découverts qui, comme ceux de la vallée de la Somme et de la Grotte de Noulette, en Belgique, sont regardés par de savants Géologues comme prouvant l'existence, antérieure à la nôtre, d'autres êtres intelligents sur la terre. Mais sans entrer dans l'examen de cette espèce d'argument, qui exigerait une discussion trop longue, nous nous bornerons simplement à parler ici de la race humaine.

II

Unité de l'espèce humaine.

Nous avons à démontrer plus particulièrement la vérité de cette proposition : *Toute la race humaine descend d'un seul homme et d'une seule femme*. Quelle que soit la définition exacte du mot *espèce*, que Cuvier appelle *la succession des individus qui se reproduisent et se perpé-*

tuent, quiconque a sérieusement étudié les caractères qui distinguent les différents peuples de cette terre ne peut s'empêcher d'admettre, sans hésiter, que les diverses populations appartiennent toutes à une seule et même espèce. Une multitude d'objections ont été faites contre cette affirmation, les unes tirées de la forme du crâne, les autres de la diversité des cheveux, de la couleur et des formes extérieures dans les différentes parties du globe. Ces variétés, Voltaire, avec sa suffisance ordinaire, les appelle, dans son *Histoire de Russie,* ch. I, *des caractères essentiellement distincts.* L'évidence des faits suffit pour détruire ces objections. Les différences que l'on observe dans les têtes des diverses tribus sont assurément les plus importantes; mais, à l'exception de certaines formes qui se manifestent d'une manière constante dans l'Australie et chez les Maures de la côte occidentale d'Afrique, les différences dans la forme du crâne, que l'on remarque chez tous les autres peuples, sont presque imperceptibles. A l'époque où l'anthropologie n'était pas à la mode, on supposait que certains caractères de forme étaient particuliers à un peuple seulement, mais ces mêmes caractères sont aujourd'hui constatés chez plusieurs autres nations, comme le dit fort bien un célèbre professeur de Philadelphie, M. Meigs.

III

Analyse du docteur Pritchard sur les cheveux des Maures.

Un savant docteur anglais, Pritchard, a analysé avec le plus grand soin les cheveux des Maures, des Mulâtres, des Européens et des Abyssiniens. A l'aide d'un microscope qui grandissait quatre cents fois l'objet, il a découvert que les cheveux des Mulâtres, des Abyssiniens et des Nègres ne sont pas laineux, comme on le croit communément, mais qu'ils ont absolument la même nature que ceux des Européens, vu qu'ils sont tous de forme cylindrique et tubulaire, et qu'ils diffèrent seulement par la matière colorante qui remplit plus ou moins les tubes.

Quant à ce qui concerne la chevelure des Nègres, plus crépue que les autres, le docteur Pritchard observe que ce n'est là qu'une simple différence de degré entre eux et les Européens, chez lesquels on trouve aussi quantité de personnes fort crépues, et il conclut que, alors même que l'on supposerait que les cheveux de la tête des Nègres ne seraient pas proprement des cheveux, mais bien une laine très-fine, cela ne prouverait nullement que ces populations sont d'une espèce particulière et distincte de la nôtre; car on sait qu'il existe, chez quelques races particulières des animaux inférieurs, une grande différence de poil, lequel poil est laineux chez les uns, et participe de la nature du cheveu chez les autres, quoiqu'il soit absolument certain que tous appartiennent à la même espèce.

IV

Observations de Cuvier, de Pritchard, etc., sur la couleur des Nègres.

Quant à ce qui concerne la couleur de la peau, Cuvier, après un grand nombre d'expériences anatomiques faites avec un soin minutieux sur la peau des Nègres, trouva qu'elle renfermait les mêmes éléments naturels que la peau des Blancs, excepté seulement que, entre l'épiderme (la peau extérieure) et le derme (la peau intérieure) des Nègres, il existe une couche gélatineuse qui produit l'apparence de la couleur noire. Le même fait nous est confirmé par les observations de R. G. Latham. D'après ce docteur, il est incontestable que la rétine muqueuse n'est pas une partie séparée de l'épiderme, mais qu'elle en fait partie... Cette rétine muqueuse existe également chez les deux familles des Blancs et des Nègres ; mais, chez les derniers, il existe, dans les diverses cellules, un dépôt de matière colorante, qui se trouve placé dans la partie intérieure de l'épiderme et repose immédiatement sur le derme.

On doit encore observer, avec le docteur Pritchard et M. Simon, que la teinte extraordinaire que l'on voit souvent dans la peau des Européens est également produite par une matière colorante qui s'introduit sous l'épiderme, comme sont, par exemple, les petites taches que l'on remarque dans les seins de la mère, les auréoles des mamelles et les marques occasionnées par le soleil d'été. De plus, le docteur Pritchard ajoute que le changement de couleur dans la peau peut aussi provenir, indépendamment de toute autre cause, de la chaleur du soleil, ainsi que de la condition intérieure et de la constitution de l'individu, et que la matière colorante est sujette à disparaître au moyen d'une absorption naturelle dans la peau même. Et, en effet, on rencontre assez fréquemment, en diverses contrées, des Nègres qui ont perdu naturellement leur couleur noire et qui sont devenus presque aussi blancs que des Européens. Le même professeur raconte, dans une note, 1° le fait d'une femme française, dont l'abdomen devenait entièrement noir durant sa grossesse ; 2° le fait d'une autre femme au teint excessivement blanc, qui, chaque fois qu'elle était enceinte, devenait excessivement brune, et qui, vers la fin de sa grossesse, ressemblait à une vraie Mauresse. Il cite également, ailleurs, le cas d'un homme blanc qui, après une fièvre, devint aussi noir que les Maures.

V

Cas remarquable présenté par la peau de la famille Lambert.

Nous croyons être tout à la fois utile et agréable au lecteur en citant ici le récit d'un fait bien remarquable, par rapport à la couleur tout-à-fait extraordinaire de la peau d'un Anglais, de ses enfants et de ses petits-enfants. L'exactitude des détails qui vont suivre nous est confirmée par le témoignage de deux hommes honorables, Machin et Parker, et par celui du docteur Télesius, qui le raconte dans son ouvrage écrit en allemand, intitulé : *Transactions philosophiques*, et publié à Londres, de 1755 à 1802.

La famille dont il s'agit s'appelait Lambert ; elle était originaire de Euston-Hall-Suffolk. Le vieux Lambert montra son fils au public en 1731, pour la première fois. Ce fils était âgé de 40 ans environ, quand il s'exposa de nouveau avec un de ses enfants aux regards du public. Il avait eu cinq autres enfants ayant tous aussi les mêmes apparences extérieures, mais ils étaient morts. Celui dont il est question en ce moment était âgé seulement de huit ans quand il devint le sujet des études de Parker. Il devint garde-chasse de Lord Huntingfield et eut deux fils ayant, comme leur père et leur aïeul, les mêmes excroissances dans la peau. Ces deux enfants furent montrés au public, en Allemagne, par un sieur Joannis, qui, selon la coutume de tous les spéculateurs, affirmait qu'ils appartenaient tous deux à une nouvelle espèce d'hommes découverte dans la Nouvelle-Hollande, ou dans une autre partie du monde fort éloignée.

La description que nous faisons ici de cette famille, surnommée Porcospini, est empruntée à la plume du docteur Tilésius, et est, en substance, la même que celle des sieurs Machin et Parker, que l'on lit dans le tome XXXVII des *Transactions philosophiques*. Deux semaines s'étaient à peine écoulées après leur naissance, quand tout le corps, excepté les paumes des mains, les plantes des pieds et le visage, vint à se couvrir entièrement d'excroissances dures et luisantes comme la corne, rouges-brunes, dures et élastiques, longues d'un demi-pouce, se touchant les unes les autres et faisant du bruit quand on les frottait avec la main. L'apparence d'un tégument si extraordinaire, tel qu'il se trouve représenté dans les livres des auteurs que nous avons cités précédemment, peut être comparée à une réunion de prismes basaltiques, les uns plus longs que les autres, tels que la nature nous en présente l'image. Ces excroissances cornées tombaient une fois l'an, et leur chute était toujours accompagnée d'une indisposition. Elles tombaient aussi sous l'action du mercure qui leur fut quelquefois appliqué. Mais, dans l'un comme dans l'autre cas, elles repoussaient en fort peu de temps.

La conclusion que Parker tire de ce phénomène extraordinaire, c'est que « il est hors de doute que la procréation d'un tel homme pourrait fort bien produire une famille d'individus portant tous sur leur peau les mêmes excroissances cornées. Et si l'on venait, par hasard, à oublier leur origine accidentelle, il ne serait pas improbable que l'on vînt à considérer une telle famille comme appartenant à une espèce d'hommes entièrement différente de la nôtre. »

Toutes les observations et tous les faits qui précèdent doivent nous convaincre que la peau noire des Maures et plusieurs autres particularités de même genre, que l'on observe chez les différentes populations, peuvent et doivent être attribuées originairement à quelque cause accidentelle.

VI

Assertions de Pritchard sur d'autres diversités de la race humaine.

La variété de formes dans quelques parties du corps humain, observée chez les diverses nations, est aussi un fait évident qui confirme cet antique proverbe : *Unité dans la diversité; unité dans l'espèce; diversité dans les caractères distinctifs particuliers des individus.*

Le docteur Pritchard, après avoir dit que la forme prédominante et la configuration du corps dépendent davantage des habitudes des diverses nations et de leur manière de vivre que de l'influence du climat, établit qu'il existe, parmi les hommes, trois différences principales dans la forme de la tête et d'autres propriétés physiques.

Première différence. — Les têtes qui se prolongent et s'étendent dehors, au bas des mâchoires. Cette forme prédomine chez les plus rustres tribus humaines de chasseurs sauvages qui n'ont pour toute nourriture que les produits naturels de la terre ou de la chasse. Telles sont les populations les plus dégradées de l'Afrique et les sauvages de l'Australie.

Deuxième différence. — Les têtes à face large et comme écrasée, avec le crâne élevé en pyramide. C'est là la propriété qui appartient principalement, tant aux peuples nomades qui errent çà et là avec leurs troupeaux, qu'aux tribus dispersées sur les bords de la mer de glace, qui vivent uniquement de poisson ou de la chair de leurs daims. Tels sont les Esquimaux, les habitants de la Laponie, les Samoièdes, les habitants du Kamtschatka, du Mogol et du Tonkin, les populations nomades de la Turquie et les Hottentots.

Troisième différence. — Les formes de tête différentes des deux indiquées précédemment, avec le crâne ovale et elliptique. Cette forme est commune aux nations plus civilisées de l'Europe et de l'Asie.

Pritchard observe qu'il n'existe aucune ressemblance entre le crâne proprement dit de n'importe quel peuple humain et le crâne de n'importe quelle espèce de singes. Il ajoute que c'est à grand tort que l'on a cherché à comparer les ossements des animaux inférieurs avec ceux de l'homme, quand ils ne sont pas encore arrivés à leur état de plein développement et d'entière croissance. Après avoir énuméré les autres variétés que l'on remarque chez les diverses tribus humaines, Pritchard conclut ainsi :

« Aucune de ces différences n'excède la limite d'une variété individuelle, ou n'est plus grande que les diversités qui se trouvent dans les limites d'une même nation ou d'une même famille. Les diversités de formes dans la race humaine ne sont pas, à plusieurs points de vue, aussi remarquables que les variétés que l'on voit dans les diverses races d'animaux qui appartiennent aussi à la même espèce (L. I, c. XIV). »

VII

Les momies d'Égypte.

Une autre preuve, montrant que les différentes populations humaines appartiennent toutes à une seule espèce, nous est fournie par les momies d'Égypte, dont l'existence remonte à deux ou trois mille ans. Cuvier, Lacépède et Lamark, après avoir examiné avec le plus grand soin ces momies, affirmèrent (1) qu'il n'existe aucune différence notable entre les momies des corps humains de ces temps reculés et les formes humaines de notre époque. Mais qu'il

(1) *Annales des Musées d'Histoire naturelle*, T. 1. Paris.

nous soit permis de faire la réflexion suivante. L'évidence d'environ trois mille ans, par rapport aux faits naturels, offre assurément une meilleure base pour raisonner avec solidité que celle de dix ou cent mille ans imaginés par quelques anthropologistes pour cacher, sous le voile obscur d'un passé inconnu, leurs nouvelles hypothèses et cette assertion ridicule inventée par plusieurs, mais prouvée par personne, qui nous fait descendre d'animaux inférieurs, par le moyen d'une série illimitée de changements insensibles d'espèce.

VIII

Assertions de Darwin, et autres faits cités en preuve du même sujet.

Citons maintenant quelques assertions du docteur Darwin, dont l'habileté et l'érudition, en fait de sciences naturelles, sont remarquables et prônées par un grand nombre de modernes.

Au chapitre VII de la première partie de son livre, Darwin suppose un savant en histoire naturelle, qui recherche « si les formes des hommes restent distinctes, semblables aux espèces ordinaires, quand ils viennent à s'accoupler en grand nombre dans la même contrée. »

A cette question, le docteur anglais répond que le naturaliste découvrirait immédiatement que cet état de permanence des formes n'est nullement confirmé par le fait, pour les raisons suivantes :

Première raison. — Parce qu'il y a des Maures et des Portugais, unis ensemble au Brésil, au Chili et dans plusieurs autres parties de l'Amérique méridionale, ainsi que des Espagnols et des Indiens mêlés à divers degrés, et aussi des Maures unis avec des Indiens et des Européens ; et que, dans une petite île de la mer Pacifique, les peuples de la Polynésie sont mêlés avec le sang anglais.

Deuxième raison. — Parce que le caractère distinctif de toute population différente d'hommes est très-sujet à changer..... Il existe des sauvages qui, même dans les limites de leurs tribus, ne conservent pas ce type uniforme dont il a été souvent parlé. La couleur et la chevelure diffèrent beaucoup dans les diverses tribus de l'Amérique, et la même diversité se remarque aussi dans la forme du visage chez les Nègres de l'Afrique. La configuration du crâne et tous les autres caractères distinctifs varient beaucoup aussi chez quelques familles.

Troisième raison. — Mais l'argument le plus fort de tous contre la diversité d'espèce dans la composition de la famille humaine est que les hommes diffèrent entre eux dans une multitude de cas, indépendamment de leur accouplement ensemble, autant qu'il nous est permis d'en juger.

Après de telles assertions, échappées à la plume de Darwin, et s'accordant parfaitement avec les preuves que nous avons exposées précédemment, et que nous pourrions confirmer encore par une foule d'autres faits anthropologiques, tirés de la ressemblance des organes internes du corps chez toutes les diverses populations, de la ressemblance dans la longueur de leur vie, de l'égalité du nombre de mois dans la gestation des enfants, etc., il nous est certainement permis de conclure, sinon dans le même sens, du moins avec les mêmes paroles de Darwin, que « toute la race humaine descend d'une seule origine primaire, » c'est-à-dire, comme nous l'avons dit, d'un seul homme et d'une seule femme.

IX

Conclusion.

Après avoir exposé ces raisons et ces faits, on voit clairement combien manque de toute espèce de fondement l'opinion des Polygénistes, qui supposent que nous descendons de divers couples originaires de parents. On voit, en même temps, comment l'unité de l'espèce humaine sert à prouver jusqu'à l'évidence que nous descendons d'un seul couple de parents, attendu qu'il ne serait nullement raisonnable d'admettre que la nature fait des œuvres inutiles, ce qui arriverait cependant si elle avait formé plusieurs couples originaux de parents pour créer une seule espèce.

Cette conclusion est parfaitement d'accord avec les diverses traditions répandues chez les peuples les plus anciens, où nous trouvons des souvenirs plus ou moins clairs, mais toujours indiscutables, sur Adam, considéré comme père de la race humaine. Cette doctrine est aussi parfaitement conforme à la déclaration faite par saint Paul, dans son magnifique discours à l'Aréopage d'Athènes, où il dit : « Dieu a fait naître d'un seul homme toute la race humaine pour habiter toute l'étendue de la terre (*Act. des Apôt.*, XVII, 26). »

CHAPITRE XI

RÉFUTATION DE QUELQUES OBJECTIONS CONTRE L'UNITÉ D'ORIGINE DE LA RACE HUMAINE

Avant de passer à un autre sujet, nous croyons utile de répondre à quelques objections élevées contre l'unité d'origine de la race humaine. On affirme que les Chinois, les Chaldéens, les Indiens et les Égyptiens sont en possession de documents qui prouvent que l'existence de leurs nations est bien antérieure à l'époque assignée pour la création d'Adam. A nous de prouver l'inanité d'une telle prétention.

I. — Quant à l'antiquité des Chinois, il s'est trouvé des hommes qui n'ont pas craint d'affirmer que le Céleste empire existait déjà et était florissant quatre ou cinq mille ans avant l'Ère chrétienne. Et aussitôt de produire des observations astronomiques de tout genre pour démontrer que, bien avant toute mémoire d'homme, la Chine avait été un empire puissant. Or, selon le fameux axiome de Cicéron : *Opinionum commenta delet dies*, il s'est trouvé des historiens chinois, ayant une parfaite connaissance de leurs annales et animés d'un louable amour de la vérité, qui ont victorieusement réfuté ces fables ridicules (1). C'est à peine s'ils se sont cru autorisés à affirmer que Yao existait deux mille cent quarante-cinq ans avant l'Ère chrétienne.

Ils montrent clairement que, vers l'an 1401 avant Jésus-Christ, les Princes chinois étaient errants avec leurs peuples,

---

(1) KLAPROTH, *Crédibilité des historiens asiatiques.* Mémoires ann., T. IV.— WINDICHENANN, *De la Philosophie dans le développement de l'histoire.* — MALTEBRUN, *Précis de la Géographie universelle.*

comme des nomades, d'une province à l'autre, et que, du temps de Confucius, tout le sud de la Chine était désert, inhabité. En outre, ils affirment que leurs observations astronomiques, supposé qu'elles soient authentiques, ne s'étendent pas à plus de mille cinq cents ans avant Jésus-Christ : ce qui prouve seulement qu'il existait alors, en Chine, une école ou une tribu d'hommes studieux qui prenaient des notes sur le mouvement des planètes. Ces antiques observations furent convaincues d'erreur quatre cents ans plus tard, c'est-à-dire sept cents ans avant l'Ère chrétienne.

Nous devons encore observer que, dans les derniers siècles, le P. Mathieu Ricci, qui eut l'honneur d'être admis dans l'illustre corps des Mandarins chinois, découvrit et corrigea d'autres erreurs dans leur calendrier, et prescrivit des méthodes meilleures pour l'observation des astres. A son tour, le P. Amiot (1) observe que, même en admettant que les Chinois formaient un corps de nation trois mille quatre cent soixante ans avant Jésus-Christ, cela ne leur donnerait pas une existence antérieure à Adam, car cette époque correspond à peu près à l'année 254 après le déluge décrit par Moïse.

Quant au zodiaque de la Chine, ajoutons que l'époque de son importation est certaine. L'histoire de l'astronomie chinoise fait connaître que des étrangers apportaient le zodiaque en Chine, vers le milieu du deuxième siècle de l'Ère chrétienne, du temps d'Antonin.

II. — Passons maintenant à l'antiquité des Chaldéens. Si nous voulions ajouter foi au récit d'un auteur indigène, les Chaldéens étaient une nation florissante quatre cent trente mille ans avant lui. Mais le témoignage de Bérose est trop suspect pour que nous puissions lui donner la moindre foi. Et, en effet, ses récits abondent d'exagérations, de contra-

(1) *Mémoires des Chinois.*

dictions et de fables de toute sorte, et, comme historien, il n'apporte dans la question qui nous occupe aucune preuve, mais seulement son autorité personnelle qui est presque nulle. Le seul critérium laissé à la postérité par l'histoire profane pour juger de la première existence civile de cette nation, autrefois fort populeuse, pourrait se tirer de ses tables astronomiques; mais Cuvier et plusieurs autres savants les ont trouvées si incertaines et si confuses qu'on ne saurait fournir aucune date sûre. Dans sa *Philosophie de l'histoire*, Voltaire raconte que le célèbre Philosophe, précepteur d'Alexandre le Grand, possédait des tables d'observations astronomiques faites à Babylone, qui lui avaient été remises par Callisthène avec des annotations plus anciennes de mille neuf cent trois ans. Or, si, observant qu'Aristote vivait environ trois cent trente ans avant Jésus-Christ, nous réunissons ensemble les deux dates, nous obtenons deux mille deux cent trente ans environ avant l'Ère chrétienne, comme époque du premier commencement des observations chaldéennes portées en Grèce. Mais cette époque coïncide presque à peu près avec l'année 400, après la fondation de Babylone par Nemrod ou Bélus. Par conséquent, un tel fait ne saurait prouver en aucune façon la fabuleuse antiquité des Chaldéens.

Quoique ce qui précède soit plus que suffisant pour prouver notre assertion, nous voulons néanmoins ajouter ici deux réflexions. La première, c'est qu'Aristote, dans ses quatre livres sur les cieux, ne fait aucune mention des tables astronomiques dont parle Voltaire. La seconde réflexion, c'est que Pline, en citant Épigone, auteur vraiment digne de foi, *auctor gravis*, dit que la série des tables astronomiques des Chaldéens ne s'étendait pas au delà de plus de cent vingt ans (1).

III.—Nous avons nommé, en troisième lieu, les Indiens.

(1) Plin., L. VIII, c. LVII.

C'est donc le moment d'examiner leurs titres à une haute antiquité, qui ont été péremptoirement réfutés par le savant Ritter, célèbre orientaliste, par Héeren et par Burnouf.

Pour défendre d'une manière détournée la haute antiquité des Hindous, quelques incrédules prétendent aujourd'hui que la civilisation primitive, dont les développements ont porté partout le bienfait des lumières, vient de l'Inde. Ils basent cette assertion sur des ressemblances qui se trouvent entre les Hindous et d'autres nations, relativement à des aperçus astronomiques, à des croyances religieuses, et même à des opinions morales, etc. Nous ne saurions certes mieux faire que de donner ici le sommaire de la réfutation que Ritter a faite de la haute antiquité des Hindous, et d'y joindre la réfutation de l'antiquité des mêmes Hindous par Cuvier.

I

Sommaire de la réfutation de M. Ritter (1).

« Comme tous les savants sanskrétans, M. Ritter exprime d'abord l'opinion que les Indiens qui, à ce qu'il paraît, n'ont jamais formé un peuple, un état, laissent voir dans leurs récits, historiques en apparence, peu d'ensemble et presque pas d'accord. D'après les témoignages des hommes les plus versés dans leur littérature, ils n'ont pas d'histoire ; on désespère même de pouvoir jeter, à l'aide des monuments et par d'autres secours de cette nature, quelque jour sur les causes du développement de leurs institutions religieuses et politiques.

» Il faut observer, en général, dit aussi M. Ritter, qu'il n'y a dans aucune littérature un aussi grand nombre d'ouvrages que l'on fasse remonter faussement à une haute antiquité que dans la littérature indienne, ce qui doit être

---

(1) *Réfutation des principales objections.* DE ROUEN.
RITTER, *Histoire de la Philosophie ancienne*, traduite de l'allemand par M. TISSOT. — Voyez GUIGNIOUT, *Asiapoliglotta*.

attribué particulièrement à l'ignorance et même au mépris de l'histoire qui règnent chez les Indiens. L'imposture y est aussi pour quelque chose. Il n'est pas rare de trouver des altérations et des interpolations dans les Védas, le plus ancien de leurs ouvrages ; la forme décousue de ce livre provoque justement le soupçon, comme le remarque M. G. de Humboldt, puisque c'est une règle chez les Hindous de ne pas relier les Védas en un seul volume, mais de ne les conserver qu'en feuilles détachées. On voit combien il est facile alors d'ajouter toujours à un semblable recueil, et d'en retrancher ce qui pourrait faire reconnaître les époques où les auteurs ont écrit ses diverses parties ; car les Védas sont de différents auteurs, puisqu'ils se composent de prières, de préceptes, de dogmes, qui n'ont pas la moindre liaison entre eux. Ce qui le prouve, c'est que les diverses parties des Védas ont été rassemblées, soi-disant, par *Dwapajana*, qui est connu sous le nom de *Vjasa*, c'est-à-dire collecteur ou compilateur, personnage fabuleux auquel on attribue une quantité innombrable d'ouvrages. Enfin, les Védas nient eux-mêmes l'autorité qu'on veut leur donner pour prouver la haute antiquité des Hindous. En effet, les différentes parties dont ils sont composés contiennent des passages dans lesquels les Védas se supposent eux-mêmes existants. Ils ont donc été complétement altérés. Par conséquent, ils ne peuvent pas être invoqués comme une grande autorité en faveur de la haute antiquité des Hindous et de leur civilisation. De plus, si l'on admet, et avec raison, que l'art dramatique des peuples est le chef-d'œuvre de leur poésie, et qu'il indique en même temps, suivant son état plus ou moins perfectionné, le degré de civilisation où ils sont parvenus, comme cet art est plus récent de trois à quatre siècles chez les Indiens que chez les Grecs, on doit en conclure que cette marque certaine de la civilisation a paru plus tard dans l'Inde qu'en Grèce. »

Après avoir indiqué que l'on doit rejeter l'antiquité de

l'astronomie indienne, parce qu'elle n'est appuyée que sur des observations *qui paraissent dénuées de précision*, M. Ritter ajoute : « Je crois que les autres arguments à l'appui de l'antiquité de la civilisation indienne sont sans force aucune. La raison pour laquelle on a voulu faire découler de l'Inde la civilisation de presque tous les peuples de l'Asie, de l'Afrique et de l'Europe, a sa source dans l'opinion très-accréditée maintenant, mais fausse cependant, qui s'efforce de faire admettre, dans l'histoire de l'humanité, l'opinion d'une civilisation importée de cette terre prétendue classique. Si, dans l'Inde, en Égypte, en Phénicie, en Chine et en Grèce, nous trouvons les mêmes vues et les mêmes erreurs, ce n'est pas une preuve que l'un de ces pays les tienne de l'autre par la tradition; pas plus que les mêmes vertus et les mêmes vices chez différents peuples ne sont une preuve des rapports historiques de ces peuples entre eux. Les éléments de la pensée humaine sont partout les mêmes, et l'unité interne de l'espèce humaine lie plus étroitement les peuples entre eux que leur voisinage et tous les autres rapports extérieurs. On ne peut présumer un rapport historique entre plusieurs peuples, d'après la similitude des opinions, des croyances, que lorsqu'il ne s'agit pas seulement de quelques éléments de la pensée ou de leur union naturelle et simple, mais lorsqu'on rencontre des séries entières de ces liaisons de pensées et d'idées, et toujours dans un ordre arbitraire. Mais alors encore on ne pourrait pas raisonner de la manière suivante : On trouve chez les Indiens telle chose, chez les Grecs la même chose, donc les Grecs tiennent cela des Indiens; car le contraire pourrait logiquement être tout aussi possible. Pour qu'un semblable argument pût avoir quelque fondement, il faudrait d'abord faire voir que, chez l'un de ces peuples, la série arbitraire des développements successifs s'est produite conformément à la marche de ce peuple dans la civilisation, mais qu'il n'en est pas ainsi chez l'autre; et alors seulement on pourrait conclure que le premier de ces peuples a transmis à l'autre ce qu'il avait trouvé de lui-même. On n'a pas encore une pareille preuve, et aussi longtemps que nous ne pourrons pas faire connaître autrement la marche de la civilisation indienne, nous n'en pourrons absolument rien conclure. Du reste, les différences qui séparent les Indiens des autres peuples sont plus nombreuses et plus essentielles que leurs ressemblances ; et quand même il y aurait, en effet, certaines ressemblances décisives, cependant il ne pourrait être question d'une tradition sûre qu'autant que la question préalable de la priorité de la civilisation de l'un ou de l'autre peuple aurait été décidée par d'autres raisons. Autrefois, on était porté à faire dériver la civilisation indienne de la civilisation égyptienne (avant la réfutation de la haute antiquité des Égyptiens) ; aujourd'hui, c'est le contraire. Je trouve ces deux opinions également dépourvues de raisons suffisantes, puisque la civilisation de ces deux peuples, aussi loin, du moins, qu'on peut la suivre, laisse apercevoir beaucoup plus de différences essentielles que de ressemblances. »

La conclusion de cette discussion est que la civilisation de la plupart des peuples de la terre ne provient pas positivement des Hindous.

2° Réfutation de l'antiquité des Hindous par le baron Cuvier.

« Après avoir fait remarquer ce que l'histoire pouvait devenir chez les peuples dont une caste héréditaire était exclusivement chargée du dépôt de la religion, des lois et des sciences, Cuvier dit : « La vérité est qu'elle n'existe point du tout chez les Indiens. Au milieu de cette infinité de livres de théologie mystique ou de métaphysique abstruse que les brames possèdent, et que l'ingénieuse persévérance des Anglais est parvenue à connaître, il n'est rien qui puisse nous instruire avec ordre sur l'origine de leur nation et sur les vicissitudes de leur société : ils prétendent même que leur religion leur défend de conserver la mémoire de ce qui se passe dans l'âge actuel, dans l'âge du malheur (1).

» Après les Védas, premiers ouvrages soi-disant révélés, et fondement de toute la croyance des Hindous, la littérature de ce peuple, comme celle des Grecs, commence par deux grandes épopées, le Ramaïan et le Mahâbarat, mille fois plus monstrueuses dans leur merveilleux que l'Iliade et l'Odyssée, bien que l'on y reconnaisse des traces d'une doctrine métaphysique du genre des doctrines que l'on est convenu d'appeler *sublimes*. Les autres poèmes, qui font avec les deux premiers le grand corps des Pouranas, ne sont que des légendes ou des romans versifiés, écrits dans des temps et par des auteurs différents, et non moins extravagants dans leurs fictions que les grands poèmes. On a cru reconnaître, dans quelques-uns de ces écrits, des faits ou des noms d'hommes ayant quelque similitude avec ceux dont les Grecs et les Latins ont parlé; et c'est principalement d'après ces ressemblances de noms, que M. Wilfort a essayé d'extraire de ces Pouranas une espèce de concordance avec notre ancienne chronologie d'Occident, concordance qui décèle à chaque ligne la nature hypothétique de ses bases, et qui, de plus, ne peut être admise qu'en comptant absolument pour rien les dates données par les Pouranas eux-mêmes.

» Les listes des rois que les pondits ou docteurs indiens ont prétendu avoir compilées d'après ces Pouranas, ne sont que de simples catalogues sans détails, ou ornés de détails absurdes, comme en avaient les Chaldéens et les Égyptiens; comme Trithème et Saxon le grammairien en ont donné pour les peuples du Nord (2). Ces listes sont fort loin de

---

(1) POLIER, *Mythologie des Hindous*, tome Ier, pag. 89 et 91,
(2) JOHNES, *Mém. de Calcutta*; édit. in-8°, tome II, p. 111.

s'accorder; aucune d'elles ne suppose ni une histoire, ni des registres, ni des titres; le fond même a pu en être imaginé par les poètes dont les ouvrages en ont été la source. L'un des pondits qui en ont fourni à M. Wilfort est convenu qu'il remplissait arbitrairement avec des noms imaginaires les espaces entre les rois célèbres, et il avouait que ses prédécesseurs en avaient fait autant. Si cela est vrai des listes qu'obtiennent aujourd'hui les Anglais, comment cela ne le serait-il pas de celles qu'Abou-Fazel a données comme extraites des *Annales de Cachemire*, et qui, d'ailleurs, toutes pleines de fables qu'elles sont, ne remontent qu'à quatre mille trois cents ans, sur lesquels plus de mille deux cents sont remplis de noms de princes dont les règnes demeurent indéterminés quant à leur durée.

» L'ère même d'après laquelle les Indiens comptent aujourd'hui leurs années, qui commence cinquante-sept ans avant Jésus-Christ, et qui porte le nom d'un prince appelé *Vicramaditjia* ou *Bickermadjit*, ne le porte que par une sorte de convention; car on trouve, d'après les synchronismes attribués à Vicramaditjia, qu'il y aurait eu au moins trois, et peut-être jusqu'à huit ou neuf princes de ce nom, qui tous ont des légendes semblables, qui tous ont eu des guerres avec un prince nommé *Soliwahanna;* et, qui plus est, on ne sait pas bien si cette année cinquante-sept avant Jésus-Christ est celle de la naissance, du règne ou de la mort du Vicramaditjia, dont elle porte le nom (1).

» Enfin, les livres les plus authentiques des Indiens démontent, par des caractères intrinsèques et très-reconnaissables, l'antiquité que ces peuples leur attribuent. Leurs Védas, ou livres sacrés, révélés selon eux par Brama lui-même dès l'origine du monde, et rédigés par *Viasa* ou *Vjasa* (nom qui ne signifie autre chose que *collecteur*), au commencement de l'ère actuelle, si l'on en juge par le

___

(1) BENTLEY, *Mém. de Calcutta*, tome VIII, page 243 de l'édition in-8°.

calendrier qui s'y trouve annexé, et auquel ils se rapportent, ainsi que par la position des colures que ce calendrier indique, peuvent remonter à trois mille deux cents ans, ce qui serait à peu près l'époque de Moïse. Ceux qui ajouteront foi à l'assertion de Mégasthène (1), que de son temps les Indiens ne savaient pas écrire (assertion qu'il est difficile de rejeter, parce qu'il n'avait pas d'intérêt à tromper); ceux qui réfléchiront qu'aucun des anciens n'a fait mention de ces temples superbes, de ces immenses pagodes, monuments si remarquables de la religion des brames; ceux qui sauront que les époques de leurs tables astronomiques ont été calculées après coup et mal calculées, et que leurs traités d'astronomie sont modernes et antidatés, seront portés à diminuer encore beaucoup cette antiquité prétendue des Védas. »

Tout, dans le zodiaque indien, concorde avec celui de la Grèce; il n'en diffère que par quelques détails. Colebrocke, quoique partisan d'une grande antiquité des hommes sur la terre, a démontré que les signes, les désignations, les usages même de ce zodiaque sont empruntés de celui de la Grèce. On croit qu'il a été importé dans l'Inde du temps d'Alexandre.

Ainsi s'évanouit la haute antiquité des Hindous, basée uniquement sur la connaissance inexacte que l'on avait de leurs sciences et de leurs ouvrages.

IV. — Il nous reste à parler des Égyptiens. Les explications suivantes montreront jusqu'à la dernière évidence que leur prétention de faire remonter leur existence à cent mille ans avant l'ère chrétienne est une magnifique fiction de ce peuple ingénieux. Et en effet, tous les fragments que nous possédons des époques égyptiennes, tous les récits anciens rapportés comme faits ne sont autre chose qu'un tissu de

---

(1) Député par Seleucus Nicanor près de Sandrocottus, roi de l'Inde, 295 ans avant Jésus-Christ.

fables qui se réfutent d'elles-mêmes. En l'année 550 avant Jésus-Christ, Solon (1) affirmait que les Égyptiens croyaient que Thèbes avait été bâtie par Minerve neuf cent mille ans avant la composition de leurs annales. Cent ans après, les prêtres de Memphis dirent à Hérodote que Ménès avait été le premier roi d'Égypte, que ce prince bâtit Memphis, et que, mille trois cent quarante ans après Ménès, on comptait 341 rois, 341 grands-prêtres, 341 générations, et que, durant cette époque, le soleil naquit deux fois à l'occident. Ils ajoutèrent que, avant la race des prêtres représentés en 145 morceaux de bois sculpté, les Dieux eux-mêmes avaient gouverné le peuple. D'autres Égyptiens assurèrent à Hérodote qu'ils avaient en leur possession des annales et des mémoires de quinze mille ans, du temps de Bacchus, et de dix-sept mille ans, du temps d'Hercule, et que le Dieu Pan exista en Égypte, avant ces époques. Deux cents ans après Hérodote, c'est-à-dire environ 260 ans avant Jésus-Christ, Ptolémée Philadelphe ordonna à Manéthon d'écrire l'histoire d'Égypte. Or, Manéthon raconte plusieurs choses dont ni Solon, ni Hérodote ne font aucune mention. Il dit, par exemple, que l'Égypte fut, pendant un temps, soumise au fils d'Hercule II, dit Agatodémon, — que deux colonnes avaient été élevées avant le déluge, — que le dieu Vulcain régna en Égypte pendant 3,000 ans, et que les demi-dieux la gouvernèrent pendant 9,985 ans, etc., etc.

Nous pourrions citer encore d'autres historiens moins anciens, Eusèbe, Jules l'Africain, le juif Josèphe, Diodore de Sicile, etc., qui, en parlant des époques et des faits de l'Égypte, sont loin d'être d'accord entre eux, ni avec les historiens anciens, qui sont souvent, eux aussi, en contradiction les uns avec les autres. Lorsque Germanicus, neveu de l'empereur Tibère, était en Égypte, il n'entendit jamais

(1) EUTERPE, c. XLIX et CXLIII.

la confirmation des faits mentionnés par les historiens, excepté, cependant, les entreprises de Rhamsès le Conquérant.

Mais abandonnons la confusion de l'histoire pour considérer, un instant, les mémoires astronomiques des Égyptiens et voir si nous pourrons, à leur aide, réussir à connaître avec quelque probabilité l'époque de leur apparition. Or, de ce côté-là encore, bien rares sont les informations que nous pouvons en tirer sur l'antiquité de l'Égypte. Il est vrai que Macrobius (1) dit que les Égyptiens connaissaient fort bien la période annuelle du soleil, c'est-à-dire le temps que notre terre met à accomplir sur son axe sa révolution autour du soleil. Le même auteur affirme que les astronomes de l'Égypte connaissaient, depuis des temps fort anciens, que la période solaire comprend 365 jours et 6 heures. Si nous accordions qu'il en fut ainsi, il faudrait admettre que la civilisation égyptienne remonte à une antiquité d'une multitude de siècles; car une telle découverte n'aurait certainement pu s'accomplir qu'après de longues et patientes observations. Mais, ici, l'autorité de Macrobius, en ce qui concerne l'addition des 6 heures aux 365 jours de l'année, ne saurait être admise d'aucune façon. Et en effet, la correction du calendrier eut lieu sous Jules César, avant Macrobius. Les Égyptiens, devenus sujets de l'empire romain, devaient assurément avoir reçu le bienfait de cette correction, qui ajouta 6 heures aux 365 jours dont précédemment l'année se composait seulement. Macrobius, sachant que, de son temps, les Égyptiens assignaient à l'année ces 6 heures en plus, s'imagina fort légèrement qu'il en avait été toujours de même depuis les temps les plus reculés, et tomba ainsi dans une erreur grossière. Que les anciens Égyptiens aient eu l'année composée de 365 jours seulement, Hérodote nous l'assure (2). Et quand,

---

(1) Saturnales, l. I. c. xv.
(2) Euterpe, c. iv.

environ 1,500 ans avant Jésus-Christ, les Juifs partirent de l'Égypte, ils n'emportèrent avec eux d'autre division de l'année que celle des douze mois lunaires. Ce fait nous est aussi confirmé par l'histoire, qui nous dit que, lorsque Cécrops quitta l'Égypte et fonda Athènes, l'année qu'il donna aux Grecs se composait uniquement de 365 jours (1).

Avant de finir ce chapitre, nous ne saurions passer sous silence une autre preuve contre ceux qui exagèrent l'antiquité des premières nations. Presque au commencement de ce siècle, le monde savant eut une grande surprise, causée par la découverte de deux zodiaques découverts dans les temples d'Égypte. M. de Rouen, baron d'Alvimare, dans son *Recueil de réfutations des principales objections*, s'exprime comme il suit sur l'importance de cette découverte :

« Ces zodiaques sculptés dans trois temples de la haute Égypte offrent les mêmes figures des constellations zodiacales que nous employons aujourd'hui, mais distribuées d'une façon particulière. On crut voir, dans cette distribution, une représentation de l'état du ciel au moment où l'on avait dessiné ces monuments, et l'on pensa qu'il serait possible d'en conclure la date de la construction des édifices qui les contiennent.

» Les trois temples où sont sculptés les zodiaques sont, l'un à Dendérah (l'ancienne Tentyris), et deux à Esné (l'ancienne Latopolis). Il y a une certaine différence dans la marche des signes de chacun d'eux.

» Pour en venir à la haute antiquité que l'on prétendait en déduire, il fallut supposer premièrement que leur division avait un rapport déterminé avec un certain état du ciel dépendant de la précession des équinoxes, qui fait faire aux colures le tour du zodiaque en vingt-six mille ans ;

---

(1) Cuvier, *Discours sur les révol.*, etc. — La Place, *Exposition du système du monde.*

qu'elle indiquait, par exemple, la position du point solsticial ; et, secondement, que l'état du ciel représenté était précisément celui qui avait lieu à l'époque où le monument a été construit ; deux suppositions qui en supposaient elles-mêmes, comme on voit, un grand nombre d'autres.

» En effet, les figures de ces zodiaques sont-elles les constellations, les vrais groupes d'étoiles qui portent aujourd'hui les mêmes noms, ou simplement ce que les astronomes appellent des signes, c'est-à-dire des divisions du zodiaque partant de l'un des colures, quelque place que ce colure occupe ?

» Le point où l'on a partagé ces zodiaques en deux bandes est-il nécessairement celui d'un solstice ?

» La division du côté de l'entrée est-elle nécessairement celle du solstice d'été ?

» Cette division indique-t-elle, même en général, un phénomène dépendant de la précession des équinoxes ?

» Ne se rapporterait-elle pas à quelque époque où la rotation était moindre ; par exemple, au moment de l'année tropique où commençait telle ou telle des années sacrées des Égyptiens, lesquelles étant plus courtes que la véritable année tropique de près de six heures, faisaient le tour du zodiaque en mille cinq cent huit ans ?

» D'après le seul énoncé de pareilles questions, on doit sentir tout ce qu'elles avaient de compliqué, et combien la solution quelconque que l'on aurait adoptée devait être sujette à controverse, et peu susceptible de servir elle-même de preuve solide à la solution d'un autre problème tel que l'antiquité de la nation égyptienne.

» Aussi, peut-on dire que parmi ceux qui essayèrent de tirer de ces données une date, il s'éleva autant d'opinions qu'il y eut d'auteurs.....

» Visconti soupçonna le premier que les temples comme les zodiaques de Dendérah et d'Esné avaient été faits par des Européens, ou du moins sous leur influence, parce que la disposition ingénieuse des figures annonçait un esprit trop cultivé pour des Égyptiens. Cette opinion éveilla l'attention des observateurs. On examina les monuments anciens ; on trouva, dans un des temples d'Esné, une inscription grecque gravée sur une colonne ; on apporta cette inscription à Paris. En voici la traduction : « Au Dieu » très-grand Ammon.......... et Arpocras ont fait la sculp- » ture et la peinture de la colonne, la dixième année d'An- » tonin notre maître. » Quelques mots manquent après Ammon. Le reste du temple n'avait pas une plus grande antiquité, car tout offrait le même éclat, la même fraîcheur. Réduits au silence par des faits si avérés et si positifs, Dupuis et ses partisans abandonnèrent la discussion (1).

» Cet exemple prouve l'exactitude de la réflexion suivante, que l'on a vue dans l'introduction de cette deuxième partie : *Il faut se prémunir contre les applications erronées des sciences.* En effet, les savants qui découvrirent les zodiaques de Dendérah et d'Esné conclurent leur antiquité par des opérations mathématiques, et certainement il n'y a rien de plus exact que ces opérations ; mais quand le principe qui leur sert de base est faux, les conclusions que l'on en tire sont nécessairement erronées. Ainsi, avant d'adopter les conséquences que l'on tire de l'application d'une science soit à une question, soit à une observation, il faut examiner si le principe qui lui sert de base est vrai.

» Les découvertes des temples de Dendérah, d'Esné et de leurs zodiaques ont donc commencé la ruine du système religieux de Dupuis par les discussions qu'elles ont amenées, et M. Letronne l'a complétée en prouvant la fausseté des hypothèses sur lesquelles Dupuis l'avait basé.

» Une conséquence importante tirée des nombreuses observations que M. Letronne a faites sur les monuments

---

(1) L'auteur a pris la base des raisonnements qui réfutent le système de Dupuis dans le journal intitulé l'*Écho du monde savant*.

de l'astronomie des anciens peuples, c'est que els Égyptiens n'ont pas inventé les zodiaques ; car, tant qu'ils ont travaillé seuls, c'est-à-dire antérieurement au règne de Trajan, on n'en trouve pas un dans tous leurs monuments.

» L'inégalité des figures zodiacales, l'irrégularité de ces figures par rapport à l'écliptique, prouvant que le zodiaque est postérieur à la formation de la sphère, il est important de découvrir l'inventeur de cette conception, ou du moins de déterminer le peuple chez lequel on en trouve les premières notions. Si l'on en croyait l'infortuné Bailly, les Chaldéens auraient l'honneur de cette invention ; mais il ne pouvait baser cette assertion que sur l'astrologie chaldéenne, qui s'introduisit partout dans les premiers siècles de l'ère chrétienne et qui remplaça les astrologies égyptienne et grecque.

» Pour ne pas se laisser tromper par des fables, il faut consulter l'histoire là-dessus, ou pour mieux dire, les poètes les plus anciens qui parlent des constellations (1).

» Homère en a donné le premier une application. Il cite, dans l'Iliade, le bouclier d'Achille, où Vulcain avait gravé les cieux, la terre, la mer et tous les astres du ciel. De toutes les constellations, Homère n'en désigne que quatre : les Pléiades, les Hyades, Orion et la grande Ourse. C'étaient probablement les seules constellations nommées de son temps, ou du moins lorsqu'il écrivait ses vers. On ne connaissait alors ni la petite Ourse, ni Céphée, ni Cassiopée, ni le Dragon, puisqu'Homère disait que la grande Ourse était la seule constellation qui ne se couchât jamais. Ce ne fut que six cents ans avant Jésus-Christ que plusieurs constellations furent découvertes et nommées. A cette époque, Thalès partagea la sphère en cinq cercles parallèles, d'où s'ensuivirent les cinq zones. Cléostrate de Ténédos découvrit le Bélier, le Sagittaire, et réforma le calendrier

(1) Car il n'y avait pas alors d'historiens chez les païens.

des Grecs; Andromède et Cassiopée viennent de Phénicie ; le Verseau, Pégase, le Bouvier, etc., ont été découverts et nommés dans le même temps par des Grecs. De tous ces faits, il résulte que la sphère a été formée peu à peu, et qu'elle est d'origine grecque.....

» Le savant astronome M. Burckhardt, d'après un premier aperçu, jugea qu'à Dendérah le solstice est dans le Lion, par conséquent, de deux signes moins reculé qu'aujourd'hui, et que le temple a au moins quatre mille ans. Il donnait en même temps sept mille ans à celui d'Esné.

» M. Nouet, d'après sa manière de voir, conclut que le temple de Dendérah est de deux mille cinquante-deux ans avant Jésus-Christ, et celui d'Esné, de quatre mille sixcents.

» Le planisphère ayant été apporté à Paris par les soins de MM. Saunier et Lelorrain, M. Biot, dans un ouvrage fondé sur des mesures précises et des calculs pleins de sagacité, a établi qu'il représente, d'après une projection géométrique exacte, l'état du ciel tel qu'il avait lieu sept cents ans avant Jésus-Christ ; mais il s'est bien gardé d'en conclure qu'il ait été sculpté dans ce temps-là.

» En effet, tous ces efforts d'esprit et de science, 1 tant qu'ils concernent l'époque des monuments, sont devenus superflus depuis que, finissant par où naturellement on aurait commencé si la prévention n'avait pas aveuglé les premiers observateurs, on s'est donné la peine de copier et de restituer les inscriptions grecques gravées sur ces monuments, et surtout depuis que M. Champollion est parvenu à déchiffrer celles qui sont exprimées en hiéroglyphes.

» Il est certain maintenant, et les inscriptions grecques s'accordent pour le prouver avec les inscriptions hiéroglyphiques ; il est certain, disons-nous, que les temples dans lesquels on a sculpté des zodiaques ont été construits sous la domination des Romains. Le portique du temple de Dendérah, d'après l'inscription grecque de son frontispice, est consacré au salut de Tibère (traduite par M. Letronne, inspecteur général des études). Sur le planisphère du même temple, on lit le titre d'*Autocrator* en caractères hiéroglyphiques. Le petit temple d'Esné a une colonne sculptée et peinte la dixième année du règne d'Antonin, cent quarante-sept ans après Jésus-Christ, et elle est peinte et sculptée dans le même style que le zodiaque qui est auprès. (LETRONNE.)

» Il y a plus : on a la preuve que cette division du zodiaque dans tel ou tel signe n'a aucun rapport à la précession des équinoxes ni au déplacement du solstice. Un cercueil de momie rapporté nouvellement de Thèbes par M. Caillaud, et contenant, d'après l'inscription grecque très-lisible, le corps d'un jeune homme mort la dix-neuvième année de Trajan, cent seize ans après Jésus-Christ, offre un zodiaque divisé au même point que celui de Dendérah. Cette division marque quelque thème astrologique relatif à cet individu, conclusion qui s'applique évidemment aussi, d'après les inscriptions, à la division des zodiaques des temples; elle marque ou le thème astrologique du moment de leur érection, ou celui du prince pour le salut duquel ils avaient été votés, ou tel autre instant semblable relativement auquel la position du soleil aura paru importante à noter. »

« Ainsi, la question des zodiaques est définitivement résolue. Partout, on retrouve le zodiaque grec, dont l'antiquité, comme celle de la sphère, ne peut pas remonter à plus de six cents ans avant Jésus-Christ; époque où la plupart des constellations zodiacales ont été découvertes et nommées par les Grecs.

» Ainsi se sont évanouies pour toujours les conclusions que l'on avait voulu tirer de quelques monuments mal expliqués, contre la nouveauté des nations, et l'on aurait pu se dispenser d'en traiter ici avec tant de détail, si elles n'avaient pas fait assez d'impression pour conserver encore leur influence sur les opinions de quelques personnes. (*Discours sur les révolutions de la surface du globe,* par le baron Cuvier.)

» La copie d'une partie de ce détail a pour but, non-seulement de réfuter une objection de l'incrédulité, mais aussi de prouver qu'il faut se défier des conclusions qu'elle tire de quelque nouvelle découverte.

» Les discussions que la chronologie des peuples et la découverte des zodiaques ont soulevées, donnent une grande leçon. Elles devraient dégoûter de chercher dans les découvertes modernes des objections contre la Religion, puisqu'elles prouvent que les hommes les plus savants se trompent quand ils veulent appliquer la science même où ils ont acquis tant de célébrité à des découvertes dont il est impossible de prendre d'abord en considération toutes les questions qu'elles peuvent soulever. Mais cette leçon sera oubliée comme tant d'autres ! Le savant, absorbé par les détails d'une science où, pour établir un nouveau système, il réunit avec beaucoup de peine des observations trop souvent incomplètes, a-t-il le temps de rechercher si toutes les questions qu'une découverte peut soulever, et qui ne feraient pas faire un pas à la science dont il s'occupe, ont été considérées ? L'homme du monde, préoccupé de politique ou d'un ouvrage nouveau, pourra-t-il fixer son imagination sur une découverte qui n'a aucun rapport avec ses occupations favorites ? Non. Le savant et l'homme du monde, oubliant les leçons de l'expérience, adopteront sans réflexion les conclusions tirées de quelque nouvelle découverte contre la Religion, et l'incrédulité, qui a toujours un avantage, celui de flatter les passions, triomphera jusqu'à ce que l'on ait eu le temps de réunir les données suffisantes pour la réfuter. »

CHAPITRE XIII

RÉFUTATION, — PAR BUFFON, CUVIER, BLUMENBACH, LACÉPÈDE, VIREY ET WISEMAN, — DES OBJECTIONS LES PLUS IMPORTANTES CONTRE L'UNITÉ DE LA RACE HUMAINE

I

Extrait de Buffon : Discours sur les variétés de l'espèce humaine.

« La différence des nègres d'avec les blancs serait une forte preuve d'une différence d'origine, si l'on ne connaissait pas les causes de la noirceur d'une partie des habitants de la terre.

» La chaleur du climat est la principale cause de la couleur noire : lorsque cette chaleur est excessive, comme au Sénégal et en Guinée, les hommes sont tout-à-fait noirs (1); lorsqu'elle est un peu moins forte, comme sur les côtes orientales de l'Afrique, les hommes sont moins noirs; lorsqu'elle commence à devenir plus tempérée, comme en Barbarie, au Mogol, en Arabie, etc., les hommes ne sont que bruns; et enfin, lorsqu'elle est tout-à-fait tempérée, comme en Europe et dans une partie de l'Asie, les hommes

---

(1) L'expérience prouve que l'action de la chaleur ne suffit pas seule pour rendre raison de la couleur des nègres, puisque les enfants des Européens qui naissent et habitent sous l'influence de la même chaleur ne l'ont pas; pour l'expliquer, il faut, à l'exemple de Lacépède, remonter au temps où l'influence du climat, c'est-à-dire l'action des éléments dont elle se compose, agissait avec une force qu'elle a perdue par le mélange d'une partie de ces éléments.

sont blancs : on y remarque seulement quelques variétés, qui ne viennent que de la manière de vivre. Ainsi, conclut Buffon, tout s'accorde à prouver que le genre humain n'est pas composé d'espèces essentiellement différentes entre elles; qu'au contraire, il n'y a eu originairement qu'une seule espèce d'hommes, qui, s'étant multipliée et répandue sur toute la surface de la terre, a subi différents changements par l'influence du climat, par la différence de la nourriture, par celle de la manière de vivre, par les maladies épidémiques (1), et aussi par le mélange varié à l'infini des individus plus ou moins ressemblants; que d'abord ces altérations n'étaient pas si marquées, et ne produisaient que des variétés individuelles; qu'elles sont ensuite devenues variétés de l'espèce, parce qu'elles sont devenues plus générales, plus constantes par l'action continue de ces mêmes causes; qu'elles se sont perpétuées et qu'elles se perpétuent de génération en génération, comme les difformités ou maladies des pères et mères passent à leurs enfants, et qu'enfin, comme elles n'ont été produites originairement que par le concours de causes extérieures et accidentelles, qu'elles n'ont été confirmées et rendues constantes que par le temps et l'action continue de ces mêmes causes, il est très-probable qu'elles disparaîtraient aussi peu à peu avec le temps, ou même qu'elles deviendraient différentes de ce qu'elles sont aujourd'hui, si ces mêmes causes ne subsistaient plus, ou si elles venaient à varier dans d'autres circonstances et par d'autres combinaisons. »

(1) Trois causes connues qui forment une partie de l'influence du climat, parce qu'elles dépendent généralement de la température du pays; mais il en existe d'autres dont les effets sont attribués au hasard, parce qu'elles sont inconnues.

II

Extrait du Tableau élémentaire de l'Histoire naturelle des animaux, par Cuvier.

« La grandeur des corps organisés dépend surtout de l'abondance de la nourriture ; leur couleur, de l'influence de la lumière, et de plusieurs autres causes si cachées, qu'elle paraît souvent varier par pur hasard. Cependant les variations de l'une et de l'autre de ces qualités sont renfermées dans certaines limites que l'on peut déterminer par l'observation. »

Après avoir donné un aperçu des variétés produites dans les animaux et dans les végétaux, par la différence des terrains où ils sont transportés, Cuvier ajoute : « Les grandes différences qui se trouvent parmi les hommes, les chiens et les autres êtres répandus par tout le monde, ne sont que des effets de causes accidentelles, en un mot, des variétés.

» Rien n'empêche d'admettre que de l'espèce primitive se soient formées, par des causes accidentelles, des espèces caractérisées dont les traits ne se perdent plus. »

III

Extrait du Manuel d'Histoire naturelle, par Blumenbach.

« Les peuples dispersés dans les différentes parties du monde ont, d'après l'influence plus forte ou plus longue des différents climats et des autres causes de dégénération, éprouvé des effets différents. Ou ils se sont éloignés davantage de la figure primitive de la race moyenne (celle du

Caucase), ou ils s'en sont plus rapprochés. Les Jacates, par exemple, les Kosaques, les Esquimaux et les autres peuples de la race mongole qui habitent sous les pôles, sont dégénérés d'une manière frappante de la beauté de la race moyenne, tandis qu'au contraire, la race américaine, quoique plus éloignée du Caucase, mais habitant sous un climat plus tempéré, s'en rapproche davantage. Ce n'est que dans la partie la plus méridionale de l'Amérique, c'est-à-dire à la Terre de Feu, que cette race retombe encore dans la conformation de la race mongole. Il en est de même de la race éthiopienne ou nègre sous le climat brûlant de l'Afrique; elle a passé à l'autre extrême dans la gradation des variétés de l'espèce humaine, tandis que dans la Nouvelle-Hollande et dans les Nouvelles-Hébrides, où l'air est beaucoup plus doux, elle passe à la race malaise. »

IV

Extraits des articles que Lacépède a écrits sur l'unité d'espèce dans la race humaine (1).

Après avoir donné un tableau rapide de l'espèce humaine, Lacépède ajoute : « Elle est seule de son genre; mais on remarque dans les individus qui la composent des conformations particulières, héréditaires, produit de causes générales et constantes, qui constituent des races distinctes et permanentes. La nature de l'air, de la terre et des eaux; celle du sol et des productions qu'il fait naître; l'élévation du territoire au-dessus du niveau des mers; le nombre, la hauteur et la disposition des montagnes; la régularité ou les variations de la température; l'intensité et la durée du

(1) *Histoire naturelle de l'homme.* — *Dictionnaire des Sciences naturelles.*— *Vue générale des progrès de plusieurs branches des sciences naturelles, depuis la mort de Buffon.*

froid ou de la chaleur, sont des causes puissantes et durables qui ont créé, pour ainsi dire, les grandes races dont se compose l'espèce humaine. On en compte plusieurs; mais trois se distinguent par des caractères beaucoup plus faciles à saisir : ce sont l'arabe ou caucasique, la mongole, et la nègre ou éthiopique.

» Selon que la race humaine est soumise à une chaleur excessive, à un froid rigoureux ou bien à une douce température, à la sécheresse ou à l'humidité, aux vents violents ou aux pluies abondantes, et qu'elle reçoit l'action de ces différentes forces plus ou moins combinées, elle peut offrir, et présente, en effet, de grandes différences dans son extérieur, et forme, par la nature et la couleur de ses téguments, des sous-variétés très-remarquables. Le tissu muqueux et réticulaire qui règne entre l'épiderme et la peau proprement dite s'organise ou s'altère de manière à changer la couleur générale des individus, la nature, la longueur et la nuance des cheveux. Cette couleur générale est le plus souvent blanche dans les pays tempérés et presque froids : les cheveux y sont blonds, très-longs et très-fins. Le blond se change en basane, en brun, en jaunâtre, en olivâtre, en rouge-brun assez semblable à la couleur de cuivre, et même en noir très-foncé, à mesure que la chaleur, la sécheresse ou d'autres causes analogues augmentent; la longueur des cheveux diminue en même temps; leur finesse disparaît, leur nature change; ils deviennent laineux ou cotonneux.

» Le climat, qui produit les variétés secondaires de l'espèce humaine, qui altère les téguments, qui change du blanc au noir ou du noir au blanc la couleur de chaque race en particulier, a-t-il pu agir assez profondément sur les parties solides de l'homme pour en dénaturer les proportions, et leur imprimer les dimensions particulières qui constituent les différences des races?

» Nous ne pouvons pas douter que la rigueur de la

température qui pèse constamment sur la race hyperboréenne n'ait produit cette race, en rapetissant toutes les dimensions, en modifiant les proportions d'une ou de deux autres races, dont les individus plus ou moins nombreux, forcés par des causes physiques ou morales de quitter leur terre natale, auront été repoussés jusqu'au cercle polaire, et contraints d'habiter cette froide région comme leur unique asile. Mais à l'égard des autres races, et particulièrement de la mongole et de l'arabe ou caucasique, il se présente une grande difficulté. Comment le climat, pourrait-on dire, a-t-il produit les caractères profonds qui distinguent l'une ou l'autre de ces races, lorsque nous voyons chacune de ces grandes tribus de l'espèce humaine varier dans son intérieur, dans ses cheveux, dans sa peau, dans ses couleurs, à mesure qu'elle est soumise à plus de chaleur ou de froid, de sécheresse ou d'humidité, mais montrer toujours la même charpente osseuse, et se faire remarquer, sous la ligne comme auprès des glaces septentrionales, par ces traits prononcés qui nous servent si facilement à la reconnaître?

» Voici ce qu'on peut répondre à cette objection. Les grandes variétés de l'espèce humaine ne sont pas un ouvrage récent des causes naturelles à l'influence desquelles l'homme est soumis, comme les causes secondaires qui consistent dans les maladies de la peau et les qualités des cheveux. Lorsque l'espèce humaine a été divisée en groupes fondamentaux, lorsque les différentes races ont commencé d'exister, l'action du climat était bien supérieure à ce qu'elle est aujourd'hui. Elles ont été produites, ces races, à une époque très-rapprochée de la dernière catastrophe qui a bouleversé la surface du globe. Tous les éléments, dont la réunion compose ce que nous appelons l'*influence du climat*, présentaient, dans ces temps d'agitations et de désordre, une puissance bien supérieure à celle qu'ils peuvent manifester maintenant, où un calme d'un grand nombre de siècles a émoussé toutes les forces de la nature les unes par les autres, et enchaîné l'activité d'un grand nombre de substances par leur rapprochement, leur mélange et leurs combinaisons. A cette époque voisine de la destruction de la surface du globe, où les lois conservatrices étaient, pour ainsi dire, encore suspendues, où chaque chose était, en quelque sorte, hors de sa place, les extrêmes étaient bien plus éloignés les uns des autres, les contrastes plus frappants, les changements plus soudains; et c'est cette succession rapide des causes contraires, ou du moins très-différentes, qui a toujours fait éprouver aux êtres organisés les effets les plus marqués, les modifications les plus profondes, les altérations les plus durables.

» Le climat a donc pu produire, dans le temps, les races de l'espèce humaine, comme il en produit encore les variétés du second ordre. »

V

Extrait de l'Histoire du genre humain, par M. Virey.

« Une atmosphère toujours brûlante, surtout avec les vents enflammés qui dévorent toute fraîcheur humide et toute verdure, un soleil toujours ardent, dessèchent, concentrent, brunissent toutes les substances végétales et animales, en dissipant la lymphe qui humectait tous les organes; le froid, au contraire, empêchant la transpiration, accroît l'humidité des corps, laquelle rend la peau, les poils plus blancs, plus lisses et plus longs. Ainsi les Danois, les Allemands et les Anglais sont blonds; ainsi les lièvres, les renards, les ours et plusieurs oiseaux dans le nord prennent des couvertures blanches, ou blanchissent pendant l'hiver, mais se colorent en été.

» Les peuples septentrionaux à grande stature, à cheveux blonds et lisses, aux yeux bleus, sont diamétralement opposés aux habitants de la zone torride, à courte taille, à complexion sèche, aux cheveux crépus, noirs comme leur teint.

» Les habitants des régions intermédiaires forment la nuance mitoyenne ; les septentrionaux sont placés à une extrémité comme les nègres le sont à l'autre dans les races humaines. Ainsi nous remarquons que les nations brunissent successivement en se rapprochant de l'équateur.

» Sur le sol aride et brûlant de la Guinée et de l'Éthiopie, on voit perpétuellement le soleil verser des flots d'une vive lumière qui noircit, dessèche et charbonne, pour ainsi dire, les hommes, les animaux, les plantes, exposés à ses brûlants rayons. Les cheveux se crispent, se contournent par la dessiccation sur la tête du nègre ; sa peau exsude une huile noire qui salit le linge ; le chien, perdant ses poils, ainsi que les mandrils et les babouins, ne montre plus qu'une peau tannée ou violâtre, comme le museau des singes. Le chat, le bœuf, le lapin noircissent ; le mouton abandonne sa laine fine et blanche pour se hérisser de poils fauves et rudes ; la poule se couvre de plumes d'un noir foncé : ainsi, à Mozambique, il y a des poules nègres, ou dont la chair est noire. Une teinte sombre rembrunit toutes les créatures ; le feuillage, au lieu de cette verdure tendre et gaie de nos climats, devient livide et âcre ; les plantes sont petites, ligneuses, tordues et rapetissées par la sécheresse, et leur bois acquiert de la solidité, des nuances fauves ou obscures comme l'ébène ; il n'y a point d'herbes tendres, mais des tiges coriaces, solides ; les fruits se cachent souvent, comme les cocos, dans des coques ligneuses et brunes. Presque toutes les fleurs se peignent de couleurs foncées et vives, ou bien violettes plombées, ou d'un rouge-noir comme du sang desséché : il est impossible de contester ces faits. »

La terre offre donc partout la puissance du sol, des eaux, de l'air et de la température, en un mot, l'influence du climat sur l'organisation des végétaux et des animaux. Ainsi cette influence a pu produire les races de l'espèce humaine.

M. Wiseman ayant réuni sur le même sujet les observations et les découvertes des auteurs modernes avec les faits qu'il a recueillis lui-même, il serait impossible de traiter convenablement la question de l'unité de la race humaine, sans puiser dans son ouvrage les preuves qu'il en a données. Néanmoins, comme les limites de ce livre obligent de passer sous silence plusieurs recherches fort curieuses et fort importantes, que M. Wiseman a faites pour démontrer l'unité de la race humaine, il faut recourir à son ouvrage, si l'on veut avoir un aperçu de la complication et de l'étendue de cette question.

VI

Extrait de la réfutation que M. Wiseman a faite des objections importantes dirigées par l'incrédulité Contre l'unité de la race humaine (1).

M. Wiseman fait remarquer d'abord que le grand problème à résoudre est celui-ci : Comment des variétés de couleur et de forme ont-elles pu se développer dans l'espèce humaine? Il ajoute : « Après avoir considéré toutes les observations et toutes les découvertes faites par les auteurs modernes, on peut dire que les points suivants, qui donnent la solution du problème, ont été établis d'une manière satisfaisante : Premièrement, que les variétés accidentelles, ou, comme on les appelle, *sporadiques*, peuvent se développer dans une race tendant à y produire les caractères d'une autre; secondement, que ces variétés peuvent se per-

---

(1) *Discours sur les rapports entre la science et la religion révélée*, prononcés par Nicolas Wiseman, professeur de l'Université de Rome, etc., traduits sous les auspices de M. de Genoude.

pétuer de génération en génération ; troisièmement, que le climat, la nourriture, la civilisation, etc., peuvent fortement influencer la production de semblables variétés, ou du moins les rendre fixes, caractéristiques et perpétuelles ; ces points étant prouvés, ils détruisent la base sur laquelle s'appuient les adversaires de la révélation, puisqu'ils démontrent que les variétés, telles qu'on les voit maintenant dans la race humaine, peuvent avoir pris naissance d'un seul couple.

» L'organisation des hommes et des animaux est tellement semblable, l'identité des lois par lesquelles leurs individus et leurs races sont conservés est si frappante ; leur sujétion aux lois des influences morbides, aux opérations des causes naturelles, à l'action des combinaisons artificielles, sous les différents noms de *civilisation* et de *domesticité*, est si analogue, qu'on a le droit d'arguer de la modification actuelle des animaux à la modification possible des hommes.

» Maintenant, il est évident que les animaux qui forment une espèce se divisent, dans des circonstances particulières, en variétés aussi distinctes que celles que l'on observe dans l'espèce humaine. Par exemple, quant à la forme du crâne, celui du boule-dogue et celui du levrier diffèrent beaucoup plus que les crânes de l'européen et du nègre (1) ; cepen-

(1) L'expérience prouve que la forme de la tête de l'homme dépend en partie de l'usage qu'il fait de ses facultés intellectuelles. Aux États-Unis, les esclaves attachés au service de la maison ont, dès la troisième génération, le nez moins déprimé, les lèvres et la bouche moins saillantes. Ceux qui travaillent aux champs conservent, au contraire, leur conformation originaire. La forme déprimée de la tête des nègres change aussi petit à petit et d'une manière remarquable au bout de plusieurs générations, quand ils reçoivent dès l'enfance les bienfaits de l'instruction. L'exercice des facultés intellectuelles, lorsqu'il est fréquent, fait développer le cerveau, et par suite la partie antérieure du crâne, au lieu où l'on éprouve la fatigue du travail de l'esprit, parce qu'il y fait porter une plus grande quantité de sang, et, conséquemment, plus de matière nutritive. C'est par une cause analogue, que les membres sont plus ou moins développés, suivant le genre de travail auquel on s'est livré dès le jeune âge.

dant les naturalistes, non-seulement les font tous descendre d'une espèce unique et primitive, mais encore considèrent le loup comme le type et la souche de tous les chiens. Le crâne du sanglier aussi, comme l'a fait observer Blumenbach, ne diffère pas moins de celui du cochon, son descendant indubitable, que les crânes de deux races humaines quelconques; et même le sanglier et le cochon blanc diffèrent par la couleur de leur peau, autant que le nègre diffère de l'européen par la couleur de la sienne.

» La texture du poil subit des changements analogues. Vainement on a tenté de produire de la laine dans les Antilles, parce que les troupeaux que l'on y transporte perdent leur laine et se couvrent de crin ou de poil; la même chose arrive dans d'autres climats chauds. Les moutons en Guinée, dit Smith, ont si peu de ressemblance avec ceux d'Europe, qu'un étranger, à moins qu'il ne les entende bêler, pourrait à peine dire à quelle espèce d'animal ils appartiennent, car ils sont couverts seulement d'un poil court, brun-clair ou noir, comme des chiens. Un phénomène contraire a lieu dans la contrée autour d'Angora, où presque chaque animal, moutons, chèvres, lapins et chats, est couvert d'un long poil soyeux, si célèbre dans les manufactures d'orient. D'autres animaux sont sujets à ce changement, car l'évêque Héber nous apprend que les chiens et les chevaux conduits dans les montagnes sont bientôt couverts de laine comme la chèvre à duvet de châle de ces climats.

» Si l'on examine la forme générale et la structure des animaux, on voit ces deux choses sujettes aux plus grandes variations. Suivant Bosman, les chiens européens dégénèrent promptement à un singulier degré, à la Côte-d'Or : leurs oreilles deviennent longues et étroites comme celles du renard, vers la couleur duquel ils inclinent également, tellement qu'en trois ou quatre ans ils deviennent très-laids, et qu'au bout du même nombre de générations, ils cessent d'aboyer et ne font plus entendre qu'un hurlement ou glapissement. Ainsi, quelques générations suffisent pour que l'influence du climat change tellement une espèce d'animaux, qu'elle perd toute ressemblance avec sa souche primitive, et qu'elle en devient totalement distincte.

» Le chameau présente également un exemple de modifications extraordinaires. Dans quelques caravanes que nous avons rencontrées, dit un voyageur moderne, il y avait des chameaux d'une espèce beaucoup plus grande qu'aucune de celles que j'ai vues auparavant, et aussi différents du chameau d'Arabie dans leurs formes et leurs proportions, qu'un mâtin l'est d'un lévrier. Ces chameaux avaient de grosses têtes et le cou épais, d'où pendait un poil brun-foncé, long et rude; leurs jambes étaient courtes et les jointures épaisses; le corps et les hanches étaient arrondis et charnus : néanmoins, à partir du sol, ils étaient plus hauts d'un pied que les chameaux ordinaires du désert d'Arabie (1).

» Le docteur Pritchard donne aussi un exemple d'une modification extraordinaire, celui d'une race de moutons élevée depuis peu d'années en Angleterre, et connue sous le nom de *ancon*, ou race de loutre. Elle provient d'un mouton qui a communiqué sa difformité singulière si complétement à sa progéniture, que la race est finalement établie et promet d'être perpétuelle. On l'estime beaucoup, parce que ses jambes sont si courtes qu'elle ne peut pas franchir les barrières dont les champs sont entourés.

» Ces exemples prouvent que des variétés accidentelles, ou sporadiques, peuvent non-seulement se reproduire, mais, ce qui rentre plus dans le sujet de l'unité de la race humaine, peuvent encore se propager parmi les animaux.

» Les raisonnements sanctionnés par ces faits présentent une grande base d'analogie applicable à l'espèce humaine. En effet, pourquoi des variétés aussi grandes n'auraient-elles pas pu se produire et se transmettre de génération

(1) J.-S. Buckingham.

en génération parmi les hommes comme parmi les animaux inférieurs? Car il est certain que des diversités affectant également la forme du crâne, la couleur, la texture des poils et la forme générale du corps, proviennent parmi les animaux d'une seule souche; en outre, il est prouvé que des différences de cette nature peuvent surgir originairement de quelque variété accidentelle, qui, à cause de circonstances particulières, devient fixe, caractéristique et transmissible par descendance. On peut donc considérer comme très-probable que dans l'espèce humaine les mêmes causes peuvent opérer d'une manière semblable, et produire des effets non moins durables. Et comme les variations de cet ordre dans l'espèce humaine ne s'éloignent pas plus l'une de l'autre que celles que l'on a reconnues dans les brutes, elles n'exigent pas de recourir à une cause plus violente ou plus extraordinaire pour les expliquer.

» On a même une preuve frappante de cette tendance sporadique à produire dans une race humaine les traits caractéristiques d'une autre. Un voyageur moderne, Buckingham, qui le premier a exploré un district au-delà du Jourdain, écrit ce qui suit : « La famille qui réside ici (à
» Abu-el-Beady), ayant charge du sanctuaire, est remar-
» quable en ceci: à l'exception du père seulement, toute la
» famille avait les traits nègres, une couleur noir foncé et
» des cheveux crépus. Je pensai d'abord que ceci devait
» résulter de ce qu'ils provenaient d'une mère négresse,
» comme on trouve quelquefois des femmes de cette couleur
» parmi les Arabes, soit comme femmes légitimes ou comme
» concubines; mais en même temps je ne pouvais douter,
» d'après ma propre observation, que le chef actuel de la
» famille ne fût un Arabe de pure race, de sang non mélangé.
» On m'assura aussi que les hommes et les femmes de la
» génération présente et des générations antérieures étaient
» tous Arabes purs par mariages et descendances, et qu'on
» n'avait jamais connu de nègres comme femme ou esclave

» dans l'histoire de la famille. C'est certainement une par-
» ticularité bien remarquable des Arabes qui habitent la
» vallée du Jourdain, de les voir avec des traits plus
» aplatis, la peau plus noire, les cheveux crépus et plus
» rudes qu'aucune autre tribu de la même nation. » Voilà
certainement une preuve bien frappante d'individus d'une
famille qui ont les caractères distinctifs d'un autre peuple,
caractères qui se transmettent par descendance.

» Nous avons donc prouvé, ajoute M. Wiseman, tant par
l'analogie que par des exemples directs, premièrement, qu'il
y a une tendance perpétuelle, je pourrais dire un effort de
la nature, pour faire naître dans notre espèce des variétés,
souvent d'un caractère très-extraordinaire, quelquefois
approchant, d'une manière marquée, des caractères distinctifs particuliers et spécifiques d'une race différente de
celle dans laquelle naissent ces variétés, et secondement,
qu'elles peuvent se communiquer du père au fils par des
générations successives. Un témoignage ainsi obtenu est
une grande présomption que les différentes familles ou races
parmi les hommes peuvent devoir leur origine à quelque
occurence semblable, à l'apparition accidentelle d'une
variété qui a commencé sous l'influence de circonstances
favorables. L'isolement, par exemple, de la famille dans
laquelle cette vérité s'est montrée, et les intermariages qui
en ont été la conséquence, l'ont fixée et rendue indestruc-
tible dans les générations qui se sont succédé. »

Les réfutations précédentes sont basées sur des variétés
accidentelles de l'espèce humaine (1), et principalement sur

---

(1) Femme blanche devenue noire en 1835.

Une femme née à Saint-Georges (Manche), d'une constitution robuste, eut à trente-cinq ans des malaises très-fréquents qui ne l'empêchaient pas de vaquer à ses occupations; à cette époque, sa peau, d'une couleur ordinaire, présenta une coloration noire assez prononcée.

A l'âge de quarante ans, elle éprouva une vive démangeaison générale, et sa peau noircit de plus en plus. Au mois d'août 1835, elle entra à l'hôpital l'analogie que l'on est forcé de reconnaître entre l'organisation des animaux et celle de l'homme ; d'où il résulte que l'on a le droit d'arguer de la modification des animaux à la modification de l'espèce humaine. Mais ce n'est qu'un argument dialectique (1) auquel on est forcé de recourir, parce qu'il est impossible de prouver directement, c'est-à-dire par l'histoire de chaque nation, que les diverses races de l'espèce humaine descendent d'un seul couple ; car, à l'exception des Juifs, les anciens peuples n'avaient pas d'histoire véritable.

Saint-Louis, et fut traitée de la teigne dans la salle *Napoléon* (service de M. ÉMERY). Elle en sortit au bout de trois mois environ, quoiqu'elle ne fût pas guérie. La teigne reparut, elle rentra à l'hôpital, et fut traitée dans le pavillon *Gabrielle* (service de M. le baron ALIBERT) ; à cette époque, la couleur de sa peau était devenue cuivrée comme celle de la plupart des nègres, ses articulations tout-à-fait noires et la peau en était luisante. Guérie de la teigne, cette femme est partie pour son pays au mois de décembre 1835.

(1) Raisonnement insuffisant pour convaincre absolument l'esprit, mais qui sert à prouver qu'une chose est très-probable.

CHAPITRE XIV

NATURE DE L'HOMME

I

Système avilissant des pseudophilosophes sur la nature humaine.

Le plus grand avantage de l'homme n'est pas de pouvoir dire : *J'ai un corps*, mais, *j'ai une âme*. Si, par la première de ces deux parties qui le composent, il est confondu avec les autres êtres de l'univers, par la seconde, il jouit d'un privilége d'une distinction unique. Pourquoi faut-il qu'il en soit privé par de nouveaux sophistes? Est-ce une gloire pour eux que l'homme soit dans l'humiliation? C'est peu d'être étonné, l'indignation saisit quand on voit les traits hideux dont on couvre notre composé. Apprenons à nous connaître en écartant les couleurs qui nous défigurent.

Dans les portraits que les philosophes font de l'homme, pourquoi ne voyons-nous que des corps, et nous cachent-ils l'âme? Quoi! des tableaux à moitié, quand il nous en faut de complets? Du moins, devraient-ils nous avertir de ne pas nous y méprendre, et ne pas graver au bas de leurs peintures informes : *Voilà l'homme*. Ils nous trompent : ce n'en est que la surface, c'en est la partie la plus vile; ce n'est pas lui, en un mot, ce n'est que son enveloppe. Quand nous voulons voir quelqu'un, nous ne cherchons pas son habit, mais sa personne.

II

Réfutation et différence entre la faculté de sentir et celle de percevoir.

Dans le système des philosophes, l'homme est réduit à la condition des corps; ses opérations sont dirigées par le mouvement; le plaisir et la douleur ne sont dus qu'aux lois prescrites à la matière. N'y a-t-il donc que sensation dans l'homme? La perception se fait si souvent! Or, la perception ne peut avoir lieu si l'être distingué du corps, si l'esprit, qui n'a rien de commun avec la matière pour la manière d'opérer, ne se charge de la recevoir. Le corps en est incapable; car donnez-lui tel mouvement que vous voudrez, il changera de forme ou de lieu, mais il ne se fera pas une image du changement donné, il n'en aura pas la conscience : une pierre ne se rendra pas raison du coup dont on l'aura frappée; il faut, pour cela, l'action d'un esprit.

On s'étonne que les philosophes, si clairvoyants sur tant de choses, ne pouvant se cacher la différence de la faculté de sentir et celle de percevoir, ne laissent pas néanmoins de les confondre toutes deux. Il est visible que la première n'est que l'occasion de la seconde. La première est dans le son, par exemple, ce mouvement de l'air extérieur qui, frappant sur le tympan de l'oreille, y excite une vibration, qui se communique ensuite à notre cerveau par le moyen des nerfs auditifs. La seconde est l'affection que l'âme éprouve à l'occasion de cette vibration. Quand quelqu'un joue de la flûte, il se fait dans son oreille le même mouvement que dans son instrument; mais il se passe dans le joueur des choses bien différentes que dans la flûte. N'y eût-il que le plaisir de plus dans le joueur, il est bien certain qu'il ne faut pas en faire un corps de même composition, et qu'il a une faculté de plus. Cette faculté se connaît par l'effet qu'elle éprouve à l'occasion du son qui part de l'instrument. Dans celui-ci, nulle perception ni du son, ni des modifications du son, ni du plaisir qu'elles causent ; il en est incapable. C'est donc vouloir s'aveugler que de dire qu'il n'y a pas plus dans l'un que dans l'autre. L'esprit aperçoit ce que la nature ne fait que montrer ; il saisit ce que l'autre présente, sans que celle-ci puisse en faire autant.

III

La matière ne saurait avoir des propriétés incompatibles.— Différence de l'esprit d'avec la matière.

Qu'on ne nous dise point que nous ne connaissons pas assez la matière pour décider ce qu'elle peut et ce qu'elle ne peut pas. Nous assurons qu'elle est incapable d'opérer des effets incompatibles avec les qualités que nous lui connaissons. Pour détruire nos principes, il faut donc montrer qu'il y a de la compatibilité entre les effets qu'on attribue à la matière et les qualités qui lui appartiennent.

Le matérialiste ne dit-il pas que les corps ne produisent rien sans mouvement ? Qu'il nous dise donc aussi que l'esprit ne produit rien sans la même cause ; nous nous contenterons alors de lui faire une observation facile : c'est que l'esprit, se repliant sur lui-même, se représente par sa propre énergie des objets absents. Le mouvement ne fait rien à tout cela ; car quel mouvement peut-il y avoir dans l'absence des objets ? Pourrait-on y trouver un point de contact ? Mille opérations de l'esprit se présentent pour prouver que l'esprit n'a pas besoin du secours étranger de la matière pour devenir le principe de quelque chose, et qu'il se suffit à lui-même quand il veut.

Lorsque je tressaille de joie à la réception d'une agréable nouvelle, mon oreille, qui l'a entendue, n'est pas la seule qui soit émue : le mouvement produit dans le tympan se communique à tout moi-même, et je m'en réjouis longtemps encore après que les vibrations ont cessé. Est-ce le son qui produit cet effet? Il y a dix mois que je n'ai ouï parler de ce qui me fit tant de plaisir; je me le rappelle, et je m'en réjouis de nouveau. Il est donc dans moi une faculté capable d'elle-même de me remettre dans une situation réjouissante. Ce ne peut être la matière : elle a perdu depuis longtemps le mouvement occasionné par les sons du messager; ce ne peut être les sens; ils ne peuvent rien opérer qu'ils ne soient mus, et qu'autant que le mouvement dure; c'est donc l'âme. La matière, les sens, mis à l'écart, il ne reste que ce principe. Je dis plus : le mouvement n'étant point essentiel à la matière, elle doit le recevoir de quelque part, et la main puissante qui le lui imprime est celle de l'esprit. Le mouvement ne peut avoir d'autre cause, puisqu'on ne connaît qu'esprit et corps dans la totalité des êtres.

Celui qui observe l'homme découvre dans cet être privilégié deux sortes de facultés, celle de se mouvoir d'une manière quelconque, cette première faculté est commune à tous les corps; et celle de produire des mouvemens spontanés. L'homme tire cette dernière faculté de sa propre énergie. S'il suit, d'une part, le mouvement de la matière dont son corps est composé, de l'autre, par un principe qui le distingue absolument, il produit des actes dont il est le maître. Sans aucune médiation matérielle, il peut agir et arrêter son action quand il veut. Il ne le pourrait pas s'il n'était que matière.

IV

**La matière est asservie à des lois. —
L'esprit est libre.**

La matière, soumise à certaines lois, ne pourrait pas se soustraire au mouvement que ces lois lui prescrivent. Il faut qu'elle le suive nécessairement. L'esprit de l'homme n'éprouve point d'empire absolu : il peut céder ou refuser; la matière est esclave, elle ne peut qu'obéir. L'esprit est maître, il commande quand il lui plaît. Il n'y eût point eu de sages dans l'école de Zénon ; il n'y eût point eu de scélérats dans celle de la Brinvilliers, et il n'y aurait même jamais ailleurs ni de l'un, ni de l'autre, si la chose n'était pas ainsi. Comment, après cela, ne pas distinguer l'esprit de la matière.

Dira-t-on, pour combattre ce raisonnement, que l'homme n'est pas plus libre du côté de l'esprit que du côté de la matière? Il n'est pas nécessaire de développer ici les preuves de notre liberté, pour montrer la fausseté de cette affirmation : une conviction intime s'y oppose. Dans la suite, nous détruirons le paradoxe philosophique, et nous établirons la vérité essentielle de notre liberté contre les sophismes qui pourraient en faire douter.

V

La pensée appartient exclusivement à l'esprit.

Mais une différence bien sensible de l'âme et de la matière, c'est que l'homme pense, et que la matière ne pense pas : (autrement, un caillou, une lame d'acier, la table sur laquelle j'écris seraient pensants comme l'homme. Le matérialiste croit répondre à cette difficulté en disant que si le caillou ne pense pas, c'est que son organisation ne le comporte pas, comme si l'organisation faisait la seule différence des êtres.

Il faut voir comme Bayle lui-même reçoit cette défaite. Le raisonnement du matérialiste lui paraît si pitoyable que ce grand homme prend le ton d'un juge, et semble fulminer un arrêt : « Quiconque, dit-il, admet une fois que, par
» exemple, un assemblage d'os et de nerfs sent et raisonne,
» doit soutenir, sous peine d'être déclaré coupable de ne
» savoir ce qu'il dit, que tout autre assemblage de matière
» pense..... Ou bien, ce qui a été jusqu'ici inconcevable à
» tous les hommes, il faut supposer que le seul arrange-
» ment des organes du corps humain fait qu'une substance
» qui n'a jamais pensé devient pensante. Mais tout ce que
» peut faire l'arrangement de ces organes se réduit, comme
» dans l'horloge, à un mouvement local diversement
» modifié. La différence ne peut être que du plus au moins.
» Or, comme l'arrangement des diverses roues qui compo-
» sent une horloge ne servirait de rien pour produire les
» effets de cette machine, si chaque roue, avant d'être
» placée d'une certaine façon, n'avait actuellement une
» étendue impénétrable..... je dis aussi que l'arrangement
» des organes de l'homme ne servirait de rien pour
» produire la pensée, si chaque organe, avant d'être mis à
» sa place, n'avait actuellement le don de penser. Il y a eu
» de grands génies qui se sont montrés un peu trop tardifs
» de cœur à croire sur la distinction de l'âme avec le
» corps ; mais personne, que je sache, n'a osé jusqu'ici dire
» qu'il concevait clairement que, afin de faire passer une
» substance de la privation de toute pensée à la pensée
» actuelle, il suffisait de la mouvoir..... Quand même quel-
» ques-uns se vanteraient de concevoir cela clairement,
» ils ne mériteraient point d'être cru (1). » Il ne faut que

---

(1) *Dictionnaire critique*, art. *Dicéarque*.

citer les philosophes au tribunal les uns des autres, pour voir pulvériser les raisonnements dont ils étayent leurs systèmes. Le matérialiste comprend-il donc comment la différence d'organisation rend l'homme pensant, et empêche le caillou de penser ? Et s'il ne le comprend pas, comment ose-t-il nous l'opposer ? Mais peut-être que, formé à l'école d'Héraclite, il a appris de ce maître qu'il n'est pas nécessaire de penser ce qu'on dit (1).

Quoiqu'il en soit, j'habite au sommet d'un côteau, tout près des ruines d'un château célèbre. Je n'ai pour voisins que de bons fermiers avec lesquels je ne puis lier conversation, parce qu'ils se livrent à des travaux qui me privent de leur entretien toutes les fois que j'en aurais besoin. Jamais je ne lis les écrits des matérialistes qu'ils ne me donnent du regret de ne pas trouver, au milieu de ces ruines, un seul bloc de pierre ayant, comme le prétendent ces philosophes, une conformité d'essence avec la mienne. Sans être obligé d'aller fouiller dans les parchemins poudreux des bibliothèques, ce bloc m'apprendrait des choses fort intéressantes sur l'histoire des illustres personnages qui habitèrent successivement le château pendant des siècles.

Il faudrait, dira le matérialiste, le pétrir, l'organiser, lui donner un mécanisme plus excellent ; c'est ce mécanisme qui nous fait penser, nous autres hommes.

Je lui réponds que comme tout est matière dans mon bloc, le plus ou le moins de subtilité, d'arrangement, de mécanisme, ne changera pas son essence. Ainsi, par quelqu'alambic qu'il le fît passer, quelque chimie qu'il y employât, quelque composition qu'il en fît, jamais il ne le ferait raisonner ; parce que ce qui fait qu'un être maté-

(1) Impossibile est quempiam idem putare esse et non esse, quemadmodum quidam Heraclitum dicere arbitrabantur : non enim necesse est quæcumque quis dicat ea etiam putare. (*Aristotelis metaph*. Lib. III, cap. v.)

riel ne raisonne pas, ce sont ses principes essentiels; et les essences sont immuables.

« Il est même impossible, dit l'auteur de l'*Essai sur* » l'*entendement humain*, de concevoir que la matière puisse » tirer de son sein le sentiment, la perception, la connais- » sance; car divisez-la en autant de parties qu'il vous » plaira, donnez-lui tous les mouvements et figures que » vous voudrez, ces parties infiniment petites n'agiront pas » d'une autre manière sur les corps d'une grosseur qui » leur soit proportionnée, que sur des corps d'un pouce ou » d'un pied de diamètre. Les parties d'un pouce ou d'un » pied de diamètre se poussent l'une l'autre, c'est tout » ce qu'elles peuvent faire. Les petites n'ont pas plus » de pouvoir (1). » Voilà le raisonnement d'un philosophe qu'on s'efforce de faire passer pour un des promoteurs du matérialisme. Que devient ce système, puisque ceux qui paraissent s'être employés à en soutenir la base font des travaux qui la détruisent? On ne peut établir l'immatérialité d'une manière plus claire et plus précise que Locke le fait ici.

VI

Quelques objections faites au matérialiste.

Que le matérialiste me permette de lui soumettre quelques difficultés, qui ne lui paraîtront pas très-spirituelles, mais qui entrent dans mon sujet.

1° Pourrait-il me dire pourquoi l'oiseau de proie perché sur le pan d'une vieille tour et guettant mes pigeons ne forme pas des systèmes comme nos philosophes? Il a pourtant des sens comme lui et même plus que lui.

2° Autour de mon côteau, un jeune homme, par un coup

---

(1) *Essai sur l'entend. hum.*, Liv. IV., ch. X.

adroit, crible la tête d'un lièvre ; il en saute de joie, et emporte son gibier en caressant le chien qui lui a procuré cette proie ; nulle tristesse ne s'est mêlée à la mort de la victime. Quelle horreur, au contraire, et quel chagrin saisissent ce jeune homme à la vue d'un de ses voisins qu'il trouve expirant d'un coup meurtrier donné par un assassin ! L'inquiétude, l'indignation, le tremblement s'emparent de ses facultés et de ses membres ; il devient un tout autre homme. D'où vient cette différence ? Devrait-il y en avoir, puisque, dans l'un et l'autre cas, les effets viennent d'une même cause, et que deux coups de fusil en ont été le dénouement ?

Nous avons vu que le matérialiste est dans l'impossibilité de faire penser la matière brute, et qu'il ne peut tirer d'un bloc de pierre que des formes et du mouvement. Voyons ce que, sans âme, il nous fera tirer d'une matière aussi bien organisée que celle d'un homme.

Il est certain que si mon chasseur, dans ses deux aventures, n'a éprouvé que la commotion des sens, sans qu'aucune âme s'en soit mêlée, l'ébranlement a dû être le même puisque la cause n'en a pas été différente : surprise imprévue, effusion de sang et mort des deux parts. Pour résoudre ma question, il faut nécessairement recourir à l'âme ; les sens tout seuls seraient insuffisants.

Mais, pour faire la comparaison moins disparate, et peut-être la question plus difficile, je me figure deux hommes dont l'un vient d'être tué par trahison, et l'autre fusillé par sentence. D'où vient que, dans ce cas comme dans le précédent, il y a une mort qui révolte entièrement, tandis que l'autre n'excite pas la moindre indignation. Tout le monde sait qu'un acte de justice n'est pas regardé de même œil qu'un acte de perfidie. Mais quel est le philosophe, n'admettant que des sens, qui sache comment cela se fait ? Tout ce qu'une saine raison peut dire, c'est que si l'on est indifférent à la mort d'un animal et d'un criminel, tandis qu'on a le cœur navré d'une trahison, cela vient de ce que la réflexion, qui est une opération de l'âme, dirige la secousse des sens suivant l'exigence des cas. La reine des facultés intellectuelles rend les sensations agréables ou inquiétantes, suivant que l'objet qui les occasionne mérite son approbation ou sa répugnance. Sa lumière décide du bien et du mal ; elle choisit l'un et rejette l'autre. Les sens aveugles embrassent indifféremment tout, et ne font que ce que l'impulsion les oblige de faire.

VII

La différence entre la sensation et le sentiment prouve que tout n'est pas matière dans l'homme.

Non, tout n'est pas matière, puisque toute cause n'est pas de même nature que son effet. Portons une fleur à notre odorat : le sentiment de cette sensation a-t-il quelque chose de commun avec les exhalaisons qui la causent ? Poussons nos observations plus loin ; il nous sera encore plus aisé de ne pas confondre les sensations et le sentiment. Les sensations tiennent des imperfections de la matière qui influe sur leur formation ; le sentiment peut tout-à-coup être porté à sa perfection. Il est donc bien évident qu'il faut en faire la différence. Les douceurs de la bonne chère, voilà des sensations ; elles laissent souvent après elles des malaises, et, par conséquent, de la tristesse. Mais si le sage s'abandonne aux charmes de la vérité et de la vertu, c'est un sentiment qui le remplit d'une joie pure et d'une vigueur nouvelle ; nulle vicissitude ne vient troubler sa tranquillité. Ne confondons donc pas ce qui se passe dans la matière avec ce qu'éprouve l'âme.

Et qu'est-ce que la sensation ? C'est un ébranlement dans les sens, un mouvement qui s'opère par des vibrations, comme dans des cordes élastiques, par un feu subtil ou par une matière semblable à celle de l'électricité. Mais le sentiment est cette même sensation devenue agréable ou désagréable par la propagation de cet ébranlement dans tout le système sensible. Celui-ci représente celle-là avec les couleurs convenables. Mais quand les couleurs sont tracées, à qui plaisent-elles ou déplaisent-elles ? A l'âme, sans doute : il n'y a qu'elle seule à qui elles puissent être représentées. En un mot, pour ne pas tout confondre, à la manière des philosophes, distinguons bien le corps et l'âme.

VIII

Différences entre le corps et l'âme.

Le corps tient aux dimensions de la matière ; il peut être mesuré par la longueur, la largeur, la profondeur. L'âme n'a rien de semblable : elle exclut ces qualités.

Le corps a besoin des objets extérieurs pour sentir son existence, si du moins il peut la sentir. L'âme existe seule et se sent de même.

La physique nous apprend que si nous voyons et si nous entendons, c'est par le moyen de cette matière ténue qui semble propager la lumière, et du trémoussement que le son produit dans l'air. Nous avons besoin de tout cela pour prouver l'existence de notre corps, ou du moins pour la sentir. Mais l'âme, sans éprouver ces sensations, ne laisse pas de voir son existence, parce qu'elle est indépendante des sensations, et qu'elle peut voir sans matière propageante et entendre sans air trémoussé.

Nulle convenance de l'âme avec la matière. L'âme voit et entend quelquefois sans que le mouvement de la matière y ait contribué. De même, l'âme ne voit ni n'entend d'autres fois, quoique la matière ait reçu, pour ces deux effets, le mouvement dont elle avait besoin. Qu'un homme soit fortement préoccupé ou distrait, alors, quoique la lumière se propage et que l'air se trémousse, il arrive que cet homme ne voit ni n'entend ; comme, dans un songe, le même homme verra et entendra, quoiqu'il n'y ait ni propagation de lumière, ni trémoussement d'air.

Les sens ont beau être frappés, dès que la porte du sanctuaire où l'âme réside est fermée, la sensation ne peut s'introduire. Une forte distraction surtout est un temps où, s'il est permis de parler ainsi, l'âme ne donne audience à la sensation qui se présente, que quand elle a fini son entretien avec celle qui était admise, ou qu'elle est revenue de sa course vagabonde. Que faut-il de plus pour prouver que l'âme est d'une nature différente de la matière ? Comment confondre, après cela, la substance sentante avec la matière sentie ?

Mais j'ajoute avec Buffon : « Un aveugle n'a nulle idée
» de l'objet matériel qui nous représente l'image des corps;
» un lépreux dont la peau serait insensible n'aurait
» aucune des idées que le toucher fait naître ; un sourd ne
» peut connaître les sons. Qu'on détruise successivement
» ces trois moyens de sensation dans l'homme qui en est
» pourvu, l'âme n'en existera pas moins ; ses fonctions inté-
» rieures subsisteront, et la pensée se manifestera au dedans
» de lui-même (1). »

« Je puis penser sans nez, je puis penser sans goût, sans
» jouir de la vue, et même ayant perdu le sentiment du
» tact. Ma pensée n'est donc pas le résultat des choses qui
» peuvent m'être enlevées tour-à-tour. On ne peut se per-
» suader que la faculté de penser soit l'effet de cinq puis-
» sances réunies, quand on pense encore après les avoir
» perdues l'une après l'autre (2) » Que de raisons pour que l'homme prétende à la distinction que la philosophie lui refuse !

---

(1) Buffon.
(2) Voltaire, Lettre de Mem. à Cic.

IX

Réponses aux principales objections.

I. Mais, dit le matérialiste, on ne voit dans l'homme qu'une substance, pourquoi lui en accorder deux ? Cette âme que vous distinguez si gratuitement est-elle autre chose qu'une partie de votre corps, puisqu'elle en suit exactement toutes les gradations ? Elle croît avec le corps ; elle se fortifie ou s'affaiblit avec lui ; elle languit lorsqu'il est malade ; elle s'épanouit et prend de la joie à mesure que le corps goûte ses aises et le plaisir.

Eh ! sans doute. Mais d'où vient tout cela ? De l'étroite correspondance que le Créateur a voulu mettre entre l'âme et le corps. Il a lié et enchaîné ces deux substances l'une à l'autre. Toutes deux éprouvent les mêmes effets, parce que toutes deux sont soumises aux mêmes lois ; c'est-à-dire qu'il règne entre ces deux substances une telle harmonie que rien n'agit sur l'une sans agir en même temps sur l'autre. Ces effets sont le résultat de l'union des deux substances. Mais la raison qui force à les distinguer, c'est que, outre les actions que l'âme fait de concert avec le corps, il y en a une infinité qu'elle fait sans sa participation. Il est aisé de même d'observer que le corps agit très-souvent sans que l'âme y prenne la moindre part. Tout ce qu'on peut tirer du cours progressif de l'homme intellectuel se réduit à ce tableau : « Dans l'enfance, il ne pense point à cause de son corps ; » dans la jeunesse, il pense par le corps ; dans l'âge mûr, » il pense avec le corps ; dans la vieillesse, il pense malgré » le corps ; après la mort, il pense sans le corps (1) ». Y a-t-il rien en tout cela qui puisse nous faire juger que l'homme est tout matériel ?

---

(1) *Tableau nat. des rapports entre Dieu, l'homme et l'univers.*

II. Qu'on ne nous demande pas pourquoi deux substances d'une différence aussi grande que celle du corps et de l'âme, agissent l'une sur l'autre, ni comment elles sont unies. Nous ne cherchons point à comprendre ce que nous avouons être réellement au-dessus de notre conception. Mais nous jugeons de la cause par les effets; cette règle nous paraît infaillible.

X

Impossibilité pour les matérialistes de prouver que le corps est la cause efficiente de la pensée. Absurdités.

I. Il y a bien loin de cette façon de juger à celle qu'emploient les matérialistes. Ils devraient nous prouver que le corps est la cause efficiente de toutes les pensées; et, avec les intentions les plus marquées, ils n'ont pas encore pu en venir à bout. Toute leur ressource est dans le mouvement. Or, le matérialiste le plus décidé convient qu'il n'est pas possible d'expliquer les opérations de l'esprit par les lois du mouvement. Comment veut-il donc faire adopter son système ? Voici son aveu : « Si l'on se plaint que ce méca-
» nisme » (celui des facultés intellectuelles expliquées par les lois du mouvement) « ne suffit pas pour expliquer le
» principe des mouvements ou des facultés de notre âme,
» nous dirons qu'elle est dans le même cas que tous les
» corps de la nature, dans lesquels les mouvements les plus
» simples, les phénomènes les plus ordinaires, les façons
» d'agir les plus communes sont des mystères inexplicables,
» dont jamais nous ne connaîtrons les premiers prin-
» cipes (1). »

Il y a plus, un corps ne communique jamais à un autre corps plus de mouvement qu'il n'en a. Cependant, que je

---

(1) *Système de la nat.*, 1ʳᵉ part., page 127.

dise à un homme sans élever la voix : « Courez, le feu est » à votre maison », il n'y a manifestement aucune proportion entre l'action de mes lèvres et celle de ses jambes ; je n'ai agité l'air que faiblement ; le cerveau de cet homme ne s'en est que peu ressenti, et ses jambes reçoivent un mouvement très-vif et très-extraordinaire. Quelle disproportion de la sensation du cerveau à la célérité de la course ! Le pur mécanisme ne tient pas contre cet exemple ; l'enchaînement physique entre les sensations et les actes de la volonté ne peut se soutenir. Ici, la réaction est incomparablement plus grande que l'action. Mais, dans les corps qui suivent les lois de la mécanique, la réaction est toujours égale à l'action ; preuve évidente : que l'âme opère par d'autres principes que les corps, et que, pour expliquer nos opérations spirituelles, il faut recourir à d'autres lois que celles qui font agir la matière.

II. Pour mettre l'âme dans les êtres matériels, il faut qu'on la regarde comme la réunion d'une infinité de parties. Alors, on ne saurait concevoir comment se forme ce sentiment individuel de notre existence qui fait évidemment de chacun de nous une seule personne. On ne sait plus comment le sentiment du *moi*, si unique et si simple, pourra résulter de plusieurs parties. Si l'on suppose chacune de ces parties douée de la faculté de penser, chacun de nous ne sera plus une seule personne, mais autant de personnes que nous aurons de parties pensantes. N'est-ce pas là une absurdité ?

Il est certain que si une partie de matière, si une portion de l'âme que l'on prétend être matérielle peut avoir une idée, une autre partie aura une autre idée qui lui sera propre. Alors, comment faire un raisonnement et en tirer la conséquence ? Il faut pour cela deux idées différentes et une troisième qui les lie ou qui les sépare. Si l'on n'admet pas un être simple et indivisible, tel que nous concevons l'âme, pour trouver en lui tout à la fois la perception de trois idées, tout raisonnement complet, tout syllogisme devient impossible. Ou si, pour en prouver la possibilité, on dit que l'opération nécessaire à tout raisonnement se fait en même temps, et tout entière, dans chacune des parties, dans trois atomes, par exemple, dont l'âme sera composée, alors, au lieu d'un seul raisonnement dont on a évidemment la perception, n'y en aura-t-il pas trois?

III. O merveille! les hommes, jusqu'à présent, se contentaient d'une âme; ils la trouvaient dans l'être simple qui raisonnait en eux; et voilà que la philosophie leur en donne à chacun trois. Si quelqu'un n'était pas content de ce nombre, et que la philosophie ne voulût pas borner là ses libéralités, combien ne peut-elle pas en donner davantage? Et que lui en coûterait-il? Il ne s'agirait que de porter la matière dont il lui plaît de composer l'âme au point de division dont elle est susceptible.

IV. *Rien n'est dans l'esprit, qui n'ait été dans les sens*, disait-on dans la vieille école. Mais si, dans tous les temps, par le terme de *sens* on n'a entendu que les organes du corps humain, il est évident que cet axiome est faux; car il n'est personne qui ne sache que les organes corporels sont faits pour être ébranlés, que cet ébranlement passe au cerveau, et que de là naissent les sensations. Mais on sait aussi que, sans l'âme, on n'en aurait nulle perception. On sait même que, sans les sensations, l'âme très-souvent ne laisse pas d'agir. Combien de fois, comme nous l'avons déjà remarqué, ne réfléchit-elle pas sur elle-même sans l'interposition des sens? Sont-ce les sens qui la font penser, espérer, douter? Certainement ces actes ne se touchent, ne se flairent, ne se voient, ne s'entendent, ne se goûtent. Si les sens en sont parfois l'occasion, ils n'en sont jamais la cause; l'âme peut se passer de leur secours, et souvent elle s'en passe. Concluons donc que toutes nos connaissances ne viennent pas par les sens, et que l'axiome des anciens a été admis sans passer par le creuset de la vérité. Ce qui est absolument vrai, c'est que nous avons bien des démonstrations qui se font aux sens. Mais celles qui opèrent invinciblement la conviction, les seules vraiment philosophiques, ce sont celles qui se font à la raison, et qui, ne tenant en rien à la matière, ne peuvent être que des notions de pur entendement.

V. Si l'âme était matière, en changeant ses combinaisons, on changerait jusqu'aux vérités éternelles. Le même atome qui changerait de configuration deviendrait négatif, d'affirmatif qu'il était, et *vice versa*. De ce qu'il y a des vérités immuables, on doit conclure que les êtres, qui sont capables de s'en occuper, n'ont rien de commun avec la matière. L'âme change bien elle-même ses opérations avec liberté; mais elle est en quelque manière immuable comme la vérité qu'elle a pour objet; elle est donc de même nature.

VI. La vérité! Dans quelle classe la met celui qui matérialise tout? Selon l'opinion commune, toute matière est le résultat des quatre éléments, de la terre, de l'eau, de l'air et du feu. Desquels de ces quatre éléments la vérité sera-t-elle composée? Le bon sens s'oppose à l'union de ces mots: *vérité terrestre, aqueuse, aérienne, ignée.* J'en dis autant de la vertu, de tout ce qui est applicable aux objets spirituels, et qui, ne tenant qu'à *l'intellectualité*, ne saurait être du ressort des sens. Quelles entraves pour le matérialiste!

VII. Quand Descartes a si bien établi ce principe: *Je pense, donc je suis*, il a fallu, sans doute, qu'il conçût distinctement ce que c'est qu'*être*, ce que c'est que *penser*; or, ces deux idées, comment étaient-elles entrées dans la tête de ce philosophe? Était-ce par les sens? Il eût fallu qu'elles fussent lumineuses ou colorées, pour entrer par la vue; l'ouïe ne les aurait reçues qu'autant qu'elles auraient été d'un son grave ou aigu. Pour les approprier à l'odorat, au goût, au toucher, elles auraient dû être respectivement d'une bonne ou mauvaise odeur, froides ou chaudes, dures ou molles. Or, la raison ne saurait approuve aucun de ces raisonnements. Il faut donc reconnaître que les idées de l'être et de la pensée ne tirent en aucune sorte leur origine des sens, et qu'ainsi tout n'est pas matériel.

VIII. D'ailleurs, d'où vient l'esprit? Est-ce la matière qui le produit? Il le faut bien, si tout est matériel. La matière tire donc de son sein quelque chose de plus excellent qu'elle-même; car l'esprit vaut certainement mieux que la matière, puisqu'il en fait ce qu'il veut : il la met en mouvement, il l'arrête, il la figure. Et à qui doit-elle l'existence? Je ne répète pas que sa dépendance universelle prouve qu'elle ne la tient pas d'elle-même.

Mais que la matière non pensante produise un être pensant, ce ne peut être que par sa nature, ou en vertu de quelque configuration particulière de ses parties, soit externes, soit internes, ou enfin par quelque mouvement. Ce n'est pas par sa nature : la pensée lui serait alors essentielle, et toute matière penserait, ce qui est absurde et contraire non seulement à tout ce qu'on voit, mais au sentiment même de la philosophie. Ce n'est pas non plus en vertu de la configuration des parties; car, donnez à la matière telle figure que vous voudrez, ce sera un carré, un triangle, un cercle, une ligne droite....., etc. Mais tout cela ne fait point penser. Autrement, il serait bien surprenant que les ouvriers, qui ont employé jusqu'à présent toutes les diverses figures, n'eussent jamais rencontré celle qui ferait penser. Serait-ce le mouvement? Autre absurdité : certains corps se meuvent avec une extrême vitesse, d'autres avec une extrême lenteur, d'autres enfin ont un mouvement moyen. Qu'on dise duquel de ces trois mouvements la matière tire l'intelligence.

IX. Loin de la juger capable d'un tel effet par un mouvement quelconque, je ne crois pas qu'on l'ait jamais même supposé. Ni le soleil qui a la rotation la plus rapide, et qui envoie ses rayons, de son globe vers le nôtre, en un temps très-court, à raison de la distance considérable où il est de nous; ni la roue qui reste un siècle à faire une révolution de deux ou trois pieds; ni l'éclair, qui part en serpentant avec le mouvement le plus rapide; ni la flèche, qui va droit au but avec plus ou moins de vitesse suivant la force du bras qui l'a lancée, n'ont cette heureuse faculté. Quel sera donc le mouvement qu'il faudra qu'ait la matière pour rendre pensant?

Rien ne saurait prouver que la pensée est la fille de la matière. Tout démontre, au contraire, qu'un être immatériel a produit la substance matérielle. Pour qu'un matérialiste sache ce qu'il en est, il ne faut pas qu'il s'en tienne aux apparences; il doit aller à la source. En voyant qu'un corps en meut un autre, il saura que le premier corps mis en mouvement n'a pu recevoir l'impulsion que d'un esprit. Ce qui prouve que tout vient de là, c'est que le mouvement n'est point essentiel à la matière. L'intelligence l'est encore moins; donc elle prend sa source autre part.

CHAPITRE XV

DIFFÉRENCE DE L'HOMME AVEC LA BRUTE

L'opinion de Descartes sur l'âme des bêtes a été abandonnée par l'élite des philosophes, parce qu'il leur a paru impossible d'expliquer toutes les opérations des animaux par un pur mécanisme. N'est-il pas étonnant que d'autres philosophes veuillent expliquer, par le même mécanisme, les opérations de l'homme? Nous avons cherché à démêler l'homme de la masse matérielle dont on prétendait qu'il faisait partie, sans autre distinction que celle d'une plus parfaite organisation, et montré que l'esprit qui nous anime est essentiellement différent de la matière; nous devons maintenant prouver que le système qui nous confond avec les animaux ne s'accommode nullement avec la raison qui observe.

Une observation exacte trouve bien dans l'animal quelques rapports avec notre espèce; mais, distinguant l'être raisonnable de celui qui ne l'est pas, elle ne saurait y admettre une entière conformité.

I

Empire de l'homme sur les animaux.

En effet, qu'on vante la sagacité, la finesse, les précautions, le souvenir des animaux, il sera toujours vrai qu'il est des bornes qui leur sont circonscrites, et qui ne le sont pas à l'homme. Cela vient des facultés supérieures que celui-ci reçut de la libéralité de son auteur. On est convenu que l'homme est perfectible. Pourquoi les animaux ne le sont-ils pas? C'est que la puissance intellectuelle, la pensée leur manque. L'homme et l'animal présentent l'un et l'autre un corps, une matière organisée, des sens, de la chair, du sang, du mouvement et une infinité de choses semblables. Mais est-ce là tout? A travers ces ressemblances extérieures, il est aisé d'apercevoir des différences qui font placer l'homme dans un tout autre ordre.

D'abord, on trouve dans l'homme une certaine supériorité, un projet raisonné, un ordre d'actions et une suite de moyens qu'on ne voit pas dans l'animal. L'homme le plus stupide suffit pour conduire l'animal doué du plus parfait instinct : il le commande et le fait servir à ses usages.

On ne dira pas que c'est par la force; bien des animaux en ont plus que lui. Mais quel est l'animal qui exerce, comme l'homme, un empire sur les autres, et qui les oblige, par exemple, à le veiller, le garder, le soulager, lorsqu'il est malade ou blessé? Il n'en est aucun qui connaisse ou sente la supériorité de sa nature sur celle des autres : si cette supériorité se manifeste quelquefois, ce n'est que par un besoin, par un appétit qui suppose des facultés bien différentes de celles que l'homme emploie pour arriver à son but. Aussi la nature de l'homme est non-seulement fort au-dessus de celle de l'animal, mais elle est aussi tout-à-fait différente.

Écoutons un philosophe qui s'est appliqué à reconnaître ce que vaut l'espèce humaine. Il a parlé de Dieu; il a dit que, pénétré de son insuffisance, il n'en raisonnera jamais que d'après le sentiment qu'il éprouve de ses rapports avec cet Être suprême. Mais quand il revient à lui; qu'il cherche le rang qu'il occupe dans l'ordre des choses que la Divinité gouverne, et qu'il peut examiner, « Je me trouve, » dit-il, incontestablement au premier rang par mon espèce;

» car, par ma volonté, et par les instruments qui sont en
» mon pouvoir pour l'exécuter, j'ai plus de force pour agir
» sur tous les corps qui m'environnent, ou pour me prêter,
» ou pour me dérober, comme il me plaît, à leur action,
» qu'aucun deux n'en a pour agir sur moi, malgré moi,
» par la seule impulsion physique ; et, par mon intelligence,
» je suis le seul qui ait inspection sur le tout..... Quoi,
» ajoute-t-il, je puis observer, connaître les êtres et leurs
» rapports ; je puis sentir ce que c'est qu'ordre, beauté,
» vertu ; je puis contempler l'univers, m'élever à la main
» qui le gouverne ; je puis aimer le bien, le faire, et je me
» comparerais aux bêtes ! » Content de la place où Dieu l'a
mis, il ne voit rien de meilleur que son espèce. Il avoue
que cette réflexion l'enorgueillit moins qu'elle ne le touche,
parce que cet état n'est point de son choix. Mais, avant cette
réflexion, quelle apostrophe ne fait-il pas au philosophe
qui se confond avec la brute ! « Ame abjecte, lui dit-il,
» c'est la triste philosophie qui te rend semblable aux bêtes ;
» ou plutôt tu veux en vain t'avilir : ton génie dépose contre
» tes principes. Ton cœur bienfaisant dément ta doctrine,
» et l'abus même de tes facultés prouve leur excellence en
» dépit de toi (1). »

II

Différence de l'homme avec les animaux.

1. Pourquoi nous confondre avec les animaux ? Voudrait-on que, comme eux, nous n'eussions que des sens ? leur nature ne nous montre pas autre chose. Mais s'il est certain qu'ils sont d'autant plus actifs et intelligents, que leurs sens sont meilleurs et plus perfectionnés, il n'est pas moins évident que l'homme a d'autres facultés ; car il n'est ni

(1) Rousseau, *Emile*, L. 4.

plus raisonnable, ni plus spirituel pour avoir exercé ses oreilles et ses yeux. Les personnes qui ont les sens obtus, la vue courte, l'oreille dure, l'odorat insensible n'ont pas moins d'esprit que les autres. Cette différence ne vient-elle pas de ce qu'il y a dans l'homme quelque chose de plus que les sens?

Je n'ose pas dire qu'on se confond avec les animaux, pour avoir la liberté de vivre comme eux. Mais si ce n'est pas l'intention du philosophe qui soutient ce système, combien n'est-il pas aisé d'en tirer l'odieuse conséquence? Il nous met dans la nécessité de la détruire. Oui, la passion est la même dans l'homme et dans l'animal; mais elle ne doit pas être satisfaite au préjudice de la raison, qui est le partage et le guide de l'homme. On aura beau discourir, on ne nous réduira jamais à nous priver de cette faculté précieuse qui nous distingue et nous honore.

S'il est un temps où le brutal et le voluptueux cèdent à la loi du corps, il en est un autre où le trouble se mêle à leur honteux plaisir, et où ils sont invités, par les cris qui s'élèvent dans leur cœur malgré eux, à sortir de la fange où ils se sont plongés. Alors, qu'on jette les yeux sur soi-même et sur les animaux, on verra que ceux-ci sont exempts de l'amertume qui se trouve dans la coupe où s'abreuve l'homme qui veut leur ressembler.

II. Je viens de dire que la passion est la même dans l'homme et dans l'animal. Mais il y a deux choses à observer dans la passion, le physique et le moral. Si le physique est commun, le moral ne l'est pas, il appartient à l'homme seul. Les passions prennent leur source dans le physique. Si l'on s'en tenait là, on ne distinguerait pas l'homme; mais si l'on y mêle du moral, si les connaissances, les idées, la puissance de penser et de réfléchir viennent augmenter ou faire naître la source physique, l'homme alors montre sa supériorité : on le voit franchir les bornes prescrites à l'animal.

Malheur à celui qui ne connaîtrait l'amitié que par l'idée qu'en donnent les animaux ! Je ne puis voir dans leur espèce qu'un attachement qui suppose un besoin corporel. J'ai une satisfaction qui leur est inconnue, celle de jouir de l'âme de mon ami. C'est même la seule chose que je recherche, c'est le plus précieux de tous mes biens.

III. La nature humaine est composée de deux principes opposés, l'âme et le corps. Tout sentiment qui part du premier principe est exempt de variation, parce que l'âme est toujours une. Mais un sentiment qui se reposerait sur les qualités corporelles serait aussi variable que la matière qui lui sert de base : l'inconstance, l'ennui, le dégoût n'ont pas d'autre source. Pourquoi les animaux n'éprouvent-ils point les sentiments durables que l'âme humaine éprouve ? C'est qu'ils sont d'une nature différente; ils n'ont ni intelligence, ni liberté. Ils ne ressentent ni combats intérieurs, ni oppositions, ni troubles. Leur simplicité les exempte des regrets, des remords, des espérances, des craintes, qui agitent tour à tour la double nature de l'homme. Et voilà pourquoi les animaux n'ont qu'une espèce de douleur, le déchirement des fibres, comme aussi ils ne ressentent qu'une espèce de plaisir, la douce émotion des parties corporelles. A combien d'espèces de l'un et de l'autre l'homme n'est-il pas assujetti par ses facultés intellectuelles !

IV. Les animaux ne réfléchissent pas, ils n'imaginent point ; ils sont par là exempts des biens et des maux que l'homme éprouve des excursions de son âme. Les facultés intellectuelles nous transportent dans des régions inconnues aux animaux. Ce qu'on y trouve de bien et de mal augmente la somme des plaisirs ou celle des douleurs.

Ainsi, l'homme, qu'on voudrait faire passer pour un être semblable aux animaux, n'a jamais de situation qui ne l'en distingue, parce qu'il n'en est aucune où la sensation, agréable ou désavantageuse, ne fournisse à son imagination une carrière plus étendue que celle que les animaux peuvent parcourir. L'homme compare les sensations, il en forme des idées ; il compare les idées mêmes, il en forme des raisonnements. De là naissent des biens et des maux que les animaux ne sauraient connaître, parce qu'ils sont privés de la faculté qui enfante ces biens et ces maux. Le stoïcien qui s'efforce d'anéantir l'idée de la douleur montre sa supériorité au-dessus de l'animal, qui ne saurait ne pas souffrir quand son être se décompose.

V. Une autre marque de cette supériorité qu'il faut prendre pour une différence absolue, c'est que l'homme s'élève aux idées générales; il connaît les choses abstraites. Par là, il est en état de fournir de nouvelles combinaisons d'inventer, de perfectionner. Peut-on en dire autant des animaux ?

Locke, ce hardi raisonneur qui a osé avancer qu'il ne sait pas si Dieu ne peut pas rendre la matière pensante, n'hésite point à dire que « la faculté de former des idées
» générales est ce qui met une parfaite distinction entre
» l'homme et les brutes; excellente qualité qu'elles ne
» sauraient acquérir en aucune manière par le secours de
» leurs facultés. Les plus parfaites d'entre elles sont renfer-
» mées dans des bornes si étroites qu'il est évident qu'elles
» n'ont pas la faculté de les étendre par aucune sorte
» d'abstraction. Nous n'observons en effet dans les bêtes
» aucune preuve qu'elles puissent faire connaître qu'elles
» se servent de signes généraux pour désigner des idées
» universelles. Elles n'ont l'usage des mots, ni d'aucuns
» signes généraux. Pourquoi croirons-nous donc qu'elles
» peuvent faire des abstractions et former des idées géné-
» rales (1) ? »

Quelle différence de l'homme ! Quand celui-ci serait

---

(1) *Essai sur l'Entend. hum.*

privé de l'usage de la parole par quelque défaut organique, il ne laisserait pas, pour cela, d'exprimer ses idées universelles par des signes qui lui tiendraient lieu de termes généraux.

Nous n'apercevons dans les bêtes d'autres idées que des perceptions singulières, analogues à la portée de leurs sens : elles sont renfermées dans des bornes trop étroites. L'homme, au contraire, forme des idées abstraites et connaît les choses universelles, tant son entendement a d'étendue.

VI. Ce qui doit nous surprendre, c'est que ces êtres dégénérés, qui veulent absolument ressembler aux animaux, ne se reconnaissent pas au moins à ce signe commun à toute l'espèce humaine et exclusif à toute autre de rendre leur pensée par la parole. Nul animal n'a ce signe. On ne dira pas que c'est faute d'organe : « Examinée par les anato-
» mistes, la langue du singe, par exemple, a paru aussi
» parfaite que celle de l'homme. Le singe parlerait donc
» s'il pensait ; si l'ordre de ses pensées avait quelque chose
» de commun avec le nôtre, il parlerait notre langue; et en
» supposant qu'il n'eût que des pensées de singe, il parle-
» rait aux autres singes. Or, qui les a jamais vus s'entre-
» tenir ou discourir ensemble (1) ? »

De tous les animaux, celui qui a le plus de conformité avec l'homme, c'est l'orang-outang. Excepté le nombre des côtes qui excède dans cet animal, les vertèbres qui sont plus courtes, les os du bassin qui sont plus serrés, et quelques autres parties dont les unes sont plus plates, plus enfoncées, plus rondes, plus étroites ou plus longues que dans l'homme, tout le reste du corps, de la tête et des membres, tant intérieur qu'extérieur, est si parfaitement semblable au corps de l'homme, qu'on ne peut comparer l'un avec l'autre sans admiration, et sans être étonné que,

---

(1) BUFFON, Hist. nat.; — De la nat. de l'homme.

d'une conformation si pareille et d'une organisation qui est absolument la même, il n'en résulte pas les mêmes effets. La langue et tous les organes de la voix de l'orang-outang sont les mêmes que dans l'homme; et cependant l'orang-outang ne parle pas. « Y a-t-il, dit Buffon, une preuve plus
» évidente que la matière seule, quoique parfaitement orga-
» nisée, ne peut produire la pensée ni la parole qui en est
» le signe, à moins qu'elle ne soit animée par un principe
» supérieur (1). »

Combien d'autres animaux dont la conformation extérieure ressemble assez à celle de l'homme ! Ils ont des bras, des mains, des doigts. L'usage de ces parties les rend supérieurs aux autres animaux. Mais il s'en faut bien qu'ils égalent l'homme. Si nous devons les admirer comme une des œuvres de la Puissance infinie, gardons-nous de les tirer de la classe où ils sont renfermés, pour les placer plus haut, ou pour nous placer nous-mêmes plus bas, en nous comparant à eux.

Le castor, par exemple, a reçu de la nature un don presque équivalent à celui de la parole : il se fait entendre à ceux de son espèce, et si bien entendre qu'ils se réunissent en société, qu'ils agissent de concert, qu'ils entreprennent et exécutent de longs travaux en commun. Mais ce dont il faut convenir, c'est que si le castor a du sens, ce n'est que pour lui seul et les siens. L'homme, au contraire, peut en quelque façon se communiquer à la nature entière.

VII. Ce qui trompe dans l'idée qu'on se fait des animaux, c'est qu'on attribue à des qualités intérieures ce qui ne dépend que de la forme des membres. L'éléphant tient le premier rang dans la classe des animaux. Mais ferait-il tant de choses merveilleuses, s'il était privé de sa trompe, qui lui sert de bras et de mains, lui donne par là même la supériorité qu'il a. Il faut être Indien et admettre la métemp-

---

(1) *Hist. natur. des orangs-outangs*.

sycose pour révérer cet animal autant qu'on le révère dans les Indes. Mais on démontre qu'il n'a pas une âme humaine, en observant que si les attentions et les offrandes le flattent, il n'en est jamais corrompu.

VIII. Quelques mots que, à force de soins, on a appris à certains animaux, ne suffisent pas pour les honorer du glorieux avantage dont notre espèce seule jouit. L'articulation de quelques sons n'est pas l'idée que ces sons expriment. L'homme seul sent cette idée; l'animal ne peut la sentir. Il ne répète ou n'articule ces sons que comme un écho ou une machine artificielle. L'articulation des mots qu'il rend n'émane point du principe de la parole; il ne saurait parler, sentir, connaître ce qu'il prononce. Ce n'est qu'une imitation, qui n'exprime rien de ce qui se passe dans son intérieur, et ne représente aucune de ses affections. En un mot, il a la puissance mécanique; mais la puissance intellectuelle, la pensée lui manque.

IX. S'agit-il de perfection, par exemple ? L'homme d'aujourd'hui n'est pas le même d'hier : ses ouvrages ont acquis. Mais depuis que les animaux partagent avec nous le bienfait de l'existence, quels progrès ont-ils faits? Les castors ne bâtissent pas à présent avec plus d'art et de solidité qu'autrefois; l'abeille ne rend pas sa cellule plus élégante ; l'hirondelle ne fait pas à ses petits un nid mieux cimenté. La raison, c'est que tous les animaux sont tout ce qu'ils doivent être en arrivant au monde. Il n'est pas de leur ressort d'inventer ni de perfectionner. Chaque espèce fait la même chose, et la fait de la même manière; l'expérience n'ajoute rien à leur habileté. Celle-ci est antérieure à celle-là. S'ils sont industrieux pour un objet, ils n'ont que stupidité pour tous les autres; et ils font leurs travaux sans tâtonner, sans se méprendre.

Il est aisé de voir que cette différence des animaux, parfaits dans un temps, à l'homme perfectible dans tous les âges, vient de ce que les animaux ne participent pas à la lumière qui nous éclaire, de ce qu'ils n'ont pas cette faculté qui rend l'homme un ouvrier toujours susceptible de nouveaux progrès.

X. Tirez les animaux de la façon de vivre particulière à leur espèce, vous les trouvez partout déroutés, stupides, intraitables ; partout ils sont bornés à une invariable routine. Jamais on ne parvient à jeter de nouvelles idées dans leur entendement ; jamais ils ne se montrent par un air de curiosité, par de nouveaux efforts, par de nouveaux ouvrages ; jamais leur industrie ne se diversifie par la différence de leurs pensées. Aussi l'araignée ne fera jamais autre chose que sa toile, et l'hirondelle ne bâtira qu'avec son mortier ; parce que l'une n'a pas le fond d'esprit d'un tisserand, ni l'autre la science d'un maçon.

Un animal, quel qu'il soit, ne se piquera pas de faire les ouvrages pour lesquels il est né avec plus d'industrie que les autres. Mais les talents de l'homme, ses vertus s'augmentent ; et jusqu'où ne va-t-il pas quand l'émulation s'en mêle, et qu'il est excité par l'aiguillon de l'applaudissement ou de la récompense ? S'élevant au dessus de lui-même, quand il est sûr d'être approuvé, on le décourage si l'on ne prend pas garde à lui. Les animaux, au contraire, n'ont aucune émulation ; ou si l'on prend pour émulation cette ardeur que, dans certaines circonstances, les uns montrent de plus que les autres, on n'en peut tirer aucune induction : c'est sans conséquence. Qu'un cheval coure de compagnie avec d'autres chevaux, il aura plus de feu, il s'animera plus qu'à l'ordinaire ; mais à l'écurie, le plus pesant et le plus mal étrillé ne cèdera pas pour cela son avoine à l'autre. Tandis que, parmi les hommes, un ouvrier maladroit aura des égards pour son compagnon qui excelle.

XI. Je l'ai déjà dit, l'animal, dans son espèce, est parfait tout-à-coup ; l'homme est toujours perfectible au jugement de Buffon, dont nous aimons à répéter les observations parce qu'il est peut-être celui qui les a poussées le plus loin. Cette

différence entre l'homme et les animaux vient de ce que
« l'âme de l'homme est à lui, elle est indépendante de celle
» d'un autre : elle n'est pas fixée à un ordre invariable
» d'actions. L'homme n'a pas toujours le même modèle à
» suivre : il s'en fait à son gré. Sa raison n'est point une
» impression de force et d'adresse. Les opérations qu'il
» entreprend exigent souvent des forces supérieures à la
» proportion de ses organes. Il ne se tient pas aux ouvrages
» que faisaient avant lui ceux de qui il tient le jour. Par un
» principe qui est en lui actif et fécond, il connaît et
» augmente ses connaissances. Non-seulement il imite
» l'ordre, mais il en connaît la beauté, il l'aime, il le goûte,
» il le met dans tout ce qu'il fait (1). »

XI. S'il est un point où la philosophie doive convenir de son ignorance peut-être invincible, c'est sur ce qu'on appelle l'âme des bêtes. Cependant, voici ce qu'elle en hasarde par l'organe de l'auteur que je viens de citer :
« L'animal n'ayant point de facultés individuellement à lui,
» il est obligé de se régler sur ce que peut faire toute l'espèce
» entière ; et quelle que soit cette faculté, il paraît qu'elle
» n'est qu'une pour chaque espèce, et que chaque individu
» y participe également. » Dans cette supposition, la décision de Buffon est donc que la faculté qui fait agir l'animal est divisible, par conséquent matérielle. Mais on ne peut pas en dire autant de l'homme, parce qu'on sent que son âme est toute à lui, puisqu'elle imite, invente et perfectionne.

Oui, ce que fait l'âme de l'homme, elle le prend dans son propre fonds sans s'assujettir à l'exemplaire que lui offre l'espèce humaine. Il est prouvé par là que l'âme de l'homme ne dépend pas des organes corporels, et qu'elle est différente de celle des animaux. Si elle en dépendait, elle n'aurait que l'impression que feraient

---

(1) Buffon, *Histoire naturelle.*

sur elle ces organes, et elle ne pourrait point tendre à la perfection.

Les animaux n'y tendent point, parce que, dépendante de leurs organes, leur nature est toujours la même, et toujours dans une détermination ordinaire. Il n'y a ni différence, ni variété dans leurs occupations : ils sont tous condamnés à la même règle, et leur capacité ne s'étend qu'à leur conservation et à leur reproduction, les deux objets qui affectent leurs organes.

XIII. La différence de l'homme à l'animal se montre encore par deux signes particuliers à l'homme, le *rire* et les *pleurs*. Ces raisons, toujours empruntées de l'historien de la nature, sont d'autant moins suspectes qu'elles viennent d'un observateur plus attentif. Nous aimons à nous appuyer sur ce que nous trouvons chez les philosophes : leur témoignage est irréfragable, ou du moins doit avoir un grand poids aux yeux du matérialiste. « Le rire et les pleurs, dit Buffon,
» sont les produits de deux sensations intérieures qui toutes
» deux dépendent de l'âme : ils en expriment le plaisir ou
» la douleur. La première est une émotion agréable qui ne
» peut naître qu'à la vue, ou par le souvenir d'un objet
» connu, aimé et désiré. L'autre est un ébranlement
» désagréable, mêlé d'attendrissement et d'un retour sur
» nous-mêmes. Toutes deux sont des passions qui suppo-
» sent des connaissances, des comparaisons et des ré-
» flexions. Les animaux, pour cette raison, ne rient ni ne
» pleurent, quoiqu'ils fassent les cris, les mouvements et
» les autres signes des douleurs et des plaisirs du corps.
» Les enfants mêmes, chez qui les sensations de l'âme,
» suivant les observations les plus exactes, ne se mani-
» festent qu'au bout de quarante jours, ne commencent à
» rire que dans ce temps. Jusqu'alors ils ne poussent
» que des cris et des gémissements, sans verser des larmes.
» En sorte que les sensations dont ils sont affectés
» ne sont que des sensations corporelles semblables

» à celles des animaux qui gémissent aussi dès qu'ils » sont nés (1). »

Nous en concluons donc que l'âme et le corps sont deux êtres absoluments différents.

Ce que nous venons de dire, dans ce chapitre, serait assurément suffisant pour établir sans réplique la différence essentielle qui existe entre la nature de l'homme et la nature de la brute. Mais cette question est si importante que nous considérons comme un devoir de l'exposer de la manière la plus complète, dussions-nous répéter sous une forme différente quelques-unes des idées déjà émises.

(1) Buffon, *De la nature de l'homme*

CHAPITRE XVI

DIFFÉRENCE DE L'HOMME AVEC LA BRUTE *(suite)*.

Il est reconnu que la matière est l'objet des sens ; que les choses intellectuelles, les abstractions sont les objets de l'âme, les qualités de l'esprit. Dieu l'est aussi : la réflexion seule peut s'en occuper ; tout-à-fait hors de la portée des sens, ceux-ci ne sauraient y atteindre. Tout cela s'éclaircit, en distinguant les trois sortes de connaissances dont nous avons les idées : la *connaissance des choses présentes,* la *connaissance des choses absentes* et la *connaissance des choses qui n'ont aucune relation avec le corps.*

I

Connaissance des choses présentes.

1. La première correspond aux sens et appartient à tous les animaux. Ils l'acquièrent par l'impression que les objets font sur leurs organes. En eux naît le désir et l'aversion, selon que les objets leur sont agréables ou fâcheux, utiles ou nuisibles. La modification que produit la matière, portée sur les sens, décide du choix ou de l'éloignement ; et cette connaissance a plus ou moins d'étendue à proportion du nombre des sens dont l'animal est pourvu.

II. Toutefois, il existe une grande différence entre l'homme et les animaux dans la connaissance des choses présentes. L'homme connaît, voit les objets, mais en même temps sa connaissance est raisonnée, étudiée ; il apprécie les objets, il se porte librement vers eux, ou il s'en éloigne librement, selon que son intelligence lui dit qu'ils lui sont indifférents, utiles ou nuisibles. — L'animal, au contraire, ne voit, ne sent les objets présents qu'instinctivement. Ni il ne comprend, ni il n'étudie leur utilité ou leur nocivité. Il est irrésistiblement entraîné vers eux, ou éloigné d'eux, selon que ses sens et ses appétits dirigés par un instinct aveugle l'y portent ou l'en éloignent.

De plus, les animaux ne saisissent que le matériel dans les objets matériels ; l'homme, au contraire, saisit et perçoit ce qu'il y a de beau, de bon, d'utile, d'agréable, de nécessaire dans ces mêmes objets.

II

Connaissance des choses passées.

I. La seconde sorte de connaissance appartient à l'imagination ou à la mémoire, et se partage encore entre tous les animaux. On l'aperçoit surtout dans les songes, lorsque les sens éprouvent, par l'agitation du sang, une émotion semblable à celle qu'ils auraient reçue, si l'objet eût été présent. Alors, l'image de ce qu'on pourrait apercevoir, ou de ce qu'on a déjà aperçu, se trace sur la toile du cerveau ; et cette image est plus ou moins profondément gravée, selon qu'elle a plus ou moins frappé les fibres qui la représentent.

On peut observer qu'il n'est pas besoin de l'intelligence pour que cette opération se fasse : les imbéciles, dont l'âme est sans action, rêvent comme les autres hommes. Les animaux, qui n'ont pas d'intelligence, peuvent donc rêver aussi.

Les rêves ne roulent que sur les sensations, et point du tout sur les idées, qui ne sont que les comparaisons des sensations. Or, on sent vivement dans les rêves, mais on ne raisonne point. Rien ne se compare et ne se réunit ; tout est décousu. Si quelquefois il paraît qu'en rêvant on soit occupé d'idées, ces idées ressemblent à celles que produisent certaines passions durant lesquelles on dit tant de choses sans réflexion et sans ordre. Observez, par exemple, la colère.

II. Cependant, il est une différence à faire entre la mémoire des hommes et celle des animaux. Cette différence montre que la seconde connaissance n'appartient à ceux-ci que dans un sens très-imparfait, car l'homme discourt sur ce dont il se souvient ; il contemple la chose et tire des conséquences d'un cas particulier où il se sera trouvé, à mille autres où les circonstances peuvent ou ont pu le jeter. Son entendement rappelle tout avec ordre et précision dans le temps même de la plus grande absence. Il appelle, pour ainsi dire, il invoque la mémoire.

L'animal, au contraire, a toujours besoin de la circonstance, du lieu ou de la manière pour se souvenir. Il ne saurait invoquer la mémoire. Il se souvient, parce que ses organes sont frappés de nouveau. Mais l'homme se rappelle sans ce secours.

Les philosophes distinguent la réminiscence de la mémoire. Ils nous aident ainsi à user de nos lumières. La mémoire est la simple reproduction des idées ; mais la réminiscence est ce sentiment par lequel l'âme distingue ses anciennes perceptions de celles qui sont plus récentes. La réminiscence n'appartient qu'à notre espèce. Elle est le signe de l'activité humaine, qui peut seule et sans le secours d'aucun objet extérieur rappeler ce qu'elle cherche. Nous usons de cette faculté par le raisonnement dont nous l'accompagnons, et dont souvent elle est la suite. La mémoire appartient aux animaux, parce qu'elle est le renouvellement des sensations, ou plutôt des ébranlements qu'elles ont causées. Les animaux n'ont qu'une mémoire excitée par le mouvement de leurs organes. La mémoire est donc la seule qu'on puisse leur attribuer. En un mot, ce qu'on appelle mémoire dans les animaux est tout passif; il devient actif dans les hommes par une énergie qui leur est propre.

Cela est confirmé par le matérialiste même le plus décidé : « La mémoire, dit-on, dans le système de la nature, est la » faculté que l'organe intérieur a de renouveler en lui-» même les modifications qu'il a reçues, ou de se remettre » dans un état semblable à celui où l'ont mis les perceptions, » les sensations, les idées que les objets extérieurs ont » produites en lui, sans nouvelle action de la part de ces » objets, ou même lorsque ces objets sont absents (1). » De cet aveu, il est aisé de conclure que l'âme n'a pas besoin d'organes pour se rappeler qu'elle n'est pas matérielle, puisqu'elle se donne des modifications nouvelles sans nouvelle action de la part des objets extérieurs ; ce qui ne s'accorde guère, soit dit en passant, avec ce qui est dans le même système : « qu'il n'y a point de mouvements spon-» tanés dans l'homme, parce que sa volonté est remuée ou » déterminée par des causes extérieures qui produisent un » changement en lui (2). » Je ne saurais trop le répéter, il faut être philosophe pour s'arroger le droit de se contredire.

Ce qui est encore contraire au matérialisme, qui, pour ne pas examiner assez les choses, confond tout, c'est que les animaux ne sauraient avoir la conscience de leur existence passée. S'ils sentent qu'ils existent, ils ne le savent pas, parce qu'ils n'ont pas d'idées; ils sont hors d'état de comparer leurs sensations.

Dans l'homme, la mémoire vient de la puissance de réfléchir. Cette puissance s'exerce en comparant les sensations qu'on a reçues, en rapportant une chose à celle qui l'a précédée ou suivie. L'animal n'en est point capable :

---

(1) Ire part., ch. viii, pag. 124.
(2) *Syst. de la Nat.*, ch. ii, page 16.

uniquement borné à la sensation, il ne compare rien, il n'établit aucun rapport. La sensation antérieure est souvent renouvelée par la sensation actuelle; elle se réveille souvent avec les circonstances qui l'accompagnent. Ainsi, il agit comme il avait agi ; il sent comme il avait senti, mais sans rien distinguer, sans rien comparer, et, par conséquent, sans rien connaître.

Voyez cet idiot : il a les sens et les organes corporels sains et bien disposés; il aura donc des sensations de toute espèce, mais il n'aura pas des idées, parce qu'il n'y a point de correspondance entre son âme et son corps. Il est en cela parfaitement semblable à l'animal. Il n'a ni mémoire, ni connaissance de soi-même, parce qu'il ne réfléchit sur rien. L'unique différence qu'il y ait entre un homme de cette espèce et l'animal, c'est que le premier ne se sert pas de son intelligence et que l'autre n'en a point. Tous deux ont des sensations; tous deux sont déterminés par elles et par le sentiment de leur existence actuelle et de leurs besoins présents; mais manquant tous deux de la puissance de réfléchir, l'un par des obstacles, l'autre par la privation, ils n'ont ni entendement, ni mémoire : tout est réduit chez eux aux sensations, au sentiment.

Les sens reçoivent les impressions matérielles que les objets excitent dans l'organe : de ces impressions naissent les idées. L'imagination, par un mécanisme semblable, reprend, pour ainsi dire, ces impressions, et réveille dans l'âme les mêmes idées; voilà qui est commun entre l'homme et les animaux. Mais ce qui ne l'est pas, et ce qui n'appartient qu'à l'homme, c'est que son entendement passe les bornes qu'un philosophe mal éclairé voudrait lui prescrire, ainsi qu'elles le sont aux êtres subalternes avec lesquels il le met en concours.

L'homme a une faculté qui, non-seulement rend distinctes les idées qu'il a acquises par les sens lorsqu'elles sont susceptibles de distinction, mais encore des idées qui échapperaient éternellement à toutes les observations. Il les découvre par la voie du raisonnement, et il parvient à la connaissance des vérités universelles et spirituelles, qui sont inaccessibles aux sens et à l'imagination. Nous ne connaissons encore aucun philosophe qui ait jugé ainsi des animaux; nous n'imaginons pas même qu'il y en ait jamais aucun qui puisse en porter un semblable jugement.

III

Connaissance des choses qui n'ont aucune relation avec le corps.

I. La troisième connaissance, enfin, dont nous ayons l'idée, est le partage de l'homme seul, ayant lui seul une faculté qui le porte hors de la sphère des objets qui tiennent à la matière. L'homme s'en représente qui n'ont nulle partie, qui ne se divisent point, et qui, par conséquent, n'ont aucune analogie avec ce que nous appelons *matière*.

Écartons d'ici le point mathématique; il est indivisible, nous en convenons, mais c'est sous l'instrument grossier des sens. Il paraîtra toujours divisible à l'âme, parce que ne pouvant le concevoir sous une seule face, la superficie qu'elle se figurera sur les côtés ne sera pas certainement celle qui s'offrira au-dessus et au-dessous.

L'homme ne se représente-t-il pas la Divinité et les esprits comme autant d'êtres distingués de la matière? Quelque mauvaise opinion que la philosophie moderne ait de notre espèce, elle n'avouera jamais que l'anthropomorphisme ait été suivi, si ce n'est par les âmes grossières; les gens éclairés auraient horreur d'un pareil système.

On convient même volontiers aujourd'hui que les païens à qui on pourrait l'attribuer avec plus juste raison étaient loin de l'embrasser. L'homme, en tout temps, a donc toujours eu l'idée des choses qui n'ont aucun trait à la matière.

Il a donc toujours eu une âme d'une nature différente de celle des animaux. Ceux-ci n'ont aucune idée de la divinité ni des esprits. « Toute matière, dit Voltaire, a ses » lois invariables de mouvement ; toute espèce, chez les » animaux, a son instinct, presque toujours une forme, qui » ne se perfectionne que jusqu'à des bornes fort étroites ; » mais la raison de l'homme s'élance jusqu'à la Divi- » nité(1). »

II. On nous demandera peut-être ce qu'est l'instinct ? — Quelque chose que l'animal fasse, il le fait par une disposition naturelle ; il agit sans l'intervention de la pensée ; et de là son action paraît toute machinale : voilà l'instinct. Et c'est ainsi qu'un enfant, quand il a faim, emploie sans y penser, par une disposition naturelle et machinale, les organes destinés à soulager ce besoin ; il agit alors par ce qu'on appelle instinct. Mais il s'en faut bien que l'homme agisse toujours ainsi : il peut réfléchir, et il réfléchit souvent en satisfaisant même aux besoins d'instinct.

L'animal ne réfléchit jamais. Toujours borné, toujours astreint à suivre le même train, jamais il ne s'élève au-dessus de la matière, au-dessus de lui-même ; il ne change jamais de marche. Son nid, avons-nous dit, sera toujours bâti sur le même modèle, et par les mêmes instruments ; il n'emploiera jamais aucun moyen qui puisse lui donner plus de facilité et plus d'agrément ; il s'en tiendra toujours à ce que lui a appris la nature ; il ne verra qu'elle, et encore ne sera-ce que dans les objets qui le frapperont.

L'homme, au contraire, supérieur à tout cela, ajoute à l'art naturel un art produit par la réflexion. Bientôt, aux instruments que la nature lui a donnés, il joint ceux de son invention ; et, pour peu qu'on le suive, on le voit s'éloigner du pur instinct, et donner à son industrie toute la perfection qu'il peut tirer de sa raison. Il va même plus loin : car sa

(1) *Mélanges de Philosophie*, art. *Adorateur*.

réflexion le porte jusque dans le sein de la perfection même pour en tirer un ordre de choses qui lui aurait été inconnu, si, comme l'animal, il n'eût pu parvenir jusque-là.

Ce que font les animaux est un effet naturel et nécessaire de leur organisation. Toutes les actions de leur vie sont ce que sont en nous les premiers mouvements que nous faisons, ce que sont les cris dans un enfant qui vient de naître. L'organisation fait tout de part et d'autre.

Mais l'animal fait des choses surprenantes; comment l'organisation peut-elle en être la cause ? — Philosophes, gardons-nous de vouloir tout expliquer. Vous ne voulez de mystères nulle part, et moi j'en trouve partout. Non, vous ne parviendrez jamais à approfondir toute la nature : l'obscurité où elle se tient cachée est impénétrable, mais elle montre la majesté profonde de Celui à qui elle doit l'existence. Et de ce que l'homme porte les yeux jusque-là, et que l'animal ne peut y porter les siens, je conclus contre vous que ce sont deux êtres bien différents.

III. Quelle supériorité dans l'homme ! il s'élève au-dessus de la matière, et il touche au trône de l'Éternel. Mais encore, dans sa course, combien d'opérations diverses ne fait-il pas sur les nombres seulement ! Il les compare entre eux, il les multiplie, il les divise à l'infini. Cependant les nombres n'ont point de corps, et ils ne se représentent pas aux sens.

Et quand l'esprit a fait une incursion dans le vide, est-il encore renfermé dans le monde matériel ? C'est pour montrer que toutes ses opérations ne tiennent pas à la matière, que souvent il sort de ce monde. Ainsi agit-il quand, d'un vol rapide, il s'élance vers l'éternel, l'infini, l'immense, et qu'il ose en sonder la profondeur, en parcourir l'étendue.

Qu'on nous abaisse tant qu'on voudra, on ne changera pas notre nature. Tant que nous nous sentirons capables de vertus, je dis même de vices, nous nous démêlerons toujours du honteux parallèle qu'on fait de notre être.

On nous confond avec les animaux ! Mais l'empire que l'homme exerce sur toute la nature n'annonce-t-il pas qu'il doit y tenir une place très-distinguée? Voyez-le soumettre à ses vues l'océan, les vents et les astres; voyez son génie disposer en maître des éléments, et la nature, devenue son agent, manœuvrer sous ses ordres. Des rochers, des montagnes aussi anciennes qu'elle ferment en vain le passage pour arrêter l'homme ; il commande, les montagnes s'ouvrent, les abîmes sont comblés.

Rien ne résiste à l'homme : la terre ouverte dans ses profondeurs lui livre ses trésors; les cieux sont mesurés; l'astronome atteint l'astre fuyant dans l'espace; les bornes de l'univers sont reculées; son enceinte est élargie; la vapeur et l'électricité en rapprochent les distances; la nature vaincue cède ses secrets. Partout les arts la subjuguent et l'emportent sur elle. Le monde entier est un monument éclatant de la force et du génie de l'homme.

Après des marques aussi admirables de sa supériorité, avilir l'homme, et ne voir en lui qu'une masse organisée, c'est se montrer soi-même aussi peu éclairé que l'espèce avec laquelle on veut le confondre.

Hélas! que n'est-il encore ce qu'il était au sortir des mains de son auteur! On lui assignerait la place qui lui est due sans pouvoir s'y méprendre! Mais il s'est dégradé, et ne rougit point de rester dans sa dégradation : tous les jours, au contraire, par de nouveaux traits, il en montre l'empreinte humiliante. Voilà son malheur et la cause unique de la honte qu'on lui fait. Toutefois, au milieu de ses ruines, ne porte-t-il pas encore en son cœur des sentiments si élevés et si vastes que la nature ne les contente pas? Dieu seul peut les fixer. Il cherche le bonheur, et ne peut le trouver tant qu'il reste enveloppé dans la matière. Il ne l'aura trouvé que lorsqu'il sera en possession de l'Infini. Il est donc immortel; la matière qui périt est donc un autre être que lui; sans quoi son bonheur lui échapperait, et il l'aurait vainement désiré.

Que de titres pour que l'homme prétende à la distinction que le philosophisme lui refuse!

CHAPITRE XVII

NÉCESSITÉ D'UNE RÉVÉLATION SURNATURELLE DONNÉE AUX HOMMES PAR LEUR CRÉATEUR

La vérité de cette proposition devient évidente pour qui veut réfléchir un peu aux propriétés naturelles de l'intelligence et de la volonté humaines.

I. Quand, dit saint Thomas, on considère les effets particuliers dans les objets sensibles, l'esprit de l'homme éprouve naturellement le désir de connaître les causes productrices de ces effets. Ainsi, lorsqu'une personne tout-à-fait ignorante est témoin, pour la première fois, d'une éclipse de soleil, elle est frappée d'un profond étonnement à la vue d'un tel phénomène; elle s'empresse d'en demander les causes, et elle ne s'arrête dans ses questions que quand on lui a dit que le phénomène qui l'inquiète est produit par l'interposition de la lune entre la terre et le soleil.

Eh bien! ce désir de connaître s'étend à tous les objets créés, dont l'homme est naturellement porté à vouloir pénétrer la cause et la nature. D'où viennent les marées? qu'est-ce que les étoiles filantes? Qu'est-ce qui produit les aurores boréales? En quoi consistent les forces du magnétisme, de l'électricité, de la végétation, de l'attraction, etc., etc.? Autant de choses qui excitent notre curiosité et que nous voulons connaître.

Mais cette inclination naturelle de savoir la nature et la cause des objets visibles ne s'arrête pas seulement aux choses créées, elle s'étend encore jusqu'à vouloir connaître la nature et l'essence du premier Principe de toutes choses, dont l'existence nous est attestée d'une manière certaine par l'existence des choses sensibles, mais dont la nature sublime, placée bien au-dessus des limites de l'intelligence humaine, échappe par conséquent à nos regards.

Aussi, quand même on supposerait que, à force d'étude et de réflexion, il serait possible à l'homme d'arriver à découvrir la nature et la cause de tous les objets visibles, il n'en serait pas moins vrai que notre esprit ne sera jamais satisfait, s'il ne parvient pas à connaître la nature et les attributs du premier Être. Mais, il faut le reconnaître, une telle connaissance excède le pouvoir de la raison humaine et n'appartient pas à la classe des découvertes naturelles, parce que la nature de Dieu est infinie, et que, de l'autre côté, les forces intellectuelles de l'homme sont faibles et très-limitées. En sorte que, de même que nous ne saurions supposer que l'inclination intellectuelle qui porte l'homme à connaître Dieu ne saurait être privée du secours nécessaire d'en haut, ainsi la Providence doit avoir donné à l'homme le moyen d'obtenir cette connaissance des attributs du premier Être.

Or, n'est-ce pas là affirmer que des vérités d'un ordre surnaturel ont été révélées à l'homme, afin que son intelligence puisse être entièrement éclairée? Donc, il doit exister une Révélation surnaturelle, destinée à manifester la voie nécessaire à suivre pour obtenir la parfaite connaissance de la nature de Dieu et de ses divins attributs.

II. La nécessité d'une Révélation surnaturelle donnée aux hommes par leur Créateur devient encore évidente pour nous, si nous considérons, un instant, avec attention la nature de notre volonté. Nous sommes toujours portés insensiblement à nous approprier et à posséder tous les objets que nous croyons nous être bons. Mais alors même que notre cœur pourrait se procurer la jouissance de tous les biens terrestres, honneurs, richesses et plaisirs, il reste parfaitement acquis, par l'expérience de chaque jour, qu'il ne saurait être pleinement satisfait et qu'il désire toujours acquérir des richesses plus grandes, des honneurs plus élevés, des plaisirs plus exquis. D'où il résulte certainement qu'il doit exister un bien véritablement grand en lui-même, de nature à pouvoir satisfaire complétement les désirs de notre cœur. Ne serait-ce pas faire une injure souveraine à la divine Providence du Créateur que de supposer qu'il n'existe pour nous aucun moyen de trouver un bien assez parfait pour nous contenter pleinement et nous donner une félicité entière? Or, un tel moyen ne saurait assurément nous être manifesté par la simple parole naturelle. Il est donc évident qu'il doit exister nécessairement sur la terre une doctrine surnaturelle qui nous indique ce moyen d'arriver au terme de nos désirs. En sorte que nous sommes obligés de conclure qu'une Révélation céleste est absolument nécessaire aux hommes, non-seulement pour obtenir une connaissance parfaite de la nature et des perfections du premier Principe, mais encore pour connaître le moyen d'arriver à la possession de ce Bien parfait qui est seul capable de satisfaire pleinement le cœur de l'homme.

III. Une nouvelle preuve de la vérité de notre proposition, c'est qu'une Révélation céleste est encore nécessaire aux hommes même par rapport à ces nombreuses vérités importantes que nous pouvons connaître avec notre simple raison, mais non sans une étude longue et pénible. Et cela est si vrai que, sans le secours d'une Révélation divine, ces sortes de vérités ne pourraient être facilement communiquées à la majeure partie des hommes, et ne porteraient pas en elles-mêmes le sceau d'une autorité puissante et obligatoire. D'un autre côté, les vérités sublimes qui regardent les attributs d'éternité, de puissance, de sagesse, de providence, de justice, de miséricorde, etc., de Dieu, et qui ont rapport à la morale et à la dernière destinée de l'homme, sont, quand elles sont reconnues pour avoir l'appui de la Révélation, 1° apprises bien plus vite que si on les apprenait seulement au moyen d'un enseignement naturel ; — 2° elles se propagent plus largement même parmi ceux qui n'étudient pas, qui sont doués de peu d'intelligence, trop occupés par les affaires, ou trop indolents à cultiver leur esprit ; — 3° enseignées par la Révélation, ces mêmes vérités possèdent une autorité sûre et infaillible : autorité dont elles ne seraient certainement pas revêtues, si elles étaient simplement proposées par la parole humaine, incapable de produire cette conviction qui est nécessaire pour obliger les hommes à les prendre pour guides de leur conduite. Les pensées humaines sont, en effet, défectueuses de leur nature, et laissent souvent planer l'incertitude sur la vérité des doctrines ou sur la rectitude de l'intelligence de celui qui les enseigne, comme cela arrive trop souvent dans les sciences philosophiques e métaphysiques. Mais impossible qu'il en soit ainsi, c'est-à-dire que le moindre doute subsiste, quand on sait que de telles vérités sont enseignées par une Intelligence suprême qui ne peut ni se tromper, ni nous tromper : car, en ce cas, nous avons là certitude absolue de ne tomber, en les suivant, dans aucune sorte d'erreur spéculative ou pratique. Donc, de même que la Providence ne peut laisser les créatures raisonnables sans leur donner le secours qui leur est nécessaire en matière si importante, ainsi il faut admettre que le ciel leur a donné une Révélation surnaturelle, non-seulement par rapport à ces vérités qui conduisent à la conquête d'une félicité parfaite et qui dépassent les limites de notre raison, mais encore par rapport à une multitude de vérités surnaturelles que l'homme ne peut, généralement parlant, connaître par le moyen de la simple raison.

IV. Il n'entre nullement dans notre dessein de descendre à ces détails et à ces preuves particulières, qui sont le fondement de la vérité des articles de la Révélation contenus dans l'Ancien et le Nouveau-Testament. Une multitude de savants auteurs catholiques et protestants ont, depuis longtemps, démontré scientifiquement la vérité de ces articles et, en même temps, réfuté victorieusement les attaques et les calomnies des incrédules. Le lecteur nous permettra donc de le renvoyer à ces auteurs.

Quant à nous, qu'il nous suffise d'avoir établi que l'existence de Dieu et l'existence d'une Révélation surnaturelle sont des vérités que notre simple raison peut connaître par elle-même, et que quand ces orgueilleux mortels, qui s'arrogent le titre de savants, nient ou mettent en doute l'existence de Dieu ou celle de la Révélation, ils foulent aux pieds les règles de la logique et du raisonnement.

V. Nous ne saurions terminer ce chapitre sans donner quelques explications sur le sens du mot *science*, considéré spécialement par rapport à la Révélation (1). Certaines sciences dérivent immédiatement de principes connus par la lumière de la raison : telles sont l'Arithmétique, la Géométrie, etc.; mais il en est d'autres qui tirent leurs preuves des principes dérivés d'une autre science : de ce genre est la Perspective qui se fonde sur les principes de la Géométrie, et la Musique qui emprunte ses lois à l'Arithmétique. Or, la science sacrée, que nous apprenons par voie de Révélation, appartient à cette deuxième catégorie de sciences, parce qu'elle procède de principes dérivés de la science et de la sagesse de Dieu. Et de même que toutes les sciences de la deuxième catégorie supposent toujours comme prouvée et incontestable la vérité des principes de la science supérieure d'où ils dérivent, ainsi la doctrine sacrée suppose et admet comme parfaitement prouvés et incontestables les principes révélés par Dieu, c'est-à-dire les articles de foi. Ces principes sont en eux-mêmes aussi certains qu'il est certain que Dieu existe; mais, par rapport à nous, ils tirent leur évi-

(1) S. Thom., *Summ. theol.*, p. 1, q. 1, art. 2 à 5.

donc des motifs de crédibilité, bien connus et bien pesés. D'où il résulte que les doutes qui peuvent surgir en nous sur la certitude des articles de foi, proviennent uniquement de la faiblesse ou de l'ignorance, trop souvent malicieuse et coupable, de notre esprit. Nous n'hésitons pas à affirmer, sans crainte d'être contredit par personne, que quiconque est doué d'un jugement droit peut facilement se convaincre de l'existence, parmi les hommes, d'une Révélation céleste et particulière, pour peu que, se conformant aux règles tracées par la Logique pour discerner la vérité de l'erreur, il veuille se donner la peine d'examiner les fondements solides sur lesquels sont basés l'authenticité et la vérité des livres de la Révélation chrétienne, la sublimité de la doctrine et la pureté de la morale qui y sont enseignées, la sainteté et la profonde honnêteté des divers auteurs de ces livres, l'excellence de leurs vues, la vie de Jésus-Christ, non mutilée et altérée, mais telle qu'elle a été écrite par les quatre Évangélistes, le zèle des Apôtres après la descente du Saint-Esprit, la propagation miraculeuse du Christianisme dans toutes les parties du monde — malgré la profondeur incompréhensible de ses dogmes et la sévérité de ses préceptes — malgré les horribles persécutions suscitées pour le détruire et les fleuves de sang chrétien répandus par les tyrans — malgré les sophismes accumulés par les philosophes de tout temps, et, en outre, l'évidence des miracles de Jésus-Christ et de ses Disciples, la réalisation des anciennes prophéties relatives à la personne du Sauveur, et enfin l'accomplissement des prophéties de Jésus-Christ par rapport à l'établissement et à la perpétuité de son Église, toujours vivante, toujours croissante. Or, tous ces arguments de crédibilité et les autres, réunis ensemble et mûrement examinés, sont assurément plus que suffisants pour convaincre l'esprit humain du fait de l'existence d'une doctrine sacrée, révélée d'une manière surnaturelle aux chrétiens.

VI. Pour revenir au mot *science*, nous affirmons que

la doctrine de la Révélation doit être préférée à toutes les autres sciences : à celles qui appartiennent particulièrement à l'esprit et que l'on appelle *sciences spéculatives*, et à celles qui se rapportent aux actions humaines et que l'on nomme, pour cela, *sciences pratiques*. La doctrine révélée est infiniment supérieure à toutes les autres sciences spéculatives, parce que celles-ci tirent uniquement leur certitude de la lumière et de la raison humaine, toujours sujette à se tromper, tandis que, au contraire, la certitude de la Révélation dérive de la lumière de la science de Dieu, qui exclut toute sorte d'erreur. De plus, la doctrine sacrée a pour premier objet des vérités qui surpassent les limites de la raison humaine, tandis que les sciences humaines ne traitent, au contraire, que des choses soumises au domaine de la raison. La doctrine sacrée est encore infiniment supérieure à toutes les sciences pratiques de l'homme, surtout si on les considère dans leur fin dernière. Et en effet, la fin de la Révélation est de conduire l'homme à cette félicité parfaite et éternelle après laquelle nous soupirons naturellement, tandis que, au contraire, toutes les sciences pratiques de l'homme sont limitées au court espace de cette terre et à la courte durée de la vie présente.

CHAPITRE XVIII

LE PREMIER DÉVELOPPEMENT DE NOTRE PARLER ET LA PREMIÈRE ÉCLOSION DE NOTRE RAISON SONT SIMPLEMENT ET UNIQUEMENT DUS A L'ENSEIGNEMENT SOCIAL

I

Explication de la proposition.

Comme le sujet que nous allons traiter dans ce chapitre est d'une importance particulière, c'est pour nous un devoir d'expliquer avec précision le sens des mots employés pour exprimer notre proposition, afin d'éviter toute espèce d'ambiguïté.

1° Quand nous disons *le premier développement*, nous présupposons, dans l'âme de l'homme, l'existence des facultés naturelles de raisonner et de parler. Ces facultés sont les attributs essentiels de l'âme humaine; elles sont nées avec elle. En sorte que par ces mots : *le premier développement*, nous voulons seulement dire que les deux facultés de raisonner et de parler sont, dans le principe, mises en acte et formées par le moyen de l'enseignement social. Les personnes habituées à parler et à raisonner peuvent se perfectionner d'elles-mêmes, sans le secours d'autrui ; mais le premier développement et la première forme de ces facultés s'obtiennent seulement par la voie de l'instruction sociale, comme nous allons bientôt le prouver.

2° Par le mot *parler*, nous entendons simplement la faculté qu'a l'homme d'exprimer ses pensées au moyen de paroles articulées ou d'autres signes artificiels et extérieurs, équivalents à la parole. Il est donc bien entendu que nous excluons de la signification du mot *parler* tous ces sons que font entendre naturellement et instinctivement les animaux inférieurs et quelquefois même l'homme. A notre avis, c'est commettre un grave abus que de donner le nom de parole à l'aboiement des chiens, au bêlement des agneaux, au braîment des ânes, au hennissement des chevaux et au rugissement des lions.

3° Par le mot *raison*, nous voulons exprimer le pouvoir de la faculté intellectuelle de l'âme humaine; pouvoir qui lui permet de déduire une proposition d'une autre, et de tirer des prémisses les conséquences qu'elles renferment. Ainsi, quand nous voyons le cours d'un ruisseau, nous concluons aussitôt que ce ruisseau doit avoir sa source. Nous exerçons encore ce pouvoir quand nous faisons le raisonnement suivant : Tout homme est mortel; je suis homme; donc, je suis mortel.

4° Par ces mots *simplement et seulement dus*, nous voulons dire que le premier développement de notre parler et le premier épanouissement de notre raison dérivent exclusivement de l'enseignement de la société, dans le sein de laquelle nous sommes élevés. En conséquence, nous excluons absolument toute autre manière de développement imaginée par des auteurs systématiques, mais contredite par les faits que nous allons citer bientôt.

5° Par le mot *enseignement social*, nous entendons dire que tout être humain acquiert le premier développement de la parole et la première éclosion de sa raison par la voie de l'instruction qu'il reçoit des autres. Notre avis est donc que, sans instruction sociale, la faculté de parler ne se développerait pas chez l'homme, et sa raison resterait informe, comme une semence qui ne se développe pas dans le sein de la terre.

II

Existence des facultés innées dans l'homme.

Le sens que nous attachons à la proposition que nous avons émise en tête de ce chapitre étant parfaitement défini, nous devons maintenant fournir les preuves qui l'établissent d'une manière incontestable. Nous sommes parfaitement d'accord avec cette classe distincte de philosophes qui, se basant sur ce que l'on ne doit regarder comme certain, en philosophie, que ce qui est confirmé par des raisons évidentes ou par des faits incontestables, nient absolument l'existence de toute idée particulière naturellement gravée dans notre âme, par rapport aux vertus et aux vices, à ce qui est bien ou mal, à ce qui est juste ou injuste, etc., y compris aussi l'existence d'un Créateur suprême. Le système qui soutient cette opinion est celui des *Idées innées*, c'est-à-dire des idées engendrées et imprimées dans l'âme humaine, comme l'empreinte d'un sceau est imprimée sur la cire. Or, une telle opinion est non-seulement dénuée de preuves, mais elle est encore entièrement contraire aux observations les plus sûres et à l'évidence des faits, comme nous ne tarderons pas à le démontrer. Et ce n'est pas sans plaisir que nous lisons ce qui suit, dans les œuvres de Darwin : « Il est impossible, dit le fameux docteur anglais, de prouver que la croyance en Dieu soit chose innée et instinctive dans l'homme (p. II, c. XXI). » Le célèbre maître de l'école péripatéticienne, qui, pendant plusieurs siècles, eut pour disciples les penseurs les plus profonds, tenait pour absolument certaine cette maxime : *L'intellect humain est, au commencement, semblable à une table rase, sur laquelle il n'y a rien d'écrit ; — In principio, est sicut tabula rasa, in qua nihil est scriptum* (S. Thom., p. 1, q. LXXIX, art. 2).

Mais si nous nions l'existence, dans l'âme humaine, d'aucune connaissance ou idée naturellement gravée et née avec elle, nous reconnaissons en même temps que notre âme est douée de certaines inclinations, dispositions ou facultés innées, c'est-à-dire inhérentes en elle dès le moment de sa naissance. Ces facultés innées, Aristote les appelle les *puissances* ou les *aptitudes* de l'âme, par rapport aux objets qui regardent l'Intellect : *Intellectus humanus est in potentia respectu intelligibilium*. En effet, si l'homme ne possédait pas naturellement ces facultés de raisonner et de parler, il est évident qu'il ne pourrait jamais développer et sa raison et sa parole, si grands que l'on suppose les efforts qu'il ferait en ce sens. Le pouvoir naturel ou la faculté naturelle de raisonner et de parler, que l'homme possède, constitue donc la distinction essentielle et spécifique qui existe entre lui et les animaux, qui, pour cela, sont appelés *irraisonnables*.

III

Développement des facultés innées de parler et de raisonner.

Dès lors que nous admettons comme un point certain que l'homme n'a aucune idée innée et qu'il possède le pouvoir naturel d'acquérir le développement nécessaire de ses facultés innées de parler et de raisonner, c'est pour nous une nécessité d'étudier par quels moyens il arrive à l'exercice actuel de ces facultés. Dans cette recherche, nous nous garderons de procéder avec des systèmes purement imaginaires que l'on peut nier avec la même liberté que leurs auteurs mettent à les affirmer. L'état de nature sans parole et sans raison, dans lequel on suppose que les hommes vécurent dans le commencement, est un état que l'on n'a jamais vu, jamais trouvé et qui n'a d'existence que dans le cerveau malade de ses inventeurs. La nécessité naturelle qui oblige l'enfant à vivre longtemps avec les auteurs de ses jours servit d'origine aux sociétés au milieu des bois, comme l'observe Buffon, dans son *Histoire naturelle des Quadrupèdes*, t. VIII. Procédons donc à l'aide de la méthode toujours sûre des observations soutenues par des faits.

I. Des faits généraux et indéniables prouvent que la parole et le raisonnement se sont toujours développés plus ou moins au moyen de l'instruction sociale. Si nous observons comment la parole et la raison commencent à se développer dans l'enfance, nous trouvons d'abord que l'enfant naît dans le sein d'une famille, qui constitue une société privée. La voix de sa mère ou de sa nourrice se fait entendre continuellement à ses oreilles. En grandissant en âge, l'enfant commence à répéter, d'abord d'une manière très-imparfaite, ensuite avec plus de clarté, les mots qu'il entend de sa mère. Avec les mots, il apprend insensiblement, c'est vrai, mais sûrement, leur signification, et il conçoit l'idée propre de tous les mots qu'il a appris : et c'est ainsi que se développent et se forment son langage et son intelligence. La langue, parlée par le peuple qui l'entoure, devient la langue propre de l'enfant. L'enfant copie, en quelque sorte, la manière de raisonner des autres; il acquiert graduellement non pas seulement le langage, mais aussi les idées, les inclinations et les jugements, bons ou mauvais, de la société au milieu de laquelle il vit. Il est vrai qu'il viendra un temps où l'enfant, devenu homme, sera à son tour un être moral et règlera à son gré sa volonté et ses paroles, ses pensées et ses actions; mais il n'en est pas moins vrai que le premier développement et la première direction que prennent les facultés de son esprit sont dus uniquement à la société dans laquelle il reçoit sa première éducation.

II. Une nouvelle preuve de notre proposition, c'est que la parole humaine ne se développe jamais, et la raison humaine ne prend jamais une forme distincte chez ceux où l'instruction sociale fait entièrement défaut. L'enfant, qui est totalement abandonné à lui-même pendant plusieurs années, ne parlera pas et ne donnera aucun signe de raisonnement clair et net; il obéira uniquement aux instincts naturels de sa basse nature. Et ces instincts sont inférieurs chez l'homme à ceux des animaux. L'homme, dans le commencement de sa vie, possède à peine un autre instinct que celui de pleurer, et alors il serait certainement plus malheureux si la société ne lui venait en aide.

Citons à l'appui de notre dire le fait d'un jeune homme de Chartres, rapporté dans l'*Histoire de l'Académie royale des sciences*. Ce jeune homme, né sourd-muet et resté tel, était arrivé à sa vingt-troisième année sans avoir reçu la moindre éducation. A cet âge, son oreille droite donna un tel écoulement d'humeur qu'il obtint tout naturellement l'usage [de l'ouïe. Trois mois s'écoulèrent depuis ce fait sans qu'il prononçât une seule parole; mais il écoutait avec la plus grande attention tout ce que l'on disait dans sa famille, considérant non moins attentivement les objets matériels qui correspondaient aux paroles qu'il avait entendues. Enfin, il fit un premier effort, et, au moyen de signes et de paroles fort peu claires, il donna à comprendre à ses parents qu'il pouvait entendre et parler. Et en effet, après avoir vécu pendant quelque temps de la vie de la société, ce jeune homme parvint à parler et à manifester ses sentiments.

Ce fait étant parvenu à la connaissance de quelques savants, ceux-ci s'empressèrent de se rendre auprès du jeune homme et de lui adresser force questions sur sa surdité passée. Avant de rapporter les réponses du sourd-muet, nous devons dire qu'il était né de parents catholiques; que, dans les années précédentes, il avait fréquenté régulièrement l'église; qu'il assistait à la messe et faisait le signe de la croix; que, au moment de la prière, il se mettait à genoux et donnait des signes extérieurs de religion semblables à ceux des personnes qui l'entouraient.

Or, on demanda à notre jeune homme s'il avait alors quelque idée d'un Être suprême ; s'il pensait avoir une âme, et s'il mettait une différence entre les bonnes et les mauvaises actions ?

Voici les réponses que le sourd-muet fit aux diverses questions qui lui furent faites : — Ses pensées ne s'étaient jamais élevées si haut ; — il n'avait aucune intention dans ses pratiques religieuses, attendu qu'il ne connaissait pas leur signification ; — il ne comprenait pas ce que c'était que la mort, n'en ayant aucune idée. — Enfin, il vivait selon l'impression de ses sens extérieurs, c'est-à-dire il menait une vie tout animale.

L'*Histoire de l'Académie royale des sciences* ajoute que ce jeune homme donna dans la suite les preuves d'une intelligence supérieure, qui n'avait pu se développer tant que, à cause de son état de surdité, il avait été privé d'instruction sociale.

III. Une nouvelle preuve de la vérité de notre proposition, nous la trouvons dans les témoignages réunis des plus habiles éducateurs des sourds-muets. Ces maîtres nous disent quel était l'état intellectuel de leurs élèves, avant toute éducation ; et les faits qu'ils citent peuvent se compter par milliers.

L'abbé de L'Épée fut le premier qui établit, en France, une méthode déterminée pour instruire les sourds-muets. Voici en quels termes il s'exprime, dans son livre intitulé : *Cours d'instruction d'un sourd-muet de naissance* : « Le sourd-muet est seul dans la nature, sans aucun exercice de ses facultés intellectuelles, qui demeurent sans action et sans vie, et finissent par s'éteindre en lui, à moins qu'une main bienfaisante ne parvienne à le retirer de ce sommeil de mort..... Quant au moral, il résulte et se combine de tant d'éléments, tous placés si loin de lui, qu'il n'en soupçonne même pas l'existence. Rapporter tout à lui ; obéir avec une impétuosité dont rien ne peut affaiblir la violence, à tous les besoins naturels; satisfaire tous ses appétits et les satisfaire toujours; ne connaître d'autres bornes que l'impuissance de les satisfaire ; s'irriter contre les obstacles, les repousser avec fureur; renverser tout ce qui s'oppose à ses jouissances, sans être arrêté par les droits d'autrui qu'il ne connaît pas, par les lois qu'il ignore, par les châtiments qu'il n'a pas éprouvés; voilà toute la morale de cet infortuné... Il n'a des yeux que pour le monde physique, dont les objets frappent ses sens. Et encore quels yeux !... Il voit tout sans intérêt, parce qu'il ne regarde rien. Le monde moral n'existe pas pour lui, et les vertus comme les vices sont sans réalité. Tel est le Sourd-Muet dans son état naturel; le voilà tel que l'habitude et l'observation, en vivant avec lui, m'ont mis à même de le dépeindre. »

Un autre successeur de l'abbé de L'Épée, l'abbé Salvan, affirme que sa longue expérience à instruire les Sourds-Muets l'a convaincu que « ils n'ont pas la moindre idée de l'existence d'un Être suprême ; ils ne connaissent pas la différence entre les bonnes et les mauvaises actions. Aussi, de grands efforts sont-ils exigés et de la part du maître et de la part de l'élève pour passer des choses matérielles et sensibles aux choses morales et spirituelles. Mais que la joie de tous les deux est immense lorsque la difficulté est vaincue et quand le disciple manifeste qu'il comprend l'existence d'un Dieu tout-puissant, juste, éternel et créateur de toutes choses! » Le pieux abbé finit en disant : « Après cela, le Sourd-Muet cesse d'être ce qu'il était auparavant, un simple fantôme d'imitation (*Univers*, 28 octobre 1834). »

M. Paulmier, professeur à l'école de Paris, s'exprime comme il suit, dans une lettre : « Le Sourd-Muet sans éducation est doublement sourd : sourd dans son entendement matériel et dans son entendement intellectuel, attendu qu'il est doublement enseveli dans les ténèbres de l'ignorance. M. Berthier, sourd-muet, qui, après avoir terminé son éducation, mérita, par sa grande habileté, de devenir professeur à l'institut des Sourds-Muets de Paris, dit dans une de ses lettres : « Un Sourd-Muet sans éducation n'acquerra jamais aucune idée, même confuse, de l'Être suprême à qui nous devons obéissance et amour, et à qui nous devons rendre compte de nos pensées et de nos actions. » La même chose nous est confirmée par l'abbé Goudelin, professeur à l'école des Sourds-Muets de Bordeaux. Dans une de ses lettres, le saint prêtre dit qu'il n'a jamais rencontré aucun élève qui eût la connaissance de Dieu, avant d'être instruit. Il les examina tous sur ce point, et il obtint toujours la même réponse négative, même de ceux qui, suivant l'exemple de leurs parents, avaient l'habitude de pratiquer les formes extérieures de la Religion.

IV. Pour confirmer mieux encore un point si important, passons maintenant en revue quelques-unes des autorités tirées des professeurs étrangers à la France.

Dans sa *Dissertatio juridica de jure Surdo-Mutorum*, parue à Groningen en 1824, Guyot nous assure que le Sourd-Muet abandonné à lui-même est naturellement privé de l'usage de la raison ; qu'il sera toujours un enfant, avec la différence que, sans la retenue des lois, ses inclinations naturelles seraient plus fortes et plus violentes ; ce qui le rend bien plus semblable à la bête qu'à l'homme.

La même chose nous est affirmée par Eschke, fondateur et professeur de l'école de Berlin. « Le Sourd-Muet, dit-il, vit seulement pour lui-même ; il ne connaît pas les liens sociaux ; il n'a aucune idée de la vertu. L'éducation seule peut le faire sortir de son état brutal et ennoblir son être (*Observations sur les Sourds-Muets*).

Amman, éducateur de quelques Sourds-Muets, à Amsterdam, s'écrie : « Quelle grande stupidité ne voyons-nous pas dans ces êtres malheureux ! Comme ils diffèrent peu des bêtes (*Dissertation sur la parole*) !

H. César, de Leipsic, dit à son tour : « Les Sourds-Muets

ont la forme humaine ; mais c'est à peu près tout ce qu'ils ont de commun avec les hommes. Ils sont privés de la pratique des vertus sociales ; ils sont incapables de s'élever du matérialisme des sens jusqu'à la spiritualité de l'intelligence. Leur indolence les rend chaque jour plus incapables de toute sorte d'application. Toujours hallucinés par les impressions des objets extérieurs, et entraînés par les passions qui agitent leur cœur, ils ne connaissent aucune loi, aucun devoir, aucune justice ou injustice, aucun bien ou mal. La vertu et le vice n'existent pas pour eux ; ils rapportent tout à eux-mêmes comme fin dernière; hors d'eux mêmes, ils ne connaissent rien. »

Dans son livre intitulé : *Recherches sur l'éducation du Sourd-Muet*, un professeur de Dublin affirme que les Sourds-Muets, tout en ayant l'apparence extérieure de l'homme, ne possèdent pas en réalité ces caractères qui forment un être moral. Ils ignorent aussi bien leur nature que leur destinée. Bannis du monde intellectuel, ils ne sont pas bannis du monde matériel, qui produit les plus dangereuses influences sur leurs sens.

Le R. Samuel Smith, chapelain de l'association des Sourds-Muets de Londres, nous a légué les détails suivants, fort précieux et fort intéressants, écrits par un Sourd-Muet, nommé Jacques Barland, qui fut élevé dans un des instituts de l'Écosse et qui est aujourd'hui professeur à l'institut de Swanséa. La lettre du sieur Barland contient les réponses à certaines demandes qui lui furent proposées. Nous croyons faire plaisir au lecteur, en la citant textuellement.

Institution des Sourds-Muets. Swanséa, 16 octobre 1871.

Mon cher Monsieur,

J'ai reçu avec plaisir votre lettre de vendredi. Je tâcherai de répondre à vos questions.

Première question. *Avicz-vous quelque idée de Dieu comme Créateur et Régulateur de l'univers, avant d'avoir reçu aucune instruction ?*

Réponse. Je ne connaissais rien de Dieu, jusqu'à ce que mes amis, en me montrant de la main les étoiles, m'indiquèrent avec un air sérieux qu'il existe au-dessus des étoiles un beau lieu pour les Bons, et qu'il y a sous terre du feu pour les Méchants. Les indications de mes amis et les peintures des livres de la Bible sacrée me portèrent à penser que Dieu est une personne remplie de gloire et de majesté avec la forme humaine. Je regardais souvent la lune, me demandant ce que c'était ; et, à la fin, je me persuadai qu'elle n'était autre chose que la figure d'un homme. Je m'imaginais que Dieu ne pouvait nous voir du ciel, et avait, pour cela, ordonné à la lune de nous regarder au moyen d'un trou fait dans le pavé du ciel, et de lui rapporter nos mauvaises actions. Je croyais que ni Dieu ni la lune ne pourraient me voir, si je me cachais bien. Je n'avais aucune idée de la spiritualité. J'étais un matérialiste parfait, ne sachant rien de la présence et de la science de Dieu. Tant que je n'eus pas fréquenté, pendant quelque temps, l'école, j'ignorais que Dieu fût notre créateur et conservateur. Je ne savais absolument rien sur Dieu, avant d'aller à l'école et avant que mes amis, par leurs signes et les peintures de la Bible, m'eussent fait concevoir des idées extraordinaires.

Deuxième question. *Aviez-vous quelque idée de vertu et de vice, de ce qui est bien et de ce qui est mal ?*

Réponse. Je ne connaissais pas ce qui est bien ou mal, avant que mes amis me sourissent quand j'étais bon, ou fronçassent leur front quand j'étais méchant. Ils me faisaient comprendre, par des signes, que les Bons vont au ciel, et les Méchants en enfer. En considérant les peintures des volcans, je m'imaginais qu'elles représentaient les ouvertures ou les bouches de l'enfer. Je me figurais que les hommes, obstinés dans leur malice, étaient entraînés de force et jetés dans un volcan. Je me croyais obligé de me bien conduire, surtout les jours de dimanche, afin de ne pas être pris et jeté vivant dans un volcan.

TROISIÈME QUESTION. *Aviez-vous une idée de la mort ?*
RÉPONSE. Je ne savais pas ce que c'est que la mort, et je restais tout surpris en voyant les cadavres si immobiles, jusqu'à ce que mes amis m'eussent fait, par leurs signes, concevoir des idées étranges. Les tableaux de la Résurrection de Jésus-Christ me faisaient penser que les Bons ressuscitent, pendant la nuit, sans être vus de personne, après être restés longtemps dans leurs tombes. Les pierres des nouvelles tombes sépulcrales, que je voyais droites ou verticales, étaient pour moi un indice que les Morts de ces tombes n'étaient pas encore ressuscités ; et les pierres des tombes anciennes, qui gisaient horizontalement, étaient pour moi un indice que ceux qui les avaient occupées étaient déjà ressuscités et allés au ciel par le chemin des étoiles. Je pensais que les Méchants ne devaient pas avoir le privilége de mourir dans leurs lits et de rester dans leurs sépulcres, mais qu'ils étaient jetés vivants dans un volcan. Je n'avais aucune idée de l'éternité, quoique je supposasse que les Bons devaient rester toujours dans le ciel. Je ne puis pas bien me souvenir maintenant si j'avais quelque idée de la durée de l'enfer.

Je reste avec respect votre serviteur,

JAMES BARLAND,

Au R. SAMUEL SMITH.

V. Cette multitude de témoignages si distingués est plus que suffisante pour prouver la partie négative de notre proposition, savoir que, lorsque l'instruction sociale fait défaut, la faculté de parler ne se développe pas, et la raison reste informe. Nous voulons, néanmoins, ajouter ici quelques autres faits relatifs à des personnes qui, quoique douées de tous leurs sentiments naturels, restèrent, cependant, sans pouvoir parler et ne purent obtenir l'usage parfait de leur raison, tant qu'elles furent privées entièrement d'instruction sociale.

Un allemand, le chevalier de Feuerbach, rapporte ce qui arriva à Gaspard Hauser, surnommé l'enfant de Norimberg (Migne, *Dict. psych.*, § II). Gaspard était agé seulement de quatre ans, quand il fut enfermé seul dans une espèce de prison, afin de devenir le sujet d'une expérience. Il resta ainsi isolé de tout commerce social jusqu'à l'âge de seize ans. Alors, il fut délivré de cette cruelle solitude ; on lui adressa plusieurs questions ; mais il n'en comprit aucune, et répondit toujours avec les mêmes quelques paroles qu'il avait, sur la fin, apprises de son gardien, et il pleurait. Cependant, non-seulement ce jeune homme n'était pas idiot, mais encore il donna, quand il fut instruit, des preuves d'une intelligence élevée. La séparation complète de toute société, telle fut la raison pour laquelle les facultés intellectuelles de Gaspard restèrent comme endormies et ensevelies.

Le célèbre Père Jouvency rapporte le fait suivant, que l'on lit dans la *Continuation de l'Histoire de la Compagnie de Jésus*, l. XVIII, n° 14. — Le P. Jérome Xavier, neveu de saint François Xavier, eut plusieurs conférences avec le Grand-Mogol, appelé Axébar. Dans un de ces entretiens d'amitié, le Prince païen raconta au zélé missionnaire l'expérience qu'il avait faite sur trente enfants. Chacun de ces enfants était-il à peine sevré du lait maternel que, par ordre de l'empereur Axébar, il était enfermé avec les autres dans une habitation commode, séparée de tout commerce humain, sous la surveillance de femmes diligentes qui les nourissaient et en prenaient soin. Mais ces femmes avaient reçu l'ordre rigoureux, l'ordre sous peine de mort, de ne jamais dire un seul mot aux enfants, et même de s'abstenir de jamais parler entre elles en leur présence. L'empereur s'était réservé de les visiter lui-même et d'être le premier à s'entretenir avec eux quand ils auraient suffisamment grandi, afin de connaître en quelle langue les enfants lui répondraient. Il avait, en outre, décidé d'embrasser la religion de la nation à laquelle appartiendrait le langage que les enfants lui auraient parlé. Le temps fixé étant venu, Axébar adressa plusieurs questions aux enfants, mais aucun d'eux ne put lui faire la moindre réponse, prononcer la moindre parole articulée; toute leur science se bornait seulement à faire des signes et des gestes avec leur visage et leurs mains, comme ils étaient accoutumés à faire avec les femmes qui les gardaient, pour leur faire connaître leurs besoins naturels.

Afin de ne pas ennuyer le lecteur avec ces longs récits de faits, très-nécessaires cependant, à notre avis, pour confirmer la vérité de notre proposition, nous ajouterons seulement le fait suivant d'une jeune française, rapporté par Racine (1). Mademoiselle Leblanc s'égara, dans son enfance, avant d'avoir appris à parler, et resta perdue pendant plusieurs années. Elle fut enfin retrouvée, en 1730, dans un bois de Soigny, près Châlons (Marne). A sa taille, on jugea qu'elle pouvait avoir environ seize ans. Elle était, alors, une véritable sauvage, bien plus sauvage que ceux d'Afrique et d'Amérique, qui, malgré leur état de vile dégradation, ont, cependant, un langage articulé, vivent en famille et ont l'usage de leur raison. Mademoiselle Leblanc était incapable de prononcer la moindre parole articulée, et ne donnait aucun signe de raison. Elle faisait entendre seulement des hurlements informes, et elle imitait simplement le son de quelque animal ou le gazouillement de quelques oiseaux. Quand elle eut été instruite, et qu'elle put parler et exprimer suffisamment ses pensées, Racine lui adressa plusieurs questions par rapport à la vie qu'elle avait menée

(1) *Eclaircissement sur la fille sauvage*, à la suite de l'*Épitre sur l'homme*.

dans la forêt. La jeune fille répondit qu'elle s'était égarée dans son enfance, en compagnie d'une enfant de son âge, avec laquelle elle était restée longtemps et qu'elle avait ensuite perdue. Elle ajouta qu'elle n'avait jamais eu d'autre souci que celui de s'occuper de son corps et de se procurer les aliments nécessaires. La vue de la nature qui l'entourait et des cieux n'avait éveillé dans son esprit aucune idée particulière ; elle ne connaissait que les impressions produites sur ses sens par les objets extérieurs, etc. Racine affirme que Mademoiselle Leblanc fit, en très-peu de temps, de grands progrès sous le rapport de l'instruction, qu'elle pratiqua avec exactitude et amour tous ses devoirs moraux et religieux, et qu'elle donna les preuves d'un esprit plus cultivé que celui des autres enfants de son âge.

VI. De tout ce qui précède, il nous est donc permis de conclure que l'instruction sociale est absolument nécessaire au premier développement de la faculté de parler, et que notre raison reçoit sa première forme et son premier épanouissement en conversant avec ceux qui nous élèvent. C'est là une vérité si certaine que nous ne craignons pas de défier qui que ce soit de nous citer un seul fait authentique d'une personne qui ait réussi à parler ou à faire connaître avec des signes déterminés qu'elle possédait même une seule idée générale et abstraite concernant une vérité scientifique, morale ou religieuse, avant d'avoir reçu aucune espèce d'instruction sociale.

Il est vrai que, d'après l'exemple des anciens Épicuriens, Rousseau, Cousin, Renan et plusieurs autres philosophes de notre temps, auxquels il faut joindre aussi Darwin, affirment que, la parole humaine se développe naturellement, sans le secours d'aucune instruction étrangère. Mais tous ces prétendus philosophes n'ont jamais apporté aucune preuve à l'appui de leur assertion. Toute leur démonstration se trouve contenue dans ces mots : *Il est probable ; Il peut être arrivé ; Il est possible*, etc. Ils n'ont jamais pu contre dire le fait évident et constant d'après lequel l'homme, entièrement privé d'instruction sociale, n'est autre chose qu'un petit enfant avancé en âge. Renan reconnaît qu'il est impossible d'expliquer comment ont jamais pu se développer naturellement quantité de paroles fort compliquées en elles-mêmes et qui exigent la réflexion. Aussi, nous croyons-nous autorisé à répéter encore une fois notre proposition : l'homme n'obtient jamais le développement de sa parole et de sa raison sans le secours de l'instruction sociale. Le langage, soit articulé, soit écrit, soit exprimé au moyen d'autres signes artificiels, selon l'enseignement reçu dans la société, est le moyen, l'unique moyen pour l'homme d'obtenir le développement de ses facultés intellectuelles.

VII. Nous devons observer ici que, sans l'instruction et le langage, on peut bien acquérir des idées particulières, limitées aux objets matériels et sensibles, tels qu'ils existent en nature. Mais, sous ce rapport, l'homme n'est pas de beaucoup supérieur aux animaux inférieurs. Ces idées particulières sont circonscrites aux images des objets matériels, elles ne perfectionnent nullement la faculté de la raison. Pour être capable de raisonner, l'homme doit réfléchir sur les impressions produites dans son âme par les objets extérieurs ; il a besoin d'idées générales, étendues et abstraites des sensations matérielles et particulières; il lui est nécessaire de connaître les noms adjectifs, tels que : *amer, dur, bon;* il doit aussi savoir les noms substantifs, dérivés des objets, qui expriment des propositions abstraites, tels que : *amertume, dureté, bonté;* il doit, en outre, ne pas ignorer les verbes et leurs divers modes et temps, tels que : *il est, il fut, il sera, etc.;* enfin, il doit avoir les moyens d'indiquer les objets invisibles et spirituels. — Tous ces éléments, nécessairement requis pour raisonner, ne possédant pas en eux-mêmes une existence matérielle, ne pourraient être gravés distinctement dans nos esprits sans le secours de la parole et des signes, seuls capables d'unir les objets particuliers qui sont naturellement disjoints, de concentrer en un seul point leur existence et de leur donner une espèce d'être réel. D'où il suit que l'homme, sans le secours du langage, serait à peine capable de raisonner ; ses facultés intellectuelles resteraient toujours informes et, pour ainsi dire, endormies dans son esprit. Sous ce rapport, Leibnitz a donc eu toute raison de dire : « S'il n'existait pas un langage écrit, nous ne pourrions jamais bien penser distinctement ; nous ne pourrions jamais raisonner. *Si characteres adessent, nunquam quidque distincte cogitaremus, neque rationaremur* (Dial. de Connex. inter res et verba). »

Après avoir examiné mûrement les raisons et les faits que nous venons d'exposer, pourrait-il se trouver quelqu'un qui persistât encore, au fond de son cœur, dans la fausse idée que le langage a pu naître chez l'homme par un développement tout naturel, sans le secours de l'instruction sociale ? S'il se trouvait quelquefois un seul de nos lecteurs qui s'acharnât à suivre le système des rationalistes, si souvent réfuté, nous serions tenté de l'adresser à Linné, qui s'exprime ainsi sur le même sujet : « Quiconque croit à la génération spontanée doit avoir une éponge pour cervelle. »

VIII. Avant de finir cet important chapitre, il sera certainement utile d'indiquer une conséquence véritablement claire et sublime, qui est logiquement unie au sujet que nous avons traité : conséquence dont la considération est d'autant plus nécessaire qu'elle est trop rarement aperçue. Nous prions donc le lecteur de vouloir bien fixer toute son attention sur le raisonnement suivant : — La société est une réunion d'hommes. — Tout homme obtient le premier développement de sa parole et la première forme de sa faculté de raisonner au moyen de l'enseignement d'un autre être intelligent. — Donc, le premier homme, le chef de la société, doit avoir acquis sa parole et la première forme de sa faculté de raisonner au moyen de l'enseignement d'un autre être intelligent. — D'où il suit nécessairement que le premier père de notre race n'aurait pas été capable de parler et de raisonner sur aucune vérité, s'il n'eût pas été instruit par un Être supérieur, c'est-à-dire par un moyen extraordinaire, à lui donné par la Providence de son Créateur. Si ce moyen extraordinaire n'eût pas été communiqué au premier homme, celui-ci n'eût jamais pu acquérir la parole, ainsi que la claire et parfaite connaissance d'aucune vérité générale; — comme, s'il n'eût pas reçu de son Créateur le don des yeux, il serait toujours resté aveugle. D'où il suit que le premier homme apprit à parler une langue et à exercer l'usage de sa raison, sur les premières vérités nécessaires, de l'Auteur de la nature, à qui il doit, pour cela, non-seulement son corps et son esprit, mais encore le premier développement de ses facultés intellectuelles.

La première instruction fut donc donnée à l'homme par Dieu.

Cette dernière conséquence reste vraie et indéniable, alors même que l'on admettrait le système de la sélection et du développement naturel par rapport à l'homme. Ainsi, même dans cette hypothèse, qui, il est vrai, a été réellement affirmée, mais jamais prouvée jusqu'à ce jour, il serait toujours nécessaire de recourir à quelque nouvelle espèce de création, ou à l'existence de quelque autre loi naturelle inconnue de nous, à laquelle notre langage et notre raison devraient leur premier développement, leur premier épanouissement.

IX. Nous croyons inutile d'apporter d'autres preuves à l'appui de la vérité que nous venons d'exposer. Néanmoins, nous voulons rapporter ici les opinions de quelques auteurs bien connus. Commençons donc par citer un homme qui fut la gloire du moyen-âge et dont, selon l'opinion générale, l'autorité en fait de sciences métaphysiques vaut une université tout entière de Philosophes. » De même que le premier homme, dit saint Thomas d'Aquin, fut formé dans un état parfait, quant à son corps, de manière à être capable, sans autre chose, d'avoir des enfants, — ainsi il fut aussi créé dans un état de perfection par rapport à son âme, de manière à être capable d'instruire et de diriger par lui-même ses enfants. Or, personne ne peut instruire les autres s'il n'a été lui-même instruit. Donc, le premier homme fut formé par Dieu de manière à posséder la connaissance de toutes les sciences dans lesquelles il convenait qu'il fût instruit. En conséquence, il fut instruit en toutes les sciences qui sont comprises dans les premiers principes évidents en eux-mêmes, c'est-à-dire en tout ce que l'homme peut connaître naturellement. Et comme, pour bien régler sa propre vie et la vie des siens, il était nécessaire que l'homme possédât non-seulement la science de ces vérités que l'on peut connaître naturellement, mais encore la science de ces autres vérités dont la connaissance surpasse les forces de la nature humaine, parce que la vie de l'homme est dirigée vers une fin surnaturelle, il s'ensuit nécessairement que l'homme dut posséder autant de science des vérités surnaturelles que cela lui était nécessaire pour diriger sagement ses actions humaines d'une manière conforme à cet état (1). »

Humboldt, *à son tour*, s'exprime dans les termes suivants, dans sa lettre à M. Abel de Rémusat : « Je suivrai l'opinion de ceux qui reconnaissent que l'origine du langage vient d'une révélation immédiate de la Divinité. »

Fichte pose cette question : « Qui est-ce qui a jamais instruit l'homme? » et il y répond ainsi : « Nous avons déjà prouvé que tout homme a besoin d'être instruit. Or, nous ne pouvons pas dire que l'homme a été instruit par les autres

(1) *Sum. theol.*, p. 1., q. 9 et 11, art. 3.

hommes, parce que nous parlons du premier homme. Il est donc nécessaire que l'homme ait été instruit par un être intelligent qui n'est pas homme *(Droit de la nature).* »

Finissons maintenant en citant le témoignage d'un auteur païen, qui vivait avant l'ère chrétienne. Nous espérons que cette nouvelle autorité fera voir, plus clairement encore, que la dernière conséquence que nous avons tirée n'est pas une illusion éclose dans le cerveau des auteurs modernes, mais qu'elle est une vérité logique, dérivée des plus sains principes de la raison humaine. Ce grand orateur, ce profond philosophe, Cicéron, affirme, d'une manière évidente, que les premières vérités, qui sont le fondement d'un sage raisonnement et d'une bonne vie, nous furent communiquées par don et par révélation de la Divinité. « La Philosophie, dit-il, mère de toutes les sciences, qu'est-elle, sinon, comme dit Platon, un don, et, comme je le dis moi-même, une invention des Dieux? La Philosophie nous enseigne d'abord à adorer la divinité des Dieux ; elle établit ensuite les droits de l'homme qui constituent la société humaine. La Philosophie nous enseigne la modestie et l'héroïsme. La Philosophie dissipe les ténèbres de l'intelligence, ces nuages qui obscurcissent nos yeux, et nous rend capables de comprendre ce qui est au-dessus de nous, le principe, le moyen et la fin (*Tusc.*, Quart., l. I, n° 26). »

Dans son livre *De legibus*, le même philosophe dit encore : « La nature a donné à l'homme non-seulement la faculté de comprendre, mais elle lui a encore donné des sens, qui sont comme ses serviteurs et ses messagers ; elle lui a révélé la connaissance d'une multitude de choses nécessaires et obscures, qui sont comme les fondements de la science (l. I, n° 9). »

Ailleurs, dans son livre *De natura Deorum*, Cicéron s'exprime ainsi : « Par tout ce que j'ai dit jusqu'ici, on comprend que la prudence et l'intelligence des hommes viennent des Dieux. Et c'est pourquoi nos ancêtres décrétaient que l'on ferait des consécrations publiques et des dédicaces à l'Intelligence, à la Foi, à la Vertu et à la Concorde..... Or, si les hommes possèdent l'intelligence, la foi, la vertu et la concorde, d'où ces choses ont-elles pu descendre sur la terre, si ce n'est du ciel (l. II, n° 31) ? »

CHAPITRE XIX

LA CONDITION ORIGINELLE DE L'HOMME NE FUT PAS L'ÉTAT DE BARBARIE

Quoique de tout ce que nous avons dit jusqu'à présent, il soit facile de déduire que la barbarie ne fut pas et ne put être l'état originaire de l'homme, néanmoins, comme l'opinion contraire est chaleureusement préconisée par grand nombre d'auteurs anciens et modernes, nous nous proposons, dans ce chapitre, de confirmer notre proposition par quelques autres raisons et par de nouveaux faits. Commençons donc par citer un passage tiré d'un auteur connu pour être généralement très-partisan de l'homme sauvage, dans son état primitif.

Jean-Jacques Rousseau s'exprime ainsi : « Plusieurs de nos Philosophes ne doutent pas de la fausseté de l'idée qui place le premier homme dans l'état de pure nature (1). En lisant les Saintes-Écritures, il devient, en effet, évident que le premier homme, ayant reçu immédiatement de Dieu l'instruction et des préceptes, ne pouvait être dans un tel état. En donnant aux écrits de Moïse cette autorité que doit lui donner tout Philosophe chrétien, il faut nier que les hommes furent dans l'état de nature même avant le déluge ; excepté si l'on suppose qu'ils tombèrent dans cet état par quelque accident extraordinaire : ce qui est certainement un paradoxe douteux et est absolument impossible à prouver (*Œuvres complètes*, t. I). »

---

(1) Selon le système de Rousseau, les mots *état de nature* signifient la condition de l'homme sans langage et sans raison, avec les seules inclinations propres aux animaux inférieurs.

I. Rousseau a raison de dire que tout Philosophe chrétien doit avoir foi dans les écrits de Moïse, car Moïse est le premier écrivain du monde qui nous reste, soit dans l'ordre du temps, soit dans l'ordre de l'autorité. Hérodote est considéré comme l'un des plus anciens historiens profanes, et Homère, qui vivait quelques centaines d'années avant Hérodote, est regardé comme l'un des premiers poètes. Or, Moïse, ayant écrit son histoire environ cinq cents ans avant Homère, doit donc être préféré à tout autre auteur profane, non seulement par rapport aux événements de son temps, mais encore par rapport aux faits antérieurs de l'origine et de l'histoire de l'homme. Ajoutons à cela que, lorsque Moïse raconte les choses de son temps, il parle de faits dont il eut une parfaite connaissance et auxquels il fut intimement lié. D'ailleurs, ne prouve-t-il pas partout qu'il se conduit en narrateur exact et sincère.

Et, en effet, Moïse ne cherche pas à dissimuler, à cacher les nombreux et graves délits de son peuple; il ne tait ni les imperfections de sa sœur, ni le péché de son frère Aaron, ni ses propres fautes. Pour ce qui concerne les faits antérieurs à son temps, l'origine et l'histoire de l'homme, — comme le caractère attribué à Moïse dans l'ancien et le nouveau Testament est pour nous une garantie de sa grande vertu, nous sommes donc certains, de ce côté, qu'il était incapable d'écrire sciemment des choses fausses. D'un autre côté, qui pourrait douter que Moïse n'ait possédé une connaissance parfaite de l'histoire de ses ancêtres, alors même qu'il plairait de supposer qu'il écrivit son histoire sans le secours de l'inspiration divine, et qu'il n'existait de son temps aucun monument écrit. Il suffit de considérer combien fut longue la vie des premiers Patriarches (1) pour

(1) Les années des anciens Patriarches n'étaient pas des périodes de courte durée, mais bien des années semblables aux nôtres. Ceux qui prétendent que ces années équivalaient seulement à un mois sont certainement dans l'erreur ; car, si cette supposition était vraie, il s'ensuivrait que, quand la

se convaincre que Moïse dut être exactement informé de tout ce qui les concernait, par la voie d'une tradition non-interrompue. Si nous réfléchissons que Sem, fils de Noé, vécut plusieurs années pendant que vivait encore Mathusalem, contemporain d'Adam, et que ce même Sem vécut jusqu'au temps d'Abraham ; si nous réfléchissons qu'Abraham mourut lorsque Jacob était déjà né, et que Jacob fut le contemporain de bien des personnes qui vivaient encore quand Moïse naquit, il devient évident pour nous qu'un très-petit nombre de générations unissent Moïse non-seulement à Noé, mais encore à Adam. D'où il résulte non moins évidemment que Moïse put connaître par la voie de la tradition tout ce qui se rapportait à l'origine et à l'histoire primitive de ses ancêtres, quand même il n'eût existé, de son temps, aucuns documents écrits, et qu'il eût écrit son histoire sans le secours de la révélation divine.

II. Adressons-nous maintenant à ceux qui affirment, comme chose certaine, que l'état naturel primitif de l'homme fut un état de vie barbare et sauvage. Or, ou cet état de barbarie, que l'on suppose avoir été la condition originaire de l'homme, exista avant le Déluge décrit par Moïse, ou bien il lui fut postérieur.

Eh bien ! impossible de citer la moindre trace qui donne lieu de croire que la vie sauvage ait jamais existé antérieurement au Déluge ; tout, au contraire, prouve l'existence, en ces temps, d'une vie domestique et civilisée. Adam reçut de Dieu l'ordre de cultiver la terre du Paradis terrestre. Or, comment Adam aurait-il pu travailler, s'il n'eût eu les instruments nécessaires ? Adam donna aux animaux le nom qui convenait à chaque espèce. Or, comment Adam eût-il pu faire cela, sans posséder un langage et une intelligence parfaitement développés ? Caïn, premier-né d'Adam,

Genèse dit, au chapitre v, que Malalael et Hénoch eurent des enfants à l'âge de 65 ans, il s'ensuivrait, disons-nous, qu'ils auraient engendré des enfants à l'âge de 65 m s !

était agriculteur, occupé à travailler la terre, et Abel, son frère, était pasteur : deux occupations qui sont le propre d'un peuple civilisé. Les deux frères offraient des sacrifices *à Dieu*. Caïn offrait les prémices des fruits de la terre; Abel immolait les premiers-nés de son troupeau. Or, comment ces deux fils d'Adam eussent-ils pu observer ces pratiques, s'ils n'eussent eu une parfaite connaissance de l'existence et de la grandeur de l'Être-Suprême, et du culte religieux qui lui est dû ? Après la naissance d'Énoch, Caïn bâtit une ville qu'il appela Énochie, du nom de son fils. Or, comment Caïn eût-il pu construire une ville sans habileté et sans dessins, sans les instrument et les matériaux de toute sorte indispensables, et sans la connaissance de l'art nécessaire pour disposer toutes choses avec ordre ? En sorte que, quand, cinq générations après Énoch, nous voyons la Genèse donner à Jabel, fils de Lamech, le titre de Père de ceux qui habitaient sous la tente et des pasteurs, et à Jubal, frère de Jabel, le nom de Père de ceux qui jouent de la harpe et de la cithare ; lorsque nous voyons Tubalcaïn, autre fils de Lamech, faire avec habileté tous les ouvrages de fer et d'airain, il devient incontestable que cela signifie que ces divers personnages se signalèrent chacun dans sa profession, et non qu'ils furent les inventeurs des arts où ils excellaient.

Il est donc parfaitement établi que, avant le Déluge décrit par Moïse, on ne rencontre pas le moindre vestige de vie sauvage et barbare, mais que, au contraire, nous nous trouvons en présence de preuves évidentes qui attestent l'existence d'une société civile et domestique. Nous pouvons ajouter que la civilisation et les vices, qui sont la conséquence des excès de la civilisation (1), appelèrent sur les populations

---

(1) Ces expressions bibliques : *Les fils de Dieu*, signifient évidemment les fils du juste Seth, qui, pervertis par la passion de l'amour, contractèrent mariage avec *les filles des hommes*, c'est-à-dire avec les descendantes de Caïn.

antédiluviennes le juste châtiment de Dieu. Ne lisons-nous pas, en effet, dans l'Évangile, que, pendant que les hommes étaient plongés dans leurs luxures, survint le Déluge qui fit tout périr.

III. Si nous examinons maintenant les temps postérieurs au Déluge de Noé, il nous est impossible encore de découvrir le moindre signe de barbarie dans l'histoire, c'est-à-dire dans cette véritable histoire de l'homme, de laquelle le célèbre orientaliste Fernand Denis a dit avec vérité : « Si nous lisons les historiens modernes qui ont écrit sur les origines, nous voyons que le livre de Moïse a acquis de nouveau cette autorité historique que la croyance religieuse lui avait donnée (1). » Il n'est pas nécessaire de nous étendre sur des faits si évidents. Après le Déluge de Noé, la Genèse raconte comment ses trois fils donnèrent l'origine à toutes les familles humaines. Mais Noé et ses fils, Sem, Cham et Japhet, ainsi que leurs femmes, n'étaient ni barbares, ni sauvages. En sorte que l'état primitif du genre humain, après le fameux Déluge de Noé, fut bien réellement un état de vie civile et domestique. Les familles issues de Noé ne vécurent pas à une longue distance les unes des autres, jusqu'au jour où elles se réunirent pour bâtir la fameuse tour de Babylone, destinée à immortaliser le nom de ses constructeurs. A la confusion des langues, les familles se séparèrent. — La famille de Sem donna origine aux tribus sémitiques, dispersées sur les rives de l'Euphrate et de quelques parties de l'Asie-Mineure, de la Syrie et de l'Arabie. — La famille de Cham se propagea facilement sur les bords du Nil, de quelques parties de la côte africaine et du golfe Persique ; le commerce et la navigation lui permirent de peupler les autres parties éloignées de la terre. — La famille de Japhet occupa les terres adjacentes à la Méditerranée, et les îles de cette mer. C'est d'elle que tirèrent leur

(1) *La Philosophie de voyage.* — *Revue de Paris*, Déc. 1832.

origine plusieurs peuples de l'Europe, y compris les Grecs et les Romains, qui, ignorant la véritable origine des autres nations, croyaient que le genre humain tout entier descendait de Japhet. D'où ce vers d'Horace :

<blockquote>Audax Japheti genus.</blockquote>

Qui pourrait donc supposer que les fils de Noé, qui, de la Mésopotamie, se dispersèrent aux quatre vents du monde, occupèrent les principales parties de la terre et donnèrent l'origine à toute la race humaine ; qui pourrait supposer que les fils d'un père adorateur du vrai Dieu et gardien fidèle de la première tradition relative à la foi et à la morale, n'aient été que des barbares et des sauvages incultes ?

Qui pourrait encore partager l'opinion d'un des conservateurs de la Bibliothèque Sainte-Geneviève, M. de Bretonne, qui eut l'audace de dire qu'il est impossible de ne pas reconnaître que les premiers hommes furent dépourvus de la parole et de la pensée, que la plus légère différence n'existait pas entre eux, et qu'ils n'étaient autre chose qu'un vil troupeau d'animaux, entièrement semblables aux bêtes qui marchent par troupeaux, et seulement doués d'un instinct très-inférieur et commun qui n'admettait ni altération ni progrès (1) ? La voix unanime des nations s'élève avec indignation contre une assertion si odieuse et tous ceux qui la partagent. Les tribus mêmes de ces sauvages qui sont tombées au dernier degré de la dégradation, tels que les habitants de la Nouvelle-Hollande, de la Terre-de-Feu et tous ceux qui vivent d'insectes, donnent, elles aussi, des signes d'une civilisation antique et toujours vivante, quoique fortement corrompue. Nous pouvons apporter encore une nouvelle preuve de notre proposition, c'est que la plupart des tribus sauvages des temps passés et présents possèdent une certaine idée de l'existence d'un être suprême ou de plusieurs êtres suprêmes ; elles ont des rites et des

---

(1) *De la civilisation moderne* l. IV.

cérémonies religieuses ; elles distinguent les bonnes actions des mauvaises ; elles ont le sens de la justice, de l'honnêteté, de la moralité, etc.; ce qui est évidemment une preuve incontestable que chacune d'elles a sa civilisation. C'est ainsi que les restes gigantesques des fabriques antiques de la Syrie, de l'Inde, de la Chine, de l'Égypte et de certaines parties de l'Amérique démontrent sans réplique la puissance, le génie et les richesses qui étaient l'apanage de ces peuples, dans les temps antérieurs à tout souvenir historique.

IV. Tous ces faits prouvent certainement la vérité de notre proposition par rapport aux tribus qui sont en possession de tels titres ; mais ils ne sauraient s'appliquer à ces autres tribus qui, à notre connaissance, n'ont aucun de ces caractères. Aussi, nous bornons-nous à une preuve unique, qui se manifeste, sans exception, chez toutes les tribus particulières, même chez celles qui sont le plus dégradées. Cette preuve, c'est que toutes les tribus, sans en excepter une seule, possèdent un langage avec lequel elles conversent entre elles et se communiquent librement leurs pensées et leurs sentiments : langage qui, chez quelques-unes de ces populations, a atteint une perfection aussi grande que celle des nations les plus civilisées.

Or, dans un chapitre précédent, nous avons montré clairement que l'on ne saurait acquérir l'exercice de la parole, ni obtenir le développement de la raison, sans le secours de l'instruction reçue d'autres personnes déjà instruites. Donc, le fait, le seul fait que les sauvages possèdent un langage, est une preuve manifeste que les membres des tribus sauvages, au lieu d'être sortis d'un état originel de nature barbare, sont, au contraire, des êtres déchus et dégénérés de la civilisation sociale, qui est le seul état naturel de l'homme.

V. Nous voudrions faire ressortir plus clairement encore la vérité de cette conclusion, en citant quelques-unes des dernières découvertes qui prouvent que la civilisation exista de temps immémorial dans les pays même habités par des tribus sauvages. Nous pourrions parler ici des constructions et des murailles carrées découvertes au milieu des forêts épaisses de l'Ohio, ainsi que des instruments et des travaux d'exécution parfaite trouvés dans la même contrée, enfoncés à une grande profondeur. Nous pourrions raconter comment une antique pierre, fort curieuse, ayant six pieds carrés, a été découverte récemment près de Brownsville, dans la Pensylvanie occidentale, où une tempête épouvantable brisa la chaîne antique à laquelle elle était suspendue. Outre quantité de figures de cerfs, d'oiseaux, cette pierre singulière contenait encore l'image sculptée d'un homme et d'une femme, placés près d'un arbre, la femme tenant un fruit dans la main. Or, il est certain que ce monument est très-antérieur au temps où Colomb fit la découverte de l'Amérique. Nous pourrions dire encore que, dans le Pérou, dans l'Amérique du Nord et dans plusieurs autres contrées, on a découvert des ustensiles, des objets d'art, des pyramides, des temples, des figures, qui ressemblent en quelque sorte aux découvertes de même genre faites dans l'ancien continent de l'Asie et de l'Afrique. Or, n'est-ce pas là incontestablement une preuve de plus, établissant que les sauvages et même les tribus civilisées du Nouveau-Monde ont possédé et conservent, au moins d'une certaine façon, les enseignements et les traditions des antiques familles civilisées d'où elles descendent? Mais les limites dans lesquelles nous avons résolu de nous renfermer nous obligent de nous contenter des preuves indubitables que nous avons fait valoir précédemment, et de conclure en répétant la proposition que nous avons inscrite en tête de ce chapitre, savoir : La condition originelle du genre humain n'a pas été et n'a pu être l'état de barbarie; elle a été, au contraire, l'état de vie domestique et civile.

CHAPITRE XX

SPIRITUALITÉ ET IMMORTALITÉ DE L'AME

I. Tout ce qu'on peut tirer des observations faites dans un chapitre précédent, sur la nature humaine, c'est que le corps qui en fait partie n'est qu'une masse composée de peau, de chair, de nerfs et d'os. Dès que tout cela vient à se diviser, l'existence corporelle cesse. L'âme, au contraire, n'étant composée d'aucune partie, subsiste même après la séparation du corps. Nous ne la voyons pas, il est vrai, ni quand elle s'unit au corps pour ne faire qu'une seule personne avec lui, ni quand elle en sort pour jouir seule de son existence ; mais il est visible que la vie n'appartient au corps qu'autant de temps que l'âme lui reste unie, et que, lorsque cette union cesse, le corps commence à éprouver une corruption dont il était exempt pendant l'union. Il faut être aveugle pour ne pas voir que cela seul met une différence entière entre l'âme et le corps. On ne saurait confondre un instrument et l'être qui le met en action. La vie et la mort n'ont rien de commun. Tout homme, fût-il même philosophe, est obligé d'en convenir.

Mais, dira-t-on, l'âme ne fait point d'opérations quand elle est séparée du corps ; on ne s'en aperçoit pas du moins : sur quoi donc établir son existence particulière et son incorruptibilité ? N'est-on pas obligé de convenir que l'âme est de même nature que le corps, puisque les opérations de l'une et de l'autre cessent, à nos yeux, dans le même instant ?

Ce sont ici de bien mauvais juges que les yeux. L'âme, par sa spiritualité, ne ressortit pas à leur tribunal ; c'est un sujet qui n'est pas de leur compétence. On voit bien nombre de ses effets, et par là son existence est prouvée ; mais sa nature est invisible. Dire qu'elle n'existe pas, parce qu'elle n'est point vue, c'est très-mal raisonner : que de choses existent que la vue ne saurait apercevoir !

L'âme ne paraît rien faire après sa division d'avec le corps, parce qu'alors elle ne se sert pas d'instruments qui puissent être aperçus. C'est le musicien qui ne tire plus aucun son d'un clavecin brisé ; mais la main qui en tirait autrefois en existe-t-elle moins ?

L'âme d'un apoplectique chez lequel, dans un instant, tout mouvement cesse, n'a pas péri pour cela ; ses opérations sensibles n'ont été qu'interrompues. Rendez au corps la circulation qu'un amas d'humeurs avait interceptée, vous verrez que l'âme rentre dans ses fonctions avec autant d'activité qu'auparavant. Une montre qui a perdu son mouvement marque de nouveau les heures, quand on en a écarté ce qui l'arrêtait.

II. Prétendre que la partie spirituelle de l'homme agisse après la mort comme elle agissait durant la vie, c'est vouloir qu'elle parle sans les organes de la parole, qu'elle marche sans les pieds, qu'elle voie sans les yeux, qu'elle éprouve des sensations sans avoir des sens. C'est vouloir que la végétation se fasse sans que la matière soit ordonnée pour cela. La vie ne circule point à travers des canaux dérangés.

Les prétentions des matérialistes qui soutiennent que l'âme n'est point distincte du corps, parce que ses opérations cessent d'être sensibles, sont donc assises sur l'impossibilité. On n'en peut donc rien déduire contre l'âme, qui, n'étant point corporelle, peut agir indépendamment de ce qui constitue le corps.

La preuve, c'est que ce n'est pas par l'œil, par l'oreille, que l'âme voit et entend immédiatement : l'œil, l'oreille, sont affectés ; mais l'âme n'en est avertie que lorsque l'impression parvient à l'extrémité intérieure des nerfs optiques et auditifs. Si quelque obstacle arrête cette impression en chemin, de manière qu'il ne se fasse aucun ébranlement dans le cerveau, l'impression est perdue pour l'âme. C'est le prince qui ne reçoit pas les nouvelles qu'il aurait dû recevoir, parce que le courrier a été arrêté, ou est tombé de faiblesse dans la route.

Ce qu'il y a de certain, c'est que l'objection du matérialiste est insoutenable ; car, quand l'être humain a passé de la vie à la mort, toute la connaissance que la nature peut donner de cet état, c'est que l'âme est séparée du corps. Qu'elle soit morte comme le corps, on n'a point de raison de l'assurer.

Vainement on s'appuyera des noms de souffle, de respiration, de matière très-simple et très-pure, de substance volatile, aérienne, ignée ou lumineuse, sous lesquels on prétend que les anciens entendaient l'âme. Toutes ces dénominations ne pouvaient avoir été prises que des opérations qui la rendaient sensible, mais n'en désignaient pas la nature. Quand on se mêle de philosopher, on devrait bien observer que la dénomination d'une chose n'en fait pas l'essence. Et ce qui prouve que les anciens avaient de l'*esprit* une notion qui ne tenait en rien à la matière, c'est que Cicéron conclut des qualités mêmes de notre âme l'existence de Dieu (1), qu'il dit qu'on ne peut concevoir que sous l'idée d'un esprit pur, *mens*, sans mélange, dégagé de toute matière corruptible (2).

« Nous transportons, dit Voltaire, quelques paroles de
» notre langage ordinaire dans les abîmes de la Méta-
» physique et de la Théologie, pour nous donner quelque
» légère idée des choses que nous ne pouvons ni con-
» cevoir, ni exprimer. Nous cherchons à nous étayer de

---

(1) *De Nat. Deor.*, lib. II
(2) *Tuscul.*, lib. I.

» ces mots, pour soutenir, s'il se peut, notre faible entende-
» ment dans ces régions ignorées. Ainsi, nous nous servons
» du mot *esprit*, qui répond à souffle et vent, pour
» exprimer quelque chose qui n'est pas matière. Et ces
» mots *souffle, vent, esprit*, nous ramenant, malgré nous, à
» l'idée d'une substance déliée et légère, nous en re-
» tranchons encore ce que nous pouvons pour parvenir à
» concevoir la spiritualité pure ; mais nous ne parvenons
» jamais à une notion distincte (1). »

III. Quoiqu'il en soit, on aime à croire l'âme immortelle, parce que, de toutes les vérités, c'est peut-être la plus consolante. En effet, peut-on annoncer aux hommes une nouvelle plus horrible que de leur dire que tout finit pour eux à la mort. La nouvelle de la mort d'un proche nécessaire, d'un ami tendre, d'un cher bienfaiteur, n'en approche pas.

Il n'est rien à quoi je sois plus attaché qu'à mon existence. Me voilà bien consolé en la quittant, quand on me dit que tout périt avec mon corps !

<blockquote>
Quand la mort met le comble aux maux que j'ai soufferts,
Le beau soulagement d'être mangé des vers (2).
</blockquote>

Que ne nous dit-on au moins ce qui fait tenir ce langage, et sur quoi on le fonde ? Ma raison se rendrait, si elle était convaincue ; le dommage qu'on me cause ne m'empêcherait pas d'admettre la vérité, si on me la montrait. Mais il n'y a que deux moyens de s'en instruire, la révélation et la nature. Or, la révélation nous assure de l'immortalité de notre âme. Elle nous apprend que notre corps même ressuscitera pour ne plus périr ; et la nature ne saurait donner aucune connaissance de la dernière fin des choses.

Assurer positivement que tout finit à la mort, c'est

---

(1) *Traité de la tolér.*, note 58.
(2) Voltaire, *Quest. de l'Encyclop.*, art. *Tout est bien.*

démentir un dogme senti dans tous les temps. Jamais la fin de cette vie n'a ôté l'espérance d'exister encore. Cet espoir d'être après la mort est fondé sur l'amour de l'être pendant la vie, sur la probabilité que ce qui pense pensera. On n'en a point de démonstration, parce qu'une chose démontrée est une chose dont le contraire est une contradiction, et parce qu'il n'y a jamais eu de disputes sur les choses démontrées.

Lucrèce, pour détruire notre espérance, apporte des arguments dont la faiblesse afflige; il n'oppose que des vraisemblances à des vraisemblances plus fortes. Plusieurs Romains pensaient comme Lucrèce, et l'on chantait sur le théâtre de Rome : *Post mortem, nihil;* il n'y a rien après la mort. Mais l'instinct, la raison, le besoin d'être consolé, le bien de la société prévalurent, et les hommes ont toujours eu l'espérance d'une vie à venir : espérance, à la vérité, souvent accompagnée de doutes. La révélation détruit le doute et met la certitude à la place.

On peut même dire que, sans la révélation, cette vérité a paru démontrée à quelques génies. La nature suffit donc pour la croire. Voici l'impression qu'elle a faite sur un poète anglais, venant de lire le traité de Platon sur l'immortalité de l'âme :

> Oui, Platon, tu dis vrai, notre âme est immortelle;
> C'est un Dieu qui lui parle, un Dieu qui vit en elle.
> Eh ! d'où viendrait, sans lui, ce grand pressentiment,
> Ce dégoût des faux biens, cette horreur du néant ?
> Vers des siècles sans fin, je sens que tu m'entraînes ;
> Du monde et de mes sens je vais briser les chaînes,
> Et m'ouvrir, loin d'un corps dans la fange arrêté,
> Les portes de la vie et de l'éternité.....
> Hâtons-nous de sortir d'une prison funeste.
> Je te verrai sans ombre, ô vérité céleste !
> Tu te caches de nous dans nos jours de sommeil.
> Cette vie est un songe et la mort un réveil (1).

1) Trad. de VOLTAIRE : *de l'Art dramatique.*

IV. Quoi! par opposition contre cette vérité, on viendra nous dire que l'être qui nous distingue, renfermé dans notre corps comme dans une bouteille, rentre dans l'Océan universel, quand la bouteille est cassée!

Ce n'est pas, assurément, par des comparaisons qu'on se tire des difficultés d'un système mal imaginé; tout au plus servent-elles à éblouir les yeux des ignorants. Cette comparaison des hommes à des bouteilles pleines d'eau qui, en se cassant, versent leur contenu dans l'Océan, d'où est-elle prise? Y a-t-il quelque proportion entre Dieu ou l'âme universelle et l'Océan? Y en a-t-il entre l'âme particulière et l'eau renfermée dans une bouteille?

On prétend se tirer d'affaire en disant, comme Spinoza, qu'il n'y a qu'une substance pour tout. De là, la comparaison de l'âme des hommes à l'eau que contient une bouteille. Mais, s'il n'y a qu'une substance dans l'univers, il y a donc identité partout ; est-ce une idée raisonnable? Nous concevons bien que, en puisant de l'eau dans un bassin, nous tirons une eau semblable à celle qui reste, mais nous ne saurions concevoir que c'est la même eau. La similitude ne faisant pas identité, il n'est pas possible de n'admettre qu'une seule substance pour la composition de tous les êtres. Cette substance, d'ailleurs, devant être divisible, — si, comme nous l'avons prouvé, l'âme ne se divise pas, — cette partie de l'homme ne saurait donc être une portion de la substance universelle.

Les Spinozistes expliqueront, s'ils le peuvent, leur système, et les comparaisons dont ils se servent pour l'étayer. Ce que nous savons, c'est que nous ne pouvons l'expliquer nous-mêmes. Notre impuissance montre donc que nous ne sommes pas avec eux. Pourquoi ne faisons-nous pas ce qu'ils peuvent faire eux-mêmes? Notre bouteille est-elle plus petite ou n'est-elle pas assez pleine? Nous assurons qu'elle est aussi grande. Qu'elle soit moins pleine que la leur, c'est à eux de nous dire comment cela a pu arriver : une substance qui remplit tout, et telle est l'âme universelle, ne doit point laisser de vide.

Il nous serait aisé de trouver autour de nous une infinité de bouteilles plus petites que la nôtre, fournies cependant d'une plus grande quantité de liqueur, quoiqu'on supposât la nôtre pleine jusqu'au bouchon. Qu'on nous dise d'où vient cette différence. On voit une lumière semblable partout; mais partout, assurément, ce n'est pas la même. C'est aux Spinozistes, qui identifient tout, à lever cette difficulté.

V. Pour peu qu'on soit en état de connaître les choses, on s'aperçoit que la philosophie, au lieu de se nourrir du lait de la sagesse, ne suce que le fiel de la contradiction. Nous avons, dans les chapitres précédents, débarrassé l'homme de l'éternité d'origine qu'on lui accordait; maintenant, il faut prouver l'éternité de permanence qu'on lui refuse. C'est un singulier protée que le philosophe. J'imagine qu'il eût démontré qu'un Dieu puissant nous a créés, si l'univers eût été assez insensé pour dire, comme lui, que nous n'avons d'autre principe que la matière; et qu'il eût soutenu que nous devons exister éternellement, si le délire eût fait croire que nous finirons. Tel est l'esprit du siècle : la vérité ne peut y rester intacte. Les uns ont défendu le matérialisme avec les armes les plus acérées; les autres ont prétendu que tout est intellectuel, jusqu'à notre existence. Tout a été mis en problème. Je m'en prends au matérialisme, et je le combattrai de toutes mes forces.

On nous dit, dans ce système, que « nul être ne demeure
» ce qu'il est. L'homme ainsi sera détruit. Et le grand frein
» de l'espèce humaine, la crainte de l'avenir par laquelle
» elle est contenue dans l'ordre qu'elle doit suivre, est un
» frein imaginé par la faible crédulité. »

A cette funeste assertion, opposons le témoignage de la philosophie même, qui, malgré tout, rend quelquefois hommage à la vérité. « Les épicuriens anciens et modernes,
» dit Bolingbrooke, excitent mon indignation, lorsqu'ils

» vantent, comme une grande acquisition, la prétendue
» certitude qu'ils ont que l'âme meurt avec le corps. S'ils
» en étaient véritablement certains, serait-ce une vérité
» bien consolante? Je n'aurais aucune difficulté à choisir,
» si l'on m'offrait l'option d'exister après ma mort, ou de
» mourir tout entier. » Mais ce qui est certain, c'est que
l'homme de bien est trop vivement intéressé à la vie future,
pour désirer jamais d'être anéanti. Le méchant seul peut
être tenté d'étouffer dans son cœur un pressentiment qui
le fait trembler.

VI. Quand nous jouissons de toutes les facultés de notre
âme, qu'aucun dérangement moral ou physique n'a troublé
notre raison, nous recherchons le bonheur; et, certainement,
un demi-bonheur ne ferait pas notre compte. Ainsi, l'idée
de la destruction ne cesse d'être affligeante et ne s'adoucit
que par l'espoir de se survivre même dans l'éternité. Combien ne serions-nous donc pas malheureux, si, prévoyant
sans cesse notre destruction, nous ne trouvions dans nos
cœurs, pour nous consoler, la certitude de l'immortalité!
Toutes les parties de matière organisée, qui entrent dans la
composition d'un animal, se distribuent, se partagent à d'autres animaux, quand celui-là vient à se dissoudre; il vit en
eux, comme d'autres ont vécu en lui. Que serait-ce de
l'homme qui a des désirs si vastes, qui a une si grande
âme, s'il n'avait que la perspective de cette faible ressource
pour se consoler? Lui seul connaît ce que c'est que la mort
et la destruction, il se les représente vivement; il est juste
que cette idée triste soit compensée par l'espoir et le partage d'une vie immortelle.

Mais quand toute la substance de l'homme ne serait autre
chose que le principe qui compose ses fibres, ses muscles,
ses organes, ses sens, son corps, — de ce côté même, n'aurait-il pas droit à l'éternité? L'annihilation est physiquement impossible. Pour faire rentrer les êtres dans le
néant, faut une puissance aussi forte que pour les en

tirer. Dieu les a créés, lui seul peut les priver de l'existence.

VII. Enfin, la forme de l'âme, c'est la pensée. Cette forme est simple, générale, constante. Elle n'a rien de divisible, d'étendu, de pénétrable, rien de matériel. L'âme est donc immortelle. Le corps, au contraire, a plusieurs formes ; chacune de ses formes est composée, divisible, variable, destructible ; voilà ce qui fait qu'il périt. L'âme et le corps sont distingués par leur forme comme par leur essence.

Mais, disent les philosophes, l'avenir est-il quelque chose puisqu'il n'existe pas ? Non, il n'existe pas ; mais il doit exister : Dieu l'a préparé ; il est dans l'ordre des choses, comme le fruit est dans la fleur, comme l'arbre est dans le pepin qu'on a semé.

VIII. Ajoutons encore un mot. Le plus grand nombre des hommes meurt presque avant d'avoir connu la vie ; le reste est emporté dans tous les âges et dans toutes les circonstances des temps. Faits pour connaître et pour élever leur âme par les lumières et la vertu, ceux qui meurent, pour ainsi dire, avant d'avoir vécu, ne jouiraient d'aucune élévation, et la faculté qu'ils ont de connaître leur aurait été donnée inutilement, si l'exercice de cette faculté et la jouissance de la vertu n'étaient pas différés pour eux dans les temps à venir. Si l'immortalité n'a pas lieu, nous pouvons assurer, pour la plupart des hommes, qu'il ne valait pas la peine qu'ils vinssent au monde : leur existence n'a été que l'image de leur inutilité. Leur disputer le droit à la vie future, c'est combattre le pouvoir et la sagesse du Créateur, dont les attributs ne connaissent point de bornes.

IX. Il nous semble avoir montré quelle est la vraie nature de l'homme. Mais ne doit-on pas s'étonner des assertions des philosophes ? A-t-on vu l'âme, pour en raisonner comme on fait ? Au ton que prennent nos nouveaux docteurs, il faut bien qu'elle se soit offerte à leurs yeux ; car rien de plus affirmatif que leurs raisonnements sur cet objet, ainsi que sur tout ce qui concerne la nature en général. Mais, malgré l'étendue de leurs lumières, il faut avouer qu'ils ne connaissent pas seulement les principes de l'organisation. Ainsi, toutes les fois qu'on rencontre un matérialiste raisonnant, qui n'a et qui ne peut avoir pour cela que la voie des sens, il faut lui représenter que cette voie est trop courte pour pénétrer dans la région de la spiritualité. Mais les faits nous assurent de l'existence des premiers principes de la nature, qui nous sont inconnus ; les faits mêmes nous démontrent l'union d'une âme avec notre corps.

Si le matérialiste a l'esprit juste, il conviendra que, au-delà de certaines bornes, sa raison n'est sûre de rien. N'y eût-il que cette incertitude, cela seul prouve qu'il faut une autorité à la raison pour la fixer. C'est ce qu'a fait le divin Auteur de l'Évangile pour tout ce qui intéresse l'homme, tant dans la vie présente que dans la vie future. Nous ne pouvons plus douter de l'immatérialité et de l'immortalité de l'âme, puisque cet Auteur divin nous en assure. Celui qui a créé l'âme ne sait-il donc pas ce qu'elle est ? Au lieu de méconnaître un si grand bienfait, que le genre humain se prosterne et qu'il en rende grâces, heureux d'en pouvoir rendre d'immortelles, car il les faut telles pour un bienfait immortel.

CHAPITRE XXI

L'AME HUMAINE N'EST PAS LE PRODUIT DU DÉVELOPPEMENT DE LA MATIÈRE : ELLE EST SPIRITUELLE ET IMMORTELLE

I

Le sujet que nous avons traité dans le chapitre précédent, et que nous allons envisager dans celui-ci, sous un autre aspect, doit certainement, soit par lui-même, soit à cause des conséquences qui en résultent, être compté parmi les vérités les plus importantes que nous avons cherché à mettre en lumière. — Avons-nous une âme spirituelle d'une espèce différente du principe vital des animaux inférieurs ? — Notre âme est-elle incorruptible de sa nature ? — Notre âme continue-t-elle, après la mort du corps, à posséder toujours ses facultés intellectuelles ? — Telles sont les questions que nous avons déjà examinées précédemment, et sur lesquelles nous allons tâcher de répandre une lumière et plus claire et plus distincte, dans l'espoir de convaincre mieux encore de la vérité tout esprit honnête et exempt de préjugés. Quoique les diverses questions que nous avons traitées aient reçu une solution générale dans le chapitre précédent, elles comprennent tant de points divers et importants qui s'y rattachent, qu'il est utile, nécessaire d'examiner en détail chacun d'eux, afin de montrer l'absurdité ridicule des erreurs des docteurs modernes de la philosophie et de la science sur la plus noble partie de nous-mêmes, l'âme, et de fixer les principes et les autorités qui doivent servir à les réfuter.

I. Commençons d'abord par interroger Cicéron sur la matière qui nous occupe. Voici en quels termes ce docteur, non moins illustre par la profondeur de sa science philosophique que par la sublimité de son éloquence, répond aux questions que nous venons de poser. Cédons donc la parole à ce maître justement célèbre.

« On ne saurait assigner à l'âme une origine terrestre. Rien en elle n'est mixte, n'est composé ; rien qui paraisse venir de la terre, de l'eau, de l'air ou du feu. Dans ces éléments, il n'est rien qui ait mémoire, intelligence, réflexion ; qui conserve le passé, qui prévoie l'avenir, qui embrasse le présent, toutes choses qui sont réservées à la divinité, et qu'un dieu seul a pu accorder aux hommes. La nature et les facultés de l'âme sont donc d'un caractère particulier, distinct de celui des êtres qui nous entourent, qui sans cesse frappent nos regards. Quel que soit en nous le principe du sentiment, de l'intelligence, de la volonté et de la vie, ce principe tient des cieux et de la divinité ; et, pour cela même, il est éternel. Dieu lui-même, que nous concevons, ne peut se concevoir que sous l'idée d'une intelligence simple, libre, pure de toute alliance avec une matière mortelle, ayant science de tout, imprimant le mouvement à l'universalité des choses, ayant lui-même un principe de mouvement éternel. De ce même genre, de cette même nature est l'esprit humain *(Tuscul.,* l. I, n. 27). »

« Lorsque l'on agite la question de la nature en général, on admet (et ce système est vrai), on admet que, après un long cours de siècles et de révolutions célestes, vint enfin le moment propre à lancer la semence du genre humain, qui, répandue sur la terre, reçut bientôt le divin présent de l'âme. Les hommes ont pris de leur origine terrestre les formes fragiles et périssables auxquelles ils sont attachés ; mais leur âme, elle vient de Dieu, et c'est pour cela que l'on peut nous appeler la famille, la race, la lignée des êtres célestes. Aussi, de tand'espèces d'animaux, l'homme seul a quelque idée de la divinité, et parmi les hommes, il n'est pas de nation si féroce et si sauvage qui, si ignorante qu'elle soit du Dieu qu'il faut avoir, ne sache du moins qu'il faut en avoir un. Ainsi, pour connaître Dieu, il suffit de se rappeler et de reconnaître d'où l'on est sorti (*De Legibus*, l. I, n. 8). »

« Quoi ! vous avez reçu de Dieu ou de la nature, cette mère universelle, une âme dont rien n'égale l'excellence et la presque divinité, et vous irez vous rabaisser, vous vous ravalerez jusqu'à croire qu'il n'existe, entre vous et l'animal, aucune différence (*Paradox.* 1)! »

« Mais une prodigieuse différence sépare l'homme de la brute. Entièrement soumise à l'impulsion des sens, celle-ci ne se porte qu'à ce qui est devant elle, ne s'attache qu'au présent, indifférente d'ailleurs pour le passé et pour l'avenir. L'homme, au contraire, par le privilége de cette raison qu'il reçut en partage, voit les causes, les effets, les progrès de ce qui est; aperçoit, pour ainsi dire, les avant-coureurs des choses, compare leurs rapports, unit l'avenir au présent, embrasse sans effort le cours entier de la vie, et prépare tout ce qui est nécessaire pour le voyage. Grâce à l'influence de la raison, la nature rapproche encore l'homme de l'homme, les fait converser et vivre ensemble, leur inspire surtout une vive tendresse pour ceux qui leur doivent le jour et les engage à rechercher, à maintenir entre eux l'état de la société. Par tous ces motifs, elle excite chaque homme à procurer le nécessaire de la vie non-seulement à lui-même, mais à sa compagne, à ses enfants, à tous ceux qu'il chérit et doit protéger. Tant de soins sont un aiguillon qui tient son esprit en éveil et double son activité. Mais l'apanage distinctif de l'homme, c'est la recherche et la découverte du vrai. Ainsi, nos affaires, nos occupations nous laissent-elles du loisir; nous sommes avides de voir, d'entendre, d'ajouter à notre instruction, et nous croyons le bonheur impossible, sans la connaissance des mystères et des merveilles de la nature. Il résulte de là que tout ce qui est vrai, simple, pur, a la plus étroite affinité avec les attributs de l'espèce humaine. A cette soif de la vérité se joint un certain amour de l'indépendance qui fait qu'un noble cœur ne veut céder qu'aux conseils, aux leçons d'un maître, à l'autorité juste et légitime, armée pour l'utilité de tous. Là prend sa source un magnanime dédain pour les choses humaines. Par la puissance supérieure de sa nature et de sa raison, l'homme est le seul entre les êtres animés qui ait le sentiment de l'ordre, de la décence, de la mesure qu'il faut observer dans ses actions et dans ses paroles (*De Officiis,* l. I., n. 4). »

« Le premier principe de la société commun à tout le genre humain, c'est la raison et la parole, le lien social par excellence, l'instrument qui nous sert à enseigner, à apprendre, à communiquer nos idées, à discuter, à juger. La raison et la parole rapprochent l'homme de l'homme et forment entre eux une société fondée sur la nature. Rien ne nous place à une si grande distance de la brute, à laquelle nous reconnaissons la force, comme au cheval et au lion, mais non l'équité, la justice, la bonté, parce que la raison et la parole ne sont pas son partage (*Ibid.*, n. 26). »

« Cependant la nature ayant doué les animaux de sentiments, on y admire aussi sa puissance. En effet, elle a voulu que les uns, habiles à nager, habitassent les eaux ; que les autres, propres au vol, parcourussent les airs ; elle laisse ramper les uns et fait marcher les autres ; elle veut que les uns vivent solitaires, les autres en troupeaux ; elle a rendu ceux-ci féroces, ceux-là doux ; enfin elle en a caché quelques-uns et les fait vivre sous terre ; et, de tous ces êtres, chacun, observant ce qui lui est prescrit, se conforme à la loi de la nature, sans qu'aucun puisse passer au genre de vie d'un autre. Mais si la nature a donné à chaque espèce quelques propriétés qui la distinguent, et qu'elle conserve sans jamais s'en éloigner, elle a donné à l'homme des qualités bien préférables. Le mot *préférable* ne doit pourtant se dire que lorsqu'il y a *comparaison* ; or, l'âme humaine, détachée de la divinité, ne peut se comparer avec aucune autre chose, si ce n'est avec Dieu lui-même, s'il est permis de parler ainsi. Eh bien ! cette âme, lorsqu'on la cultive et qu'on en soigne la vue, de manière à la préserver ou à la guérir des illusions qui peuvent l'aveugler, devient une intelligence parfaite, c'est-à-dire une raison absolue, ce qui est la même chose que la vertu (*Tuscul.*, l. V, n. 13). »

« A moins d'être d'une ignorance honteuse dans les sciences physiques, on ne peut douter que l'âme ne soit une substance très-simple, n'admettant aucun mélange, aucune composition, aucune addition, aucune réunion. Il suit de là que l'âme est indivisible, qu'elle ne saurait être ni décomposée, ni disjointe ; que, par conséquent, elle est immortelle ; car la mort n'est autre chose qu'une séparation, qu'une décomposition, qu'un déchirement de parties qui, avant elle, étaient liées ensemble (*Tuscul.*, l. I, n. 29). »

« Il est beaucoup d'hommes qui ont des idées très-fausses sur les dieux ; mais, au moins, tous s'accordent sur ce point qu'il existe une puissance divine. Et ce n'est pas une convention faite entre les nations ; cette foi universelle n'est pas l'effet de quelque loi, de quelque institution : c'est une croyance suggérée par la nature. Mais c'est ici un principe : l'accord général des peuples doit être considéré non comme une opinion, mais comme une loi de la nature... Si donc l'accord de tous les hommes est à considérer comme une voix de la nature, et que tous les hommes, en quelque lieu que ce soit, s'accordent à croire que, après leur mort, tout n'est pas fini pour eux, nous aussi nous devons recevoir cette opinion ; et si nous pouvons croire que ceux qui se distinguent par leur génie ou leur vertu reconnaissent le mieux où tend la nature, nous devons croire que, après la mort, il est encore pour nous un avenir et du sentiment, puisque ceux qui s'élèvent le plus au-dessus du vulgaire sont aussi ceux qui font le plus d'efforts pour vivre dans la postérité... Cependant, comme dans tout, la nature se borne à nous enseigner qu'il est des dieux, et que, pour savoir ce qu'ils sont, il faut recourir au raisonnement ; de même l'accord général des peuples se borne à nous enseigner que nous sommes immortels, et pour apprendre où résident les morts et ce qu'ils sont, il faut encore recourir à la raison (*Tuscul.*, l. I, n. 13, 15, 16). »

« Pourquoi ne vous exposerais-je pas mes sentiments sur cet avenir, que je crois d'autant mieux apercevoir que j'en suis moins éloigné ? Je suis donc persuadé que vos illustres pères, tous deux si chers à mon cœur, sont en ce moment pleins de vie, et de cette vie qui seule en mérite le nom; car le corps est pour nous une sorte de prison où nous sommes tenus d'accomplir la tâche pénible que la nécessité nous impose. L'âme a été précipitée des hauteurs du ciel qui fut son berceau, et comme plongée dans la fange de la terre, ennemie de toute nature divine et éternelle... Enfin, que vous dirai-je ? En voyant l'activité de l'esprit humain, cette immense mémoire, cette vaste prévoyance, cette foule d'arts, de sciences, de découvertes, je me suis persuadé et j'ai la conviction intime qu'une nature qui a de pareils attributs ne saurait être mortelle. L'âme est continuellement en mouvement ; ce mouvement ne lui est communiqué par aucune cause étrangère; c'est elle qui en est le principe, et elle n'en verra jamais la fin, parce qu'elle ne peut pas renoncer à elle-même. De plus, étant une substance simple, sans aucun alliage d'une nature différente, elle ne saurait être divisée, ni, par conséquent, anéantie (*De Senectute*, n. 21). »

Après avoir fait allusion aux derniers jours de Socrate, qui accepta volontairement la mort, puisque, quelques jours avant, ayant eu l'occasion de s'échapper de sa prison, il refusa de le faire, Cicéron ajoute :

« Voici, à cet égard, la pensée de Socrate : Il est

deux chemins, deux carrières pour les âmes qui sortent des corps. Celles qui sont souillées de vices, qui se sont livrées aux passions et, aveuglées par elles, se sont couvertes de crimes dans le foyer domestique, ou ont commis, dans leurs violences contre l'État, des forfaits que rien ne saurait expier, prennent un mauvais chemin qui les éloigne de l'assemblée des Dieux. Celles, au contraire, qui se sont conservées chastes et pures, qui ont combattu la contagion des sens, se sont affranchies de plus en plus de leur pouvoir et ont imité la vie des Dieux, quoique renfermées dans des corps humains, trouvent un retour facile auprès de la divinité d'où elles sont venues (*Tuscul.*, l. I, n. 30). »

— Les extraits de Cicéron que nous venons de citer méritent toute notre considération, surtout à cause de la logique et des raisons qui les distinguent. Ils contiennent, en effet, des preuves démontrant de la manière la plus évidente que notre âme est essentiellement spirituelle, exempte de toute espèce de matière ; ils établissent sans réplique la différence spécifique et essentielle qui existe entre l'âme humaine et le principe vital des bêtes; ils affirment l'immortalité de notre âme et la double destinée qui l'attend après la mort du corps : destinée heureuse ou malheureuse, selon que l'homme aura fait des bonnes ou des mauvaises actions pendant sa vie terrestre.

II. Après avoir interrogé le plus illustre de tous les auteurs païens de Rome ancienne, entendons maintenant deux auteurs modernes, l'un catholique et l'autre protestant, mais proclamant les mêmes vérités fondamentales.

St. George Mivart, expliquant la signification du mot *création*, dans son livre intitulé: *La Genèse des espèces*, et imprimé à Londres en 1870, dit que, pris dans son sens rigoureux, il signifie « la formation absolue et originaire de toute chose faite par Dieu sans moyens ou matériaux existant antérieurement, ce qui est une opération surnaturelle.» Après avoir savamment ajouté que la science n'a rien à faire avec la création, entendue en ce sens, et qu'elle est également impuissante à la prouver et à la nier, le docte Anglais conclut ainsi : « Nous trouvons la plus parfaite harmonie dans la double nature de l'homme... son âme formée par une création directe et immédiate, et son corps formé, dès le commencement, tel qu'il est aujourd'hui dans chaque individu séparé, par une création dérivative et secondaire au moyen des lois de la nature. »

L'autre auteur, le duc d'Argyll, également connu dans le monde savant, s'exprime, à son tour, comme il suit, dans son livre : *Le Règne de la loi*, imprimé à Londres en 1867. Après avoir parlé de la volonté de l'homme avec une force de logique remarquable, l'éminent Anglais continue ainsi : « En nommant cette dernière faculté, nous touchons le secret de cette différence sans limites qui sépare l'homme des animaux les plus haut placés dans l'échelle des bêtes, mais inférieurs à l'homme. Il existe un si grand abîme entre les facultés de l'âme humaine et celles des bas animaux, que les forces actives de l'esprit humain deviennent, par cette seule comparaison, incommensurables et contiennent des mobiles appartenant à une classe et à un ordre tout-à-fait différents. L'homme est exposé, il est vrai, à se mouvoir pour des vils motifs communs avec les bêtes ; mais il existe en lui d'autres mobiles qui agissent grandement en lui et qui n'agissent et ne peuvent jamais agir sur les bêtes. »

III. Nous pourrions citer encore quantité d'autres extraits d'auteurs appartenant à l'ère chrétienne ; mais les témoignages du grand Orateur et Philosophe romain, qui reproduit les doctrines des plus fameux Philosophes de l'antiquité, Platon, Aristote et Socrate, suffisent, nous croyons, pour prouver toute l'exactitude de certaines expressions employées par Darwin dans son livre : *L'Origine de l'homme*. Après avoir dit que le Naturaliste traite des objets que l'on touche et voit avec les sens extérieurs, et que les facultés spirituelles n'appartiennent pas à son domaine, l'auteur, se mettant en contradiction avec ce principe établi par lui-même, et sans apporter la moindre preuve concluante, a l'étrange singularité de s'exprimer ainsi : « Les facultés intellectuelles de l'homme et celles des bas animaux ne diffèrent pas spécifiquement les unes des autres, quoiqu'il existe entre elles une immense différence de degré. Mais, si grande que soit cette différence de degré, elle n'autorise pas à placer l'homme dans un règne distinct (l. I, c. VI). » Précédemment, dans le cours du chapitre III du même livre, Darwin avait dit : « Il me semble qu'il est souverainement probable que tout animal, doué d'un instinct social particulier, acquerrait certainement un sens moral de conscience, aussitôt que ses facultés se seraient développées aussi bien ou presque aussi bien que celles de l'homme... Il est probable que les singes, progéniteurs de l'homme, furent sociables de cette façon. La différence intellectuelle entre l'homme et les animaux les plus parfaits, si grande qu'elle soit, est certainement une différence de degré et non d'espèce... La raison, dont l'homme se glorifie, peut se trouver à un degré commençant et même d'une manière très-développée dans les animaux inférieurs. » La légèreté et l'étrange singularité de ces deux assertions, répétées à grand son de trompe par les disciples de Darwin, sont assurément trop manifestes pour qu'il soit nécessaire d'ajouter aucune observation, surtout si on les compare avec les extraits cités de Cicéron, dont le nom immortel restera toujours glorieux et vénéré, quand celui des Darwiniens ne tardera pas à disparaître dans les ténèbres d'un profond oubli.

IV. Afin de mieux prouver encore la spiritualité et l'immortalité de l'âme humaine et de rendre plus évidente la différence essentielle entre l'homme et les bas animaux, nous prions le lecteur de vouloir bien considérer avec grande attention les réflexions et raisons suivantes, empruntées aux deux penseurs les plus sublimes et les plus profonds des siècles passés (1).

La première observation concerne l'école des matérialistes, qui ne font aucune distinction entre le sens et l'esprit et qui les font dériver également d'un principe matériel. La conséquence naturelle de ce fondement erroné, c'est évidemment qu'il n'existe aucune différence spécifique entre l'homme et la bête, excepté la forme extérieure de leur corps.

La deuxième observation se rapporte à la doctrine de Platon, qui établit à bon droit une différence essentielle entre le sens et l'intellect, mais qui, sans aucun fondement de vérité, les fait dériver l'un et l'autre d'un principe incorporel.

La troisième observation du Docteur Angélique vise Aristote qui, affirmant avec Platon la différence essentielle qui existe entre le sens et l'intellect, démontre que les sens et toutes leurs affections sont toujours jointes avec quelque altération matérielle du corps. Ainsi, par exemple, notre œil est excité par l'impression de la lumière, et notre oreille par l'ondulation de l'air. Mais Aristote soutient, en même temps, que notre âme, dans l'exercice de sa faculté de raisonner, ne dépend en aucune façon des sens extérieurs du corps.

La quatrième observation de saint Thomas est que nous ne connaissons pas la nature intrinsèque d'aucun être en lui-même, mais que nous acquérons la connaissance et démontrons la nature des objets existants, au moyen de notre observation sur leurs opérations et sur les effets extérieurs produits par la nature elle-même. En sorte que nous connaissons le genre et la qualité d'un arbre en considérant ses fruits, et même quelques propriétés du feu par ses effets de réchauffer et de brûler.

---

(1) D. Thom., *Summ. Theol.*, p. I, q. 75 et 118. — D. August., *De Immortalitate animæ*, § 9 — § 13.

V. Prouvons maintenant, la logique à la main, que notre âme diffère spécifiquement du principe vital des bas animaux. L'esprit humain est capable de connaître, par voie d'observation et d'induction, les propriétés des corps matériels. Or, tout corps matériel a sa nature propre déterminée. Donc, si l'esprit humain était matériel, il ne pourrait certainement, connaître les propriétés des autres corps matériels ; car sa nature, en la supposant matérielle, l'empêcherait, évidemment, de connaître les autres natures matérielles. Ainsi, l'amertume qui règne sur la langue d'un malade fait croire à ce malade que toute la nourriture qu'il prend est amère. De même, le verre coloré que nous plaçons devant nos yeux prête sa couleur à tous les objets que nous regardons. Donc, si l'esprit humain était matériel et obligé par sa nature de connaître à l'aide des moyens naturels, il ne pourrait pas connaître tous les autres corps. Donc, l'esprit humain doit avoir une manière d'agir tout-à-fait propre à lui et entièrement dégagée de toute matérialité.

Nous arrivons à la même conclusion en réfléchissant que l'esprit humain connaît les objets généraux sans aucune limite de temps, de lieu, de circonstances ou de tout autre note particulière, comme quand nous disons : *un homme, une pierre, un arbre, une bête*, etc. ; objets qui, extérieurement, existent seulement en particulier. Or, l'opération d'aucun être ne saurait, évidemment, dépasser les limites et les forces de sa nature. Donc, la nature de l'esprit humain doit être illimitée et exempte de toute particularité matérielle, et, par conséquent, incorporelle, spirituelle et absolument indépendante de la matière.

Cette vérité est confirmée par ce fait, que nous apprenons à connaître une multitude d'objets qui n'ont aucune existence matérielle, comme la *justice*, la *prudence*, la *magnanimité*; chose qui nous serait assurément impossible si notre esprit était de nature matérielle, parce que, alors, sa puissance d'apprendre se trouverait forcément limitée. L'esprit humain a un pouvoir sans limites et en quelque sorte infini dans ses concepts; il apprend ce qui est universel, il raisonne sur les figures et les nombres, et de son raisonnement il tire des conséquences générales : — ce qui prouve évidemment que la nature de notre esprit est illimitée et ne peut être matérielle. En outre, nous réfléchissons non-seulement sur les objets qui nous sont extrinsèques, mais encore sur nous-mêmes et sur nos actions; nous connaissons notre connaissance, et nous réfléchissons sur nos propres réflexions, sans aucune limite. Or, il est évidemment impossible, absolument impossible que de telles actions puissent se produire dans un corps matériel. Donc, l'esprit humain est essentiellement incorporel, spirituel et indépendant de toute matière.

Ce n'est pas tout. Toute puissance matérielle souffre nécessairement quand on en fait un usage excessif. Ainsi, notre vue se trouble et s'obscurcit quand la lumière est trop forte, — notre ouïe est blessée quand le son est trop strident, — le goût est affaibli ou détruit quand l'assaisonnement des aliments est trop piquant. Mais, au contraire, plus notre esprit comprend, plus il est capable de comprendre des raisonnements plus élevés, comme cela se voit chez les personnes adonnées à l'étude des sciences mathématiques, physiques ou métaphysiques. Donc, l'esprit humain est incorporel, spirituel et indépendant de toute matière.

La nature de l'âme humaine étant incorporelle, spirituelle et indépendante de toute matière, il s'ensuit nécessairement qu'elle ne peut mourir, lorsque le corps meurt. Et, en effet, notre âme n'étant pas composée de parties, il est impossible qu'elle soit séparée d'elle-même; donc, elle doit être immortelle. De plus, l'espèce humaine connaît d'une manière absolue son existence actuelle sans aucune limite de temps, et elle désire naturellement exister toujours sans voir aucune fin à son existence. Or, comme le désir, qui est le fruit de la raison, est un désir infus de la nature et doit inévitablement sortir son effet, — ainsi il est évident que l'âme humaine, c'est-à-dire la partie intellective de l'homme, est essentiellement incorruptible et immortelle.

VI. Soit que nous réfléchissions sur nous-mêmes, soit que nous soyons interrogés avec méthode par les autres, il est certain que nous découvrons des vérités immuables et éternelles ayant des relations intimes avec les arts et les sciences. Par exemple, la ligne droite la plus longue dans le cercle est celle qui passe par le centre; — deux et deux font quatre; — deux parallèles n'arriveront jamais à se rencontrer, quand même on les prolongerait indéfiniment; — le carré formé sur l'hypothénuse d'un triangle rectangle est égal aux carrés formés sur les deux autres côtés de ce même triangle. Le mot *découvrir* est employé ici par nous dans son sens propre, c'est-à-dire dans le sens de *trouver* une vérité qui était auparavant inconnue, mais qui cependant existait. Cette expression diffère donc entièrement du mot *créer*, donner origine; car notre âme, dans ses spéculations intellectuelles, ne crée ni ne donne origine aux vérités, mais elle les trouve simplement. Qu'il nous soit donc permis de demander ici : Où l'âme a-t-elle jamais trouvé ces vérités ? Il est absolument certain que ce n'est pas en dehors d'elle-même, mais bien dans son propre esprit. En sorte que notre âme possède bien réellement en elle-même des vérités éternelles et immuables, quoiqu'il puisse souvent nous arriver de ne pas les découvrir ou de les oublier. Or, notre esprit ne pourrait, assurément, posséder en lui-même aucune vérité immuable et éternelle, s'il n'était lui-même, de sa nature, éternel et immuable, parce que les actions ne peuvent être supérieures au pouvoir de celui qui les fait. Donc, notre nature intellectuelle est immuable et immortelle.

VII. Aucune substance matérielle ne sera jamais réduite à néant. Nous apercevons bien dans la matière des altérations, des substitutions, des séparations, des parties, mais nous ne voyons jamais un anéantissement total. Notre âme, étant spirituelle et subsistant en elle-même, n'a pas de parties et, par conséquent, ne peut être divisée en parties. D'où il résulte avec évidence que notre âme possédant une nature plus noble que celle des corps matériels, elle ne saurait être d'une condition inférieure à la leur. Il y aurait donc absurdité à prétendre que, pendant que la matière n'est pas détruite, l'âme humaine peut être sujette à la destruction. Donc, comme ce qui subsiste en soi et par soi-même ne peut être séparé de soi-même, il s'ensuit naturellement que notre âme, ne pouvant se séparer d'elle-même, est, de sa nature, immuable et immortelle.

OBJECTION I. *Nous accordons volontiers,* dirait-on peut-être, *que notre âme est immortelle, en ce sens qu'elle ne sera jamais réduite à néant; mais n'est-il pas permis de penser qu'elle restera sans l'usage actuel des facultés intellectuelles ?*

RÉPONSE. A cette objection, nous répondons sans hésiter : Non, cela est impossible, absolument impossible. Notre âme est vie en elle-même, et elle donne la vie au corps, puisque le corps meurt quand l'âme l'abandonne. Si le corps humain est appelé un être animé, c'est précisément parce qu'il reçoit sa vie de l'âme. En sorte que, dans la fausse supposition que l'âme humaine puisse rester privée de sa faculté spirituelle, elle ne serait évidemment plus ce qu'elle est, c'est-à-dire un être subsistant et ayant vie de par lui-même; mais elle serait uniquement un objet animé, semblable à notre corps, parce que tout ce qui perd la vie n'est pas une substance intellectuelle. Donc, notre âme ne peut rester privée de sa vie intellectuelle, à moins que l'on ne suppose qu'elle peut être séparée d'elle-même, ce qui serait absurde. Donc, notre âme vit toujours et est immortelle.

OBJECTION II. *Mais peut-être l'âme humaine n'est-elle*

autre chose que « un l'on ne sait quoi » enveloppé par le corps et à lui inhérent ?

Réponse. L'expérience commune nous apprend que, au milieu de nos spéculations intellectuelles, nous concevons d'autant plus clairement les objets propres à notre intellect, que nous pouvons plus facilement faire abstraction des sens corporels. De plus, les objets qui se présentent à notre esprit, quand nous réfléchissons, ne sont certainement pas des objets corporels, mais ils sont des choses réelles, fixes, déterminées et constantes : ou Or, n'existent-ils que dans notre esprit, ou notre esprit se trouve-t-il en eux ? Dire que les objets existant dans notre esprit et conçus par lui ne sont pas choses réelles, c'est une folie ; car impossible d'imaginer une absurdité plus grande que celle d'admettre l'existence des objets matériels que nous voyons de nos yeux corporels, et de nier l'existence des objets que nous voyons avec notre esprit. Il n'y a qu'un fou qui soit capable de nier l'incomparable supériorité de l'intelligence de notre âme sur le sens de la vue corporelle. Or, cet état d'abstraction intellectuelle ne pourrait certainement avoir lieu, si notre âme était réellement enveloppée par la matière et inhérente à notre corps ; car, en ce cas, elle ne pourrait, dans ses pensées, se séparer du corps ; — bien au contraire, elle serait même obligée d'être toujours unie au corps dans toutes les opérations intellectuelles, comme la couleur et la figure des choses matérielles ne peuvent subsister séparément des objets où elles se trouvent. Donc, notre âme n'est pas une chose quelconque enveloppée par le corps et à lui inhérente ; donc, elle est subsistante en elle-même et par elle-même ; donc, elle est immortelle.

Objection III. *Cependant, impossible, au moins, de nier que notre âme ne subisse un affaiblissement, un amoindrissement pendant le sommeil ?*

Réponse. D'après une loi de la nature, notre corps a un

impérieux besoin de sommeil pour retrouver les forces que le travail lui fait perdre. Mais cet état de sommeil ne diminue en rien les facultés de comprendre et de raisonner propres à l'âme, comme cela nous est prouvé par ces images qui surgissent en nous pendant le sommeil. Ces représentations sont quelquefois si claires que nous avons peine à les distinguer de la réalité. Il nous arrive fort souvent, en dormant, de raisonner, de discuter, de faire des comptes, de composer des vers et des discours : choses que nous trouvons, à notre réveil, parfaitement faites. Donc, s'il est vrai de dire que le sommeil prive l'âme du service et de l'usage du corps, il est absolument faux de dire qu'il ôte à l'âme la vie qui lui est naturellement propre, qui est le fonds essentiel de sa nature.

OBJECTION IV. — *Mais s'il est vrai que l'âme, dans ses opérations intellectuelles, ne dépend pas du corps, comment peut-il se faire que, lorsque notre corps est malade, ou affaibli par les années, l'exercice de nos facultés intellectuelles se trouve alors profondément troublé, altéré, empêché ?*

RÉPONSE. Voici comment Aristote et saint Thomas répondent à cette objection. Dans l'état présent, où notre âme est intimement unie au corps, notre intellect perçoit les objets par leur image, leur spectre sensible qui est représenté à l'esprit. Or, cette image sensible n'est pas un organe avec lequel on exécute l'acte de percevoir, mais elle est simplement un spectre, un objectif sur lequel l'intellect exerce son acte. Ce spectre a avec l'intellect le même rapport que la lumière a avec l'œil. Notre œil ne peut voir sans la présence de la lumière; mais il ne s'ensuit nullement que l'existence de l'œil dépende de la lumière. De même, aucun animal ne peut recevoir la moindre impression dans ses sens sans l'existence d'un objet extérieur; mais il ne s'ensuit pas que l'existence des sens de l'animal dépende des objets extérieurs. Et c'est là ce qui peut nous expliquer comment, dans l'état de maladie ou d'affaiblissement de notre corps, nous ne sommes pas capables de penser et de raisonner aussi bien que quand nous jouissons d'une santé parfaite ; car alors le spectre, qui appartient à notre constitution corporelle, n'est pas en bon état et prêt à servir notre intellect. Quand une chambre est remplie d'une vapeur épaisse, le miroir, suspendu à la muraille, se trouve obscurci et incapable de réfléchir clairement l'image des objets qui lui sont présentés : eh bien! il en est exactement de même de nous. Lorsque notre constitution corporelle vient à dépérir et à se désorganiser, nous éprouvons une perte de mémoire et un affaiblissement de nos facultés sensitives, qu'il faut attribuer exclusivement au corps et nullement à l'âme. Mais il arrive souvent aussi que la puissance intellectuelle d'un homme intelligent est souvent plus active et plus parfaite quand le corps est plus faible.

De ce que nous venons de dire sur le spectre corporel et sur l'union du corps avec l'âme, il ne s'ensuit pas que,—quand l'esprit est séparé du corps, et, par conséquent, n'a plus aucun spectre corporel pour lui présenter les objets de sa pensée, — l'âme reste alors incapable d'avoir aucune connaissance. L'âme se trouvera dans un état différent du précédent, dans un état que l'on peut appeler préternaturel, et où elle devra avoir à sa disposition des moyens préternaturels. On peut présumer que l'âme recevra alors le pouvoir de connaître les objets d'une manière immédiate, sans avoir besoin du secours qui lui vient actuellement du corps.

II

1. Il est temps, maintenant, de parler de la distinction spécifique et essentielle qui existe entre notre âme et le principe vital des animaux inférieurs. Nous prions le Lecteur de vouloir bien rappeler à sa mémoire tout ce que nous avons déjà dit sur ce sujet, c'est-à-dire que nous connaissons la nature des divers êtres par leurs effets et leurs actions.

18.

Nous le prions encore de réfléchir que toutes les opérations des bas animaux, compris ceux de l'ordre le plus élevé, sont toujours dirigées par leurs sentiments extérieurs, et qu'aucune bête n'a jamais donné, dans ses actions, la moindre preuve qui permit d'en conclure qu'elle agissait indépendamment des impressions matérielles des sens. Or, ce fait constant démontre que le principe vital des bêtes ne subsiste pas par lui-même et, par conséquent, qu'il n'est pas immortel ; car, comme il dépend des sens du corps, il est évident qu'il ne saurait pas subsister après la destruction de celui-ci. La vie et la végétation d'un arbre ne sont pas, à proprement parler, une chose matérielle en elle-même. Elles ont quelque chose de plus élevé et de particulièrement distinct de ce que renferme l'idée générale et simple de corps. S'il en était autrement, il faudrait affirmer aussi que la vie appartient en propre aux pierres et aux rochers. Or, bien que les animaux inférieurs, outre la vie, possèdent encore des sens, l'imagination, et même une certaine connaissance par rapport aux objets particuliers et sensibles, on ne peut cependant pas dire que leur principe vital continue à exister après la destruction de leurs corps ; car il est un axiome, — généralement reçu non-seulement par l'école d'Aristote, mais encore par tous les hommes de jugement, — qui dit que la manière d'agir de tout être correspond à sa nature, et que la nature de tout être correspond à sa manière d'agir (1).

II. Nous devons ajouter ici quelques observations très importantes.

Le principe vital et sensitif des bêtes, ainsi que la vie et la végétation d'un arbre, ne sont pas l'effet d'un nouvel acte de création divine; ils ne sont que le développement d'une loi générale établie par l'auteur de la nature. Au contraire, le principe intellectuel de l'âme humaine étant

---

(1) *Operatio sequitur esse. Similiter unumquodque habet esse et operationem.*

chose supérieure à tout pouvoir de la matière, car la matière n'y a aucune part, nous devons dire que l'âme spirituelle de l'homme ne peut être le produit d'aucun développement d'une substance matérielle quelconque, mais doit être l'œuvre immédiate d'une puissance plus sublime. Nier une telle vérité, c'est pousser l'absurdité jusqu'à admettre que l'effet est plus grand que sa cause. Cette vérité fut, d'ailleurs, solennellement proclamée par Aristote, quand il dit : « Il reste donc prouvé que l'intellect seul vient de dehors. *Relinquitur intellectus solus deforis advenire* (De Gent. anim.). »

Toutes les choses sensibles obéissent à une loi déterminée. En sorte que leur formation, celle des bas animaux et celle du corps humain a lieu conformément à l'ordre matériel réglé par les lois physiques prescrites par la volonté du Créateur et mises en acte par sa puissance. Au contraire, l'âme intellectuelle de l'homme, qui n'est pas et ne saurait jamais et en aucune façon être comprise dans la catégorie d'aucune loi matérielle, est créée immédiatement par le Tout-Puissant et unie par lui, en temps voulu, au corps humain.

III. Il est évident, par ce qui précède, que l'homme, en ce qui concerne son corps physique, appartient au genre animal. L'homme, considéré uniquement dans son corps, possède le même principe de vie, les mêmes propriétés naturelles que les animaux, et, comme eux, est sujet à la même mort. Aussi, l'Ecclésiaste dit-il avec vérité : — « C'est pourquoi une même mort est à l'homme et à » l'animal, et leur condition est égale. Comme l'homme » meurt, ainsi l'animal meurt. L'un et l'autre respirent de » la même sorte, et l'homme n'a rien de plus que l'animal : » tout est assujetti à la vanité. L'un et l'autre vont en un » même lieu ; ils ont été faits de la terre, et ils retournent » également à la terre (ch. III, 19-20). » Tout cela est très vrai pour ce qui regarde le corps humain et le corps de la bête, mais il ne saurait en être de même pour la partie intellectuelle de l'homme. L'homme et les animaux inférieurs sont, en ce point, entièrement différents et appartiennent à un ordre tout à fait distinct. Le principe vital des bas animaux, n'étant qu'un développement naturel propre à certains corps matériels, cesse d'exister à la dissolution de leur corps. Mais il en est tout autrement de l'âme intellectuelle de l'homme qui, étant l'œuvre d'une production étrangère, est faite pour exister toujours par la volonté créatrice de l'Auteur de la nature.

La Genèse s'exprime comme il suit par rapport aux bas animaux : — « Et Dieu dit : Que la terre produise des » animaux, vivant chacun selon son espèce ; les animaux » domestiques, les reptiles et les bêtes sauvages de la terre, » selon leur espèce (*Gen*. c. I, v. 24). » — Quand il s'agit du corps de l'homme, il est dit : « Le Seigneur forma donc » l'homme du limon de la terre (c. II, v. 7). » — Mais il n'est fait aucune mention de la création du principe vital des bas animaux, tandis que, au contraire, la Genèse fait dire à Dieu relativement à l'homme : — « Faisons l'homme à notre » image et ressemblance (c. I, v. 26). » — Et elle ajoute : « Et le Seigneur répandit sur son visage un souffle de » vie, et l'homme eut une âme vivante (c. II, v. 7.) » De même, l'Écclésiaste, se taisant sur le principe vital des bas animaux à leur mort, s'exprime ainsi en parlant de l'homme : « Avant que la poussière rentre dans la terre d'où elle est sortie, et que l'esprit retourne à Dieu, qui l'a donné (c. XII, v. 7.) »

IV. On raconte une multitude de faits pour prouver la sagacité des animaux inférieurs, afin d'établir la fausse théorie qui assimile la nature de leur principe vital à celle de la nature humaine. Mais le Lecteur intelligent sait très bien que la sagacité des bas animaux, si merveilleuse qu'elle puisse être en diverses circonstances, n'est autre chose que l'effet de l'*instinct naturel*, manière d'agir régulièrement sans le concours de la raison et sans aucune délibération, *duce natura*, — ou bien encore l'effet de l'habileté et de l'instruction de l'homme. Parmi les innombrables exemples qui prouvent que les ouvrages des bas animaux, fruits du simple instinct, sont de beaucoup supérieurs à d'autres sortis de la main des hommes, nous nous contenterons de citer les ruches des Abeilles, les toiles des Araignées, les émigrations des Oiseaux, la construction de leurs nids, la sagacité des Chiens, la mémoire et la prudence des Éléphants. Ici, il suffit de fixer son attention sur ce fait, que l'instinct, — particulier et commun à chaque espèce diverse d'animaux et qui agit toujours d'une manière identique chez tous les individus, — prouve seulement qu'ils obéissent à une loi supérieure qui les contraint à faire une œuvre matérielle, sans aucune liberté de leur part, et qu'ils sont irrésistiblement poussés à agir ainsi par la volonté du Créateur suprême de toutes choses : *Magis aguntur quam agunt*. D. Thomas.

Pour ce qui concerne les actions de certains animaux qui ont été instruits, nous nous bornerons à observer qu'ils prouvent uniquement l'habileté de l'homme qui les a éduqués ; car on peut affirmer, en toute vérité, qu'ils agissent avec l'intelligence d'autrui et non avec la leur, vu que ces mêmes animaux agissent simplement selon les impressions reçues par leurs sens. Citons, par exemple, le chien célèbre qui additionne les nombres, écrits sur différents tableaux, de manière à exécuter des opérations mathématiques ; et aussi, l'âne savant, qui, lorsqu'on lui jette à terre une pièce de monnaie de diverse valeur, frappe du pied un nombre de coups égal à la valeur de la pièce. L'explication véritable de tels faits, c'est que le maître, placé près de ces animaux, leur indique, du regard ou en frappant la terre avec un baton, ce qu'ils doivent faire.

CHAPITRE XXII

DE LA LIBERTÉ DE L'HOMME

Si, dans tout ce que nous venons de dire, nous n'avons pas été l'organe de la vérité, ne songeons plus à connaître la nature de l'homme, à nous connaître nous-mêmes, ni à savoir d'où nous venons et à quoi nous sommes destinés. Il n'est plus besoin de règles pour notre conduite ; et en vain chercherions-nous à être consolés dans le triste passage de cette vie. Pour obtenir tout cela, il faut nécessairement que l'âme de l'homme soit spirituelle, et qu'elle puisse atteindre à l'immortalité ; il faut, en un mot, qu'elle soit libre, contrairement à celle des bêtes.

I. Que de raisonnements n'a-t-on pas faits sur cette dernière qualité de l'âme ! Au moins, ceux qui nous comparent aux animaux ne nous privent pas de toute sorte de facultés : ils sont forcés de reconnaître en nous celles qui se manifestent dans l'espèce à laquelle ils nous comparent. Mais que penser de ceux qui, par le plus grand abus du raisonnement, font de notre être une machine dont les ressorts sont les mêmes que ceux qui font agir la masse de la matière brute ?

O homme, te voilà donc ! La pudeur rougit de la nudité dans laquelle on t'expose, et la pitié pleure de te voir ainsi mutilé. Quoi ! Le chardon qui croît dans les champs, cette plante qui sert de nourriture à un animal que tu méprises, la boue que tu foules aux pieds, l'écaille qui couvre le poisson dont tu te nourris sont des êtres aussi précieux que toi ! Un délire complet a sans doute produit cette idée. Je ne répète pas ce que j'ai dit de la matière. Non, l'homme ne saurait y rester confondu. Ses titres de distinction sont écrits sur son front. L'intelligence et la liberté se sont donné la main pour le conduire.

Si l'homme n'est pas libre, si son action est dans lui ce que la végétation est dans la matière, il est inutile de lui dire : Modère tes passions, ou suis les. Autant vaudrait dire à un arbre : Ouvre tes valvules pour recevoir la sève dont tu as besoin, ou bien ferme les pour qu'elle porte son cours ailleurs. L'auteur du *Système de la nature* soutient cette monstruosité ; et néanmoins il donne des conseils. Peut-on voir rien de plus contradictoire et de plus ridicule !

II. Mais supposons que le matérialisme soit vrai, supposons que nous ne sommes que des machines semblables à celles d'un moulin, et que notre volonté n'agit que suivant l'impulsion du mouvement qui lui est donné par un principe étranger. Nous sommes chargés de misères ; qu'avons-nous donc fait pour mériter ce sort : Pourquoi souffrons-nous, si nous n'avons pu nous dispenser de faire ce qui nous procure tant de souffrances ? N'y a-t-il pas là de quoi faire jeter les plus hauts cris à la justice. Doit-on souffrir quand on ne l'a pas mérité ? Un Dieu bon ne punit pas l'homme de ses erreurs involontaires. Cependant nous sommes punis, nous souffrons ; il faut donc bien que nos erreurs soient volontaires, et que, loin d'être des instruments passifs, nous ayons été les maîtres de choisir le mal au lieu du bien. Réduits à souffrir, la seule conséquence que nous pouvons en tirer, c'est que nous ne sommes pas mus par une force étrangère, mais que nous sommes maîtres de nous conduire par nous-mêmes, de suivre l'ordre ou le désordre, libres, par conséquent, et différents de la matière nécessitée. Quiconque admet un autre raisonnement ne doit voir aucune justice dans l'univers: chacun y souffre pour autrui.

III. Et où trouvera-t-on de la vertu, s'il n'est point de liberté ? Il est bien évident qu'on peut alors, si les mauvaises passions l'exigent, se livrer à tout ce que les hommes mettent au nombre des plus noirs forfaits : on peut être parjure, cruel, ingrat et perfide ; on peut sacrifier à ses penchants l'équité, la droiture, son repos, son honneur, son épouse, son père ; et on dira : Qu'ai-je fait ? Que peut-on m'imputer ? Suis-je le maître de mes actions ? Ne suis-je pas sous l'empire de la nécessité ? Et cet empire, ai-je pu m'en défendre ? O Philosophe, levez ce scandale affreux, en abjurant votre système. Vous déchirez les cœurs sensibles par l'impunité où vous jetez les méchants. Si une nécessité, fatale par son mouvement, pousse et emporte celui de la volonté, est-il possible de prononcer un jugement ni en faveur des bonnes actions, ni contre les mauvaises ? Y aura-t-il jamais ni vertueux, ni criminel ? Quoiqu'on fasse, ces deux qualités ne peuvent être appliquées à qui que ce soit.

Que les gouvernements suppriment donc ces théâtres ignominieux où les hommes, jugés coupables par les sociétés, servent, par leur supplice, d'exemple à ceux qui seraient tentés de commettre le crime : on ne peut plus en tirer aucun fruit.

Le spectacle, que les magistrats décorent du nom de justice, n'est plus que la représentation de leur cruauté. Le sang qui coule par leur ordre sous la main du bourreau ne sert plus qu'à assouvir la férocité humaine. Thémis n'a plus d'épée, que comme le requin et la hyène ont des dents. La convention qui porte les sociétés à punir les malfaiteurs, est le pacte d'animaux avides de carnage. On déchirera, on ensanglantera, on tuera ; et l'équité, la tranquillité publique n'en seront pas mieux établies.

C'est pour faire exemple qu'on punit un coupable. Mais si on ne peut résister à la force majeure qui entraîne, si l'homme n'est pas libre, tout exemple devient inutile, et nul coupable ne doit être puni. La liberté détruite, il ne peut plus y avoir de conventions, de lois, de promesses, de menaces, de châtiments, de récompenses. En un mot, tout est illusion autour de nous et au-dedans de nous.

IV. Il y a plus : si l'idée des philosophes est vraie, le plus grand malheur de l'homme est d'exister, c'est d'habiter parmi les hommes ; et l'Auteur du genre humain n'est qu'un monstre.

> Ah ! sans la liberté, que seraient donc nos âmes !
> Mobiles, agités par d'invisibles flammes,
> Nos vœux, nos actions, nos plaisirs, nos dégoûts,
> De notre être, en un mot, rien ne serait à nous.
> D'un artisan suprême impuissantes machines,
> Automates pensants, mus par des mains divines.
> Nous serions à jamais de mensonge occupés,
> Vils instruments d'un Dieu qui nous aurait trompés.
> Comment, sans liberté, serions-nous ses images ?
> Que lui reviendrait-il de ses brutes ouvrages ?
> On ne peut l'adorer, on ne peut l'offenser ;
> Il n'a rien à punir, rien à récompenser.
> Dans les cieux, sur la terre, il n'y a plus de justice.
> . . . .
> Le destin nous entraîne à nos affreux penchants ;
> Et ce chaos du monde est fait pour les méchants.
> L'agresseur insolent, l'usurpateur avare,
> Cartouche, Miriweïs, ou tel autre barbare,
> Plus coupable enfin qu'eux, le calomniateur
> Dira : Je n'ai rien fait, Dieu seul en est l'auteur.
> . . . .
> . . . .
> C'est ainsi que le Dieu de justice et de paix
> Serait l'auteur du trouble et le Dieu des forfaits.
> Les tristes partisans de ce dogme effroyable,
> Diraient-ils rien de plus s'ils adoraient le Diable. (1).

Non, il n'y a de bien et de mal moral qu'autant qu'il y a de la liberté. Un fou, un imbécile ne sont point punissables, parce qu'ils ne sont point maîtres de leur raison. Mais un homme jouissant de ses facultés mérite d'être puni, quand il a commis le crime. O homme!

(1) VOLTAIRE. 2ᵉ *Disc. sur l'homme.*

> Vois de la liberté cet ennemi mutin
> Aveugle partisan d'un aveugle destin ;
> Entends comme il consulte, approuve ou délibère,
> Entends de quel reproche il couvre un adversaire ;
> Vois comme d'un rival, il cherche à se venger,
> Comme il punit son fils et le veut corriger !
> Il le croyait donc libre ! Oui sans doute, et lui-même
> Dément à chaque pas son funeste système.
> Il mentait en son cœur en voulant expliquer
> Ce dogme absurde à croire, absurde à pratiquer ;
> Il reconnait en lui le sentiment qu'il brave ;
> Il agit comme libre, et parle comme esclave (1).

V. Ce qui démontre qu'il n'est pas dans la nature de reconnaître aucune nécessité, c'est que jamais on n'a vu un malheureux, prêt à périr pour ses forfaits, qui ait pensé à s'en justifier en soutenant devant ses juges qu'une nécessité inévitable l'a entraîné dans le crime. Non, le scélérat le plus déterminé n'a jamais osé rejeter ses crimes sur l'influence d'un destin aveugle, ni sur la force d'une passion à laquelle il n'ait pu résister. Et quand il l'aurait osé, où est la nation qui se fût contentée d'une excuse de cette nature ?

On peut objecter qu'un reste de préjugé empêche le scélérat de s'excuser sur une nécessité qu'il n'a jamais pris soin de reconnaître, et qu'on lui a même toujours appris à ne pas croire. — Mais prenons un enfant chez qui la raison commence à se développer, et qui n'a pas encore été gâté, comme le prétendent les philosophes, par l'instruction. Si cet enfant a fait une faute pour laquelle il craint le châtiment, pourquoi ne lui vient-il jamais dans l'esprit d'alléguer pour sa défense qu'il n'a pu faire autrement ? Pourquoi ne s'excuse-t-il jamais en disant qu'il lui était impossible de ne pas se rendre coupable ? La voix de la nature est si forte en faveur de sa liberté qu'il sent déjà qu'une

---

(1) Voltaire, 2ᵉ *Disc. sur l'homme.*

défense aussi faible et aussi fausse redoublerait la colère de ses parents et aggraverait sa peine; tandis que, au contraire, si vous voulez le punir de n'avoir pas appris sa leçon pendant que vous le teniez dans une obscurité où il lui était impossible de l'apprendre, il se récriera contre l'injustice ; et si vous le punissez effectivement, vous ne serez plus qu'un tyran à ses yeux.

VI. J'entends, dit un philosophe plus sage en cela que bien d'autres, « J'entends beaucoup raisonner contre la « liberté de l'homme, et je méprise tous ces sophismes ; » parce que un raisonneur a beau me prouver que je ne » suis pas libre, le sentiment intérieur plus fort que tous les » arguments les dément sans cesse. Et quelque parti que je » prenne, dans quelque délibération que ce soit, je sens » parfaitement qu'il ne tient qu'à moi de prendre le parti » contraire. » (Rouss. *Nouv. Hél.* IIIe *p. lett. 22.*)

Quel épais nuage vient donc offusquer l'intelligence du fataliste? Il est sûr, d'une part, qu'on ne peut voir sans horreur les conséquences de cet affreux système ; de l'autre, il suffit d'observer le pouvoir que nous avons de penser et de tirer de cette faculté différentes opérations. De ce que nous ne faisons aucune action, sans nous apercevoir qu'un autre ne la fait pas pour nous, il est aisé de conclure que nous sommes libres ; car être libre, c'est agir : il n'y a point de liberté où tout est passif.

VII. Le pouvoir de délibérer sur tous les motifs est une preuve de la liberté. Or, ce pouvoir est d'une expérience continuelle, et il suppose que les motifs ne nous entraînent pas nécessairement ; car délibérer, c'est suspendre l'influence des motifs, c'est empêcher qu'ils n'agissent efficacement sur la volonté. On a beau dire qu'on n'est pas le maître de ne point vouloir retirer la main quand on craint de se brûler; l'action de *Mucius Scævola* est une preuve du contraire.

Mais à quoi bon l'histoire quand on peut se convaincre

de ses propres yeux? Voyez cet hydropique : son corps aveugle demande continuellement à boire ; sa raison éclairée le lui défend, et il s'en abstient. Un être qui se conduit ainsi prouve sa liberté ; car il fait le contraire de tout ce que sollicitent ses organes.

Que l'on offre à notre choix deux objets égaux, nous choisirons l'un, et nous laisserons l'autre ; peut-être ne pourrons-nous dire les raisons de la préférence que nous aurons donnée ; mais certainement notre choix sera une nouvelle preuve de notre liberté.

On dira que l'amour naturel que nous avons de notre bonheur nous portera nécessairement à choisir de deux biens celui qui nous paraîtra le plus grand, et que le désir de notre bonheur est assez puissant pour nous ôter la liberté de choisir le moindre. — Eh! combien de fois le moindre bien ne l'emporte-t-il pas, dans notre choix, sur le plus grand? Combien de fois ne résistons-nous pas à l'impulsion de l'amour de notre bien-être? Nous sentons qu'aucune de nos inclinations n'est invincible : tous les jours nous l'éprouvons par le combat que nous livrent les passions et par la victoire que nous sommes assez heureux de remporter de temps en temps. Plus on est sage, plus cette victoire devient fréquente. O philosophes! n'y a-t-il donc point de sages? Les mortels cèdent-ils toujours à leurs penchants?

VIII. Vous insistez, et vous dites qu'il est au moins des moments où l'âme sent une indifférence absolue. Dans ce cas, que devient la liberté? N'est-il pas évident que l'âme alors n'en a aucune? — Avant de faire cette assertion, il faudrait éclaircir les idées, et distinguer l'incertitude des connaissances. Il est certain que plus nous serons éclairés, moins nous aurons de l'indifférence. De toutes les choses existantes ou possibles, il n'y en a pas deux d'égale perfection ; il n'y en a donc pas deux qui puissent tenir la volonté dans l'équilibre. Quand deux objets ne différeraient entr'eux que par leur situation à notre égard, c'en serait assez pour qu'ils ne nous fussent pas représentés par des perceptions entièrement semblables. Nos appétits, qui naissent de nos perceptions, ne seraient pas non plus semblables. Ainsi, plus l'on saisit les différences des choses, moins on hésite dans leur choix ; et la plus grande marque de liberté, c'est d'avoir plus de connaissances qui excluent l'indétermination et l'indifférence. C'est par là que l'Être suprême, qui embrasse tout d'un coup-d'œil, jouit d'une souveraine liberté. Je conclus donc que la liberté ne saurait avoir l'indifférence pour compagne, si ce n'est sous les yeux de ceux qui ne connaissent pas ce qui la détermine, et je dis avec l'oracle des philosophes : *La liberté d'indifférence est en un mot vide de sens* (1).

Il est vrai que nous aspirons au bonheur. Le penchant qui nous y porte est un don de l'Être bienfaisant à qui nous devons l'existence. J'avoue que ce penchant est nécessaire, et ne dépend pas de nous. Mais, pour être heureux, n'y a-t-il pas des moyens à choisir ? Et si, pour ce choix, nous n'étions pas libres, pourquoi nous tromperions-nous si souvent ? Pourquoi nous arriverait-il tant de fois de rechercher les biens faux, pour ceux qui sont vrais, — les biens apparents, pour ceux qui sont réels ? Cela dépend de nous, de l'idée que nous nous faisons du bien que nous voulons nous procurer.

Il n'est point d'homme qui ne pèse plus ou moins les motifs ; qui ne balance à son gré les avantages et les inconvénients ; qui ne suspende une détermination aveugle et précipitée ; qui n'oppose à la force du penchant le contrepoids des réflexions et des lumières, le crédit et l'autorité de la raison. Il nous arrive souvent de sacrifier un plaisir présent et flatteur à une loi austère et pénible que nous

---

(1) VOLTAIRE : *L'A B, C., Dialog.* 17.

lisons gravée au fond de notre cœur. Tout cela est sans doute la liberté. Que serait-ce autre chose ?

IX. Qu'on n'oppose point que, agissant toujours par quelque motif, la nécessité nous ôte la liberté. Car être libre, est-ce ne se déterminer jamais ? Est-ce flotter dans une perpétuelle incertitude, balancer continuellement les raisons opposées sans se décider pour aucune ? Est-ce agir sans vues, sans cause, sans intelligence, en un mot, et sans choix ? Non sans doute ; mais, dans un danger prévu et qui menace, c'est penser, délibérer, s'armer de courage et prendre avec choix le parti qui convient le mieux à la raison.

Cette situation est bien différente de celle où l'on est quand un bruit imprévu nous fait tressaillir. Ce dernier mouvement est nécessaire, involontaire, parce qu'il n'est point réfléchi ; il est donc sans motifs, — par conséquent, il n'est pas libre. Gardons-nous de conclure ainsi pour les actes qui sont faits avec motifs, si nous voulons être d'accord avec le bon sens et la raison.

XX. Mais quoi ! sommes-nous tout matière ? Et les actions que nous faisons tiennent-elles toutes au mouvement, principe de l'acte matériel ? Le philosophe ne se connaît pas, ou il doit avouer que s'il reçoit, de la part des objets extérieurs, des impressions qui occasionnent ses sensations, et par là, ses idées, le pouvoir qu'il a de réfléchir combine aussi ses idées et en forme un grand nombre d'autres, même les plus parfaites, puisque ce sont celles qui produisent les connaissances. L'esprit du philosophe est donc actif ; il est donc libre.

Et comment ne le serait-il pas ? Bien loin d'être le sujet du mouvement, il en est souvent le principe. Combien de fois ne donnons-nous pas du mouvement aux corps qui sont hors de nous ! Combien de fois notre âme n'emploie-t-elle pas le mécanisme de nos organes, ne se sert-elle pas des ressorts qu'ils renferment, du mouvement qui les fait agir, pour opérer tout autre chose que ce que ces ressorts paraissaient devoir produire ? Enfin, nous pouvons, par choix et par suite de notre volonté, produire des effets ; nous sommes donc à cet égard des causes réelles. Comment, après cela, ose-t-on ne mettre aucune différence entre la matière toujours nécessitée et notre âme dont l'attribut est d'être active ? Il est sensible que, dans l'homme, l'organisation du corps ne doit pas être confondue avec la spiritualité.

Je conviens que nous sommes entraînés par le cours de la nature ; que nous ne pouvons arrêter les effets de la pesanteur, de la chaleur, de l'humidité et du froid : il faut que nous cédions aux propriétés, aux combinaisons des éléments. Obligés de suivre leur mécanisme propre et celui des corps qui les environnent, nous ne pouvons commander aux saisons, ni aux influences : ainsi nous périssons sans pouvoir prévenir notre destruction. Mais nous pouvons, par nos travaux, par notre intelligence, par notre industrie, mettre en usage les grandes lois de la nature, diriger les effets de la pesanteur, profiter du mécanisme des corps, des propriétés des éléments et des saisons, pour nous procurer, des mains de la nature même, les biens qu'elle renferme. Nous pouvons, par nos soins, par notre sagesse, prévenir divers accidents, soutenir les forces de notre corps et prolonger nos jours. Notre intelligence commande à la matière suivant nos besoins et notre utilité.

Philosophes, ne confondez donc pas tout. L'être qui commande est au dessus de celui qui obéit. Et par là même qu'il commande, il est actif et libre. C'est une nécessité de le conclure ; ou bien le squelette, qui sous sa forme ossale sort de dessous le scalpel, vaut autant que la tête de Dupuytren.

Mais donnez tout à la fatalité, embrassez quel système vous voudrez, l'homme agira toujours comme s'il était libre. Quand cette manière d'agir serait une illusion, quel philosophe oserait la détruire ? Voudrait-il braver ce qu'il risquerait, en punition des désavantages qui en résulteraient pour l'humanité ?

XI. Ce n'est pas tout : quand nous avons formé des résolutions sages, nous nous en applaudissons ; quand nous avons fait du bien, nous nous en savons gré. Si nous avons fait du mal, nous nous condamnons ; les imprudences que nous avons laissé échapper, les fautes que nous avons commises, nous nous les reprochons. Mais les événements malheureux et inévitables, si nous nous en affligeons, nous ne nous les reprochons pas, parce que, dans le premier cas, nous avons été libres, et que nous ne le sommes pas dans le dernier.

Aussi, lorsque, dans un accès de fièvre et de délire, quelqu'un s'est porté à des violences, nous en avons pitié, mais nous ne le blâmons pas ; lui-même, au retour de sa raison, concevra de la douleur de ses violences, mais il n'en aura point de remords, et le remords est une preuve irréfragable de la liberté.

Je veux qu'un objet étranger nous séduise et nous détermine ; mais, avec de la bonne foi, il faut convenir que nous pouvons vouloir sans lui. L'objet prend empire sur la volonté, il la gêne et la tyrannise ; cela n'est que trop souvent vrai. Mais notre liberté n'en existe pas moins pour cela. Nous ne sentirions pas la gêne et la tyrannie, si nous n'étions pas essentiellement faits pour agir par nous-mêmes, et non par l'attrait des illusions. Il est inutile de chercher des causes à la volonté ; elle est cause elle-même, elle est donc libre. Si elle se corrompt, c'est par le mauvais choix qu'elle fait.

La liberté enfin serait-elle combattue, si on avait soin de distinguer dans un être libre son action et l'effet de cette action ? On s'aperçoit bien que nous dépendons, comme la matière, des causes externes par rapport à l'action ; mais on voit aussi, quand on se donne la peine d'observer, que l'effet de cette action dépend à son tour de la détermination de notre volonté, et qu'en cela nous différons parfaitement de la matière, dont la nature est d'être entièrement passive.

Qu'un certain objet excite mon désir, — en l'acceptant, il est aisé de sentir que c'est moi qui m'y détermine, mais que je n'y suis point forcé. S'il est joint à d'autres objets qui frappent mes sens, je les compare ensemble; je fais usage de ma raison, de mes réflexions, et je me détermine à choisir un de ces objets préférablement à l'autre. Ma liberté agit en cela avec indifférence, quoique le motif qui la fait agir ne soit point indifférent. Je n'y éprouve point de contrainte : je suis donc libre.

Après tant de preuves de notre liberté, on est étonné que certains philosophes n'admettent que la perfectibilité pour notre caractère distinctif. Mais la liberté et la perfectibilité n'appartiennent qu'à notre espèce.

Que la liberté nous appartienne exclusivement, on ne saurait en douter, puisque, pour étudier cette faculté, il faut nécessairement en suivre les traces et le caractère dans l'être qui nous compose. S'y prend-on mal? Oh! mais nous délibérons, nous choisissons. Notre apanage est donc la liberté. Ce qui fait notre malheur, c'est que nous influons sur cette faculté en l'appliquant par notre volonté à un mauvais usage, tandis que nous ne devrions nous en servir que pour le bien.

Le fataliste lui-même n'est attaché à son système que parce que, malgré son absurdité, il l'a préféré à tout autre. Il n'était pas né ce qu'il est. Jusqu'à ce que, égaré par les fausses lueurs qui ont ébloui ses yeux, il ait pénétré dans les funestes connaissances qui ont occasionné son choix, il a cru agir librement. Du moins, les choses devaient lui paraître ainsi. Pour embrasser son système, que d'arguments il a combattus! Que de preuves il a rejetées! Que de vérités a éludées sa raison séduite! Pourquoi ne suit-il pas le même parti que nous? La lumière qui nous luit le frappe de ses rayons, mais il ne veut pas la voir.

19.

CHAPITRE XXIII

TRISTES CONSÉQUENCES DU FATALISME : OBJECTIONS

I. Nous avons prouvé que la liberté est essentielle à notre nature. Nous avons montré que le fatalisme est faux dans ses principes. Il faut encore le suivre dans ses conséquences. Jusqu'au blasphème, rien ne coûte au fataliste pour faire valoir ses idées. Réduisez-le à convenir de la vérité : ce ne sera que pour charger la divinité de l'imputation la plus révoltante. L'induction que le fataliste tire de notre liberté, c'est qu'il faut imputer à Dieu qui nous l'a donnée, et non à nous-mêmes, les crimes que nous commettons par le mauvais usage de cette faculté. S'il ne nous eût pas fait libres, dit-il, nous ne pourrions pas devenir coupables. C'est ainsi que raisonne ce nouvel artisan de l'impiété et du plus dur esclavage. Le seul raisonnement juste que l'on puisse faire, c'est que, si nous n'étions pas libres, ce serait alors qu'il faudrait tout imputer à la divinité ; car alors, purs instruments et sans activité par nous-mêmes, tout ce que nous ferions viendrait de l'ouvrier qui nous mettrait en œuvre, et nous ne serions pas plus responsables de nos actions que le marteau ne l'est des ouvrages auxquels on l'emploie.

II. Dieu, dira-t-on encore, a prévu nos actions ; et s'il les a prévues, comment sommes nous libres ? La théologie enseigne que notre volonté est dans la dépendance entière de Dieu, que ce souverain Être est la cause de tous nos mouvements et de toutes nos volitions. L'Apôtre des nations dit que Dieu nous donne le vouloir et le faire. Nous ne sommes donc que de purs instruments.

Voilà sans doute une forte objection! Elle a embarrassé les docteurs les plus respectables. En s'écriant : O profondeur! ils ont décidé que c'était un mystère impénétrable, et que l'Esprit divin s'en était réservé la connaissance.

Mais voici pour l'homme qui se permet de raisonner. Lorsque deux vérités sont également démontrées, le parti qui lui reste à prendre, c'est celui de croire. S'il ignore le terme qui lie les deux vérités, c'est qu'il ne doit pas le savoir; son esprit n'est pas fait pour tout comprendre.

Rien n'est mieux démontré que la liberté et l'infaillibilité de Dieu. Cette démonstration est prise de la nature de l'homme et de celle de son auteur. Ce sont là les deux bouts de la chaîne qui sont entre nos mains. Tenons ces deux bouts, et tenons-les fortement, sans nous mettre en peine de voir le milieu par où l'enchaînement se continue. Il n'est pas donné à l'homme de pénétrer dans les secrets de la Divinité; et il vaudrait beaucoup mieux laisser là toutes les subtilités que de les employer à détruire un fait appuyé sur les preuves du sentiment. Nous n'avons aucune idée de la manière dont Dieu voit; pourquoi en aurions-nous de sa manière de prévoir?

Il est certain que la liberté de l'homme et la prévision de Dieu sont deux vérités mises à notre portée, et dont nous pouvons tirer la plus grande utilité. Quel danger n'y aurait-il pas de les laisser échapper, sous le prétexte que nous ne pouvons les concilier? Tout ce qui est divin est au-dessus de l'entendement de l'homme, et vouloir sonder la Divinité, c'est le moyen de se jeter dans l'erreur. Dieu connaît tout : il connaît les secrets les plus cachés. Demander de quelle manière Dieu les connaît, c'est vouloir soumettre à nos lumières bornées les opérations de l'Infini.

Cependant une personne qui connaît le tour d'esprit et le caractère d'une autre personne pourra prévoir à peu près comment elle se conduira dans certaines circonstances ; comment Celui qui connaît leur essence, leurs propriétés, Celui, en un mot, qui connaît parfaitement toutes les causes ne connaîtrait-il pas tous les effets? Un Dieu borné à la connaissance du présent et du passé serait tout au plus un homme ; et l'homme, contraint sous les lois de la nécessité, ne serait qu'une machine. Voilà deux idées absolument inconciliables avec la connaissance que nous avons et de Dieu et de l'homme.

Mais la nécessité qui résulte de la prévision de Dieu n'est point ennemie de la liberté, parce que, s'il est certain, s'il est infaillible que l'homme fera ce que Dieu a prévu, ce n'est pas précisément à cause que Dieu l'a prévu ainsi, mais, au contraire, Dieu l'a prévu à cause que l'homme devait agir ainsi.

III. On dira que ce raisonnement exclut le concours de Dieu dans les actions de l'homme ; on dira qu'une pareille liberté nous met dans l'indépendance de celui qui nous l'a donnée. — Qu'est-ce que Dieu fait pendant que nous agissons nous-mêmes? ce qu'il a fait avant que nous fussions, et ce qu'il fera quand nous ne serons plus. Je conviens que ce n'est pas ainsi qu'on débarrasse la liberté du poids des objections dont on la charge ; mais je me garderai bien de borner la puissance de Dieu, parce que je ne connais pas le moyen de concilier cette puissance infinie avec un don qui paraît lui être opposé.

Plus le don qu'il nous a fait est grand, plus sa puissance et sa bonté éclatent. Ainsi la liberté, loin de me faire rien ôter des attributs de l'Être suprême, me fait confesser, au contraire, que nous n'avons cette prérogative que parce qu'il y a un Dieu infini en tout.

Il y a un Dieu ; donc, nous sommes libres : voilà mon argument. Que celui qui en nierait la conséquence examine auparavant s'il est possible de raisonner autrement. Car si l'on ôte Dieu, tout devient alors nécessaire, tout existe par soi-même; tout s'opère par des mouvements liés nécessairement ensemble; alors il n'y a point de liberté. Mais l'existence de Dieu prouve cette faculté ; et sans Dieu, il serait impossible de la prouver. Tous les êtres tenant de la nécessité attachée à la nature existant par elle-même, il ne serait pas possible de concevoir que la liberté fût nulle part.

Mais la liberté, je la sens dans moi. Nul homme qui ne la sente dans lui-même. Ainsi, sans entreprendre d'éclaircir le plus profond peut-être des mystères, la conciliation du libre arbitre avec le secours immédiat de Dieu, ce que je puis répondre, c'est que, comme ce n'est pas Dieu qui veut pour nous, on ne saurait dire qu'il nous fasse agir de telle ou telle manière. La volonté n'est pas l'effet d'aucune cause efficiente nécessaire, elle est bien plutôt la tendance vers la production d'un effet, autant que cet effet paraît être en notre pouvoir. Ainsi, notre liberté consiste dans la faculté de nous déterminer. Dieu ne se détermine pas pour nous. C'est nous qui voulons, nous qui nous déterminons.

Dieu nous fait vouloir autant que, par sa grâce, il influe sur la détermination de notre volonté, mais non pas en déterminant cette volonté par une impression irrésistible. Dieu, étant la cause de la volonté, ne lui fait point de violence ; il ne peut y en avoir que quand on est mu par une cause contraire. Or, que la volonté soit mue par elle-même, ou par l'impression divine, il n'y a pas plus de contrainte d'une part que de l'autre, parce que Dieu est la suprême raison, et la raison est ce qui fait notre liberté. I faut donc entendre que notre volonté suit l'impression que Dieu fait sur elle, non comme un instrument inanimé et sans raison, mais comme un être raisonnable qui choisit, et suit le bras divin comme sa propre cause.

Il est, du moins, sensible que la volonté de l'homme est la cause de ses actions. Dieu l'a faite, cette cause ; mais elle fait à son tour, en cela différente des causes corporelles qui sont plutôt faites qu'elles ne font. L'une agit par un pouvoir qui lui est propre, les autres n'ont d'action qu'autant qu'elles la reçoivent d'une force étrangère. Tout cet ordre de causes est certainement connu de Dieu ; mais cette connaissance ne dérange point la nature de la volonté, et lui laisse le pouvoir de faire ce qui est dans sa dépendance. Ainsi, un homme ne pèche pas parce que Dieu a prévu qu'il pècherait ; il ne doit imputer qu'à soi-même le péché dont il se rend coupable : sa mauvaise action n'est que la suite de son mauvais choix ; et quand il arrive à l'homme d'en faire un bon, c'est que Dieu l'a aussi connu par sa prescience.

Comment voudrait-on qu'un Dieu qui voit tout avec une justesse infinie fût trompé. Il n'est point de ressort, de mouvement employé, de désir, de choix formé et d'action faite par la créature, que tout ne soit connu du Créateur ; c'est ce qui fait certaine sa prescience, et la liberté humaine faisant tout par le pouvoir qui lui est propre, cette prescience ne saurait la gêner.

IV. Je ne sais si cette réponse sera du goût des philosophes dont j'essaie de dévoiler les erreurs ; mais je ne me flatte pas de convaincre les gens qui ont un parti pris. Le voile qui couvre les mystères, il ne nous est pas possible de le rompre ; nous en convenons au moins de bonne foi. Mais l'impossibilité d'éclaircir certaines vérités ne doit pas empêcher de les admettre quand on en est convaincu d'ailleurs. Oui, nous admettons des difficultés, parce qu'il n'est point de connaissances pour l'homme qui n'en soient hérissées ; mais nous les préférons aux absurdités que fait naître le philosophisme.

Tous les raisonnements qu'il peut faire contre la liberté ne nuiront jamais aux preuves de sentiment. Si nous ne sommes pas clairs dans les réponses qu'il nous oblige de lui faire, cela vient de la nature du sujet dans la discussion duquel il nous fait entrer. Le sort d'un homme qui doit expliquer ce qui porte un caractère mystérieux sera toujours de répondre obscurément.

Une chose claire, c'est qu'on distingue toujours avec facilité les actes que produit la détermination de notre volonté aidée du secours divin, de ceux qu'on appelle proprement et dans un sens plus sublime, les opérations ou l'œuvre de Dieu, comme la création. Cette distinction démontrera toujours que notre volonté n'est pas, dans les mains de Dieu, passive comme la matière; que nous ne sommes pas de purs instruments, et que nous jouissons d'un principe propre d'activité.

Les mouvements spontanés, ceux qui ne dépendent d'aucune cause extérieure, ne les distinguons-nous pas aussi très-bien de ceux qui sont excités par un agent qui existe hors de nous? Nous ne confondons point les secousses dans lesquelles nous sommes purement passifs avec les actions volontaires et réfléchies dont nous sommes le principe.

Il n'est personne qui ne sente la différence qu'il y a entre la circulation de son sang, le battement de son cœur, les convulsions dont il peut être attaqué, mouvements dont il n'est pas le maître, et entre le mouvement qu'il imprime, par sa volonté, à sa main ou à son pied. Jamais personne n'a pris pour des effets d'une même cause cette idée ou ce frémissement qu'excite en nous un objet subitement aperçu, et cette attention libre et réfléchie que nous donnons à cette idée ou à cet objet.

D'après ces notions prises d'un sentiment irrésistible dont un être actif est seul capable, il est évident que nous ne sommes pas des êtres purement passifs. Aidée même du secours divin, notre volonté ne se montre pas autrement. Pourquoi veut-on donc que, sous cette influence, elle cesse d'être libre? Le concours de la Divinité ne nous contraint pas plus que celui de notre propre raison. Avec Dieu, on trouve plus d'attraits, parce qu'on ne voit que les choses les plus conformes aux facultés de notre âme. Mais de ce que, malgré cette conformité, nous ne résistons encore que trop souvent, il est clair que notre liberté n'y perd rien.

Si le philosophe obstiné dans son opinion ose dire que ces raisonnements n'établissent point la liberté, je lui répondrai qu'ils servent du moins à prouver que l'objection la plus forte qu'il puisse faire ne la détruit pas. Cela, joint au sens intime et à l'usage qu'ont tous les hommes d'agir entre eux en hommes libres, ne permet plus de douter de cette vérité, claire dans son existence, quoique obscure par le raisonnement.

Cette obscurité, qui ne peut avoir lieu que parce que nous sommes bornés, nous porte à conclure, pour la philosophie, comme pour nous, que, de quelque part que ce soit, il faut nous méfier de nos lumières. Ainsi, le plus grand bonheur qui pût nous arriver, c'est que l'Être souverain qui nous a faits ait daigné nous parler. Partout il nous traite en créatures libres. Un ouvrier aussi sage ne connaîtrait-il pas son ouvrage, ou voudrait-il nous tromper? Écartons de notre raison cette idée honteuse et impie, et faisons-nous gloire de rejeter loin de nous l'homme forgé par les philosophes. Celui que nous dépeint la religion vaut infiniment mieux.

V. La religion nous enseigne que nous avons une âme libre. Notre raison qui le sent ajoute une vraie satisfaction à en tomber d'accord. Grâces t'en soient rendues, lumière divine, auguste Révélation; sans toi, j'eusse échoué sans doute : l'erreur est le partage de celui que tu ne guides pas!

C'est au flambeau de la Révélation que nous lisons que l'homme est devenu prévaricateur. De cette prévarication vient la difficulté d'expliquer l'énigme sous laquelle nous sommes enveloppés; mais, pour en bien juger, il ne faudrait pas tant observer ce que nous sommes que ce que nous avons été. Déchus maintenant et dégradés, en nous renfermant dans l'état actuel nous ne pouvons avoir que des idées ténébreuses. Les sens ont trop d'empire sur nous;

nous ne faisons plus de jugement que d'après leur impression, et c'est là ce qui nous trompe et ce qui nous fait tomber dans tant de contradictions. Nous sentons le poids des chaînes. Mais ce poids prouve-t-il que nous n'ayons jamais été libres? En devons-nous conclure que nous ne le soyons pas, même à présent? S'il nous était impossible de recouvrer jamais toutes nos forces, notre chaîne ne serait ni une honte, ni une peine. Cependant, toutes les fois que nous nous écartons de l'ordre dans lequel nous devrions nous maintenir, toutes les fois que nous cédons aux sens la supériorité que l'esprit seul devrait avoir, nous éprouvons un tourment que nous ne saurions éviter, et une honte qui nous trouble malgré nous. Ce double supplice atteste notre destination pour le bien, et la liberté avec laquelle nous nous portons au mal ; il est notre punition, mais il convainct le coupable qu'il pouvait ne pas faire ce qui le lui a attiré.

L'homme devait vivre en homme spirituel ; l'infortuné a préféré la vie corporelle. Ce choix l'a jeté dans une mêlée où, tous les jours, ses ennemis remportent sur lui de grandes victoires. Mais ce qui prouve qu'il n'est pas entièrement privé de forces, c'est qu'il peut encore, dans l'état de faiblesse où il est réduit, repousser tous les efforts de ses ennemis. Il est des sages qui ne cèdent point, il est donc des forts parmi les hommes malgré leur dégradation. Et s'il en est quelques-uns, ils peuvent tous l'être, parce que tous ont les mêmes facultés. Si le philosophisme voulait bien faire cette observation, il ne dirait pas que nous manquons de pouvoir, il ne nous priverait pas du seul moyen de l'employer, de la liberté.

Mais quoi ! peut-on nous en priver ? Tout au plus tâche-t-on de la faire disparaître sous des arguments spécieux et subtils. Mais il n'est qu'un parti pour l'homme sage, c'est de s'en tenir à ce qu'il sent, et de laisser tout l'artifice de la dialectique. Ici, cet art est tout au moins inutile; car de quelque manière qu'on raisonne, on ne fera jamais révoquer en doute une vérité démontrée par les sentiments les plus vifs, les plus profonds, les plus irrésistibles, les plus universels. On pourra éblouir quelques esprits faibles ; mais, assurément, jamais personne ne sera convaincu.

Les arguments qu'on fait contre le mouvement et contre l'existence des corps n'empêchent pas que les philosophes n'en aient les mêmes idées que le vulgaire. La raison, c'est que, de part et d'autre, ces deux vérités se font sentir de la même manière. S'il en est ainsi de la liberté, il ne doit pas y avoir de la différence dans le jugement qu'on en porte. Au moins, est-il certain qu'un argument pris du sentiment vaut mieux que toute la logique, parce que, pour le détruire, il faudrait démontrer qu'on ne sent pas.

Le philosophisme a entrepris de nous ravir notre âme; c'est pourquoi il en attaque les facultés. Tenons-nous en à ce qu'en dit l'oracle même des philosophes : « Il ne faut que
» rentrer en soi-même pour sentir qu'il y a quelque chose
» en nous qui vit, qui sent, qui se détermine. Nous pensons
» que notre âme est distincte de la matière, et qu'elle est
» intelligente par sa nature. Nous raisonnons peu sur cet
» objet; nous aimons à croire tout ce qui élève la nature
» humaine. Le système qui l'agrandit davantage nous devient
» le plus cher; et nous ne pensons pas que des idées qui
» honorent les créatures d'un Dieu puissent jamais être
» fausses. En adoptant le plan le plus sublime, ce n'est point
» se tromper, c'est frapper au véritable but. L'incrédulité
» n'est que faiblesse, et l'audace de la pensée est la force de
» l'être intelligent. Pourquoi ramperions-nous dans le néant,
» tandis que nous nous sentons des ailes pour voler jusqu'à
» Dieu, et que rien ne contredit cette hardiesse généreuse ?
» S'il était possible que nous nous trompassions, l'homme
» aurait donc imaginé un ordre de choses plus beau que
» celui qui existe : la puissance divine serait limitée. j'ai
» presque dit sa bonté (1). »

(1) Voltaire...

CHAPITRE XXIV

DE LA NATURE HUMAINE EN GÉNÉRAL ET DES PASSIONS.

I. Le Philosophe nous parle de la nature humaine et ne nous propose que des énigmes. Je cherche quelle est la nature qui convient à l'homme, je parcours les livres philosophiques : pas un qui m'explique ce qu'il en est. On était dans le vrai, quand on a dit de leurs auteurs :

> Ils ont eu l'art de bien connaître
> L'homme qu'ils ont imaginé ;
> Mais ils n'ont jamais deviné
> Ce qu'il est, ni ce qu'il doit être.

Commençons donc par leur demander : Y eut-il jamais pour l'homme un état de nature, et peut-il même y en avoir un ? Cette première question a fait naître des milliers de rêves ; car il est certain qu'il n'est point d'époque pour cet état imaginaire. Tout ce qu'il y a eu d'hommes nous a toujours ressemblé.

Dès que l'enfant fut né, son père le protégea, et sa mère le nourrit. Pour remplir ces soins bienfaisants, il ne fallut aux parents que suivre la pente de leur cœur. L'enfant fut ainsi lié par le pacte social ; au lieu que, s'il eût été abandonné, il serait mort, et il n'y eût point eu d'état de nature.

A celui qui ne se rapporte pas à ce qu'apprend la Religion l'existence même du Globe est une énigme. Comment cet homme peut-il avancer qu'il y eut un état de nature ? Qu'en sait-il ? En trouve-t-il la moindre trace en quelque part que ce soit ? Qu'il ne prenne pas pour exemple ces êtres humains qu'on trouva, en différents temps, dans les forêts de la Hesse, de l'Irlande et de la Lithuanie. Des êtres qui n'ont pu vivre que dans le sein des alarmes, et qui sont morts sans postérité, ne peuvent guère être comptés au nombre des hommes. Leur vie n'a été que celle des bêtes anthropomorphes. On n'en peut tirer plus d'induction par rapport aux autres hommes, qu'on en tirerait d'une branche coupée par rapport à l'arbre qui reste sur pied.

Tout ne démontre-t-il pas que l'homme n'est pas fait pour vivre à la manière des quadrupèdes. L'instinct n'est pas la seule de ses facultés, il en a de bien supérieures : il pense, il sent qu'il a besoin de penser. Relégué parmi les ours, s'il y vit il sentira malgré lui que ce n'était pas l'état de vie qui lui était destiné. Qu'ont donc fait les Philosophes qui ont soutenu l'état de nature ? Ils ont fait des tableaux comme les poètes en ont fait de l'âge d'or. Mais un tableau ne prouve pas que l'objet que l'on représente ait existé. Tacite décrivait les mœurs de la Germanie pour faire rougir les Romains ; c'est peut-être aussi pour faire honte à l'homme civilisé qu'on a peint l'homme de la nature. Mais il a fallu inventer celui-ci ; encore n'a-t-on pu lui donner que des attributs contradictoires. Tout ce qu'on en a dit n'apprend rien de son essence ; on lit tout, et rien n'est éclairci. Ce qu'il y a de certain, c'est qu'il n'est point de monument qui n'atteste que la société a toujours existé ; et on ne peut pas soutenir qu'il y ait jamais eu des hommes qui ne nous ressemblent. Tout est lié dans la nature : le physique représente le moral, et nous tendons vers l'état social comme notre globe tend vers le soleil. En un mot : l'homme ne peut se suffire à lui-même, il est donc social, et il n'y a point d'état de nature.

II. Que veut donc la philosophie par cette maxime si souvent répétée: *Suivez la nature?* Faudra-t-il que la morale cède à l'instinct ? La raison ne sera-t-elle comptée pour rien ? Et la passion sera-t-elle le seul guide qu'on devra suivre ? L'éducation religieuse et politique est nécessaire pour réprimer la nature. Sans ces deux freins, à force de suivre la nature, tout tomberait en désordre ; la société ne pourrait se soutenir, et l'individu périrait. La maxime est donc pernicieuse, et celui qui la prêche est un homme méchant par principe ou par ignorance.

Observons seulement ce que demande la nature, pour juger combien il serait dangereux d'en écouter la voix. Elle nous dit « Qu'il faut bien manger, bien boire, bien
» jouir de tous les plaisirs des sens ; préférer ses intérêts à
» ceux d'autrui ; s'accommoder de tout ce qu'on trouve à
» son gré ; faire plutôt une injure que de la souffrir ;
» se venger. Tout cela est si naturel qu'on le découvre dans
» les enfants et dans l'instinct des animaux. Mais tout cela,
» dans l'homme, tend à un si grand désordre, que si l'art
» n'en corrigeait la nature, il n'y aurait rien de plus
» corrompu que son espèce, rien dont il convînt plus una-
» nimement que de donner à son corps tout ce qu'il souhaite,
» de satisfaire son ambition, sa jalousie, son avarice autant
» qu'il lui serait possible. Alors, le plus fort opprimerait le
» plus faible ; on n'aurait, dans ses amours, d'autre règle
» que l'amour même. Il n'est, en un mot, aucun dérègle-
» ment où la nature n'entraînât tous les jours (1). »

L'aspect sous lequel se présente à mes yeux le partisan de la nature, c'est celui d'un voyageur, voguant en pleine mer, sans boussole, n'ayant aucun point vers lequel il dirige sa marche. Il conduit son vaisseau sans l'étoile polaire. Le jour qui l'éclaire est couvert de nuages ; la tempête est toujours prête à fondre sur lui ; et pour comble de malheur, s'il aborde chez des peuplades qui ne connaissent, comme lui, que la nature, il verra bientôt que ce sont des anthropophages. Pour peu qu'on habite parmi ces insu-

(1) Bayle.

laires, la relation qu'on pourra en envoyer se réduira à ce que, pour ne pas servir de pâture à ces cruels habitants, on s'est trouvé dans la déplorable alternative de combattre de toutes ses forces, ou d'imiter leur férocité.

En effet, quelle loi suit-on dans ces pays barbares? La loi des passions, de tous les mouvements de l'homme les plus contraires à sa tranquillité ; les premiers chocs qui en naissent nuisent à son bonheur ; leur gradation augmentée détruit son existence. Oh ? si l'on suivait la route marquée par la Religion, au lieu de monstres on ne trouverait que des hommes sur la terre.

Modérez vos désirs : voilà la belle, l'utile leçon que la Religion nous donne ! Il n'y a de sort heureux que pour ceux qui la pratiquent. Le philosophe vient et crie : Les passions sont de la nature ; celle-ci veut être obéie, cédez donc aux passions.

Oui, les passions sont de la nature; mais elles doivent être soumises à la raison ; alors elles n'ont rien de vicieux ; elles servent à conduire plus facilement au but vers lequel l'homme doit se diriger. Ce sont des vents doux et propices qui aident à la manœuvre, au lieu de la contraindre, et qui, sous la direction d'un sage pilote, rendent notre course plus prompte et nous ramènent plus sûrement au port. La raison seule, froide et languissante, manque de ressorts; les passions lui donnent de la force. « La tranquille raison » nous fait approuver ou blâmer ; il n'y a que les passions » qui nous fassent agir (1). » Vouloir les anéantir serait donc un projet insensé ; car l'oiseau ne peut voler sans ailes, ni le vaisseau voguer sans ses ailes et ses agrès ; de même, l'homme ne serait capable de rien sans ses passions. Mais qu'il les modère ; que la raison les gouverne ; que la Religion les épure, et alors il en tirera les plus grands avantages.

(1) *Emile,* liv. III.

Quels maux, au contraire, ne produisent-elles pas, et contre quels écueils ne font-elles pas échouer, quand livrées à elles-mêmes, elles deviennent trop ardentes, trop impétueuses trop fortes ? Il suffit de leur donner un libre essor, pour qu'elles acquièrent une trop grande activité. Alors, leur mouvement n'étant point arrêté, elles se portent à des extrémités qui intervertissent tout l'ordre. Les sens, toujours exigeants, sont les seuls qui soient écoutés. La raison, qui connaît ce qui convient et réprime les excès, ne peut plus faire entendre sa voix, et perd l'empire qu'elle devait avoir. Dans ces fatales circonstances, les passions deviennent un vrai fléau ; il n'est point de ravages, même les plus affreux, qu'elles ne causent.

J'avais une barque fragile à pousser sur les flots ; j'avais besoin de vents doux et favorables pour aller d'un village à l'autre ; par malheur, les orages se sont élevés, les flots se sont excités, la tempête s'est déchaînée et la mer, dans son trouble, m'a englouti avec fracas. Où est le passager qu'a épargné le naufrage, qui puisse jamais penser à sa délivrance, sans être encore saisi de l'horreur causée par les périls qu'il a courus ?

Tel est le sort que doivent attendre tous ceux qui, instruits par le philosophisme, confondent, sans en prévoir les suites, ce que la nature nous a donné de bon, avec ce qui peut y arriver de mauvais.

III. Il y a des penchants naturels et nécessaires à l'homme; mais, pour l'honneur de l'humanité, ne prenons pas droit de là d'abuser de nos explications, et gardons nous de faire indistinctement l'éloge de ce que l'homme a le plus à craindre.

« Raisonnerait-on bien, demande Rousseau, si de ce
» qu'il est dans la nature de l'homme d'avoir des passions,
» on allait conclure que toutes les passions que nous sentons
» en nous et que nous voyons dans les autres sont natu-
» relles ? Leur source est naturelle, il est vrai ; mais mille
» ruisseaux étrangers l'ont grossie. C'est un grand fleuve

» qui s'accroît sans cesse, et dans lequel on retrouverait à
» peine quelques gouttes de ses premières eaux. Nos pas-
» sions naturelles sont très bornées ; elles sont les
» instruments de notre liberté ; elles tendent à nous con-
» server. Toutes celles qui nous subjuguent et nous
» détruisent viennent d'ailleurs ; la nature ne nous les
» donne pas, nous nous les approprions à son préju-
» dice (1).»

Il ne faut regarder comme naturel que ce qui est conforme à la raison. La coutume pervertit l'instinct ; elle fait souvent donner à ses usages le glorieux titre de lois naturelles. Ainsi, les Massagètes croyaient remplir une loi de la nature lorsqu'ils mangeaient les cadavres de leurs pères ; et les Grecs s'imaginaient être inspirés par elle quand ils enterraient leurs morts. Qui est-ce qui ne voit pas qu'il est indifférent à la nature qu'un cadavre soit mangé ou enterré ? Ne le trouve-t-elle pas pour en tirer de nouveaux effets, qu'il soit dans les entrailles d'un être animé, ou dans celles de la terre ?

Quand la Religion n'aurait fait que nous marquer le milieu que nous devons suivre, il faut la bénir éternellement, et prononcer anathème contre quiconque voudra nous apprendre à violer la règle qui nous a été prescrite. Nous sentons que c'est de cette règle que dépend notre bonheur et celui de la société.

> Oui, pour nous élever aux grandes actions,
> Dieu nous a, par bonté, donné des passions.
> Tout dangereux qu'il est, c'est un présent céleste;
> L'usage en est heureux, si l'abus est funeste (2).

Panégyristes outrés des passions, c'est sur les débris de la vertu que vous élevez leur empire. On admire votre éloquence ; mais prenez-vous garde qu'à force de crier :

---

(1) *Emile*, liv. IIIe.
(2) Voltaire.

à la nature, dans le sens surtout que vous osez lui donner, vous détruisez les notions du juste et de l'injuste ; que vous confondez le bien avec le mal, la lumière avec les ténèbres ? Prenez-vous garde que pour ne pas distinguer ce que vous appelez *naturel,* vous lâchez la bride à toutes les passions ; et que bientôt toute règle va être renversée, tout désordre justifié, tout excès loué, divinisé ? Il n'est point d'ordre avec votre doctrine ; on ne sait quelle place donner aux gens de bien, ni aux scélérats. Il faut même que vous chassiez de votre société l'intègre, l'inexorable Caton, qui poussait l'amour de la justice jusqu'au point de se défendre des tendres affections de la nature, comme des plus dangereuses ennemies de la vertu à laquelle il s'était dévoué. Je ne serais point surpris, et je regarderais comme une suite de votre système si vous preniez pour vos héros ces monstres, qui, de tout temps, ont deshonoré l'humanité. Tullie, qui passa sur le corps de son père pour monter au Capitole, a droit à vos éloges. Soyez conséquents, et vous préconiserez Tarquin qui deshonora Lucrèce, Érostrate qui brûla le temple d'Éphèse, Néron qui mit le feu aux quatre coins de Rome pour s'amuser, Alexandre enfin qui ravagea l'univers. Tous ces noms sont fameux ; et c'est, conformément à vos principes, pour avoir suivi leurs passions. Mais, malgré vous et votre *nature,* ces noms seront toujours exécrables au tribunal de la raison.

IV. A ce tribunal, on ne prend pas l'abus pour l'usage; on y distingue le penchant retenu dans ses justes bornes, d'avec la passion abandonnée à ses dérèglements ; on n'y confond pas ce que la nature donne réellement avec ce qui y ajoute la dépravation. Il faut que ce tribunal ne soit point consulté par le Philosophe, lui qui fait à la nature l'outrage de croire qu'elle n'a point de règles à suivre, et qu'elle ne sort point de ses bornes quand elle se livre aux plus grands excès. Il confond le désir simple, l'inclination du cœur, avec les mouvements rapides et violents qui emportent l'âme hors de sa sphère.

Les désirs prennent leur source dans l'amour du bien-être. Jusques-là, ils sont nécessaires, indifférents, et ne deviennent vertueux ou criminels que par leur objet. Le cœur en a besoin comme le feu d'aliment; mais si le feu qui s'enflamme est attisé par une trop grande quantité de matière, quel incendie ne cause-t-il pas ?

Des désirs trop violents sont des tyrans impérieux qui subjuguent notre raison ; des vautours qui déchireraient notre cœur ne seraient pas plus cruels. Ainsi, dire indistinctement : *suivez la nature,* c'est donner le plus imprudent et le plus dangereux de tous les conseils. Mis en pratique, il embraserait, il détruirait tout. Périsse à jamais l'affreuse philosophie, qui veut nous faire regarder comme nécessaire à notre être, ce qui, dans tous les siècles, a fait les plus grands criminels.

Sous le prétexte de ne pas devenir victimes d'une dépravation qui se manifeste de toutes parts, des hommes, qui se croient naturels et qui ne sont qu'atrabilaires, s'abstiennent des choses indispensables et s'en font un mérite ; d'autres ne connaissent point de bornes et se livrent à tous les penchants que fomente la corruption. Les uns fuyent leur semblable comme une pierre d'achoppement, comme un sujet de faiblesse et de scandale ; les autres le recherchent comme un instrument sans lequel la vie leur est à charge. Les premiers, craignant le joug, se rendent inutiles en enfouissant leurs talents; les autres, habitués aux excès, regardent comme naturel tout ce qui sert à les entretenir, et méprisent ceux qui, par sagesse, leur font obstacle. La mère commune des hommes se plaint de ce que les uns ne font pas tout ce qu'elle commande, et de ce que les autres font plus qu'elle ne leur permet.

Ce n'est pas seulement en Guinée, où les enfants sont si débauchés et si peu contraints par les pères et mères, que, dès leur plus tendre jeunesse, ils se livrent à tout ce que la nature leur suggère; une infinité de pays se couvriraient de la même infamie, si de meilleures institutions n'arrêtaient le penchant naturel, et ne s'opposaient aux maximes philosophiques.

Avant qu'on dît avec tant d'emphase : « Suivez la nature, » c'est l'unique maîtresse à écouter ; les lois qu'elle prescrit » n'ont été données que pour y obéir, » il faudrait qu'on expliquât bien ce que c'est que la nature et ce qu'elle prescrit.

Nous ne sommes que trop faciles à nous laisser entraîner aux abus. La nature, ayant perdu sa pureté primitive, ne peut plus être qu'une source de corruption. Et à défaut de donner une explication exacte, les libertins abusent du précepte, suivent toutes leurs inclinations, et se portent par là aux plus funestes excès.

Qu'est-ce que cette maxime qu'on enseigne ? La même précisément que suit la multitude. Et c'est là de la sagesse ? « C'est, dit Socrate, comme si quelqu'un, après avoir étudié » l'instinct et les appétits d'une animal grand et robuste, » comment il faut l'approcher et le toucher, ce qui l'irrite et » ce qui l'apaise, quel cris il pousse dans les diverses » rencontres, et quel ton de voix l'adoucit et le met en » fureur ; c'est, dis-je, comme si, après avoir appris tout » cela avec le temps et l'expérience, il en formait un art » auquel il donnât le nom de sagesse, et qu'il se proposât de » l'enseigner, sans avoir d'ailleurs aucune règle sûre pour » discerner les inclinations de cet animal, appelant bien tout » ce qui le flatte et lui fait plaisir, mal tout ce qui le cour- » rouce, juste et beau tout ce qui va à contenter les néces- » sités de la nature, sans y faire d'autre distinction, parce » qu'il ne sait pas quelle différence essentielle il y a entre » ce qu'il y a de bon en soi et ce qui est bon pour la » nature, qu'il ne l'a jamais connue, et qu'il est hors d'état » de la faire connaître aux autres. Quel étrange maître, » grands Dieux, qu'un maître de ce caractère ! »

V. Un cynique surtout nous apprendrait que, pour être un véritable enfant de la nature, il faut ressembler aux bêtes, qui en sont une image si naïve et si fidèle dans les lieux de leur naissance. Alors, quelles abominations vont s'offrir en spectacle! et quels cris elles vont faire pousser à la pudeur! Voudrait-on faire renouveler sous nos yeux la détestable scène des Indiens de certains cantons, ou celle de Diogène!

O Religion, répandez ici l'éclat de votre lumière; dissipez les détestables sophismes de l'impudence; faites connaître qu'une action, dictée même par la nature, trouve sa condamnation à votre tribunal, dès qu'elle scandalise le prochain, qu'elle blesse les lois de la bienséance, et qu'elle tend à faire rompre les barrières de la chasteté!

De quelles alarmes cette vertu aimable aux yeux mêmes des plus grands libertins, ne serait-elle pas saisie, s'il était permis à l'impudence de ternir à son gré la pureté de son voile! Ses cris ne cesseraient point, si l'instinct, enfant de la nature, se soustrayait aux règles qu'elle lui prescrit. La chasteté, fille du ciel, a appris de la Religion l'art de se conserver sans tache; et l'instinct n'obtiendra jamais place parmi les vertus, si cette même Religion ne l'épure et ne l'ennoblit.

Une réflexion bien sage, c'est celle d'un Philosophe qui dit que: « L'Être suprême a voulu faire, en tout, honneur
» à l'espèce humaine; en donnant à l'homme des penchants
» sans mesure, il lui donne en même temps la loi qui les
» règle, afin qu'il soit libre, et se commande à lui-même;
» en le livrant à des passions immodérées, il joint à ces
» passions la raison pour les gouverner; en livrant la
» femme à ses désirs illimités, il joint à ces désirs la pudeur
» pour les contenir. Pour surcroît, il ajoute encore une
» récompense au bon usage de ses facultés, savoir le goût
» qu'on prend aux choses honnêtes, lorsqu'on en fait la
» règle de ses actions. — Cédez tout à l'instinct, vous

» mettrez souvent de la violence dans le plus libre de tous
» les actes. La nature et la raison s'y opposent. — Un enfant
» n'aurait point de père, si tout homme pouvait en usurper
» les droits.—S'il est un état affreux, c'est celui d'un malheu-
» reux qui, sans confiance en sa femme, n'ose se livrer aux
» plus doux sentiments de son cœur, qui doute, en embras-
» sant son enfant, s'il n'embrasse point l'enfant d'un autre,
» le gage de son déshonneur, le ravisseur du bien de ses
» propres enfants. Qu'est-ce alors que la famille, si ce n'est
» une société d'ennemis secrets, qu'une femme coupable
» arme l'un contre l'autre, en les forçant de feindre de
» s'entr'aimer? (1). » Soutenir qu'il faut tout donner à l'instinct, c'est jeter le trouble partout : pour maintenir l'ordre,
il faut en éloigner toute constitution vague.

Il faudrait tirer le rideau sur les obscénités qu'étalent les
Philosophes; mais il s'agit d'en donner de l'horreur. S'il y
a de la honte à les répéter, elle tombera sur celui qui en est
l'auteur. J'ose donc en parler, mais c'est pour montrer les
progrès détestables que font les nouveaux maîtres sur
l'esprit de ceux qui s'endoctrinent à leur école. Ainsi, un
disciple de la philosophie ne s'est-il pas vanté qu'il ferait,
en face de l'univers, l'acte qui a le plus besoin de secret
pour ne pas alarmer la pudeur! (2) Le premier mouvement
qu'on éprouve à la suite de cette audace, c'est celui de l'horreur et de l'indignation. On a de la peine à se persuader
qu'un autre qu'un libertin éhonté puisse s'énoncer avec tant
d'impudence. Et pourtant, ce n'est pas seulement un
libertin qui parle, mais un homme instruit des maximes de
la nouvelle école : maximes qu'on ne débite que pour favoriser celle que nous combattons ici : *Suivez la nature*.

Aux yeux du Philosophe dépravé, il n'y a ni honnête, ni
deshonnête ; tout ce qu'on débite de cet avertissement de la

---

(1) J.-J. Rousseau, *Emile*, livr. III.
(2) *Bigar. de l'Esp.*, tom. II, c. III.

nature que l'on appelle *honte*, est absurde. Il s'appuie de l'exemple des animaux, pour lesquels il prétend qu'il n'y a qu'une même loi chez les hommes. Il ajoute que les peuples barbares, comme certaines tribus des Indes dont parle Sextius-Empyricus, les Nasamones, les Massagètes, quelques Mahométans de nos jours et les habitants du nouveau monde, alors que ce pays fut découvert, ne rougissaient pas de cet acte. Il cherche enfin à prouver par plusieurs autres raisonnements que cette publicité n'a rien contre la loi naturelle. Si cette infâme doctrine fait monter la rougeur au front, on n'est pas tant indigné contre le libertin qui la débite que contre l'école philosophique dans laquelle il se glorifie de l'avoir puisée. Quelle dangereuse, quelle infâme école! Combien les mœurs auraient à souffrir, si les maximes qu'on y avance étaient mises en pratique. Ne nous étonnons pas si, dans l'usage, libertin et philosophe deviennent synonimes.

CHAPITRE XXV

NÉCESSITÉ DE RÉPRIMER LA NATURE OU LES PASSIONS MAUVAISES

I. Nous reconnaissons que la nature serait muette, si les passions ne donnaient à ses organes le mouvement dont elle a besoin pour se faire entendre; que la nature est un vaisseau qui resterait en pleine mer et ne pourrait se rendre au port, s'il n'était poussé par les vents qui sortent de l'antre des passions. Mais les Philosophes ne séparent point la nature des passions vicieuses, qui font la honte de l'humanité. Ils parlent sans restriction, ce qui montre sans doute l'étendue et la force de leur génie; ils renferment tout sous un coup d'œil. Nous nous garderons bien de parler comme eux.

Comme tous les vents ne sont pas bons, nous croyons qu'il ne suffit pas de dire: *Étendez les voiles*; à l'exemple d'un sage pilote, nous ordonnons de les caler quand la tempête menace. Nous craindrions de nous embarquer sur un vaisseau dont la manœuvre serait toujours la même; nous ne nous confions qu'à celui dont le pilote se règle selon le besoin.

Qu'arrive-t-il aux philosophes, qui n'ont qu'une loi: *Suivez la nature*. Hélas! souvent ils trouvent des disciples assez malheureux pour être dociles: la nature est suivie; on cède aux mouvements dont l'impression se fait sentir. Mille dérèglements naissent de cette triste obéissance: la vertu, dans tous les états, ne trouve point d'asile; son sanctuaire le plus sacré est violé impudemment ; le père est alarmé dans le sein de sa famille, le magistrat sur son tribunal, le prince sur son trône ; on court insulter le pauvre jusques dans sa chaumière ; et le riche n'est pas à couvert des traits malins que lui lance une populace envieuse ; enfin, partout la nature dégradée ou avilie.

De là sont nés ces établissements odieux, ces sérails où l'on sacrifie à la passion brutale ou dédaigneuse d'un seul homme la liberté et le cœur de plusieurs femmes, dont chacune pourrait faire le bonheur d'un autre homme. Ce qui prouve que l'humanité s'oppose à cette tyrannie, c'est que le voluptueux, pour qui sont ces victimes, trouverait sa peine, s'il voulait la sentir, dans le spectacle des femmes inutiles à lui-même et aux autres hommes, et dans celui des eunuques dont il a fait autant de malheureux. Tout ce qui passe les bornes de la nature devient un supplice pour quiconque n'est pas insensible.

Cependant les peuples de l'Orient, chez qui cette coutume a été établie pour l'outrage de l'humanité, prétendent suivre la nature. On y a, comme ailleurs, des passions à contenter : le climat y cause des effervescences extraordinaires ; un objet seul causerait du dégoût par son uniformité : on en prend plusieurs. L'homme ne partage pas volontiers le bien pour lequel il est le plus sensible : il confie le nombre de ses femmes à des esclaves ; pour qu'il n'ait rien à craindre, il mutile ceux-ci et les fait cesser d'être hommes.

Philosophes, vous favorisez par vos leçons les penchants de la nature dans ces lubriques contrées ; c'est le seul endroit où vous puissiez être écoutés ; vous y prêcherez d'accord avec la licence qui y règne. Mais souvenez-vous que du contentement d'un seul naissent cent malheureux. Tout excès fait crier la nature ; il ne doit point y en avoir ; et votre maxime est fausse par là même qu'elle les favorise tous.

Un parallèle qui doit vous faire rougir, c'est celui de ces

vieillards dont parle Homère (1). Hélène les frappait par sa beauté ; mais ils sentaient les maux qu'elle causait à leur nation. *Qu'elle s'en retourne, qu'elle s'en aille*, disaient ces bons vieillards. Oui, que la volupté s'en aille. Arrêtons les passions, quelles qu'elles soient ; prévenons les malheurs qui les suivent. En les renvoyant, ne nous exposons pas à passer les bornes. Nous pouvons bien, en quelque sorte, rendre témoignage à ce qu'elles ont d'utile et d'agréable; mais il faut nous tenir sur nos gardes contre elles. Toutes les fois que nous n'en jugerons pas comme ces vieillards jugèrent de l'épouse de Ménélas, nous passerons pour des juges aveugles. La sagesse présidait aux conseils de ces Troyens. Pour être aussi sages qu'eux ne disons pas : *cédons aux passions, elles sont filles de la nature;* mais qu'elles s'en aillent, ou du moins, qu'elles soient réglées par la raison.

On sent la beauté de cette leçon; la morale en tire la plus grande utilité. Si les Philosophes qui veulent nous instruire, parlaient comme les Sages d'Ilion, leurs maximes causeraient moins de désordres.

II. Du droit prétendu qu'ils veulent établir naît encore la guerre parmi tous les hommes. Le fondement du vrai bonheur sur la terre est de ne pas faire aux autres ce que nous ne voudrions qui nous fût fait. L'on a senti que ce précepte de paix anéantissait la vengeance, qui est une des passions favorites de la nature, et l'ambition qui ne lui est pas moins chère; et l'on y a substitué celui de faire son bien avec le moins de préjudice possible pour autrui (2). Voilà le comble de l'injustice et de la destruction.

Mais à quoi se réduira le moindre degré de préjudice qu'on nous permet? Il eût convenu qu'on eût fait une échelle sur laquelle on eût montré par gradation jusqu'à quel point on peut le porter. Les degrés de la passion qui

(1) *Iliade.*, chant IIIe.
(2) Rousseau, *Disc. sur l'inég. de la cond. des hom.*, p. 1.

peut animer l'homme dans les différentes circonstances auraient servi de règle. Pourquoi n'a-t-on pas fait ce singulier thermomètre? Nous verrions par là quand nous devrions nous contenter de repousser l'adversaire qui s'oppose à nos désirs, quand nous devrions le mutiler, quand nous devrions le tuer; car, le principe une fois admis, nous en viendrions à toutes ces extrémités. Quelles horribles conséquences ! On devrait sonner l'alarme à la vue de ce qui les fait naître.

A la vérité, l'on prescrit des bornes. En permettant de chercher son bien au préjudice de ses semblables, la plus étroite, dit-on, est celle à laquelle il faut se tenir. Mais ne sera-t-elle jamais franchie par la colère qu'occasionnera l'offense reçue, ou l'obstacle opposé? Sera-t-on le maître de se modérer quand le jugement sera aveuglé par cette redoutable passion! Qui s'assurera qu'il ne fera pas plus de préjudice qu'il ne lui est permis d'en faire?

Dans tous les temps, les hommes ont dû s'aimer. Cet amour est prescrit par la nature et soutenu par la religion. C'est l'anéantir que d'exposer, par de tels principes, les hommes aux violences, à la mutilation, à la mort.

C'est de la chaire de la Philosophie qu'on fait entendre ces pernicieuses maximes. La Religion, qui remédie à tout, est bien plus sage. Sous son gouvernement, on ne voit que des frères dans tous les hommes; chaque individu devient un ami que l'on sert, et par qui l'on est servi. On se pardonne les offenses; bien loin d'envahir le bien d'autrui, on abandonne le sien pour n'avoir rien à disputer. L'on goûte ainsi sans altération la douceur que cette reine bienfaisante et pacifique procure à tous ses sujets ; et l'on désirerait rester avec elle sur la terre, si l'on n'était pas appelé à jouir, dans le Ciel, du bonheur qu'elle y réserve à ceux qui ont souffert des dommages, plutôt que de causer le moindre trouble. Que tout, au contraire, soit réduit à la nature, nul frein n'arrêtant les méchants, leurs passions vont faire de ce séjour une terre de désolation et de carnage.

III. Des conséquences aussi affreuses rompent tout lien entre la philosophie et l'humanité. La raison même s'offense d'une maxime dont la valeur est inconnue. On nous dit de *suivre la nature,* et l'on ne sait pas ce que c'est. L'aveu en a été fait par Rousseau lui-même : « Que mes lecteurs, dit
» ce philosophe, ne s'imaginent pas que j'ose me flatter
» d'avoir vu ce qui me paraît si difficile à voir..... Ce n'est
» pas une légère entreprise de démêler ce qu'il y a d'origi-
» naire et d'artificiel dans la nature actuelle de l'homme....
» Ce n'est point sans surprise et sans scandale qu'on
» remarque le peu d'accord qui règne sur cette importante
» question entre les divers auteurs qui en ont traité. Parmi
» les plus graves écrivains, à peine en trouve-t-on deux qui
» soient du même avis sur ce point (1). »

L'homme naturel, s'il a jamais existé, a disparu ; on ne voit plus que l'homme factice. A celui qui veut peindre la nature, il ne reste donc que l'art ou l'imagination pour diriger son pinceau. Le cœur seul pourrait servir à déceler l'homme naturel ; mais quel labyrinthe ! A-t-on entre les mains un fil propre à s'en tirer ? On parlera de la nature de l'homme tant qu'on voudra, mais on n'en parlera jamais que par analogie avec les hommes qu'on a sous les yeux ; et l'on n'en dira que ce que tant d'autres en ont dit avec assez peu de moyens de s'en instruire. Nulles traces, nuls monuments qui en rappellent les vrais traits. Ainsi, la nature sera toujours manquée.

On sait bien que la loi qui la guide est le plaisir. Mais le plaisir n'est pas ce sentiment déréglé, corrompu, qui tend à la destruction du genre humain. Cependant voyez l'éloge que les Philosophes font des passions; observez l'affectation qu'ils ont de dire que la nature, en mère sage, n'a rien

---

(1) *Ibid., Préface.*

donné que de bon ; faites attention à la liberté qu'ils laissent d'interprêter comme on veut ce qu'ils en disent sans restriction, et vous trouverez que ce malheureux plaisir est le but qu'ils se proposent. Ils le provoquent du moins par leurs systèmes. Aussi la nature ne fut jamais tant outragée qu'elle l'est par ceux que dirige la philosophie. Depuis qu'on l'écoute, on ne connaît plus ce plaisir pur, modéré, que la mère commune partage à tous ses enfants, et qu'elle assaisonne si bien quand on n'a pas d'autre vue que celle de lui obéir. Elle ne commande que pour la conservation de sa famille ; mais elle met tant de douceur dans ce qu'elle commande qu'on outre presque toujours l'obéissance. — Enfants de la nature, le besoin est l'unique objet que celle que vous chérissez tant vous permet de remplir ; un philosophe en a convenu quand il a dit :

Il n'est de vrais plaisirs qu'avec de vrais besoins (1).

Or, le vrai besoin est court ; sa satisfaction ne coûte guère. « C'est merveille, dit Montaigne, combien peu il faut à la » nature pour se contenter, combien peu elle nous laisse à » désirer (2). » Cependant il est très-peu de gens qui ne veuillent des plaisirs de longue durée, et dont la satisfaction se répète à tout bout de champ. Personne ne veut suivre le conseil du Sage, qui prétend « qu'il faut entrer dans la » nature des choses et voir exactement ce qu'elle désire (3) ; » et l'on ne veut pas concevoir que « les cupidités étrangères » que l'ignorance du bien et une fausse opinion ont cou- » lées en nous sont en si grand nombre, qu'elles chassent » presque toutes les natures.... Les animaux sont beau- » coup plus réglés que nous ne sommes, et se contiennent

(1) VOLTAIRE.
(2) *Ess.*, liv. II, ch. XII.
(3) *Intrandum est in rerum naturam, et penitus quid ea postulet providendum* (CICER., *de Fin.*, lib. *V.*)

» avec plus de modération sous les limites que la nature nous
» a prescrites (1). »

IV. Triste leçon ! Aussi, pourquoi cherchons-nous, par toutes sortes de moyens, à mettre en œuvre notre sensibilité ? Qu'on ne s'étonne pas de voir partout tant de tempéraments délabrés, et que la terre ne porte guère que des squelettes dont la vie consiste dans une espèce de mouvement machinal. Bientôt, grâce aux perfides amis de la de la nature, le plus triste spectacle va se présenter : on verra le monde comme une grande place où se traînent des êtres dégénérés, moitié morts, et prêts à tomber à tout moment dans la fosse funèbre : malheureux, qui de leurs plaisirs se font un crime (2) ! A force de jouissances, ils n'ont plus que des transports. Leur bonheur et leur être se sont perdus dans le sein des plaisirs. Au lieu de ce feu pur et sacré dont leur cœur eût toujours dû être animé, ils n'éprouvent que des accès de fureur, qui, semblables à ceux de la fièvre, ébranlent et minent les ressorts de leur existence. Il n'est plus de douceur dans un sentiment immodéré : le sentiment est suivi d'agitation, d'effroi et d'alarmes. Est-il surprenant que ceux qui n'en éprouvent pas d'autres soient si tôt précipités vers leur perte ?

La nature n'est pas assez déréglée pour être insensible à la destruction de ses ouvrages ; mais elle l'est trop pour que cette destruction n'arrive pas, toutes les fois que la docilité à ses impressions ne trouvera point de bornes. — Comment conduira-t-elle à la perfection les germes qu'elle y destine ? Ne trouvera-t-elle pas partout des contrariétés ?

V. La religion est faite pour la régler. Qu'on abandonne ce guide salutaire, l'homme n'offrira plus rien de formé comme il doit être, ou dont la formation soit de longue durée. Télémaque périssait dans l'île de Calypso : Mentor le tire de

---

(1) *Ess.*, liv. II, ch. XII.
(2) *O miseri, quorum gaudia crimen habent.* Corn. Gallus, *Eleg. I*.

ces lieux dangereux ; il est sauvé. Ainsi se sauvera tout homme qui écoutera le vrai Mentor, celui qui se règlera sur les conseil du vrai Dieu qui a paru sous la forme humaine pour nous rendre notre intégrité. La nature tombée dans l'imperfection ne peut plus avoir d'elle-même que des productions imparfaites. Dégénérée comme elle est, quel fond peut-elle avoir pour ne pas dégénérer encore ?

> Voilà votre portrait, Stoïques abusés :
> Vous voulez changer l'homme, et vous le détruisez.
> Usez, n'abusez point ; le Sage ainsi l'ordonne (1).

C'est dans la campagne, lieux où l'homme serait sans déréglements, si le déréglement n'avait percé pas partout, qu'on verrait encore des ouvrages tels que la nature en sait faire. Sain jusqu'à la fin de ses jours, ce que cet homme produit est aussi sain que lui, parce que, ne connaissant rien de factice dans la nature, il n'obéit que quand elle commande. Ni prévenant, ni excessif, il ne gâte rien. Cette heureuse modération est due à la simplicité de sa vie soutenue par la Religion dont il aime à respecter les règles. La turbulente philosophie ne l'a pas corrompu. il ne la connaît pas. Plaise à Dieu qu'elle reste bien loin de ses foyers. Nous ne lui envions pas ses connaissances; mais nous craignons sa perte.

« Ce n'est pas sans doute dans les petites sociétés d'un
» peuple laborieux, aux extrémités des grands empires,
» que les passions causent les plus affreux ravages. Dans
» ces lieux fortunés, les mœurs sont simples et pures : la
» paix, l'innocence, l'humanité douce, la fraternité règnent;
» les affections sociales sont dans toutes leur force; la
» religion est respectée et pratiquée; on retrouve des hom-
» mes. C'est dans les grandes villes, au milieu de l'oisiveté,

---

(1) Volt., *IIIe disc. sur l'homme.*

» du luxe, de l'abondance des plaisirs, que la vie a établie
» son séjour, et la folie son empire. C'est-là que les incré-
» dules étudient les hommes, enfantent leurs systêmes
» destructeurs. Ils jugent la religion où elle n'est plus,
» et la nature où elle est méconnaissable. Censeurs cha-
» grins, quittez ces lieux empestés, respirez un air plus pur,
» vos yeux fascinés reverront la lumière (1). »

Pour connaître la nature, ce n'est pas dans les sujets dépravés qu'il faut la chercher; c'est dans ceux qui en ont le moins violé les règles. Mais où prendre ceux-ci? L'extrême
» inégalité dans la manière de vivre; l'excès d'oisiveté dans
» les uns, l'excès de travail dans les autres; la facilité
» d'irriter et de satisfaire nos appétits et notre sensualité;
» les aliments trop recherchés des riches, qui les nourrissent
» de sucs échauffants et les accablent d'indigestions; la
» mauvaise nourriture des pauvres, nourriture dont ils
» manquent le plus souvent, et dont le défaut les porte à
» surcharger leur estomac dans l'occasion; les veilles et les
» excès de toute espèce; les transports immodérés de toutes
» les passions; les fatigues et l'épuisement d'esprit; les cha-
» grins et les peines sans nombre qu'on éprouve dans tous
» les états, et dont les âmes sont perpétuellement rongées :
» voilà, dit Rousseau, les funestes garants que la plupart de
» nos maux sont notre propre ouvrage, et que nous les
» aurions presque tous évités, en conservant la manière
» simple, uniforme et salutaire qui nous était prescrite par
» la nature (2). » Aussi un bon nombre des habitants de nos campagnes, qui n'ont guère connu que cette manière de vivre, n'éprouvent presque d'autres maladies que les blessures et la vieillesse; ils éloignent ainsi de leur existence les maladies assez communes parmi les gens qui se livrent le plus à la société; ils écartent l'obésité, la goutte, l'apo-

(1) BERGIER, *Exam. du matérial.*, tom. II, ch. VIII.
(2) *Disc. sur l'inég. de la condit. des hommes*, p. 1.

plexie; et ils s'éteignent sans s'apercevoir qu'ils cessent de vivre. Mais quelle vie ! Et parce qu'elle a peu de rapport à l'idée que la philosophie se fait de la nature, qui en voudrait à ce prix ?

VI. J'anticipe les choses : je dois parler des maux que la société a entés sur la nature; mais j'ai dû prouver aussi que, tant du côté des excès que du côté des privations, l'état de nature où l'on voulait nous réduire n'était pas celui qui nous convenait.

Il me reste à faire une observation : c'est que les lois de ce qu'on appelle la nature n'auraient point de sanction, si le plaisir n'était une suite de leur accomplissement, et la douleur celle de leur infraction. Quand un homme sensuel offusque son esprit des vapeurs grossières que le vin lui envoie, ou qu'il s'enivre de voluptés, je n'entreprends pas de l'en détourner en lui disant simplement que c'est un faux plaisir, qu'il est passager et contraire aux lois du bon ordre. Il me répondrait, ou du moins il se dirait à lui-même que le plaisir n'est point faux, puisqu'il en éprouve actuellement la douceur ; qu'il est sans doute passager, mais qu'il dure assez pour le réjouir; que pour les lois de la tempérance et de l'honnêteté, il ne les envie à personne, dès qu'elles ne conviennent point à son contentement qui est le seul terme où il aspire. Voilà le langage que me tiendrait un disciple de la nature au sens des philosophes. Mais, en lui accordant ce qu'il pourrait ainsi me répliquer, je le ferais convenir que les plaisirs auxquels il se livre sans mesure et sans frein, sont suivis d'inconvénients beaucoup plus grands que ceux dont il se prive. Alors, pour peu qu'il fît usage de sa raison, il conclurait que, même par rapport à sa satisfaction et à son contentement, il doit s'abstenir des plaisirs qu'il recherche.

En effet, de quelles douleurs ne sont pas suivies les jouissances que procure l'ivresse du vin et de la volupté : c'est d'un des plus délicats épicuriens qu'on apprend que le plaisir payé par la moindre douleur ne peut rien valoir. Qu'eût-il donc dit des plaisirs payés par des douleurs extrêmes ? Il eût trouvé bien plus d'inégalité dans la balance.

Pour aimer vraiment le bonheur, il faut l'aimer constamment. Dans quelle erreur ne tombe donc pas celui qui le détruit par le moyen même qu'il emploie pour se le procurer ? Tout ce qui rend le bonheur plus complet et plus constant, voilà, selon la raison, ce qui doit nous occuper. Ainsi, se livrer au sentiment du présent sans se mettre en peine de l'avenir, ce n'est pas agir en être raisonnable. Je dis plus : l'homme désire naturellement d'être heureux ; mais il ne le deviendra jamais si, séduit par l'appas trompeur du présent, non-seulement il n'envisage pas l'avenir, mais s'il oublie le passé. Pour tourner à son avantage toutes les circonstances du temps qui lui a été donné pour en jouir, il faut choisir, dans le temps présent pour le temps à venir, les moyens que, dans le temps passé, nous avons reconnus les plus propres pour parvenir au bonheur. On évite tous les abus en réunissant sous ces observations ces trois rapports essentiels de la vie.

Les animaux, par leur instinct, suivent la nature, mais ils ne pensent jamais aux divers temps. Abandonnons leur la maxime philosophique, ils sont les seuls à qui elle convienne. Celui qui la suivrait dans toute son étendue, sans restriction et sans règle, ne serait plus un homme : il serait moins que la bête !

CHAPITRE XXVI

LES DÉCOUVERTES MODERNES, DANS LES SCIENCES NATURELLES, NE SONT PAS ET NE PEUVENT ÊTRE EN CONTRADICTION AVEC LA RÉVÉLATION DIVINE EN GÉNÉRAL, NI EN PARTICULIER AVEC LE FAIT DE LA CRÉATION ET DU DÉLUGE DE NOÉ.

I. Comme, parmi les objections qui mettent les sciences naturelles en opposition avec la Révélation, il s'en trouve quelques-unes qui ont trait à l'origine du monde et de l'homme, nous croirions manquer à notre devoir si nous les passions sous silence.

Mais, avant tout, il faut admettre comme un principe incontestable — qu'il est impossible que la moindre contradiction puisse jamais exister sérieusement entre la vraie science et la révélation divine. Et, en effet, la raison naturelle et la Révélation dérivant également de Dieu, qui est la vérité infaillible, n'est-il pas absolument impossible qu'il y ait opposition entre elles? Car, s'il en était autrement, il s'ensuivrait évidemment que Dieu se contredit lui-même : ce qui est une supposition impossible, qui anéantit toute idée d'un être infaillible. Donc, les contradictions, que l'on suppose exister entre la Révélation et les sciences naturelles, sont assurément le résultat d'opinions fausses et sans valeur émises par ceux qui professent les sciences naturelles, ou par ceux qui s'arrogent le droit d'interpréter, selon leur caprice, les livres de la Révélation. Et c'est là ce qui arrive, quand on affirme une proposition comme contenant une vérité physique et indiscutable, relative aux sciences naturelles : proposition qui n'est, en réalité, autre chose qu'un simple supposé gratuit des auteurs anciens ou modernes, dont on se sert pour argumenter contre le récit de la Bible. C'est encore ce qui se produit quand on suppose que les livres de la Révélation affirment ou nient ce qu'ils n'affirment pas ou ne nient pas relativement aux faits solidement prouvés par les sciences naturelles. Ces deux sortes d'excès ont été souvent, il faut le reconnaître, la source de discordes également injurieuses à la Religion et à la science.

Sous ce rapport, nous ne croyons pas faire erreur en affirmant que les amis des sciences naturelles et les théologiens privés doivent procéder avec la plus grande réserve, avant d'affirmer qu'un sujet particulier des sciences naturelles, qui semble ne pas concorder avec la Révélation, est cependant une vérité certaine, incontestable, ou bien qu'un passage particulier des livres saints a un sens absolument contraire aux déductions parfaitement prouvées par la science de la nature. Si les deux parties apportaient autant de modestie, d'indulgence et de modération, les sciences naturelles et la doctrine de la Révélation seraient certainement mieux connues et plus respectées que cela n'arrive lorsque, dans des points que l'on peut considérer, à juste titre, comme restant toujours incertains et indécis, on procède avec des décisions carrément magistrales et absolues.

Ce sage conseil est fondé sur ces belles paroles de l'Ecclésiaste : « J'ai vu l'affliction que Dieu a donnée aux enfants des hommes pour leur supplice. Dieu a fait toutes choses en son temps, et il a livré le monde aux disputes des hommes, afin qu'ils ne trouvent pas l'œuvre que Dieu a disposée du commencement jusqu'à la fin (1). » A propos du même sujet, saint Thomas cite le sage enseignement suivant, émané de saint Augustin : « Dans de

---

(1) *Eccl.*, c. III, v. 10, 11.

telles questions, il faut observer deux choses. La première consiste à mettre au-dessus de toute discussion la vérité de la Sainte-Écriture. La seconde est que, la divine Écriture pouvant s'interpréter de diverses manières, personne ne doit tenir opiniâtrement à un sens particulier, afin que, — s'il venait à être prouvé que ce sens, qu'il croyait contenu dans la Sainte-Écriture et qu'il s'acharne à maintenir, — est certainement faux, les incrédules ne puissent en tirer occasion de tourner nos livres sacrés en dérision, et être ainsi privés du moyen d'acquérir la foi. »

Deux sortes d'événements principalement célèbres feront ici le sujet de notre examen: 1° Les faits connexes avec la création, tels qu'ils sont rapportés dans la Genèse, et ce que la science dit sur ces faits ; 2° les faits qui se rapportent au Déluge de Noé.

II. Si des théologiens particuliers voulaient absolument entendre dans le sens matériel tous les mots de la Bible sur la création, sans faire usage de l'interprétation suggérée par la substance du texte sacré ; et si, d'un autre côté, les naturalistes se montraient uniquement préoccupés de faire apercevoir les divergences existant entre les découvertes de la science et les paroles de la Révélation, il en résulterait évidemment que celui qui croit à la Bible ne peut être philosophe, et qu'aucun philosophe ne peut croire à la Révélation. Et cela, non pas parce que la science naturelle et la Révélation sont ou peuvent être opposées l'une à l'autre, mais uniquement parce que les assertions mal fondées d'esprits remplis de préjugés viennent se substituer au véritable sens de la Révélation et aux véritables découvertes de la science. La Bible dit : « *Au commencement, Dieu créa le ciel et la terre.* » Si l'on prétend que ces paroles signifient que, dans le principe des six jours composés chacun de 24 heures comme nos jours actuels, et que, dans les jours suivants, Dieu créa et disposa toute la création et créa le premier homme et la première femme, et que de ces six jours nous devons faire partir la date de la première existence de toutes choses et de notre terre ; tandis que les découvertes de la Géologie nous obligent de convenir que la terre peut exister non-seulement depuis 6,000 ans, mais peut-être depuis des centaines de mille et même des millions de centaines d'années, — ne s'ensuivrait-il pas que nous devons être ou des sceptiques qui nient l'existence des faits naturels, ou des incrédules qui rejettent la vérité de la Révélation.

Si nous descendons maintenant aux détails, nous voyons que la Bible, avant d'arriver à la distinction des six jours, dit : « *Au commencement, Dieu créa le ciel et la terre.* » Donc, le ciel et la terre furent créés *au commencement*. Qui peut dire combien de centaines, de milliers ou de millions d'années peuvent être compris sous ces mots : *Au commencement ?* Dans le premier verset de l'Évangile de saint Jean, les mots : *Au commencement*, appliqués à l'existence du Verbe de Dieu, signifient certainement : *De toute éternité ; Avant tout temps*. Par conséquent, ces mêmes paroles de la Genèse peuvent parfaitement accorder aux Géologues tous les milliers d'années nécessaires pour expliquer la formation des objets qui sont à la superficie de la terre ou qui se trouvent cachés dans son sein. Nous repoussons l'idée de ceux qui considèrent les six jours de la création comme autant d'époques illimitées, quoique le mot *jour* ait souvent, dans le texte sacré, un sens fort étendu. Mais cela n'est ici nullement nécessaire pour notre preuve, comme ce que nous venons de dire suffit à le montrer. — Nous lisons, dans la Genèse, que, le quatrième jour de la création, Dieu fit le soleil, la lune et les étoiles, et nous lisons en même temps que le ciel et la terre furent créés *au commencement*. Cette contradiction apparente s'évanouit aussitôt, si nous examinons le sens du mot *fit, fecit,* qui dans le texte original est représenté par *asah*. Or, ce mot signifie quelquefois *première création ;*

quelquefois aussi il signifie *transition* ou passage d'un état à un autre. En sorte que si nous disons que le soleil, déjà créé au commencement quand Dieu créa le ciel et la terre, apparut clairement à la terre pour l'éclairer, le quatrième jour de la création, nous ne nous éloignons en aucune façon du sens original du mot biblique, et les naturalistes n'ont aucune raison de s'inscrire en faux contre la Révélatation. Le même raisonnement peut s'appliquer aux expressions scripturales des autres jours.

III. Il est vrai que la Genèse ne dit mot sur la révolution de la terre autour du soleil, déjà entrevue par le vieux Nicète, mais établie par Copernic et soutenue par Galilée, confirmée par les lois découvertes par Képler, expliquée par Newton et physiquement démontrée par les Astronomes modernes. Mais qu'il nous soit permis d'observer que, d'un autre côté, ni la Genèse ni aucun autre livre de la Sainte-Ecriture ne disent pas un seul mot qui soit en contradiction avec une découverte si glorieuse, pas plus qu'il n'est rien dit, dans les saintes Ecritures, en faveur de ces idées aujourd'hui oubliées, émises par les anciens Philosophes qui s'imaginaient que les cieux étaient composés de verre solide, et que les étoiles n'étaient autre chose que des pierres précieuses fixées dans la voûte céleste. La Révélation ne nous a pas été donnée pour faire de nous des savants dans les sciences de la Physique, de l'Astronomie, de la Géologie ou de l'Anthropologie, mais bien pour diriger nos esprits et nos actions vers une fin surnaturelle et future. Aussi voyons-nous que la Bible emploie, pour s'exprimer, le langage commun du peuple; elle dit, par exemple : le soleil se lève, le soleil se couche, le soleil tourne, etc. Si les naturalistes s'emparent de ces manières de s'exprimer et d'autres semblables pour argumenter contre la Révélation, nous ne craignons pas de dire qu'ils sont mille fois plus stupides que la Bible à leurs yeux ; car eux qui, grâce à la vive lumière des vérités astronomiques, savent que cette terre tourne chaque jour autour de son axe, et donne ainsi au soleil une apparence qui nous le présente, chaque jour, comme se levant, tournant, se couchant, ils se servent néanmoins de ces expressions : *Le lever du soleil ; le coucher du soleil*, etc. D'où il faut conclure que la Révélation ne contient pas un seul mot qui soit contraire au moderne système planétaire.

IV. Après avoir suffisamment démontré, dans un paragraphe précédent, qu'il n'existe aucune contradiction entre l'enseignement de la Genèse et les découvertes naturelles par rapport au temps de la création du monde en général, examinons maintenant les faits relatifs à la création de l'homme en particulier. La Genèse nous apprend que « Dieu fit l'homme avec de la poussière de la terre. » Cette expression est généralement prise dans le sens naturel pour signifier que le Tout-Puissant, par un acte immédiat de son pouvoir, ou au moyen du ministère de ses Anges, tira le corps d'Adam de la terre déjà existante ; que, ensuite, il créa l'âme humaine et en anima le corps de l'homme, et que Adam devint ainsi un être humain vivant.

Dans un chapitre précédent, nous avons déjà démontré que l'âme humaine ne saurait être le produit d'aucun développement de substances corporelles ; ajoutons ici qu'elle est un effet de la puissance créatrice de Dieu, exercée selon l'ordre établi par lui pour les générations humaines. Mais, ici, il est uniquement question du corps de l'homme.

Les partisans du système de l'évolution successive affirment que le corps humain est le produit des formes successivement endossées par des êtres bien inférieurs à lui ; ils disent que ces formes d'êtres inférieurs dérivent toutes d'une seule monade. Comme ils admettent une création divine, ils sont obligés de donner une signification tout autre aux paroles de la Bible que nous avons citées, et, selon leur système, ils prétendent que le corps humain a été tiré de la terre non pas d'une manière immédiate, mais au moyen d'êtres inférieurs ayant subi un développement long, lent et naturel.

Sur ce point, le Philosophe chrétien, qui, selon l'avis de saint Augustin rapporté par saint Thomas, fait preuve de prudence, s'abstiendra de considérer cette opinion comme une opinion d'incrédule et d'infidèle. Car, comme la Bible ne dit pas expressément que l'homme fut formé immédiatement par Dieu, il n'y a aucune obligation pour nous de suivre l'interprétation généralement donnée aux paroles du texte sacré(1), comme si elle était absolument certaine. Si les naturalistes pouvaient apporter des preuves convaincantes à l'appui de leur théorie, nous nous empresserions de modifier notre opinion sur le sens des paroles de la Sainte-Écriture. Mais tant que ces preuves leur feront défaut, nous ne saurions nous éloigner du sens naturel présenté par le texte des Livres sacrés.

V. Une question fort importante a été soulevée par rapport à la période durant laquelle le premier homme fut créé. Mais comme nous en avons parlé dans un des chapitres précédents, si le Lecteur veut bien se rappeler ce qui a été dit à ce sujet, il devra conclure que la présente généraration d'Adam se trouve circonscrite dans un temps qui n'est pas fort long. De plus, il n'existe aucun fait dans l'histoire qui permette de démontrer la fausseté de l'époque tirée des données de la Bible. Remarquons que la Genèse indique les années des Patriarches descendant d'Adam, mais qu'elle ne dit pas définitivement combien d'années en particulier il faut compter entre Adam et Noé. Et en effet, il existe parmi les Chronologistes environ 140 opinions différentes, plus ou moins probables, mais dont aucune n'est entièrement sûre quant à l'époque de la création d'Adam. Ainsi, selon l'antique comput judaïque, la création d'Adam

---

(1) *Gen.*, c. I, v. 25 ; s. Math., c. XIX, v. 4.

eut lieu 3,760 ans avant l'ère chrétienne. D'après le comput des Abyssiniens, Adam fut créé 5,493 ans avant Jésus-Christ. L'ère de Constantinople assigne à la création d'Adam une date de 5,508 ans. Les Chronologistes plus récents limitent le fait de la création d'Adam à 4,401 ans avant la naissance du Sauveur. En prenant le nombre le plus élevé, celui de 5,508, et en y ajoutant les 1,875 ans de l'ère chrétienne, nous obtenons 7,383 ans, selon l'époque la plus longue, depuis la création d'Adam jusqu'à nous : époque de plusieurs milliers d'années plus ancienne qu'aucun souvenia profane. Et quand même on diminuerait cette époque de 1,700 ans, selon la chronologie la plus courte, — la création d'Adam serait toujours d'un millier d'années plus ancienne qu'aucune histoire profane.

VI. Et, en effet, Hérodote, l'un des plus anciens historiens, vivait deux mille ans après Noé, et il est incontestable que les monarchies et les nations les plus anciennes sont non seulement postérieures à la création d'Adam, mais encore au Déluge de Noé. Le royaume d'Assyrie, Ninive, Sémiramis coïncident avec les temps d'Abraham. Le royaume d'Inachus et de Phoronée est placé après le temps de Jacob. Troie fut incendiée du vivant de Samson et d'Hélie. Les Olympiades commencèrent à l'époque où mourut Osée, roi de Juda. Rome fut fondée vers la fin de la vie de Gioathan, un autre roi de Juda. Dans un chapitre, précédent nous avons démontré que les époques assignées aux Chinois et aux Indiens sont de pures inventions. Par conséquent, il n'existe aucune espèce de preuve établissant que notre génération présente soit d'une origine antérieure à Adam. En sorte que, quand on lit, dans la Genèse (1), que le genre humain, descendant des trois fils de Noé, peupla toute la terre, voilà un fait historique incontestable et qui doit être admis par quiconque est persuadé que, de même

---

(1) *Gen.*, c. IX, v. 19.

que l'on admet les déductions mathématiques en Algèbre et les preuves qui sont déduites des phénomènes de la nature et des expériences en Astronomie et en Physique, — ainsi, quand il s'agit de faits historiques, nous devons admettre leur certitude morale, quand ils nous sont affirmés par une autorité digne de foi. Ne serait-il pas souverainement ridicule de prétendre obtenir une évidence physique ou métaphysique en des choses où il est impossible d'appliquer de tels critériums de vérité ? L'histoire appartient à la catégorie des vérités morales et non à celle des mathématiques ou de la physique. Si quelqu'un s'avisait de révoquer en doute l'existence passée de Cicéron, de Jules César ou de Babylone, sous le prétexte que l'on ne peut la prouver ni mathématiquement ni physiquement, ne le regarderait-on pas aussitôt comme un homme ridicule et dépourvu de raison. De tout ce que nous venons d'exposer il ressort donc clairement que, par rapport à l'origine des hommes et à leur propagation sur la terre, il n'existe aucune contradiction entre les histoires profanes et la Révélation.

VII. Arrivons maintenant au Déluge de Noé ; et montrons que le récit de Moïse à ce sujet est exactement vrai et n'est en opposition avec aucun principe des sciences naturelles.

Les sceptiques, qui n'admettent pas la certitude d'aucun être existant, nient d'une manière absolue le fait du Déluge de Noé. Ce n'est certes pas dans l'espoir de convaincre ces esprits singuliers, mais c'est pour manifester à nos Lecteurs dans quelles erreurs étranges ils sont tombés, que nous ferons observer que la tradition d'un grand déluge est commune à toutes les nations de la terre. Les poètes grecs et romains abondent en descriptions du déluge de Pyrrha et de Deucalion. Quel est l'homme un peu lettré qui ne connaît ces fameux vers où Horace dit que Jupiter

Terruit gentes, grave ne rediret
Sæculum Pyrrhæ nova monstra questæ ;

> *Omne cum Proteus pecus egit altos*
> *Visere montes :*
> *Piscium et summa genus hæsit ulmo,*
> *Nota quæ sedes fuerat columbis*
> *Et superjecto pavidæ natarunt*
> *Æquore da..*
>
> Horat., l. 1, od. 2.

La même tradition avait aussi cours chez les Chaldéens (1). On voit dans leurs mémoires qu'un déluge général eut lieu du temps de Xisuthre, dixième roi de Babylone. Un dieu apparut à Xisuhtre, l'informa d'un prochain déluge qui anéantirait tous les méchants, et lui ordonna de construire une barque pour lui, sa famille et ses amis, et de prendre dans cette barque différentes espèces d'animaux avec leurs nourritures respectives, etc. N'est-ce pas là, en substance, le récit de Moïse ? Les Egyptiens croyaient que leur Mercure grava les sciences principales sur des colonnes qui restèrent immobiles et résistèrent au déluge. Les Chinois conservent aussi le souvenir d'un grand déluge qui eut lieu sous l'empereur Yao. Les collines et les montagnes furent tellement couvertes par les eaux, que celles-ci semblaient atteindre le ciel. L'histoire du Déluge raconté par Moïse est aussi en vigueur chez les Indiens, qui, lui ayant ajouté quelques fables de leur invention, racontent qu'un immense déluge submergea la terre. Leur pieux monarque, Satyaurate, et sept autres Justes, avec leurs femmes, trouvèrent leur salut dans une grande barque qui leur fut donnée par Vichnou. Vichnou se transforma en poisson, et, au moyen d'un fort long serpent de mer qui lui servit de corde, il tint la barque ferme et immobile jusqu'à ce que Satyaurate et les siens s'y furent réfugiés. Tous les méchants périrent dans ce déluge. Grâce à la découverte du Mexique et de l'Amérique septentrionale, on a pu se convaincre qu'une tradition semblable existait de temps immémorial dans ces pays. Or, ces faits ne confirment pas seulement l'existence d'un immense

(1) Bérose.

déluge, mais ils nous fournissent encore un nouvel argument pour prouver que toutes ces diverses tribus furent en quelque sorte réunies pendant un temps avec les descendants de Noé et emportèrent avec elles la tradition du Déluge. Parlons seulement des Mexicains. Chez les Aztèques, les Miztèques, les Zapotèques, les Tlascaltèques et les Michoacans, il existe des traditions et des histoires qui affirment l'existence du déluge. Pendant un déluge horrible, qui détruisit toute la race humaine, Cox-Cox se sauva avec sa femme dans une barque où s'étaient réfugiés leurs enfants avec un grand nombre d'animaux et de vivres.... Quand, vers la fin du Déluge, les eaux vinrent à diminuer, Cox-Cox envoya hors de la barque un faucon qui, ayant trouvé une nourriture abondante dans les cadavres qui flottaient sur les eaux, ne revint pas. Ensuite, Cox-Cox lâcha aussi une colombe qui revint enfin à lui avec une branche verdoyante d'arbre.

VIII. Ces quelques aperçus sont plus que suffisants pour montrer que le récit de Moïse sur le déluge n'est pas une invention purement fantastique éclose dans son cerveau, mais qu'il a tous les caractères d'un fait ayant réellement existé. Moïse ne pouvait assurément pas ignorer un événement qui était arrivé en un temps dont sa famille, issue de Noé par Sem, conservait toujours un vif souvenir. Sem, fils de Noé, vécut presque cinq cents ans après le Déluge et connut Abraham, Isaac et Jacob. Jacob était âgé d'environ quarante ans quand Sem mourut, et il vécut certainement pendant quelque temps avec Amram, père de Moïse. En sorte que le fait du Déluge, qui eut lieu huit cents ans avant Moïse, arriva à la connaissance de celui-ci par le moyen de trois de ses vénérables ancêtres, Sem, Jacob et Amram. Comme, d'un côté, Moïse ne pouvait ignorer un événement si grave, — ainsi, d'un autre côté, il n'y a aucune raison de supposer qu'il l'ait frauduleusement inventé. Tout le peuple qu'il arracha de l'Egypte et dont il fut, pendant quarante ans, le conducteur dans le désert, n'aurait pas manqué de le convaincre de mensonge ; le peuple lui-même en général devait certainement avoir eu, par tradition, connaissance des événements les plus célèbres des temps passés. De plus, n'est-il pas vrai que le soupçon, même le plus léger, de fraude et de mensonge, disparaît quand on considère la sainteté et l'honnêteté de ce grand Patriarche, dont l'Ancien et le Nouveau-Testament font un si magnifique éloge. Si nous citons le Nouveau-Testament, c'est parce qu'il s'agit ici du Déluge de Noé, considéré comme fait historique (1).

IX. Malgré l'évidence des témoignages que nous venons de citer, il se trouve encore des personnes suffisamment instruites qui osent affirmer que le récit de Noé sur le Déluge contient des circonstances incompatibles avec le progrès de nos connaissances scientifiques. Le Lecteur n'ignore certainement pas, entre autres, les objections élevées sur ce point par Colens, évêque protestant de Natal, et les contradictions soulevées par lui pour nier l'existence de ce Déluge. Il n'est nullement dans notre intention de prouver ici combien Colens s'est trompé dans ses assertions, dont le moindre fondement disparaît quand on lit avec attention le texte de la Genèse, et quand on ne fait pas dire au livre sacré ce qu'il ne dit pas.

Tout Chrétien qui admet la Bible comme livre inspiré ne doute nullement que Dieu, auteur de la nature entière, est supérieur aux lois de la nature : les quelles lois ne sont, en substance, autre chose que la volonté de Dieu imposée aux choses créées. Par conséquent, dans le fait du Déluge de Noé, Dieu peut parfaitement avoir accompli à la lettre tout ce que Moïse raconte, quoique cela puisse être au-dessus de l'ordre ordinaire des lois naturelles, quoi qu'il soit néces-

---

(1) *Ep.* s. petr., c. iii, v. 20. — s. math., c. xxiv, v. 27. — s. luc, c. xvii, v. 27.

saire de supposer miracles sur miracles pour expliquer les diverses circonstances de cet effet extraordinaire de sa justice contre ses créatures coupables et endurcies dans leur péché. Plusieurs auteurs illustres se sont appliqués avec succès à démontrer comment le récit mosaïque, pris dans son sens naturel, concorde avec la raison, même sans qu'il soit nécessaire de recourir aux miracles (1). Mais sans nier ou admettre telle ou telle opinion, nous ne croyons pas être téméraire en nous faisant fort de démontrer que, si l'on prend les paroles de la Genèse dans leur sens réel, le récit du Déluge de Noé ne se trouve être en contradiction ni avec le sens commun, ni avec les sciences naturelles.

X. Avant d'aller plus loin, le Lecteur voudra bien nous permettre de lui rappeler un fait dont l'histoire nous a conservé le souvenir. Parmi les ouvrages publiés par Vossius, au XVIIe siècle, il s'en trouve un sur le Déluge de Noé, intitulé : *De diluvio non universali*. Dans le courant de l'année 1685, la Sacrée Congrégation romaine de l'*Index* se réunit pour examiner ce livre. Comme le savant Bénédictin Mabillon se trouvait alors à Rome, les cardinaux de ladite Congrégation l'invitèrent à donner son sentiment sur l'opinion de Vossius. Alors, Mabillon fit observer que Vossius ne donnait pas son opinion comme certaine, mais seulement comme probable. D'après lui, l'opinion de Vossius ne contenait rien de contraire à la foi et à la morale. L'auteur ne l'avait proposée que pour mieux

---

(1) On peut consulter, entre autres, le savant commentaire de Jacques Tirin sur le chapitre VII de la Genèse, où l'auteur affirme que toutes les espèces principales des animaux ne s'élèvent pas au-dessus de 125, et où il dit qu'il existe seulement 6 espèces dont le corps soit plus grand que le cheval, un petit nombre qui lui soient égales, et une grande multitude de plus petits que la brebis. En sorte que tous ces animaux pouvaient fort bien être contenus dans l'une des trois divisions de l'arche. — Dans la dernière classification des animaux, publiée par le professeur Huxley, on compte seulement 111 ordres distincts d'animaux, correspondant aux genres de Linné. *Manuel de géologie*, 3e édit., 1872, page 755.

répondre aux objections des incrédules contre le Déluge. Et il était avantageux d'admettre ou de tolérer diverses interprétations de la Bible, quand ces interprétations ne sont pas clairement contraires aux Saintes-Écritures ou à l'Église. Plusieurs auteurs catholiques, parmi lesquels le savant cardinal Gaétan, avaient déjà émis publiquement l'opinion d'après laquelle les eaux du Déluge n'auraient pas couvert le sommet des montagnes les plus élevées. L'opinion de Mabillon fut reçue avec grand éloge par la Sacrée-Congrégation, qui se fit un devoir d'y conformer son décret. Voici, en effet, en quels termes s'exprime, à ce sujet, De Massuel, dans ses *Annales de l'Ordre de saint Benoît* : « Romæ dum
» moratur (Mabillon), ad Congregationem Indicis inter
» consultores vocatus, sententiam pronuntiare suffragium-
» que promere jussus de quibusdam libris Vossianis *De*
» *Diluvio non universali*, tanta cum eruditione et modestia
» protulit, ut mirati cardinales secundum suam sententiam
» dixerint. » (I, v, n. 24).

XI. Faisons maintenant nos observations sur le sujet qui nous occupe.

PREMIÈRE OBSERVATION. On trouve fréquemment dans la Bible des expressions générales qui, selon la nature de la langue orientale, peuvent et doivent être souvent prises dans un sens particulier, comme cela arrive aussi dans les langues modernes. Par conséquent, quand, dans son récit du Déluge, Noé dit : « Tout ce qui est sur la terre sera
» détruit... Tu prendras avec toi de tous les aliments... De
» tous les animaux de toute chair, tu en feras entrer dans
» l'arche avec toi. Les eaux du Déluge s'élèveront sur toute
» la terre, et toutes les hautes montagnes qui sont sous tout
» le ciel furent inondées. L'eau s'éleva de quinze coudées
» au-dessus des montagnes qu'elle avait couvertes, etc.,
» etc. » Or, toutes ces expressions et autres générales de même genre peuvent et doivent souvent s'entendre dans un sens limité. En sorte que nous pouvons raisonnablement

penser que, dans les passages cités plus haut, ces mots: *toute la terre* peuvent indiquer seulement toute la terre alors connue des habitants antédiluviens; que ces mots *tout le ciel*, signifient le ciel qui était au-dessus d'eux ; — que les montagnes dont il est fait mention sont les montagnes de la contrée qu'ils habitaient, — et que ces mots : *tous les animaux, oiseaux et quadrupèdes* s'appliquent seulement aux animaux qui se trouvaient près d'eux.

Deuxième observation. Pour ce qui concerne la capacité de l'arche, ses dimensions sont indiquées par coudées. Or, il y avait la coudée commune qui correspond à six palmes, et la coudée sacrée, plus longue d'une palme. Nous pouvons donc dire que la coudée sacrée égalait environ deux pieds. L'arche, dont la longueur était de trois cents coudées, et dont la largeur comptait cinquante coudées, contenait donc 15,000 coudées carrées. Et comme elle avait trois étages, l'arche entière, les trois étages réunis, comprenait donc 45,000 coudées carrées, pour contenir huit personnes et diverses espèces d'animaux et d'oiseaux, avec les aliments nécessaires pour un an.

Troisième observation. En parlant des animaux qui furent enfermés dans l'arche, il est vrai que nous sommes accoutumés de voir et d'entendre la description poétique de l'entrée, dans l'arche, de toutes les espèces d'animaux inférieures, tels que lions, tigres, panthères, éléphants et toutes sortes de serpents et d'oiseaux. Mais nous n'hésitons pas à dire que le récit de Moïse ne donne nullement à entendre que toutes les diverses espèces d'animaux furent enfermées dans l'arche. L'ordre donné par Dieu à Moïse fut simplement celui-ci : « De tous les animaux purs, tu prendras sept » et sept, mâle et femelle: et des animaux impurs deux et » deux, mâle et femelle. Et des oiseaux du ciel sept et sept, » mâle et femelle, afin que la race en soit conservée sur la » face de la terre. » Si donc l'expression générale employée ici et dans les autres parties de ce récit — *sur la face de la terre* — est limitée aux oiseaux et aux animaux du pays habité par les antédiluviens, il est évident que la capacité de l'arche était plus que suffisante pour les contenir tous.

QUATRIÈME OBSERVATION. Le Déluge fut envoyé par Dieu sur la terre, afin de détruire tous les hommes qui n'étaient pas renfermés dans l'arche. Or, une partie de ce récit doit être rigoureusement prise dans son sens naturel, attendu que ce châtiment se trouve affirmé avec évidence dans l'Ancien et le Nouveau-Testament. Et, en effet, nous lisons dans l'Épître II de saint Pierre, verset 5 : — « Il n'a pas » épargné le monde à son origine, et n'a sauvé que sept » personnes avec Noé, le prophète de la justice, et il a » répandu les eaux du Déluge sur le monde des pervers. » — Dans saint Mathieu, ch. XXIV, v. 38, nous lisons : « Noé » entra dans l'arche, et ils ne pensèrent au Déluge que lors- » qu'il arriva et les emporta tous. » — Saint Luc, ch. XVII, v. 27, dit : « Ils mangeaient et ils buvaient, et épousaient » des femmes jusqu'au jour où Noé entra dans l'arche ; et le » Déluge vint et les perdit tous. » — Dans sa première Épître, ch. III, v. 20, saint Pierre s'exprime ainsi : « Au temps de » Noé, pendant qu'il fabriquait l'arche, où peu de personnes, » c'est-à-dire huit seulement, furent sauvées au milieu des » eaux. »

Tous ces témoignages réunis, ne prouvent-ils pas évidemment que, excepté les huit personnes qui se réfugièrent dans l'arche, le genre humain tout entier périt certainement pendant le Déluge ?

XII. Que si l'on nous demandait si les hommes antédiluviens étaient répandus sur toute la surface de la terre, nous répondrions qu'il y a de bonnes raisons pour croire le contraire, et qu'ils occupaient seulement l'espace nécessaire pour leur subsistance. Il est certain qu'ils parlaient tous le même langage, car la multiplication des langues fut postérieure au Déluge. La longue vie des hommes était cause que l'union de leurs familles était beaucoup plus intime que celle de nos jours. Nous pourrions encore ajouter que leur nombre n'était peut être pas aussi considérable que le prétendent certains auteurs. Quand la Genèse parle des saints Patriarches, et indique l'âge auquel ils eurent leur premier fils et héritier, nous trouvons que Seth eut, à l'âge de cent-cinq ans, un fils qu'il nomma Énos; qu'Énos était âgé de quatre-vingt-dix ans lorsqu'il engendra Caïnan; que Caïnan engendra Malalael à l'âge de soixante-dix ans; que Malalael engendra Jared à l'âge de soixante-cinq ans; que Jared comptait cent soixante-deux ans quand il engendra Hénoch; qu'Hénoch engendra Mathusalem à l'âge de soixante et un ans; que Mathusalem, âgé de cent quatre-vingt-sept ans engendra Lamech; que Lamech, âgé de cent quatre-vingt-un ans, eut un fils qu'il nomma Noé, et que Noé était déjà âgé de cinq cents ans quand il engendra Sem, Cham et Japhet. Or, la Genèse ne dit pas que lorsque Sem, Cham et Japhet, à l'âge d'environ cent ans, entrèrent dans l'arche avec leurs enfants, ils eussent des enfants. De plus, dans le chapitre VI, Moïse, après avoir donné le catalogue des Patriarches, nous dit ensuite que les hommes commencèrent à se multiplier sur la terre, qu'ils devinrent méchants et que survint alors la menace du Déluge, etc. D'où il nous semble pouvoir conclure que les hommes antédiluviens ne s'élevaient pas à un fort grand nombre, et qu'ils ne vivaient pas dans des lieux éloignés les uns des autres.

XIII. Quant à ce qui concerne l'universalité du Déluge, il nous est certainement permis, après les observations précédentes, de conclure qu'il ne s'étendit pas beaucoup au-delà de la partie de la terre habitée alors par les hommes. La Genèse, en nous faisant la description de ce grand cataclysme, ne dit certainement pas que la mer sortit de ses limites; mais elle se contente d'écrire simplement: « J'enverrai les eaux d'un grand Déluge sur la terre... » Je ferai pleuvoir sur la terre pendant quarante jours et

» et quarante nuits... Toutes les sources du grand abîme
» romperont leurs digues... Les cataractes du ciel s'ouvri-
» ront : Et la pluie tombera avec abondance sur la terre. »
Toutes ces manières de s'exprimer annoncent évidemment
un Déluge extraordinaire, mais qui peut fort bien n'avoir
été que partiel: déluge cependant, qui, fut en réalité, universel pour tous les hommes et toute l'étendue de la terre
occupée par eux, pour tous les animaux et pour tous les
oiseaux des contrées habitées par les hommes, quand même
il n'aurait pas embrassé toute la superficie de la terre.

Supposons que tous les hommes, alors vivants, occupaient un territoire d'une étendue proportionnée à leur
nombre, fertile et abondant de manière à fournir à leurs
besoins, convenable pour leur permettre une vie pleine
d'activité et de mouvement; supposons que la contrée habitée
alors par les hommes était située dans l'Asie-Mineure, non
loin du mont Ararath et des belles collines de l'Arménie;
supposons que des torrents de pluie se précipitèrent, à
l'imprévu, du haut des cieux sur les hommes, tandis que,
de leur côté, les fleuves ramenés en arrière par la tempête
et grossis par les torrents de la pluie tombant sans inter-
ruption pendant quarante jours et quarante nuits débor-
daient de toute part et envahissaient les terres voisines;
supposons que le même vent impétueux, soufflant toujours
contre le cours des eaux, les empêchait de suivre leur
pente, pendant que la barrière formidable des collines de
l'Arménie enfermait les eaux dans la partie élevée du
terrain : — N'est-il pas vrai que, grâce à cette supposition
conforme aux lois de la nature, toujours dirigées par la
Providence en vue de la punition d'hommes obstinés dans
leur corruption, il n'est pas difficile de comprendre comment aucune des malheureuses créatures ne put échapper
à la mort. Et nous comprendrons certes bien mieux cette
catastrophe épouvantable, si nous supposons encore, ce qui
est naturel, que les torrents de pluie étaient accompagnés

des grondements de la foudre qui ne cessait de tonner sur la tête de ces malheureux qui s'agitaient éperdus au milieu des ténèbres épaisses accumulées par les sombres nuages qui cachaient le ciel.

Concluons donc en disant que nous croyons avoir suffisamment démontré, par tout ce qui a été dit dans ce chapitre, que la Révélation et la raison, si on les considère d'un œil impartial, semblent réellement se tendre mutuellement une main amie et offrir aux hommes leur puissant secours pour les aider à chercher et à suivre la vérité.

CHAPITRE XXVII

DESTINÉE DE L'HOMME : TÉMOIGNAGES DE LA RAISON
ET DU PAGANISME

I. Afin que cétte dernière partie, qui concerne la nature et la destinée de l'homme, puisse mieux convaincre le lecteur attentif, nous le prions de se souvenir de ce que nous avons dit sur l'existence et les attributs de Dieu et sur l'immortalité de l'âme. Il est une vérité que personne ne saurait nier -- c'est que Dieu est l'auteur de tout ce qui existe, la cause de l'existence de notre corps conformément aux lois et aux forces établies par lui dans la nature, et le créateur immédiat de notre âme qui, absolument exempte de tout composé matériel, ne peut être le résultat du développement d'aucune nature corporelle et ne peut exister qu'en vertu d'une véritable création. A ceux qui sont assez dépourvus de raison pour nier l'existence de Dieu sous le prétexte que nous ne pouvons ni le toucher de nos mains, ni le voir de nos yeux, nous ne craignons pas de dire que leur intelligence est frappée d'une cécité déplorable. Le fait de l'existence de Dieu ne dépend ni de la petitesse d'esprit de l'incrédule, ni des blasphèmes vomies par ses lèvres impures. La lumière du soleil ne dépend en aucune façon de l'œil d'un homme aveugle ; le soleil existe et resplendit radieusement dans le monde, quoique l'aveugle ne puisse le voir. Si l'incrédule a suffisamment d'esprit pour conclure l'existence d'un ouvrier en voyant ses œuvres, ne doit-il pas avoir aussi assez d'intelligence pour connaître le Créateur par l'existence de l'Univers qu'il a créé. Nous ne touchons et nous ne voyons pas notre esprit, et cependant nos facultés de raisonner, de réfléchir, et de vouloir librement nous donnent la certitude absolue que nous possédons une âme spirituelle. Eh bien! de la même manière, l'ordre et l'activité qui règnent dans cet Univers, l'objet de notre admiration, nous rendent absolument certains de l'existence d'un Créateur tout-puissant, infini et éternel.

II. Quant aux propriétés de l'âme humaine, elle est non-seulement spirituelle, subsistante en elle-même et immortelle, comme nous l'avons démontré, mais elle est encore douée d'une volonté libre. Notre esprit possède plein pouvoir sur toutes les actions morales, sujettes à son choix. Nous disons *sujettes à son choix*, parce que nous sommes libres d'agir contre cette générale tendance naturelle qui nous porte toujours à choisir les objets qui se présentent à nous sous l'apparence du bien : en sorte que si le scélérat lui-même en faisant ses actions perverses choisit de préférence tels délits, c'est qu'il y voit l'apparence d'un bien qui lui convient, c'est-à-dire la satisfaction de ses passions de vengeance, de cupidité, de déshonnêteté, etc. Nous ne croyons pas nécessaire de démontrer ici que nous sommes libres de choisir entre deux objets opposés entre eux, comme de rester à la maison ou d'en sortir, d'écrire ou de lire, de résister à une passion ou d'y succomber. L'expérience quotidienne nous prouve assez que nous ne sommes nullement contraints à préférer l'un des deux objets soumis à notre choix. Notre raison ne se trouvant pas nécessairement déterminée pour un point, notre volonté est entièrement libre de choisir l'une ou l'autre des deux parties, quelleque soit leur différence et leur opposition. La liberté de choisir entre deux objets opposés est une conséquence nécessaire qui dérive de la possession par nous d'une intelligence libre et de la raison.

III. Ces deux vérités supposées savoir : l'existence de Dieu avec ses attributs infinis de sagesse, de puissance, de providence, etc., et, de l'autre côté, la liberté de notre esprit immortel, capable de recevoir des préceptes et des défenses, le blâme ou la louange, des récompenses ou des châtiments, il nous est permis de poser la question suivante sur la destinée de l'homme.

Sommes nous nés pour exister seulement durant notre vie terrestre, ou bien devons-nous croire qu'il existe une destinée ultérieure qui n'a jamais de fin, après la mort de notre corps ?

Cette question importante cessera d'être un problème, si nous considérons avec attention les raisons suivantes :

PREMIÈRE RAISON. Comme notre âme, vu sa nature immortelle, ne peut être détruite après la mort de notre corps, — l'unique supposition possible contre sa survivance, c'est que le Créateur veuille, dans sa puissance infinie, détruire et anéantir la nature de l'âme. Mais qui ne voit qu'une telle supposition ne peut se faire sans admettre une absurdité, savoir que — l'Auteur immuable de la nature se contredit lui-même dans ses œuvres, c'est-à-dire qu'il a créé notre âme immortelle par nature, avec la volonté de la détruire contrairement à l'exigence de sa nature ? Cela est évidemment impossible. Notre âme ayant été créée immortelle par la sagesse infinie du Tout-Puissant, la sagesse du Créateur ne peut avoir decrété de la détruire après la mort du corps. Donc, notre destinée ne saurait avoir son terme sur cette terre.

DEUXIÈME RAISON. Nous sommes animés du désir naturel, indélibile, d'être heureux de manière à ce que notre félicité ne puisse jamais avoir de fin. Mais en même temps, nous sommes sans cesse aux prises avec des adversités et des misères inséparables de la condition et de la nature humaine. Le vulgaire a beau décerner le titre de *heureux* à ceux qui sont comblés de richesses, de puissance et de gloire, — le fait est que aucun homme, quelle que soit sa condition sur la terre, n'est exempt des peines et des tribulations, et que tous, chacun à sa manière, nous ne cessons de prouver la vérité de cette maxime d'un grand poète italien :

> Se a ciascuno il proprio affanno
> Si vedesse in fronte scritto ;
> Quanti mai che invidia fanno
> Ci farebbero pietà !

Si les peines de chaque homme étaient écrites sur son front, combien qui excitent notre envie nous feraient pitié.

METASTASIO.

Impossible à nous d'obtenir, d'aucune façon, sur cette terre la pleine possession de cette félicité après laquelle notre cœur soupire. Soyez aussi riche que Crésus, aussi vénéré que Salomon, aussi grand que Auguste, aussi puissant que Alexandre ; tous ses avantages sont purement extérieurs, dépendent de la fortune ou du hasard, et sont impuissants à remplir l'esprit et le cœur de ceux qui les possèdent. Il en est de même des plaisirs corporels, leur jouissance finit toujours par tromper l'attente que l'imagination en avait conçue. Le plus souvent nuisibles à la santé de l'âme et du corps, ces plaisirs laissent toujours un vide cruel dans la partie supérieure de notre esprit. L'étude des sciences et des arts, les découvertes scientifiques sont, il est vrai, des biens très supérieurs à tous les autres avantages humains et mieux proportionnés à la partie supérieure de l'homme, mais ils n'en sont pas moins insuffisants à satisfaire son cœur et à lui donner le bonheur. En un mot, les biens et les avantages de cette terre sont, tous sans exception, incertains, douteux et sans proportion aucune avec le désir sans bornes de la nature immortelle de notre âme. D'où il faut conclure que la sagesse infinie du Régulateur suprême ne peut avoir limité notre destinée à cette vie présente, attendu qu'il est impossible que l'homme ait été laissé par la Providence sans la possibilité d'obtenir cette félicité parfaite à laquelle il est naturellement porté par un désir invincible.

TROISIÈME RAISON. Il faut reconnaître, en outre, que la pratique de la vertu n'apporte jamais avec elle le parfait bonheur à l'homme vertueux ; et l'expérience démontre que les personnes de bien ne reçoivent généralement pas sur cette terre des récompenses proportionnées à leurs bonnes actions. Au contraire, nous voyons les bons méprisés le plus souvent, persécutés, affligés et finissant, pour la plupart, leur vie dans les larmes et la misère. Il faut encore confesser qu'il se trouve partout un grand nombre d'hommes chargés de vices, esclaves de l'avarice, de la luxure, de l'intempérance, etc., qui sont, en même temps, comblés des faveurs de la richesse, de la santé, des honneurs, de la puissance, et qui finissent leur vie sans avoir souffert aucune adversité, aucune punition digne de leurs méfaits. Donc, s'il n'existait pas après cette vie une destinée future, où les bons recevront la récompense qu'ils ont méritée, et méchants le châtiment dû à leurs crimes, il faudrait nier la Providence et la justice de Dieu, et, par conséquent, l'existence d'un Rénumérateur. Il est, en effet, impossible qu'il existe un Créateur et un Régulateur suprême, manquant de justice vis-à-vis de l'homme qu'il a doué de la liberté et de la raison, et qu'il porte, au moyen de la lumière de son intelligence, à faire le bien et à éviter le mal. Et comme nous ne voyons pas les bonnes et libres actions des hommes recevoir, sur cette terre, la récompense qu'elles méritent, force nous est donc de conclure qu'une récompense équitable est due à chacun de nous dans la vie future, conformément à ces paroles de l'Ecclésiaste : « J'ai vu sous le soleil l'injustice à la place du jugement, et l'iniquité à la place de la justice. Et j'ai dit dans mon cœur: Dieu jugera le juste et l'impie, et alors sera le temps de traiter de toutes choses (ch. III, v. 16, 17). »

QUATRIÈME RAISON. Il existe certains principes éternels

« de la loi naturelle, gravés dans notre cœur, qui brillent clairement aux yeux de notre intelligence, aussitôt que, par le moyen de quelque chose de sensible, nous pouvons en comprendre la signification. » Or, ces principes éternels ne sont jamais entièrement effacés de l'âme humaine : par exemple, nous devons éviter le mal et faire le bien ; — nous devons faire aux autres ce que nous voulons qui soit fait à nous-mêmes ; — Nous devons faire aux autres ce que nous désirons qui soit fait à nous-mêmes. Ce sont là des principes éternels de la loi naturelle, d'où le raisonnement nous permet de déduire facilement toutes les autres lois morales.

Or, le Créateur, par qui ces lois naturelles sont gravées dans notre cœur, ne pourrait assurément avoir laissé à l'homme la liberté, sans lui avoir donné aussi une véritable impulsion pour exécuter ces lois, et, par conséquent, sans avoir donné en même temps à ces lois une sanction tout-à-fait suffisante pour obliger l'homme à les mettre en pratique. Le Régulateur suprême aurait évidemment manqué de providence envers ses créatures raisonnables, il aurait fait preuve d'indifférence pour les bonnes et mauvaises actions de l'homme, s'il n'avait ajouté une telle sanction à sa loi. Supposer que Dieu n'a réservé aucune récompense et aucun châtiment aux observateurs et aux transgresseurs de la loi naturelle et des autres lois qui en dérivent et ont été suffisamment promulguées au genre humain, n'est-ce pas dire que le Créateur et Régulateur de toute chose est dépourvu d'une rectitude infinie de justice et, en outre, n'a pas suffisamment pourvu au bien moral de ses créatures raisonnables ? Cette idée est diamétralement opposée à l'idée d'un Régulateur bon et sagement prévoyant. D'où nous devons encore conclure nécessairement que Dieu a établi des récompenses et des châtiments pour les hommes selon qu'ils observent ou transgressent sa loi. L'homme, se trouvant très-souvent réduit sous la servitude de quelque passion vile, est alors fortement entraîné à fouler aux pieds tout précepte qui gêne sa liberté, mais, d'un autre coté, sachant très-bien ce qu'il doit faire pour être vertueux, il embrasse néanmoins la parti du vice, selon cet antique maxime : *Video meliora proboque, deteriora sequor*. Voilà pourquoi Dieu, sans empêcher la liberté humaine, doit avoir donné à l'homme une énergique impulsion pour faire le bien et s'abstenir du mal, de manière à ce qu'il préfère la pratique de la vertu, toujours difficile, à la pratique du vice même le plus attrayant, et se prépare ainsi à obtenir, un jour, une félicité éternelle. Mais sans la promesse de récompenses infaillibles et éternelles réservées aux hommes vertueux, et sans la menace d'un malheur éternel assuré aux hommes vicieux, n'est-il pas évident qu'une telle fin ne saurait jamais être obtenue? Une récompense temporelle et un châtiment temporel ne sont certainement pas proportionnés à la nature immortelle de l'âme humaine, car ni l'une ni l'autre ne sauraient être la plus forte impulsion possible, communiquée par Dieu, pour porter l'homme à pratiquer les vertus sans lesquelles il lui est impossible d'obtenir la récompense due seulement à ceux qui s'abstiennent librement du vice et pratiquent librement la vertu. Donc, conclusion inévitable : affirmons qu'il doit nécessairement exister pour l'homme une double destinée éternelle, dans la vie future. Si la seule promesse d'obtenir une félicité éternelle pouvait être considérée comme suffisante pour porter les bons à faire le bien, elle ne suffirait certainement pas pour empêcher les méchants de suivre leurs passions séductrices, s'ils n'avaient pas à craindre, d'être éternellement malheureux.

Oderunt peccare mali formidine poenæ.

IV. Cette dernière conséquence est d'accord avec la peruasion générale de toutes les nations. Il est vrai que cette croyance en l'existence de châtiments et de récompenses dans une vie future était dénaturée et corrompue par des récits fabuleux en Assyrie, en Egypte, en Grèce et à Rome. Mais les fables mêmes des poëtes païens sur les Champs-Elysées et la sombre région du Tartare sont assurément une preuve incontestable de la persuasion qu'ils avaient de l'existence d'une double destinée pour l'homme après cette vie : persuasion dérivant, à notre avis, ou d'une révélation primitive ou des principes de l'enseignement humain. Ce ne sera certes pas nous écarter de notre sujet que de citer ici quelques-unes des fables du Paganisme sur ce point.

En ce qui concerne les récompenses d'une vie future, les auteurs païens nous ont laissé des descriptions enchanteresses sur les Champs-Elysées, lieu destiné aux hommes vertueux après leur mort, où ils jouissent d'un printemps éternel, où le doux zéphir répand partout les parfums des fleurs les plus fines, où toute sorte de fruits savoureux abondent, où l'ambroisie, nourriture des dieux, sert d'aliment aux habitants, où ne règnent des ténèbres d'aucune sorte, mais où brillent toujours du plus vif éclat les rayons du soleil, où le ciel est orné d'étoiles plus magnifiques que les nôtres, où l'on ne cesse d'entendre les mélodies les plus harmonieuses du chant des oiseaux et des instruments de musique, réunies aux concerts des heureux habitants de ces lieux, où règne l'abondance de toute sorte de plaisirs innocents, où l'on jouit de l'amitié le plus pure, de la santé la plus parfaite, d'une jeunesse perpétuelle.

Quant aux châtiments des malheureux, nous lisons aussi dans les auteurs païens les descriptions les plus épouvantables du Tartare. Après la sentence de condamnation prononcée par les trois juges impitoyables de l'enfer, Eaque, Minos et Radamanthe, les ombres des morts convaincus de crimes, sont envoyées, par ordre de Pluton, subir des supplices plus ou moins cruels, selon leur degré de méchanceté. Tantale tourmenté par une soif éternelle voit des eaux limpides couler sous ses lèvres, sans qu'il lui soit permis d'y goûter. Titius sent, sans trêve ni repos, ses membres tirés en tous sens de manière à couvrir plusieurs arpents de terrain. Sisiphe roule avec les plus pénibles efforts un énorme rocher sur une montagne : arrivé au sommet, le rocher roule en bas, et l'infortuné Sisiphe est toujours obligé de recommencer son travail. Les Danaïdes sont condamnées à puiser sans cesse l'eau d'un fleuve avec un vase sans fond. Aucun des malheureux damnés ne goute un seul instant de repos; aucun ne peut échapper aux griffes des trois furies Thisiphone, Mégère et Alecto qui les poursuivent nécessairement d'une haine éternelle. Sans parler du cruel Cerbère à trois têtes, les noms donnés par les Grecs aux fleuves infernaux suffisent pour expliquer la nature de l'horrible prison. Le fleuve, ou plutôt le marais fangeux qui entoure plusieurs fois le noir royaume de Pluton, de manière à empêcher les ombres qui y sont transportées par la barque de Caron d'en sortir, s'appelle Styx, c'est à dire *odieux* (1). Le fleuve du Cocyte signifie *lamentations* et *pleurs* (2). Le fleuve de l'Achéron exprime une *peine cruelle* (3). Le Léthé est le fleuve de l'*oubli* (4), et le Phlégéton signifie *je brûle* ou *je suis brûlé* (5).

L'éternité des tourments de l'enfer est aussi clairement affirmée par les poètes païens :

> Facilis descensus Averni est
> Sed revocare gradum superasque evadere ad auras
> Hoc opus, hic labor est.
> Virgile.

> Panditur ad nullas janua nigra preces :
> Cum semel infernas intrarunt funera leges,
> Non exorato stant adamante viæ.
> Properce.

(1) De στυγέω (je déteste.)
(2) De κακύω (je me plains.)
(3) De ἀχє (peine.)
(4) De λήθω (j'oublie.)
(5) De φλεγέθω (je suis brûlé.)

Dante Alighieri lit au dessus des portes de l'enfer, l'inscription suivante :

> Giustizia mosse il mio alto fattore.
> Fecemi la Divina Potestate,
> La Somma Sapienza e il primo Amore.
> Dinanzi a me non fur cose create
> Se non eterne, ed io eterno duro :
> Lasciate ogni speranza, o voi che entrate.

La justice a inspiré Celui qui m'a fait. Je suis le produit de la Puissance divine, de la Sagesse suprême et du premier Amour. Avant moi, il n'y avait rien de créé; les choses éternelles existaient seules, et je dure éternellement. O vous qui entrez en ce lieu, abandonnez toute espérance.

V. Dans un précédent chapitre, nous avons cité avec l'autorité de Ciceron celle de Socrate, affirmant qu'il existe, dans la vie future, une double destinée pour l'homme : destinée de bonheur sans fin ou de malheur éternel.

Maintenant, si nous considérons les autres peuples découverts plus récemment, nous trouvons également en vigueur parmi eux la même tradition de récompenses éternelles pour les hommes de bien, et de châtiments éternels pour les méchants, dans l'autre vie. Indiens, Chinois, Japonais, Africains du royaume de Whydah, Méxicains, Péruviens, Groenlandais, tous conservent, sous des formes diverses, la même tradition. Les peuples de la Nouvelle-Zélande, tout en croyant que les méchants devront être transformés à la fin de leur vie, sont néanmoins d'accord avec les autres peuples pour admettre l'existence, dans un autre monde, de châtiments et de punition pour les méchants. Ils sont, de plus, persuadés que les méchants reprennent, après une longue série d'années, leur propre corps, et descendent ensuite de nouveau avec lui au milieu des tourments.

La croyance, si généralement répandue dans l'ancien et le nouveau monde, de l'existence d'une destinée perpétuelle après cette vie mortelle, nous permet donc, bien certainement, de conclure que cette croyance est un cri de notre nature raisonnable, et d'y voir, en même temps, une nouvelle preuve de l'existence d'un Rémunérateur suprême infiniment juste, et de l'immortalité de notre âme. Telle est, croyons nous, la raison principale pour laquelle l'auteur du *Martyre de l'homme* et le professeur allemand Büchner, avec d'autres docteurs et leurs disciples, nient l'existence de Dieu et l'immortalité de l'âme humaine : ils ne veulent pas être forcés par la rigueur de la logique de reconnaître qu'il existe une destinée éternelle pour l'homme dans l'autre vie.

CHAPITRE XXVIII

DESTINÉE FUTURE DE L'HOMME; TÉMOIGNAGE DE LA
RÉVÉLATION. OBJECTIONS.

Après avoir exposé les opinions des païens, dont l'autorité ne saurait certainement être comparée avec celle de la Révélation admise et fermement crue par tout Chrétien digne de ce nom, nous citerons ici trois témoignages tirés seulement du Nouveau-Testament. Si nous nous bornons à ces trois preuves, ce n'est pas parce que elles n'abondent pas sur ce sujet, même dans l'Ancien-Testament, mais uniquement parce que le Nouveau s'exprime plus clairement sur la question qui nous occupe et ne peut admettre aucune interprétation douteuse, comme on pourrait le dire de certains textes des anciennes Écritures. Écoutons d'abord l'évangéliste saint Mathieu, dans sa description du jugement universel. Voici en quels termes il s'exprime dans le chapitre XXV; — « Alors, le Roi dira à ceux qui seront
» à sa droite: venez les bénis de mon père; possédez le
» royaume qui vous a été préparé dès le commencement du
» monde... Alors, il dira à ceux qui seront à sa gauche:
» Allez loin de moi, maudits, dans le feu éternel qui a été
» préparé pour le diable et pour ses anges... Et ceux-ci
» iront au supplice éternel, et les justes à la vie éternelle. »
— Le second témoignage nous est fourni par la plume de l'Apôtre des nations qui a écrit ce qui suit sur le même sujet, dans sa douzième lettre aux Corinthiens : « Nous
» devons tous comparaître devant le tribunal de Jésus-
» Christ, afin que chacun reçoive ce qui est dû aux bonnes

» et aux mauvaises actions qu'il a faites pendant qu'il était
» muni de son corps ». — Enfin, le même Apôtre nous a laissé
encore le témoignage suivant, dans sa douzième lettre aux
Thessaloniciens : « Il est juste devant Dieu qu'il rende
» l'affliction à ceux qui nous affligent ; et que, pour vous
» qui êtes dans la tribulation, il vous laisse jouir du repos
» avec nous, lorsque le Seigneur Jésus descendra du Ciel et
» paraîtra avec les Anges, qui sont les ministres de sa puis-
» sance, au milieu des flammes, afin de se venger de ceux
» qui ne connaissent pas Dieu et de ceux qui n'obéissent pas
» à l'Évangile de Notre-Seigneur Jésus-Christ : lesquels
» souffriront la peine d'une éternelle damnation, à la
» présence du Seigneur et devant l'éclat de sa puissance,
» quand il viendra pour être glorifié dans ses Saints et admiré
» dans tous ceux qui auront cru. »

Et celui qui, après des déclarations si péremptoires sur la destinée future de l'homme, pourrait dire encore : — Je ne crois à aucune révélation ; je n'ai foi en aucune tradition touchant la vie future ; je n'attache aucune importance aux raisons que vous avez apportées pour la prouver, — nous nous contentons de faire cette simple réponse : En parlant ainsi, vous montrez que vous n'êtes pas un homme raisonnable et encore moins un chrétien. Par conséquent, nous ne nous adressons nullement à vous, qui prouvez par votre langage que vous appartenez à une classe d'êtres si étranges, que l'on a peine à croire qu'ils puisse en exister. Mais nous adressant maintenant à notre Lecteur, nous le prions de réfléchir que nier l'existence des récompenses dans la vie future, ce n'est pas détruire leur existence. Les vérités enseignées par la Révélation divine ne dépendent pas des pensées de l'homme ; elles restent toujours fermes et inébranlables au milieu des plus bruyants sarcasmes de l'incrédulité. On aurait beau supposer, par forme d'argument, que les châtiments de l'autre vie ne sont pas aussi certains qu'ils le sont, mais que leur existence n'est qu'une simple probabilité, il n'en serait pas moins vrai que tout homme, doué d'un jugement sain et s'aimant réellement lui-même, doit, même dans cette hypothèse, faire tous ses efforts pour échapper à un malheur éternel possible, dont l'existence est, après tout, affirmée d'une manière trop certaine par les trois voix de la Raison, de la Tradition et de la Révélation.

II. Il nous reste maintenant à répondre à certaines objections que l'on peut faire relativement à la destinée future de l'homme. Comme nous sommes naturellement portés à chercher partout le bonheur, nous ne croyons pas qu'il puisse se trouver quelqu'un capable de nier l'existence d'une félicité éternelle réservée à l'homme dans l'autre vie. Qui pourrait, en effet, ne pas entendre répéter avec plaisir les paroles de saint Paul, dans sa première lettre aux Corinthiens : « L'œil n'a pas vu, l'oreille n'a pas entendu, et le » cœur de l'homme n'a jamais compris ce que Dieu a » préparé à ceux qui l'aiment. » Ce qui est véritablement effrayant et terrible pour nous, c'est l'état de malheur éternel destiné aux méchants. Toute sorte d'objections ont été accumulées contre cette destinée, mais principalement pour ceux qui, connaissant leur grande perversité, ne voudraient à aucun prix qu'elle existât. Nous allons répondre brièvement aux objections des plus importantes soulevées contre la destinée future de l'homme.

OBJECTION I. — *La miséricorde de Dieu est infinie ; comment peut-il donc permettre que ses créatures soient éternellement malheureuses ?*

RÉPONSE. — Dieu est infiniment miséricordieux envers ceux qui sont susceptibles de recevoir les effets de sa miséricorde, c'est vrai. Ceux qui partent de cette vie changeante ne sont plus sous le règne de la miséricorde, mais sous l'empire des lois de la justice de Dieu ; et, après la mort du corps, ils restent pour toujours dans le même état de volonté où ils sont morts. Tant que nous sommes sur cette terre, nous sommes sur le chemin de l'éternité. La mort est la fin de la route, et alors nous entrons dans le domaine des lois de l'éternité. L'épreuve est finie pour nous, elle est finie sans appel. La sentence est prononcée selon nos actions passées ; elle est irrévocable. Telle est la croyance de toutes les nations ; tel est l'enseignement de la Révélation divine. Les malheureux réprouvés détestent souverainement leur châtiment, mais ils ne détestent pas leurs crimes, pour lesquels ils ont été condamnés à souffrir.

OBJECTION II. — *Les péchés des hommes sont temporels, et souvent un instant suffit pour les commettre : comment peuvent-ils donc être punis d'un supplice éternel ?*

RÉPONSE. — Quoique l'action peccamineuse soit transitoire, il n'est pas moins vrai que la volonté de l'homme qui meurt dans l'impénitence continue toujours à durer dans le même état. Il existe donc toujours une barrière insurmontable pour le Réprouvé, qui l'empêche d'être délivré de son châtiment. De plus, le Réprouvé est coupable de grave rébellion contre Dieu, législateur suprême dont la majesté est infinie ; il est donc souverainement juste qu'il soit puni d'une manière infinie. Mais comme son être est limité, il ne peut être puni infiniment par l'intensité de la peine ; il faut donc que son châtiment soit infini dans sa durée. La justice humaine frappe du plus grand châtiment à elle possible, en condamnant un homicide à mort, même quand le coupable donne des signes de repentir de son crime.

OBJECTION III. — *Les péchés des hommes ne sont égaux ni en nombre, ni en malice ; comment peuvent-ils être punis également d'un supplice éternel ?*

RÉPONSE. — Quoique les châtiments de l'enfer n'aient pas de fin, cependant les tourments, endurés par les condamnés, ne sont pas tous égaux. Ces tourments sont proportionnés à la malice et au nombre des péchés de chacun.

OBJECTION IV. — *Quel avantage Dieu tire-t-il du châtiment éternel infligé aux méchants ?*

Réponse. — Dieu étant entièrement indépendant de l'homme, sa nature divine ne saurait évidemment recevoir aucun avantage des créatures, soit de la gloire éternelle des Bienheureux, soit de la peine éternelle des Réprouvés. La création des êtres intelligents a une double fin. La fin principale, c'est la manifestation de la gloire et des attributs de Dieu ; la fin secondaire, c'est le bonheur des créatures raisonnables, si elles pratiquent le bien durant la vie présente ; mais si elles font le mal jusqu'à la mort, si par leur propre malice elles se ferment elles-mêmes les portes du ciel, si elles se rendent incapables d'y glorifier la bonté infinie de Dieu, elles sont forcément contraintes à glorifier, dans l'enfer, sa divine justice. Car il est absolument impossible que la fin première de la création, qui concerne la gloire de Dieu, puisse être éludée, anéantie par la malice de l'homme.

Objection V. — *Puisque les Réprouvés sont obstinés et ne peuvent revenir à bien, ne semble-t-il pas que leur châtiment éternel n'a aucun but ?*

Réponse. — Les châtiments éternels sont décrétés pour le bien général des hommes, afin de les obliger, par la crainte, à s'abstenir de faire le mal, et pour que, en pratiquant le bien, ils obtiennent la félicité éternelle. D'où il résulte clairement que les châtiments éternels ont pour but le bien des vivants, quoiqu'ils ne soient aucunement avantageux aux morts, déjà condamnés.

Objection VI. — *On ne peut certainement nier l'existence des menaces de châtiments éternels ; mais ces menaces pourraient fort bien rester sans effet : ainsi, la sentence prononcée contre Ninive ne fut qu'une simple menace, qui ne fut pas exécutée ?*

Réponse. Les menaces de châtiment contre les méchants ne sont pas mises à exécution quand ils se repentent sincèrement ; comme cela arriva, la première fois, aux Ninivites. Mais les condamnés à l'enfer sont dans l'endurcissement final, et, à cause de cela, tout à fait incapables d'aucune conversion. De plus, Dieu est la vérité même, et on ne peut dire que, pendant la durée des mêmes circonstances, il fera une chose qu'il n'a pas l'intention de faire.

OBJECTION VII. *Les Saints, qui jouissent de la félicité céleste, sont parfaits et pleins de charité ; ils doivent donc prier pour les réprouvés ? D'un autre côté, comment Dieu pourrait-il rejeter les prières de ses amis en faveur des malheureux de l'enfer ?*

RÉPONSE. Les Saints savent très bien que la volonté des Réprouvés est opposée à la justice de Dieu qui les punit, et que, pour cela, ils sont incapables de se convertir ; donc, les Saints ne peuvent prier pour eux. Observons encore que si, après la mort, les Justes sont élevés à un état supérieur à leur nature, les Méchants tombent de même dans un état de dégradation inférieur à leur condition naturelle. En sorte que il ne saurait exister aucun sentiment d'amitié ou de compassion entre les Élus et les Réprouvés. Bien au contraire, les Justes qui sont dans la gloire doivent se réjouir de voir les Méchants punis selon leur mérite, et ils ne peuvent avoir pour eux d'autre sympathie que celle que nous éprouvons pour la vipère vénimeuse qui cherchait à nous mordre et que nous écrasons du pied.

OBJECTION VIII. *Mais, au moins, n'est-il pas absolument impossible de se faire à l'idée que Dieu n'usera jamais de miséricorde envers les pécheurs ?*

RÉPONSE. Selon la doctrine des Théologiens recommandables par leur sainteté et leur science, — doctrine fondée sur quelques expressions des Saintes-Écritures, — il est permis de penser que Dieu, dans l'exercice de sa justice, ne se départ pas de sa bonté même envers les Réprouvés, car il ne punit pas leurs crimes selon toute la rigueur qu'ils ont méritée. Et quoique les Réprouvés soient, à raison de leur impénitence finale, incapables d'être entièrement libérés de leur condamnation éternelle, nous pouvons

cependant croire que la bonté de Dieu adoucit leur peine. C'est avec grand cœur que nous adhérons ici à l'opinion de saint Thomas d'Aquin, que ce docteur angélique a exprimée en ces termes : — « Il est permis de dire que les Réprouvés eux-mêmes participent à la miséricorde de Dieu, en ce sens qu'ils sont moins punis qu'ils ne méritent, quoi qu'ils ne soient pas entièrement libérés de leur peine.
— *Potest dici quod etiam in eis (malitia obstinatis) misericordia locum habet, in quantum citra condignum puniuntur, non quod a pœna totaliter absolvantur* (Suppl. en 3 part., q. 99, art. 2). » Le même docteur dit encore que ces paroles du psaume 76 : *Continebit in ira sua misericordias suas ?* peuvent encore s'appliquer aux Réprouvés, non parce que « ils seront jamais entièrement libérés de leurs souffrances, mais parce que, durant leur peine, Dieu exercera sa miséricorde sur eux en la diminuant. — *Non totaliter pœna tolletur ; sed et ipsa pœna durante, misericordia operabitur eam minuendo.* (Ibid. art. 3, ou 4). » .

Maintenant que nous croyons avoir traité les principales questions qui se rattachent à l'étude de l'homme, considéré dans son origine, sa nature, sa condition et sa destinée, il nous reste seulement à le considérer en société.

PARTIE II

DE L'HOMME CONSIDÉRÉ EN SOCIÉTÉ

ET

ERREURS DE LA PHILOSOPHIE PAR RAPPORT A LA SOCIÉTÉ.

CHAPITRE I

NÉCESSITÉ DE LA VERTU DANS LA SOCIÉTÉ ; SON MOBILE ; SA SANCTION.

Nous avons analysé le poison que présentait une nouvelle Circée sous la figure de la philosophie; nous l'avons montré dans la coupe de la nature ; il est encore contenu dans celle de la société, où les mains du sophiste l'ont préparé. Nous ne briserons pas le vase, il est précieux ; mais nous ferons honte au charlatan qui ose s'en servir ; et nous apprendrons le peu de confiance qu'on lui doit. Démasqué dans son état naturel, voyons s'il se soutiendra dans ses rapports à la société. Toute notre conclusion sera que l'homme ne peut se passer de religion.

I. Il n'est personne qui ne sache que la société est l'union des hommes vivant les uns avec les autres. On prétend que la société n'a besoin que de sa propre direction ; mais alors sans qu'on puisse l'en empêcher, elle devient un amas d'êtres que conduit l'amour de soi ; et cet amour, loin de serrer le lien qui les rapproche, ne sert qu'à les désunir.

Le vice vient de ce que cet amour se fait un centre où il prétend que tout doit aboutir, tandis qu'il n'est point d'homme qui puisse se soutenir, s'il ne se lie par toutes les facultés de son âme à cet Etre souverain qui a réglé son origine et sa fin. Une société qui ne reconnaîtrait point de Dieu, serait un troupeau sans guide ; et tout allant à l'aventure suivant les désirs personnels, il n'y aurait rien de ce troupeau qui ne se précipitât bientôt dans une abîme de destruction.

La connaissance d'un Dieu est nécessaire pour purifier et embellir les actions. La nature commande, les objets sollicitent; quel autre que Dieu peut prescrire la règle, et montrer la conformité convenable? Les lois éternelles sont les seules à consulter. Nous le prouverons dans la suite.

Pour le bien de la société, les philosophes ont fait des systèmes depuis les premiers temps jusqu'à nous. Depuis Brama, Zoroastre et Theutatès, chacun a fait le sien ; mais qu'est-il arrivé? Il n'y en a pas deux qui se soient trouvés du même avis. C'est un chaos d'idées, dans lequel personne ne s'est entendu. Le petit nombre des Sages est parvenu à détruire les châteaux enchantés, mais ils auraient dû en bâtir un logeable. On voit par la raison ce qui n'est pas; on ne voit pas ce qui est.

Défions-nous donc de ceux qui prétendent qu'il n'est pas nécessaire de chercher ailleurs que dans la société des règles pour être vertueux. La règle la plus sûre pour la vertu, c'est le bonheur. Or, quel bonheur peut nous procurer la société ? tout au plus un bonheur aussi durable que la vie ; encore faut-il être d'accord avec la nature, et trouver le secret de ne pas la forcer à rien troubler, ce qui est bien difficile; car il n'est peut être rien de plus opposé que la nature et la société. Mais cette vie finie, que restera-t-il? Rien. Oh! que ce mot est sec et désolant ! et qu'il éloigne de la vertu, bien loin d'y engager ! Nous savons qu'on viendra encenser le mausolée sous lequel reposera l'homme vertueux ; je sais qu'on s'assemblera pour louer ses cendres. Si on s'imagine que c'est ainsi que se trace le chemin de la vertu, c'est la plus grande des erreurs. L'encens n'a point de parfums pour les morts; à peine sert-il pour aveugler d'orgueilleux vivants; on n'en est pas plus à son aise dans le tombeau; et quand des cendres du mort les louanges que donne la postérité feraient naître des roses, où en serait l'avantage.

> Quand dans la tombe un pauvre homme est inclus,
> Qu'importe un bruit, un nom qu'on n'entend plus ?
> La gloire vient trop tard, et c'est un triste sort.
> Qui n'est, de ses bienfaits, payé qu'après sa mort,
> Obtint-il des autels, est encore trop à plaindre (1)

A ces distiques, joignons ces beaux vers de Bacon ; ils expriment parfaitement la vanité du prix que peut donner la société aux actions qu'on entreprend pour elle :

> Que te sert de chercher les tempêtes de Mars,
> Pour mourir tout en vie au milieu des hasards
>   Où la gloire te mène ?
> Cette mort qui promet un si digne loyer,
> N'est toujours que la mort, qu'avec bien moins de peine
>   L'on trouve dans son foyer.
> Que sert à ces héros ce pompeux appareil,
> Dont ils vont dans la lice éblouir le soleil
>   Des trésors du Pactole ?
> La gloire qui les suit, après tant de travaux,
> Se passe en moins de temps que la poudre qui vole,
>   Du pied de leurs chevaux.

Malherbe non moins expressif parle ainsi des monarques aux pieds de qui fumait l'encens des courtisans :

> Ont-ils rendu l'esprit, ce n'est plus que poussière
> Que cette majesté si pompeuse et si fière,
> Dont l'état orgueilleux étonnait l'univers ;
> Et dans les grands tombeaux où leurs âmes hautaines
>   Font encore les vaines,
>   Ils sont rongés de vers.
> Là se perdent ces noms de maîtres de la terre,
> D'arbitres de la paix, de foudres de la guerre.
> Comme ils n'ont plus de sceptre, ils n'ont plus de flatteurs.
> Et tombent avec eux d'une chûte commune,
>   Tous ceux que leur fortune
>   Faisait leurs serviteurs.

Princes adorés, Souverains craints et redoutés pendant votre vie, que devenez-vous après votre mort ? Le tombeau rendant tout égal vaut-il la peine d'élever si haut votre

---

(1) VOLT. *Ep. à sa mère et lois de Minos.*

orgueil ? Viendra le temps où ces peuples qui vous offraient leurs vœux ne sauront plus vous distinguer du dernier de vos sujets, que par l'état des monuments qu'aura élevés leur crainte servile.

Et puis qu'y-a-t-il de plus injuste que le peuple ? Il n'applaudit que ce qui est conforme à ses idées ; ses idées prennent leur teinte de ses mœurs, et c'est une chose à déplorer que ses mœurs d'aujourd'hui aient été des vices autrefois. Désirer de n'être pas homme de bien, suivant l'opinion qu'on en a communément, c'est peut-être le meilleur souhait qu'on puisse faire à présent. La conscience et le jugement sont deux tribunaux bien différents : l'un n'approuve-t-il pas ce que l'autre condamne ?

Je ne dis rien ici que ce que l'expérience offre tous les jours à nos yeux étonnés. C'est partout qu'on trouve des hommes riant de la règle qui ne s'accorde pas avec leur cupidité. Et de ce qu'on fait rarement son devoir, on prend un prétexte de le décrier dans les personnes qui l'accomplissent. La loi même qui parle à tous indistinctement est chargée de noms odieux. La Religion qui n'a été donnée que pour arrêter la licence de la société n'échappe pas les noms de superstition et de tyrannie.

II. Cependant, dans un système qu'on prétend avoir écrit pour établir la vérité et qui en est d'autant plus éloigné qu'on y tombe à tout moment en contradiction avec soi même, on nous dit que « le désir de vivre dans la mémoire » des hommes est un mobile puissant, qui a, de tout temps, » produit de belles actions ». « Il faut, ajoute l'auteur, cul- » tiver dans l'homme cette heureuse chimère (1). »

Comme le philosophisme se décèle ici ! Nourrir l'homme de chimères ! Mais se nourrira-t-il de la folie de vivre dans a mémoire de ses semblables, quand on lui aura appris qu'à sa mort ses yeux se ferment pour toujours, ses oreilles

(1) *Système de la Nat.*, 2 part., ch. xiv, p. 320.

n'entendent plus, et que ses idées périssent avec son corps? Si tous ses restes sont inanimés, s'il n'existe plus rien de lui, quand il a quitté la vie il est aisé de voir qu'il ne sera plus sensible aux honneurs qu'on lui rendra, et qu'il ne goûtera plus les éloges qu'on voudra lui donner.

Je l'ai déjà dit, mais je le répète, parceque je ne suis pas encore sorti de l'étonnement : Comment un auteur qui veut nous faire passer pour les instruments passifs d'un cerveau nécessairement enchaîné au branle universel de la matière, cherche-t-il à nous engager par aucun motif chimérique ou réel à la recherche du mérite et des éloges ? Si nous ne sommes que ce qu'il dit, quelque action que nous fassions nous ne sommes pas plus estimables qu'un arbre qui a porté des fruits, ni plus dignes d'être révérés que la pluie qui féconde la terre. Débiter de tels principes, ce n'est assurément pas le moyen de vivre dans la mémoire de la société ; tout au plus ces principes servent-ils à exciter la pitié de l'homme raisonnable et sensé. J'aimerais autant un maréchal, qui, pour engager son marteau à frapper plus fort sur l'enclume, le nourrirait de l'*heureuse chimère* de vivre dans la mémoire des marteaux ; ou bien encore ce roi des Perses qui écrivait au mont Athos pour lui ordonner de ne pas mettre obstacle à la marche de son armée. C'était de la part du sage Xerxès écrire bien philosophiquement.

III. Nous devons, autant que nous le pouvons, procurer le bien de la société, puisque nous en sommes les membres ; mais n'attendons pas notre récompense d'une aussi sèche rénumératrice ; — cherchons la ailleurs, nous la trouverons dans la Religion qui nous apprend que nous ne nous aimerons bien qu'autant que nous aimerons les autres. Tout l'amour qu'on doit sentir pour être véritablement et heureusement social est fondé sur le prix sans bornes que promet la religion. Il ne faut, en effet, rien moins qu'une éternité dans le prix que l'homme recherche, pour abandonner l'intérêt de ses passions. L'exercice de la vertu exige de continuels sacrifices. On est entouré de maux dans la société, mais on n'y trouve ni remèdes, ni motifs suffisants pour rien endurer.

> De la société les secourables charmes
> Suspendent nos douleurs pendant quelques instants,
> Le remède est trop faible à des maux si constants (1).

Bien loin de procurer le bien être à ceux qui sèment la vertu dans le champ de la société, celle-ci les plonge souvent dans l'infortune. Combien de fois le vertueux n'y a-t-il pas été non seulement privé de récompense, mais persécuté, forcé de gémir de la jalousie, de l'ingratitude et de l'injustice des hommes ? L'ostracisme ne fut pas pratiqué seulement en Grèce, il s'exerce partout sous des formes plus ou moins rigoureuses.

IV. Cependant, pour être vertueux, il faut qu'on y trouve des avantages, comme pour éviter le crime il faut des peines à redouter. Dans la société, le crime n'est puni que dans celui qui est trop faible ou trop maladroit pour le commettre impunément. Bien souvent encore il y est justifié et couronné par le succès. C'est une matière que nous traiterons plus particulièrement en examinant l'insuffisance des lois.

En attendant, dans la société, combien de conjonctures se présentent où la vie d'un particulier doit être sacrifiée pour le bien public ? Alors, sans motifs qu'elle puisse exposer pour déterminer à ce devoir, si la société promet une satisfaction intérieure qu'on ne goûtera pas quand on aura cesser d'exister, on rira de sa promesse ; si elle dit que la vertu est belle, on en conviendra, mais on résistera à l'amour de ce beau, lorsqu'il faudra abandonner sa vie et négliger ainsi un bien cher et nécessaire. On fuira la vertu dans ce cas, comme un homme avide de bonne

---

(1) VOLTAIRE : *Remèd. cont. la rey.* etc.

chère fuit un bon repas, quand on vient lui dire que le feu est à sa maison.

Dans la société où l'avenir n'est compté pour rien, tout bien examiné, on a plus de plaisirs à espérer, et moins de peines à craindre en s'attachant à ses propres intérêts, qu'en se sacrifiant pour les autres. Mais tout change avec la persuasion que la vertu est la volonté d'un Dieu auquel on doit tout, qui voit nos pensées les plus secrètes, qui désapprouve jusqu'aux mauvais désirs, qui sera le rémunérateur infaillible de l'homme de bien et le vengeur du crime. La Religion seule donne des motifs suffisants de faire tous les sacrifices que la vertu peut exiger.

V. Otez ces motifs de Religion, Montaigne vous dira : « Que la vertu n'est plus qu'un affiquet à pendre en un » cabinet ou au bout de la langue, comme au bout de » l'oreille pour parement : il ne se reconnaît plus d'actions » vertueuses ; celles qui en portent le visage, elles n'en ont » pourtant pas l'essence ; car le profit, la gloire, la crainte, » l'accoutumance, et autres belles qualités étrangères, nous » acheminent à les produire. La justice, la vaillance, la » débonnaireté que, lors, nous exerçons, elles peuvent être » ainsi nommées par la considération d'autrui ; mais chez » l'ouvrier, ce n'est aucunement vertu : il y a une autre fin » proposée, une autre cause mouvante (1). »

Pour confirmer cette idée, je me sers de l'aveu qu'en fait malgré lui le plus hardi des philosophes. En tout cas, comme je l'ai remarqué plusieurs fois, il n'est pas le plus conséquent ; car, après avoir assuré que l'âme, n'étant « qu'une modification du corps, il est complètement absurde » de prétendre qu'elle peut subsister et se conserver après que le corps est détruit, (2) » il avance que « dans ce monde » dépravé, on est forcé de montrer aux hommes, dans une » autre vie, les récompenses de la vertu que tout leur rend

(1) Ess. l. 1, ch. xxxvi.
(2) *Syst. de la Nat.* 1re part., ch. xiii, pag. 281.

» haïssable dans celui-ci. (1) » Ce qu'on trouve de complètement absurde dans ce raisonnement, c'est la contradiction où tombe celui qui le fait. Mais quoiqu'il en soit de cette façon de raisonner, ne faut-il pas que la vertu trouve sa récompense dans l'avenir, puisque le philosophe qui semble le plus s'opposer à cette espérance est obligé d'y recourir.

VI. Non, le philosophisme ne sera jamais mon guide; avec lui, on ne sait où l'on en est. Gardez-moi dans votre sein, Religion véritable, vous qu'un Dieu a daigné enseigner pour montrer aux hommes le bonheur dans l'exercice de la vertu! Je méprise tous ces systèmes où, sous le nom pompeux de Philosophie, on appelle grandeur d'âme ce qui n'est que faiblesse, où le vice est paré des ornements de la vertu, où la honte tient la place de l'honneur, où l'homme, sans avoir même l'autorité pour donner à ses règles la sanction qui me les ferait accepter, ne peut pas me donner le prix que souhaite mon cœur illimité dans ses désirs !

Toute mon espérance, toute ma ressource, toute ma force est dans l'Être infini que la Religion m'apprend à connaître. De malheureux mortels s'efforcent à me le cacher; mais voyez seulement les disciples qu'ils ont séduits : quand l'accès de la vertu ne serait pas fermé pour eux, ils n'auraient pas le courage de s'y porter. La gloire honteuse qu'on leur offre, et qui souvent leur manque au milieu de leurs désirs les plus ardents, anéantit leur âme. De là si peu de vertus et tant de vices; de là l'incohérence des êtres dont l'union seule peut soutenir la société. Cache-toi philosophe, précepteur dangereux, l'univers te regarde avec horreur !

> Ah ! si par toi le vice eût été combattu,
> Si ton cœur pur et droit eût chéri la vertu !
> Pourquoi donc rejeter au sein de l'innocence
> Un Dieu qui vous la donne et qui la récompense ?

(3) Ibid, ch. xv, p. 349.

> Tu le craignais ce Dieu, son règne redouté
> Mettait un frein trop dur à ton impiété.
> Précepteur des méchants, et professeur du crime,
> Ta main, de l'injustice ouvrit le vaste abime
> Y fit tomber la terre et la couvrit de fleurs (1).

Le détestable service que tu rends là ! Ne vois-tu pas que les criminels sont les seuls qui te doivent de la reconnaissance ? Que t'a fait la Religion pour t'élever contre elle ? Si elle est terrible au méchant, rends-lui justice, elle est favorable à l'homme vertueux. Quels respects ne mérite-t-elle pas à ces deux égards? Sans la Religion, il n'est plus de frein pour le crime, ni de prix pour la vertu. La société est trop faible contre l'un et trop peu riche pour l'autre.

VII. S'il était possible qu'il y eut un peuple sans religion, on y verrait croître le crime en proportion de la faiblesse des moyens employés pour l'écarter, et l'on n'y trouverait pas plus de vertus que d'attraits pour les pratiquer. S'il s'y en montrait quelques-unes, ce serait tout au plus des vertus de tempéramment, d'ostentation, d'ambition, d'amour-propre ; des vertus de Socrate, de Platon, de Marc-Aurèle.

Quoi ! me dira-t-on, vous faites si peu de cas de Marc-Aurèle, de Platon, de Socrate ? Plût au ciel que le monde ne fut peuplé que de semblables hommes ! S'il le faut, je ferai le même souhait ; mais quand je verrai que ces hommes si rares ne sont pas vertueux par religion, je craindrai toujours qu'ils ne changent, que leur vertu ne cesse, et que ces soleils ne s'éclipsent, même sans retour. Tout a dépendu des circonstances sujettes à varier, du tempérament qui pouvait être tout autre, de la gloire qui passe avec celui qui la recherche, et des autres principes qui ont fait agir, et sur lesquels il y a si peu à compter, qu'un célèbre philosophe, parlant de Socrate et des esprits de sa trempe, dit positivement : « Quoiqu'il leur appartienne d'acquérir de la

(1) Volt. sur l'Antilewe.

» vertu par raison, il y a longtemps que le genre humain
» ne serait plus, si sa conservation n'eût dépendu que des
» raisonnements de ceux qui le composent. »

La société loue, exalte ceux qui réussissent ; leur bonheur fait leur vertu. C'est ainsi qu'elle en juge : tout est bien pourvu qu'elle en profite. La Religion, au contraire, n'honore du nom de vertu que ce qui est bienfaisant comme elle, et ce qui reste tel indépendamment de la diversité des intérêts. Elle seule arrête les attentats de ceux qui sont assez puissants ou assez malheureux pour n'être pas soumis au joug des lois ; et des crimes qu'on médite, elle fait passer à la vertu, malgré le tempéramment, la gloire ou l'intérêt.

CHAPITRE II

IL N'Y A POINT DE VÉRITABLE VERTU SANS RELIGION

I. Pour que l'édifice de la vertu soit constamment poursuivi ainsi que la nature l'exige, il faut un autre prix que celui que les hommes peuvent donner. Son fondement doit être dans le ciel. Sujet à crouler partout ailleurs, cet édifice ne sera jamais solide si on ne lui donne cet appui. « La » vertu assignée aux affaires du monde est une vertu à » plusieurs plis, encoignures et coudes, pour s'appliquer à » l'humaine faiblesse, mêlée et artificielle, non droite, » nette, constante, ni purement innocente (1). » C'est ainsi que le philosophe Montaigne apprend que la Religion doit être la base unique de la vertu. Bâtissez sur le modèle de la Religion, suivez ses règles, vous élèverez un monument inébranlable, et la société attirée par sa beauté viendra, comme dans un temple, y offrir ses sacrifices.

La vertu, sans doute, mérite tout notre amour ; nous lui devons tous nos soins. Mais étudions le cœur humain : aime-t-il gratuitement ? Non, quoiqu'en disent certaines gens qui, abondant en leur sens, poussent la sagesse au-delà de ses bornes. On aime la vertu, parce qu'on espère y trouver un prix, et la société ne pouvant le donner, il faut s'adresser à la Religion qui fait connaître le vrai rémunérateur.

II. Dieu, tout Dieu qu'il est, déploierait en vain à notre esprit toutes les perfections qui le rendent infini, il ne

(1) Ess., liv. 3, ch. IX.

trouverait jamais le chemin. de notre cœur s'il ne se montrait à nous comme bienfaisant. Quel amour pour Dieu peuvent avoir les pieux visionnaires, qui, follement amoureux d'une perfection chimérique, s'imaginent qu'ils peuvent aimer dans Dieu autre chose que la bonté bienfaisante. Il est aussi contraire à la loi naturelle qu'injurieux à la Religion de croire qu'on peut aimer Dieu sans rien attendre et sans rien espérer de lui. Dans ce cas, on l'admirera, mais on ne l'aimera pas ; ce qui charme notre esprit n'est pas le même que ce qui touche notre cœur. Le bonheur arrache les hommages du cœur; mais le spectacle de la Divinité qui ne nous rend point heureux n'arrache que l'admiration de l'esprit. Voilà la différence du beau et du bon. Le premier ne plaît qu'à l'esprit, le second intéresse le cœur, et c'est le seul prix pour qui nous réservions toute notre tendresse.

En effet, ce qui remue le cœur n'est-ce pas le bonheur ou l'espérance du bonheur ? Il se resserre et se ferme dès qu'on lui ôte cette espérance. Il s'ouvre, au contraire, et s'élargit dès qu'on lui promet de le rendre heureux. C'est un moyen presque sûr de faire tomber ses répugnances que de lui faire sentir que son intérêt exige qu'il les surmonte. Il est incapable de sacrifier un amour en pure perte ; il veut aimer et ne peut qu'aimer ; ainsi on ne le réduira point à n'aimer pas. Mais il est très-capable de renoncer à un amour qui ne le rend point heureux, pour en prendre un autre qui fera son bonheur. C'est là le point de réunion où aboutissent toutes ses actions, tous ses penchants, tous ses désirs. Là tendent généralement le crime et la vertu. Le dernier des scélérats se propose ce but, comme le plus honnête homme. La différence n'est que dans le succès qui dépend du choix des moyens ; si le premier se trompe et se perd, c'est qu'il prend le faux bien pour le véritable, l'apparence du bien pour le bien même.

III. Ainsi, pour inviter l'homme à la vertu, comme c'est

le bien qu'il cherche, si l'on peut le lui rendre sensible il faut lui offrir quelque attrait qui vaille mieux que tout ce qu'il peut trouver dans lui ou autour de lui. Il aura beau s'aveugler, pour peu qu'on lui ouvre les yeux, il s'apercevra qu'il est dans un centre où le bonheur tel qu'il le désire ne pourra pénétrer, si l'on n'emploie pas d'autres moyens que ceux que fournit la société toute seule. Dès lors, qui doutera de la providence de Dieu à cet égard, quand il verra les biens immenses qu'elle étale à nos yeux, et quand on sentira que tous les biens du monde ne peuvent nous contenter ? Qui sera assez ennemi de soi-même pour s'attacher à un autre bonheur que celui qu'elle nous promet dans l'avenir ?

> Le plaisir s'envole et passe comme une ombre.
> Nos chagrins, nos regrets, nos pertes sont sans nombre;
> Le passé n'est pour nous qu'un triste souvenir ;
> Le présent est affreux, s'il n'est pas d'avenir. (1) »

Qu'est-ce que la vertu ? « Qu'est-ce qu'un bien dont il ne
» résulte aucun bien ni en ce monde ni en l'autre ? Et quel
» bien résulte en ce monde pour le juste infortuné? Si je me
» croyais tout mortel, si je n'avais rien à espérer que ce que
» la société peut me donner, pourvu que je fusse assez adroit
» pour éviter ses reproches, lorsque j'aurais pu lui déplaire,
» dès l'instant, je me ferais mon Dieu, je rapporterais tout à
» ma divinité, c'est-à-dire à ma personne. Je ferais ce qu'on
» appelle vertu, quand j'y gagnerais pour mon plaisir ; ce
» qu'on appelle vice, de même. Je volerais aujourd'hui pour
» donner à mon ami ; brouillé avec lui demain, je le volerais
» lui-même pour mes menus plaisirs. En tout je serais très-
» conséquent, puisque je ferais tout ce qui est agréable
» à ma divinité. Au lieu qu'aimant la vertu à cause de la
» récompense, et cette récompense n'étant pas attachée à des
» actions arbitraires, il faut que je me règle, non plus sur

(1) VOLT., *Poëme sur le désast. de Lisb.*

» ma fantaisie momentanée, mais sur la règle inflexible
» qu'a proposée le rémunérateur éternel, qui est aussi le
» législateur. Ainsi il faut que souvent je fasse ce que je
» dois, quoi qu'il ne me plaise pas trop ; et si ma liberté se
» décide au bien malgré l'attrait contraire, alors je fais ce
» que je veux, et non ce qui me plaît. Si Dieu n'eût voulu
» nous mener que par le goût du beau, il ne nous eût donné
» qu'une âme raisonnable, sans y mêler la sensibilité du
» cœur. Il nous mène par l'attrait des récompenses, parce
» qu'il a fait de nous des êtres sensibles. »

Et ne sait-on pas que l'être moral est mu, comme le physique, par l'impulsion et l'attraction, l'impulsion du sentiment, et l'attraction du plaisir ? Ainsi, une religion qui met le principe de tout bien dans le goût du bien, et son attrait dans la félicité éternelle et parfaite, et qui promet une puissance capable de former ce goût et d'assurer cette félicité, une telle religion a trouvé le secret de la sagesse et la clef du genre humain.

IV. Que fera donc la société ? Elle placera le bonheur dans tout ce qu'elle voudra, dans les richesses, dans les sciences, dans les honneurs, dans la réputation, dans la santé, dans la vertu. Elle ne montrera jamais, dans tout cela, que ce qui est capable de produire en nous l'état de félicité. Ce sont autant de causes vaines ou réelles, plus ou moins efficaces suivant l'idée qu'on en prend. Mais la cause formelle de l'état où se trouve l'âme, quand elle est imperturbablement heureuse, Dieu seul peut être cette cause ; et c'est la religion seule qui l'indique et l'obtient. La société, sans Dieu, n'atteindra jamais jusques-là. Ainsi, les Philosophes, qui, dans leurs systèmes, n'ont, pour exciter à la vertu, que ce que la société peut donner, ne parviendront jamais à rendre heureux. Ils ne rendront donc jamais vertueux. Il faudrait que ce qu'ils offrent pût plaire, que ce qui plairait fût permanent ; or, ils ne trouvent rien dans la source où ils nous font puiser, qui soit d'une permanence à toute épreuve. Loin de nous donc ces hommes qui ne font consister la vertu que dans l'utilité présente. Tout ce qui peut périr ne saurait être utile ; on ne saurait du moins s'y fixer, par la crainte qu'on aurait de le perdre.

La vertu nous plaît quoiqu'elle ne nous soit d'aucune utilité, mais c'est quand elle est pratiquée par les autres. Les attraits qui en sont inséparables nous charment. Ainsi, j'admire la grandeur du courage dans un ennemi, quoiqu'il m'intimide ; et un inconnu me frappe agréablement par sa généreuse libéralité, quoique ce ne soit pas à moi qu'elle s'adresse. Par une raison contraire, un traître est infâme aux yeux mêmes de la nation qu'il sauve par sa perfidie ; et un prodigue est ridicule aux yeux mêmes de celui qu'il enrichit par sa ruine. Mais s'agit-il d'être vertueux soi-même, l'intérêt étant le seul mobile de l'homme, il faut que le prix soit assuré à la vertu, si l'on veut qu'il se détermine à la pratiquer.

V. L'amour propre est inséparable de notre être ; il est la règle de nos jugements, ainsi que de nos sentiments ; et la Religion le désapprouve si peu, qu'elle ne tend qu'à le diriger en lui montrant le vrai bonheur. Ainsi la vertu consistera bien dans l'utilité ; mais parce que cette utilité n'est que passagère dans les systèmes philosophiques, c'est ce qui fait que nous les combattons, et que nous regardons comme insuffisante l'idée qu'ils nous donnent de la vertu.

Si c'était à l'esprit humain qu'il fallut recourir pour établir cette vertu, aussi bien que la félicité dont elle est le principe unique, je conviens qu'on ne manquerait pas de raisons pour écouter la Philosophie. Mais en y faisant bien attention, il faut convenir aussi que si les raisonnements qu'on nous fait se réduisent à quelques lueurs pour l'esprit, il n'en résulte nulle satisfaction pour le cœur : lueurs encore que ne saisissent que quelques âmes ignorantes et faibles, mais dont se méfient les cœurs droits et éclairés, comme on se méfie de ces feux follets qui égarent ceux qu'ils entraînent.

Le cœur qui n'est obscurci par aucun voile n'use avec satisfaction que des lumières qui éclairent toutes ses facultés. Ne lui offrir qu'une clarté passagère, c'est bien peu le connaître. Oh! que nous sentons bien, malgré tout l'éclat qu'on lui donne, l'insuffisance de la lumière philosophique! Que la force de nos désirs se porte bien plus loin que les rayons qu'on lui fait répandre! Non, la mesure des intérêts présents ne suffit pas pour la vertu: le prix en est trop modique.

Ne contestons pas les avantages qu'on en peut tirer; s'ils ne sont pas essentiels à la vertu, ils doivent lui appartenir; il lui sont même nécessaires relativement à la condition où l'homme se trouve. Ainsi, l'intérêt présent, les lois du prince, aussi bien que la conscience et le bon témoignage, tout cela servira bien à arrêter le penchant vers le mal, et donnera des ailes à la vertu; mais les ailes étant trop faibles, jamais on ne prendra tout l'essor dont il est besoin, si la Religion, pour le faire prendre, ne joint aux premiers motifs un prix infaillible et immense comme les désirs du cœur.

VI. Le bonheur de l'homme est attaché à la vertu pour ce monde et pour l'autre. La société fait très-bien de rendre vertueux par tous les avantages qui dépendent d'elle; nous en ajouterions même de nouveaux si la chose était possible; mais ce que nous souhaitons principalement de démontrer, c'est que, de tous les motifs, il faut préférer celui qui est le plus proportionné à l'intelligence de tous les hommes, celui sur lequel il leur soit moins aisé de se méprendre et qui est le même dans tous les temps et dans toutes les circonstances. Ce motif supérieur est celui de la Religion : motif exempt de calcul et de réflexion, tandis que, dans tous ceux que présente la société, il faut réfléchir et calculer ce qui en peut résulter pour notre bonheur.

Dans la Religion, il suffit de savoir que Dieu commande ou défend. On s'abstient, ou l'on obéit sur l'idée seule de ce Dieu vengeur ou rémunérateur. Hors de là, on compose avec la conscience, avec son intérêt, avec la loi, et l'on ne sait point quel parti prendre dans l'instant surtout où la passion, prenant un certain empire sur nous, nous aveugle sur notre intérêt réel et solide pour nous faire suivre un intérêt faux et momentané.

Oui, le prix proportionné, le seul propre à faire faire des actes réellement vertueux, je ne puis trop le répéter, doit être un prix durable, un prix infini comme le désir qui les fait éclore. Cela est si vrai que les païens, faute de meilleures instructions, cherchaient dans une immortalité chimérique la récompense de leur héroïsme ; et c'est celle que, mieux instruits, cherchent dans une immortalité réelle, les hommes eclairés par la véritable Religion.

Rien de ce qui est sur la terre ne touche ces derniers, parce qu'ils sont convaincus que tout s'y flétrit et que tout s'y perd, aulieu que la couronne incorruptible que leur promet le Dieu éternel les porte à l'exercice de la vertu. Frappés de l'éclat permanent de cette couronne, ils se remplissent de zèle et ne laissent échapper aucun moment de leur vie, qu'ils ne l'emploient à la mériter, en fondant leur droit sur l'accomplissement des bonnes œuvres.

VII. Brutus s'était fait une vertu sur le modèle philosophique ; il en recherchait la récompense dans la société de ses compatriotes, peut être même dans l'univers. Mais, vain espoir ! l'ambition le priva de ce qu'il cherchait et sécha la main de la reconnaissance. Il valait bien donner la peine de mort à César, et de vouloir ainsi sauver la patrie, pour être ensuite frustré de toute espérance ! Le neveu de Caton est réduit à la déplorable alternative de se donner la mort, ou de devenir le jouet d'un usurpateur, tandis que Marc-Antoine, le plus scélérat des hommes, les mains encore dégoutantes du sang des plus illustres citoyens, jouit, au service de l'injustice, du pouvoir de satisfaire toutes ses passions. Et voilà la vertu qui n'est fondée que sur la société. Brutus, injuriez la vertu, dites qu'elle n'est qu'un vain nom, vous n'aurez raison qu'aux yeux de celui qui, comme vous, en mettra le prix dans l'estime de ses semblables! La méchanceté, l'ingratitude, ou l'impuissance des hommes ôtent toute espérance à l'ami de la vertu. Si Brutus eût cherché ailleurs que parmi les hommes un rémunérateur, il n'aurait pas outragé la vertu, il en aurait reconnu la réalité.

La vertu des Philosophes change au gré des conjonctures. On ne sait plus où la prendre lorsqu'on ne sait pas ce qui la circonscrit. Ainsi, quand Othon-le-Grand se fut rendu maitre de Rome, quand le pape Léon, le Sénat, les principaux du peuple et le clergé de Rome, solennellement assemblés dans Saint-Jean de Latran, eurent confirmé à cet empereur le droit de se choisir un successeur au royaume d'Italie, le préfet de Rome, de concert avec les tribuns, voulut faire revivre les anciennes lois. Il croyait agir dans l'intérêt du peuple et faire un acte de vertu; mais que cette action fut mal reconnue ! Othon avait repassé en Allemagne, il revole en Italie ; une partie du Sénat est pendue par ses ordres, et le préfet de Rome est fouetté dans les carrefours, promené sur un âne et jeté dans un cachot où il meurt de faim. On ne s'en étonne point, quand on sait que ce qui, dans un temps, est une entreprise de héros, devient dans d'autres une révolte de séditieux. Mais, de la part des Philosophes, le comble du ridicule et de l'infamie, c'est de dire que la vertu consiste dans ce qui peut quelquefois être pris pour un crime.

VIII. La philosophie prétend que toute vertu consiste à procurer le bien public. Conséquemment, pour récompenser l'homme ainsi vertueux, elle lui offre la reconnaissance et l'admiration de ses semblables. S'il faut se contenter de ce prix, s'il n'y a de vertu que celle qui est utile, que de gens à plaindre ! Combien qui, ne pouvant rendre aucun service, ne pourraient jamais devenir vertueux !

Hommes puissants et riches, vous serez donc les seuls qui puissiez prétendre au beau titre de la vertu! Le pauvre, l'infirme, celui qui, bien loin de pouvoir rendre aucun service, a besoin d'en recevoir, ne peut, dans sa triste condition, se compter au nombre des âmes vertueuses. Ce n'est pas pour lui que brûle l'encens offert sur l'autel de la vertu : il est privé de la seule consolation qui adoucirait son sort. Ni sa patience, ni sa résignation, ni sa piété ne seront comptées pour rien. Eût-il même le désir d'être utile, on ne fera attention qu'à son impuissance ; et le public, qui n'en retirera rien, le regardera comme inutile. Faut-il donc qu'il se livre au désespoir ? Ou faut-il, comme autrefois à Lacédémone et maintenant encore en Chine, qu'on étouffe les êtres disgraciés par la nature au moment où la porte de la vie vient de s'ouvrir pour eux ? Il faut peut-être se débarrasser des vieillards et des impotents quand leur inutilité devient à charge ! Venez, Massagètes, venez en donner l'exemple ; votre barbarie, toute insultante qu'elle est à la nation, ne révoltera pas nos Philosophes. Eh ! ne l'a-t-on pas déjà vu consignée dans les ouvrages d'un d'entr'eux ? Vanini, dans ses dialogues *sur les Merveilles de la Nature*, ne conseille-t-il pas de décharger les villes des vieillards, des fainéants et de tous les hommes inutiles, comme si la terre ne nourrissait pas les vieux troncs et les ronces, comme les plantes salutaires ? Je craindrais bien, si cela était permis, qu'il ne fallut faire quelque chose de pis que de disputer avec ceux qui dogmatisent avec le philosophe napolitain. Dans ce système, je trouve Néron plus vertueux qu'Epictète : en appelant ses sujets à remplir des postes, l'empereur fait des heureux ; quel bien pouvait faire le philosophe esclave et pauvre ?

Mais consolez-vous, misérables ! La Philosophie a beau définir, ce n'est pas elle qui fait les choses. Elle dira tant qu'elle voudra que « La vertu est tout ce qui est vraiment » et constamment utile aux hommes vivant en société (1) », il sera toujours vrai que la vertu est en soi différente de

---

(1) *Syst. de la Nat.*, 1ʳᵉ part., ch. IX, pag. 145.

IL N'Y A POINT DE VÉRITABLE VERTU SANS RELIGION

l'utilité ; ou bien un champ fertile sera quelque chose de vertueux, car il procure des avantages réels et constants aux hommes vivant en société. Ce sauvage de la Louisiane, qui vint en France en 1720, avait-il raison, quand, à son retour, il racontait à ses compatriotes que ce qu'il avait vu de plus beau à Paris était la rue des Boucheries ? il n'estimait pourtant que ce qui lui était utile ; le premier besoin de ces peuples était de se nourrir.

La vertu consiste dans une disposition invariable au bien. Et cette disposition se manifeste non seulement par l'amour que l'on a pour son prochain, mais, pardessus tout, par l'amour que l'on a pour l'auteur de son être. Ce dernier amour peut être senti dans tous les temps, dans tous les lieux, dans toutes les conditions. Pour en donner des preuves et être vertueux de ce côté, il faut chercher à plaire et à obéir à l'Être suprême, en subissant le sort qu'il nous envoie et en accomplissant en tout sa volonté. Il n'est point d'homme ainsi qui ne puisse avoir part à la vertu. Quant à l'amour du prochain qui consiste réellement dans l'utilité qu'on lui procure, si vous ne pouvez pas réduire à l'effet votre disposition bienfaisante, soutenez le désir sincère que vous avez de la réaliser, vous serez vertueux, sinon aux yeux des hommes, du moins aux yeux de Celui qui a fait les hommes et qui ne leur a donné un cœur que pour la vertu. C'est par la vertu seule et par la disposition constante à faire le bien qu'on peut lui plaire. La pratique de la justice est-elle au-dessus de votre pouvoir ? Soyez juste dans vos principes, et vous serez cher à la Divinité. Nous méprisons le vicieux, quoique ses mauvaises actions tournent à notre avantage. Son penchant dépravé vers le désordre moral le caractérise plutôt que ses mauvaises œuvres. A vous, au contraire, quand nous connaîtrons votre inclination bienfaisante, au moment même où nous ne pourrons pas en profiter, nous offrirons le prix de la vertu, et nous vous en donnerons le nom ; le principe du bien dont vous êtes animé vous attire nos hommages.

Les actions paraissent souvent tout autres qu'elles ne sont. Le vice se charge souvent d'un masque trompeur pour usurper le privilége de la vertu. La bienveillance et toutes les vertus résident dans l'âme seule; c'est là que nous aimons à les trouver; c'est là l'autel où nous ferons fumer notre encens. O qui que vous soyez, ne craignez pas qu'on vous le refuse, tant que vous tiendrez votre cœur orné de qualités qui vous en rendent dignes! Si vous ne pouvez rien effectuer, ayez des désirs : l'auréole de la vertu ceindra votre tête, sans qu'on puisse vous la contester. Religion sainte, soyez vous-même la récompense de l'âme vertueuse ; c'est à vous seule qu'elle peut être connue !

CHAPITRE III

SUITE DU MÊME SUJET

I. Les partisans exclusifs de la société, ou plutôt ses ennemis montrent bien la faiblesse de leur cause, quand, pour soutenir qu'elle se suffit à elle-même sans le secours de la Religion, ils sont obligés de déprimer celle-ci, ou de montrer qu'ils ne la connaissent pas. La société, disent-ils, n'a besoin que de la loi naturelle, et ce que la Religion a fait de plus que la nature, c'est qu'elle a imposé un nouveau joug et de nouvelles entraves dont on pouvait très-bien se passer. Ses institutions sont toutes arbitraires, pourquoi s'en charger ? — Et voilà la dépression et l'ignorance.

Quoi ! il faudra regarder comme un joug ce qui rend la pratique de la vertu plus douce et plus facile ! La loi de la Religion nous fortifie, nous soutient, nous élève au-dessus de la faiblesse humaine : le Législateur lui-même nous aide de ses secours, il nous anime par ses exemples, il nous donne les motifs les plus puissants. La bonté avec laquelle il nous commande, ce qu'il nous ordonne, les bienfaits qu'il promet à celui qui obéit, tout cela en fait une loi d'amour. En effet, il ne faut qu'aimer pour obéir à la loi de la Religion. Celui qui, après cela, en fait un joug est censé ignorer que, en amour, on ne connaît rien qui gêne, ou que l'on aime à être gêné. Il n'est point d'obstacles pour le véritable amour, ou, s'il y en a, la peine de les vaincre en devient l'aliment et la douceur.

Dire que la Religion est arbitraire, c'est encore la avilir ou l'ignorer. N'a-t-elle donc pas été établie par la

Sagesse souveraine ? Et y a-t-il une de ses institutions qui n'ait la force de nous rendre solidement vertueux ? Pour s'en convaincre, il n'y a qu'à jeter les yeux sur l'homme qui les pratique avec fruit et dans les vues pour lesquelles elles ont été faites. On ne voit que vertu dans cet homme, vertu solide, constante et à l'épreuve de tout ce qui pourrait renverser un autre cœur que le sien.

II. En vain voudrait-on encore faire ici le parallèle des Socrate, des Aristide, des Caton, des Marc-Aurèle, et dire qu'ils ont été vertueux sans toutes ces institutions. Nous répondrons toujours que là où la vertu n'est pas sans tache, ce n'est pas elle. Celui qui connaît la vie de ces hommes qu'on se plaît à tant vanter peut leur faire les reproches les plus honteux et les plus humiliants. Socrate fut accusé par ses concitoyens d'être le corrupteur de la jeunesse. Et était-ce pour la vertu qu'Aristide en était aimé ? Sa morale ne portait sur rien de positif ; il avouait qu'il ne savait rien ; il finit enfin ses jours en ordonnant qu'on sacrifiât pour lui un coq à Esculape. Et Caton, l'inflexible Caton qui, en parlant de lui-même, se regardait comme indépendant des Dieux, de quelle infamie ne se couvrit-il pas par sa honteuse générosité envers Hortensius ? Se donner la mort, plutôt que d'implorer la clémence d'un vainqueur, telle est la vertu de Caton. Elle est à bien plus juste titre le comble de l'orgueil. Il ne pouvait supporter la défaite de Pompée, son ami ; il haïssait César, il craignait de tomber entre ses mains, et de servir à son triomphe. L'âme de Caton ne montrait en tout cela ni grandeur ni élévation. Sa lâcheté, au contraire, était de ne pouvoir surmonter son malheur.

On trouvera peut-être parmi les Stoïciens les plus grands modèles de la vertu qui prend sa source dans la nature. Outre ceux que je viens de nommer, il en est beaucoup d'autres dont la vie mériterait d'être rapportée. Cicéron, qui les connaissait tous et qui plus qu'un autre était en état d'en juger, en donnait une idée tout-à-fait conforme à la nôtre :

« Toute la vie des Stoïciens, dit l'Orateur romain, n'était
» qu'orgueil, que vain déguisement, et qu'idolâtre amour
» de soi-même. » On trouve le même jugement dans la philosophie moderne : « Quand on n'a pas, dit M. Deslandes, des
» idées droites de la divinité, on ne peut être véritablement
» vertueux ; et d'ordinaire on n'a d'autre vertu qu'une
» profonde dissimulation de ses vices. (1) »

Cette vérité a été si bien sentie, que la poésie même est devenue son organe en s'exprimant ainsi :

> Si le jour de la foi n'éclaire la raison,
> Notre goût dépravé tourne tout en poison.
> Toujours de notre orgueil, la subtile imposture
> Au bien qu'il semble aimer, fait changer de nature.
> Et dans le propre amour dont l'homme est revêtu,
> Il se rend criminel même par sa vertu (2).

III. Et comment en douter quand on sait que dans l'état actuel des choses, par une dépravation que nous n'avons que trop malheureusement acquise, les mouvements de notre nature ne sont pas parfaits et nos inclinations ne sont pas naturellement vertueuses ? Notre volonté naît aveugle, et notre conduite le devient encore davantage. Alors, à quels égarements ne sommes-nous pas assujettis ? Si nous nous contenons dans le malheur, c'est bien plutôt par orgueil que par constance ; et s'il nous arrive de nous faire admirer par nos vertus, ne nous contentons-nous pas de cette admiration ? et cherchons-nous d'autre aliment que la vanité ? Tel est l'homme au jugement de tous les Sages. Le poète que je viens de citer a peint leurs sentiments, et il les répète dans ces vers consacrés à la vérité :

> Le désir des honneurs, des biens et des délices
> Produit seul ses vertus comme il produit ses vices ;
> Et l'aveugle intérêt qui règne dans son cœur
> Va d'objet en objet et d'erreur en erreur.

(1) *Hist. critiq. de la philosophie.*
(2) Brébeuf : *Entret. solit.*

Le nombre de ses maux s'accroît par leur remède;
Au gré de ce tyran dont l'empire est caché
Un péché se détruit par un autre péché (1). »

La vertu des païens ne fut donc jamais qu'un fantôme formé par leurs passions ; car, si on avait ôté de leur tête l'ambition et la vanité, on n'aurait eu, en aucun de ces hommes qu'encense la philosophie, ni des Socrate, ni des Platon, ni des Scipion, ni des Fabrice. En parlant de la vertu des femmes, quelqu'un a dit faussement que ce n'était pour elles qu'un art de paraître honnêtes; on peut le dire avec vérité de la vertu des païens. Car, si quelquefois ils ont foulé aux pieds les richesses, quel dessein avaient-ils par là, que de venger leur mérite de l'injustice de la fortune? La pauvreté les eût avilis, et le mépris des richesses était le chemin détourné pour aller à la considération qu'ils ne pouvaient avoir autrement. Et voilà les vertus qu'on veut comparer à celles de ces hommes qui ont été les fidèles disciples de la vraie Religion.

Non, il n'y aura jamais de vertu parfaite sans la Religion : l'une ne peut se soutenir sans l'autre. Voici ce que Rousseau lui-même en fait dire à sa Julie : « J'aimai la vertu dès
» mon enfance; je cultivai ma raison dans tous les temps.
» Avec des sentiments et des lumières, j'ai voulu me gou-
» verner, et je me suis mal conduite...... Toujours de
» l'orgueil, quoiqu'on fasse...... Je crois valoir autant qu'une
» autre...... Pourquoi me sentant bien née, ai-je eu besoin
» de cacher ma vie? Pourquoi haïssais-je le mal que j'ai
» fait malgré moi? Je ne connaissais que ma force; elle n'a
» pu me suffire. Toute la résistance qu'on peut tirer de soi,
» je crois l'avoir faite, et toutefois j'ai succombé. Comment
» font celles qui résistent ? Elles ont un meilleur appui. (2)

La vertu est la base de la conduite. Mais il faut que cette

---

(1) Brébeuf. : *Entret. solit.*
(2) *Nouv. Hél.*, 3e part., let. 23e.

base même soit sur un fondement inébranlable, et ce fondement, cet appui dont Julie avait besoin et sans lequel, selon le Philosophe de Genève, on ne peut se soutenir, peut-il être autre chose que la Religion ? Quiconque l'exclut ressemble à l'Indien qui fait porter le monde à une Tortue : Demandez-lui sur quoi porte la Tortue, il n'en sait rien.

IV. Mais si la Religion est un joug, la loi naturelle l'est donc aussi ; car la loi naturelle nous défend les mêmes choses que la Religion, avec cette différence qu'elle nous offre bien moins de secours pour les accomplir ; qu'on succombe avec elle, et qu'on résiste avec la Religion. Dans l'une on ne voit que des Julie, dans l'autre se rencontre la vertu.

La nature qui ne s'aveugle pas entièrement sur son état, sent qu'elle est malade ; elle appelle le médecin dont elle a besoin avec les cris les plus forts : elle demande la Religion. La société, pour les mêmes raisons, pour des raisons plus pressantes encore, parce qu'elle est plus malade que la nature, la demande aussi. L'une et l'autre en ont soutenu l'existence jusqu'à présent ; et, ne pouvant s'en passer, elles la soutiendront. Qu'est-ce donc que le Philosophe qui leur ôte cette ressource ? l'ennemi tout à la fois de la nature, de la société et de la Religion.

Il faut pourtant que la société soit régie par quelque chose. Ce ne peut être que la loi naturelle, la loi civile, ou la Religion. Je prouverai que la loi civile ne suffit pas. Et la nature le peut-elle ?

Quand la Religion ne lui prête pas son bras, il ne faut qu'une circonstance un peu critique, une occasion un peu dangereuse, une passion un peu ardente pour succomber ; Rousseau en a donné un exemple dans sa Julie. Suivez toute la faiblesse de la nature, les vices se multiplieront à l'infini. Le plus fâcheux, c'est que, le premier pas franchi, l'idée seule de l'avoir franchi allume le désir d'aller plus loin ; satisfait une fois, on veut se satisfaire toujours. De là,

25.

les désordres de toute espèce ; de là, sans doute, l'abîme creusé par nos Philosophes ; car l'oubli d'un principe mène insensiblement à l'oubli et à l'abandon de toute vérité.

C'est ainsi que le penchant, devenant l'unique loi de la nature, on ose se dire, pour étouffer tout ce qui pourrait le contrarier, que l'âme meurt, que tout est égal, que Dieu même n'existe pas. Si la Religion, qui sert à guérir tous ces égarements, est une illusion, il faut avouer qu'il n'en est pas de plus belle et de plus heureuse. Pour copier la vertu, où prendra-t-on un meilleur modèle ?

V. Quelle différence de la nature à la Religion ! Dans celle-ci tout est moyen, tout est secours, tout est préservatif, tout est remède contre le mal. La nature, au contraire, s'est jetée dans des erreurs, dans des maux de toute espèce, quand la Religion ne lui a pas servi de guide.

Un avantage encore du côté de la Religion, c'est que l'homme, faible comme il est, coupable si souvent, ne trouve rien, hors d'elle, qui lui assure la validité et la force de son repentir. Alors, il ne peut pas être tranquille, parce qu'il ne peut pas savoir quand il est réconcilié.

Peut-on lire sans horreur dans les livres philosophiques que le pardon accordé par la Religion aux crimes des humains sert à les entretenir, au lieu de les détruire ? On veut donc jeter le désespoir dans les âmes. Quoi ! j'aurai offensé l'Auteur de mon être, et l'on m'ôtera le moyen de me réconcilier avec lui !

Paraissez, cruels, vous qui voulez que je sois puni toutes les fois que je me serai rendu coupable, ou qui m'arrachez la seule connaissance que je peux avoir d'éviter la punition que j'ai méritée ; que je vous charge de toute mon aversion, puisque vous n'avez point pitié de ma faiblesse. J'aime à savoir que l'Être souverain de qui je dépends n'est point irréconciliable. Je trouve encore mon repos dans l'assurance qu'il m'a pardonné. Que vous ai-je fait ? Et de quelle barbare inimitié êtes-vous aigri contre moi, pour m'enlever cette tranquillité ?

On jette des taches sur le pardon accordé par la Religion, parce qu'on ne sait pas ce qu'il est. On imagine, sans doute, que c'est une abolition du crime, sans aucun changement de la part du criminel. Il est vrai qu'alors plus l'abolition sera répétée, plus l'homme pourrait devenir coupable. Qu'on laisse les juges de la terre prononcer sur les délits, sans savoir si le délinquant se corrigera : leurs lumières ne portent pas jusque-là. Mais le scrutateur des cœurs connaît toutes les dispositions ; et jamais il ne pardonne que le pécheur ne soit fermement résolu de changer de conduite en embrassant le bien au lieu du mal. Qui ne voit par là que la Religion qui appelle les hommes sous l'espoir du pardon les appelle à la vertu, et non au crime ?

J'ai peine à croire une telle imputation de la part de la Philosophie, même après l'avoir lue ; car de toutes les institutions de la Religion, une des meilleures c'est le tribunal qu'elle a érigé en faveur des coupables. Mille conséquences funestes sortiraient, au contraire, du principe des Philosophes.

Les avantages qui résultent de l'espérance de se réconcilier avec Dieu ne sont point équivoques; mais les moyens qu'il faut prendre pour cela gênent les passions. Et il paraît que c'est pour secouer cette gêne que certains Philosophes combattent l'utilité de la réconciliation. Mais s'il en est qui la combattent, il en est aussi à qui elle n'a pas échappé, et qui l'ont sentie. Le philosophe qui s'est le plus amusé aux dépens des institutions religieuses, car de quoi ne rit-on pas dans cette grave société! ce philosophe n'a pas pu s'empêcher de dire : « S'il y a quelque chose qui » console les hommes sur la terre, c'est de pouvoir être » réconcilié avec le ciel et avec soi-même (1). »

(1) Voltaire, *Rem. sur Olympie*, art. 2., scène 2°.

Aussi, de tout temps, il y eut des expiations. L'antiquité en avait établi dans presque toutes les célébrations de ses mystères. On trouve dans la vie de Marc-Aurèle que ce sage si vanté par la philosophie se confessa au Hiérophante, quand il s'associa aux mystères de Cérès et Éleusine. C'est qu'il comprenait que c'était un des plus sages établissements. Les Egyptiens et les Grecs ne le comprenaient-ils pas aussi, eux qui se confessaient dans leurs expiations, et dans presque toutes les célébrations de leurs mystères ?

La plupart des hommes, quand ils sont tombés dans le crime, en ont naturellement des remords. Eh bien ! les législateurs, en établissant les mystères et les expiations, voulurent empêcher les coupables repentants de se livrer au désespoir, et de retomber dans leurs crimes. Ainsi la confession, si saintement établie chez les Chrétiens, est une chose excellente. Elle assure le pardon des crimes passés, et arrête les crimes futurs. Elle est bonne pour engager les cœurs ulcérés de haine à pardonner, et pour faire rendre par les voleurs ce qu'ils ont dérobé. Elle est du moins le plus grand frein des crimes secrets. Voilà les avantages qu'elle offre à l'œil philosophique ?

L'homme religieux trouve encore que le confesseur tient la place de Dieu pour le bien des hommes ; qu'il maintient la Religion dans le cœur des sujets, et qu'il est encore plus nécessaire pour la maintenir dans l'âme des Souverains. La Religion prescrit aux premiers d'obéir à leurs souverains comme à leurs pères ; elle ordonne aux seconds de gouverner leurs sujets comme leurs enfants. La confession rappelle tous ces devoirs à ceux qui s'en sont écartés. Il n'est point d'état dont elle ne retrace les obligations qu'on a laissé effacer. Elle contribue par là à toute la félicité publique. Si elle n'était pas établie, il faudrait l'établir. Et si le Philosophe ne veut pas s'y soumettre en chrétien, qu'il la respecte du moins en politique.

Je ne sais ce qu'on prétend en blâmant une aussi sage

institution. Il est certain que le bien y trouve sa source la plus assurée. Faire l'aveu de ses fautes, les faire à un homme en état de bien conseiller, il ne faut qu'un peu de bon sens pour s'apercevoir que c'est un des actes les plus utiles.

Qu'on regarde après cela cet aveu comme un nouveau joug qu'a imposé la Religion ; qu'on en vienne même à dire que ses institutions sont toutes arbitraires, l'avantage qu'en retirent les hommes la garantira toujours de toute inculpation. Elle rend l'individu content de soi-même ; elle maintient la paix et le bon ordre dans la société ; elle mérite donc d'être respectée. Et celui qui s'oppose à ses établissements doit tout au moins être regardé comme l'ennemi de l'humanité.

Tout penseur juste regardera toujours la confession établie dans le Christianisme comme une des ressources les plus avantageuses et les plus consolantes que la sagesse et la bonté divines aient réservées à la faiblesse humaine. Quelques-uns des ministres protestants en ont regretté l'abolition dans leur prétendue réforme, comme un effet qui a été très-préjudiciable aux mœurs. Et quel est l'homme, pour peu qu'il ait de droiture, qui ne soit déterminé, en se confessant, à faire les plus sérieuses réflexions sur ses égarements, et qui en ayant ainsi découvert la source ne cherche à la tarir de toutes ses forces ? On ne saurait croire que les oppositions à cet établissement viennent d'autre part que de la dépravation du cœur. L'usage de cette pratique, soit par l'épreuve qui la précède, soit par les dispositions qui l'accompagnent, entretient notre vigilance, soutient notre exactitude, augmente notre ferveur. Et, pour tout dire en un mot, ce que nous appelons le tribunal de la pénitence devient pour nous le sanctuaire de la sagesse et l'école de la vertu, surtout quand nous y rencontrons un juge qui réunit tout à la fois les lumières et la charité.

CHAPITRE IV

LA VERTU N'EST POINT UN PRÉJUGÉ

Nous avons dit que, sans la vertu, il n'y a point de société. Ainsi, Brutus en rompait tous les liens et lui donnait véritablement la mort, lorsqu'il dit que la vertu était un vain nom. La fureur sans doute lui arracha ce blasphême ; et il s'en serait repenti si la passion lui eût permis de réfléchir après qu'il l'eût prononcé,

Des Philosophes blasphêment comme l'ennemi de César : ils se font un préjugé de la vertu ; ils enlèvent toutes les bornes qui séparent le bien d'avec le mal ; ils disent que tout est égal en soi. Je ne crois pas qu'on puisse discourir plus insensément ; car il est impossible de concevoir qu'il soit égal de reconnaître ou d'outrager celui qui nous a donné l'existence. On prend de l'horreur contre le barbare qui, de sang froid, plonge le poignard dans le sein de son père ; mais on bénit l'enfant pieux qui, aux dépens de ce qu'il a de plus cher, sauve dans un danger la caducité du sien. N'est-ce pas une action bien différente même en soi de faire le bonheur d'autrui, ou de le rendre malheureux ? D'où vient qu'on ne peut écouter, avec la même tranquillité, celui qui répand le trouble et le dérèglement par ses discours, et cet autre qui ne parle que pour le bonheur et la paix de ses semblables ? La vie de Titus mérite des éloges, elle est applaudie par tout ce qu'il y a d'âmes honnêtes dans le monde. Quelle différence avec Néron dont la conduite est en horreur, et ne sera jamais imitée que par les hommes cruels comme lui !

II. Préjugé que tout cela, dit le philosophisme: il n'y a rien de juste et d'injuste que ce qu'ordonnent et défendent les lois positives.

Quoi ! avant qu'on eût tracé un cercle, tous les rayons n'étaient pas égaux ? Avant que les êtres intelligents eussent fait des lois, il n'y avait point de rapports entr'eux ? — Voyez cette troupe d'enfants : ils étaient gais tout à l'heure, se divertissaient, couraient et riaient ensemble. Un d'eux a pris furtivement le chalumeau d'un autre ; il fuit, il court, il emporte l'instrument dans l'intention de ne pas le rendre. Mais il le rendra : toute la troupe court après lui, crie qu'il n'a qu'à le rendre. On l'atteint, on lui arrache l'instrument, on donne des coups au petit voleur et on le repousse avec indignation.

Si les Philosophes eussent jamais fait attention à de semblables faits, ils n'auraient pas établi que les lois font la justice. La justice est dans l'homme sans pouvoir jamais être effacée. On vient de voir des enfants agir comme des législateurs. Qu'on porte les yeux ailleurs, on verra les peuples les plus grossiers juger toujours très-bien à la longue de ce qui sert à les gouverner. Il est un principe dans leur cœur qui leur sert de règle pour juger de ce qui est conforme ou opposé à leur bien-être ; et il n'en est point qui ne devînt législateur lui-même s'il ne s'écartait pas de ce principe.

Avant qu'il y eût des êtres intelligents, ils étaient possibles; ils avaient donc des rapports possibles, et par conséquent des lois possibles. Après qu'ils ont été créés, ils ont fait des lois entr'eux, mais ils en ont aussi qu'ils n'ont pas faites.

« Il faut avouer, dit Voltaire, que les lois n'ont été inventées
» que par la crainte de l'injustice : la nature avait donc dis-
» cerné le juste et l'injuste avant qu'il y eût des lois (1), »
Il y a une raison primitive : et les lois sont les rapports qui se trouvent entr'elle et les différents êtres, et les rapports

---

(1) L'A. B. C., 1er Dialog., n. A.

des différents êtres entr'eux. Dieu a du rapport avec l'univers comme créateur et conservateur. Les lois selon lesqelles il a créé sont celles selon lesquelles il conserve. Il agit selon ces règles parcequ'il les connaît; il les connaît parce qu'il les a faites; il les a faites parce qu'elles ont du rapport avec sa sagesse et sa puissance. Voilà l'origine du juste et de l'injuste. La société ne les a puisées que là, et ne peut pas même les puiser ailleurs sans s'exposer à une instabilité qui les détruirait

Ecoutons Cicéron cité par Lactance: « Qu'est-ce que la
» droite raison ? Une véritable loi, conforme à la nature,
» commune à tous les hommes, constante, immuable, éter-
» nelle. Elle n'est point autre à Rome et autre à Athènes ;
» c'est la même loi éternelle, invariable qui est donnée à
» toutes les nations, en tout temps et en tout lieu » Je défie tous les philosophes d'appliquer cette définition à aucun préjugé. « Quiconque, ajoute Cicéron, violera cette
» loi renoncera (il ne dit pas au préjugé, mais) à sa propre
» nature: il se dépouillera de l'humanité, et sera, par cela
» même, rigoureusement puni de sa désobéissance, quand
» d'ailleurs il éviterait ce qu'on appelle ordinairement *sup-*
» *plice.*(1) » Si la Religion était un préjugé, elle ne serait pas universelle; et partout où ce préjugé ne serait pas admis, on échapperait à la punition que Cicéron prétend inévitable en tout temps et en tout lieu.

Non, ce n'est pas un préjugé, il n'est point indifférent qu'un être raisonnable agisse ou n'agisse pas d'après sa raison. Le cœur dur et féroce qui ne connaît pas les lois de l'ordre et du sentiment, ne connaît rien, ne jouit de rien, ne sent rien ; enseveli dans une enveloppe matérielle et grossière, il est comme s'il n'était pas, et la vie est pour lui semblable à la mort.

Les idées du juste et de l'injuste, du bien et du mal

---

(1) *Inst. div.* liv. VI 6, c. III.

découlent de l'ordre à la vue duquel on éprouve, malgré soi et non par préjugé, des transports d'admiration et de joie. Cet ordre est indépendant et imperturbable ; car il ne nous est pas possible de n'aimer pas ce qui mérite d'être aimé, de ne pas préférer un plus grand bien à un moindre. On se sent révolté à la vue d'un crime ; on est attendri au récit d'un acte de bienfaisance. Tout cela prend son fondement dans notre raison. Il faut nous dénaturer pour dire que ces sentiments viennent du préjugé.

III. Je voudrais que ceux qui raisonnent ainsi descendissent dans leur cœur, avant d'ouvrir la bouche; ils seraient bientôt détrompés par ce qu'ils y verraient. La satisfaction de la vertu et le remords du crime leur imposeraient silence. Ou s'ils persévèrent à raisonner, alors je ne sais plus à qui les comparer ; mais assurément ce ne sont plus des hommes ; dirons-nous donc que ce sont des Philosophes ? Ce que nous dirons, c'est qu'il faut les fuir, car ils ne tiennent point à la vertu. Ils n'ont point horreur du crime ; et ils seront d'autant plus dangereux, que leurs préjugés pourront se porter aux derniers excès contre tout ce qui ne s'y accordera pas.

Ne nous étonnons pas que le philosophisme, qui, comme nous l'avons dit, fait consister la vertu dans l'utilité personnelle qu'on peut en retirer dans la vie présente, n'en fasse qu'un préjugé : c'est le moyen à chaque homme de se justifier ses propres désordres. Il n'est personne qui, en conséquence d'un tel système, ne se fasse, autant qu'il lui est possible, une vertu, un honneur à sa mode, pour se consoler de la perte qu'il a faite de la vraie vertu et du véritable honneur. Mais au moins un crime infructueux sera toujours un crime, et le Philosophe n'en jugera pas autrement que nous. Comment ose-t-il donc dire qu'en soi le crime et la vertu sont d'un poids égal ? Depuis quand les circonstances sont-elles nécessaires pour évaluer la nature des choses ? De cette manière, les objets peuvent bien différer à nos yeux ; mais, en eux-mêmes, ils restent ce qu'ils sont ; et un axiome de la philosophie, c'est que l'essence des choses est immuable, sans qu'on puisse les confondre. La vertu est donc toujours vertu, et le crime toujours crime.

Veut-on savoir l'application que le Philosophe fait de ses principes quand il s'agit de ses intérêts ? Qu'on le mette aux prises avec un homme injuste ; qu'il soit exposé de façon à être la victime de quelque déprédateur. Comme il se récrie ! comme il condamne ! qu'il connaît bien alors la nature de l'action : pour lui, le préjugé ne fait plus rien. Le sentiment naturel du juste et de l'injuste s'élève dans son âme, et il apprécie avec horreur la conduite de celui qui l'opprime. Si son honneur ou ses biens lui ont été enlevés, ne s'indigne-t-il pas à la vue du coupable ? Il honorera, au contraire, le juste dont l'équité les lui fera rendre, ou dont la bonté l'en dédommagera. Ce sera même malgré lui qu'il éprouvera ces sentiments. Dans une école où l'on se vante de n'écrire que pour détruire les préjugés, on devrait bien rougir d'y avoir recours. Sans doute qu'on y écrit aussi pour détruire la vertu. Les détestables raisonneurs !

Mais quand le Philosophe ne ferait aucun retour sur lui-même, la vertu, malgré ses sophismes, aura droit sur son cœur, s'il veut le consulter. Car ou il fera tort à sa raison, ou il estimera l'homme qui, en toutes choses, cherchera le bien public, plus que cet autre qui rapportera tout à lui, et se fera le centre de tout. Je ne sais s'il eût élevé une statue à Cicéron, mais à coup sûr il détesterait Catilina ; son encens serait pour Henri IV, et son horreur pour Ravaillac. Le calomniateur enfin, supposé qu'il ne lui fît aucun mal, lui serait plus odieux que celui qui ne répand le trouble nulle part.

« S'il était un pays où l'on trouvât seulement dix person-
» nes qui n'estimassent pas la vertu, alors, dit Voltaire, il
» faudrait convenir qu'il n'y a point de règle naturelle. Mais

» cette règle a été tellement reconnue que, dans le paga-
» nisme même, le vice descendait en vain du séjour éternel
» sur l'exemple des Dieux, l'instinct moral le repoussait du
» cœur des humains. La raison forçait les payens à perdre
» de vice leurs odieux modèles, et triomphait en eux de
» l'atrocité des Dieux qu'on leur représentait. Quoiqu'on
» célébrât les débauches de Jupiter, on admirait la conti-
» nence de Xénocrate ; et Lucrèce était chaste, quoiqu'elle
» adorât l'impudique Vénus. L'homme reléguait dans le ciel
» le crime avec les coupables. » On ne peut qu'abhorrer
une philosophie qui veut établir tout sur la terre.

IV. En vain pour détruire l'accord évident et universel de toutes les nations, on appellera l'idée de la vertu *erreur* de l'enfance, *préjugé* de l'éducation. Quelques exemples obscurs qu'on va chercher chez des peuples inconnus n'ébranleront pas l'éclatante uniformité du jugement des hommes. La dépravation d'un peuple n'est pas suffisante pour anéantir la nature, et parce qu'il y a des monstres l'espèce n'en souffrira pas pour cela. Il ne servira de rien aux Philosophes d'aller déterrer, en un coin du monde, des coutumes opposées aux notions de la justice. Des usages incertains et bizarres, fondés sur des causes locales qui leur sont inconnues, ne détruiront pas l'induction générale tirée du concours de tous les peuples, opposés en tout le reste et d'accord en ce seul point.

Si les Philosophes pouvaient être vrais et sincères, n'avoueraient-ils pas qu'il n'est aucun pays sur la terre où ce soit un crime de garder sa foi, d'être clément, bienfaisant, généreux ; où l'homme de bien soit méprisable, et le perfide honoré ? Parmi ces philosophes, il en est bien quelqu'un qui aime à voyager : qu'il parcoure la terre, qu'il demande à chacun de ses habitants ce qu'il pense de la bonté, de la justice, de la douceur, de la sociabilité, de la fidélité dans les engagements, de la reconnaissance, de la piété filiale ; la réponse ne sera point équivoque : chacun approuvera ces qualités; il les jugera nécessaires, il en parlera avec éloges ; et bien loin que ce fût par préjugé qu'il en jugeât ainsi, ce ne serait que par préjugé qu'il en jugerait autrement : il faudrait qu'il étouffât entièrement sa raison. Or, selon Hobbes lui-même, dans un de ses plus pernicieux ouvrages, « La raison est une sorte de loi qui, n'étant pas moins » une partie de la nature humaine que toute autre faculté » ou affection de l'âme, est aussi qualifiée naturelle. (1) » Ainsi, elle est indélébile. On peut bien masquer la nature, mais on ne la détruira jamais.

En la consultant, le législateur, quel qu'il soit, n'a rien à craindre pour ses établissements : ils dureront aussi longtemps que la source où il les aura puisés. Et alors la vertu ne sera jamais prise pour le crime, ni le crime pour la vertu. Mais si les lois sont fondées, comme le prétendent les Philosophes, sur l'éducation ou sur la politique, il s'ensuivra que l'éducation portant elle-même sur des usages locaux, sur des coutumes particulières, sur des institutions de caprice et de fantaisie, les lois changeront comme ces usages, ces coutumes, ces institutions : ce qu'elles auront ordonné un jour, elles le condamneront un autre. La vertu d'aujourd'hui deviendra crime demain. Ainsi autant de temps et de lieux différents, autant de lois diverses. La nature, bien autrement stable, trouve sa confirmation dans toutes les circonstances; tandis qu'il n'est pas un jour qui ne voie crouler les établissements de l'opinion. Cette idée convient bien mieux encore à la Religion, car la Religion n'est que la nature rectifiée.

V. Si les lois de la vertu dépendaient de la politique, si la connaissance du juste et de l'injuste variait suivant la constitution des États, pourquoi les peuples qui sont séparés de nous par les plus grands intervalles, et qui n'ont jamais eu de communication avec nous, ont-ils, du juste et de

---

(1) *Du Citoy.*, ch. II, parag. 1.

l'honnête les mêmes notions que nous? D'où vient que, avant l'existence d'aucun législateur connu, les principes étaient connus ? Nul ne pourra s'empêcher de répondre que la nature des choses et la raison subsistaient avant qu'aucun législateur eût parlé. Il y a plus : toutes les institutions humaines passent, quelque prudentes, quelque sages qu'elles soient ; leur base est donc fragile ; mais il n'en est pas ainsi de la nature qui ne passe pas.

Et les lois humaines auraient-elles jamais ni autorité ni pouvoir, s'il n'existait aucune loi naturelle ? Sans cette loi primitive, on pourrait tout se permettre, dès qu'on n'aurait rien à craindre, qu'on serait le plus rusé ou le plus fort. Chacun s'efforcerait de trouver l'art d'éluder la loi qui le gênerait. Mais ne devançons pas la matière : nous prouverons l'insuffisance des lois humaines. Ce que je dois dire ici, c'est qu'un fondement ruineux comme la loi, ne saurait être celui de la vertu. Et par induction ultérieure, il faut que la société cherche hors de son sein le principe de son bonheur.

VI. Je ne crains pas de le répéter, nos Philosophes ne combattraient pas tant les sentiments communs, ils laisseraient à la vertu la base qui lui convient, ils permettraient à la Religion d'être l'appui le plus fort de la société, si les passions ne leur tenaient pas tant à cœur. Mais la Religion est la raison dirigée ; qui doit avoir l'empire? elle ou les passions ? Hélas ! si une fois les passions prennent le dessus, tout est renversé, tout est perdu. Quoi ! ce qu'elles embrassent n'est que l'affaire d'un moment, un seul objet leur suffit à la fois; elles ne voient qu'un seul point de l'espace qu'elles font parcourir ; si elles procurent quelque douceur, ce n'est qu'en nous trompant, en nous cachant l'amertume qui en est une suite ordinaire ; et l'on aura la faiblesse de les écouter ! Elles sont filles du préjugé, et l'on donnera à la vertu la même origine ! Il faut être bien aveugle soi-même pour se laisser mener par un guide aussi aveugle.

La passion ne se guide que par les objets extérieurs. La raison, au contraire, prend ses leçons d'elle-même ; elle les étaie sur l'expérience du passé et sur la prévision de l'avenir ; elle compare les biens et les maux, les avantages et les inconvénients. Si elle exige des sacrifices, ils ne nous coûtent qu'un instant : et la paix et le bonheur, voilà ce qu'elle nous assure dans la suite, pourvu surtout que, dans le choix qu'elle fera, elle se règle sur les lumières de cette Religion sans laquelle elle n'est que trop souvent sujette à s'égarer. Avec la Religion, la raison se connaît toujours ; sans la Religion, elle se prend souvent pour ce qu'elle n'est pas. Nous l'avons vue confondue avec la passion ; et sous le prétexte que celle-ci appartenait à la nature, de dangereux déclamateurs ne voulaient-ils pas qu'on lui obéît ? Oui, obéissons, mais qu'on ne nous trouve jamais coupables d'aucune prévarication ; c'est le but où il faut toujours tendre. Pour cela, il ne faut pas regarder sa passion comme la seule propriété que réclame la nature ; la conscience et la raison lui appartiennent également ; il faut donc aussi leur obéir : obéir à la raison à titre de maîtresse qui ne prend ses ordres que d'elle-même ; à la passion à titre d'esclave qui ne doit jamais faire entendre que les ordres qu'elle a reçus. En un mot, pour acquérir la sagesse, la raison doit régler la passion, mais la Religion doit éclairer la raison. Sans cette marche, sans cet accord nécessaire, tout périt par défaut d'harmonie ; on ne sait sur quoi fixer la vertu, on ignore ce qu'elle est, et la société ne peut en jouir.

CHAPITRE V

LA VERTU NE CONSISTE PAS DANS L'UTILITÉ PRÉSENTE.

I. Quel beau nom que celui de la vertu ! — Qu'il est doux, qu'il est glorieux de pouvoir se l'appliquer ! Il est vrai que dans toutes les situations de la vie, la vertu a des privations pénibles : elle combat des penchants dont on voudrait goûter la douceur ; elle s'oppose à des plaisirs qui semblent notre félicité ; il faut triompher de son cœur pour la suivre, et le devoir est toujours à son côté pour réprimer ce qui a plus d'attraits pour nous. Mais ne fallait-il pas que les efforts de la vertu fussent pénibles pour être méritoires ? J'ose dire qu'elle ne serait d'aucun prix, si sa pratique n'entraînait aucune peine. On la loue, mais c'est à raison des obstacles qu'elle a surmontés.

Cependant, franchissons d'abord ce qui s'oppose à son acquisition. Ne nous rebutons point dès les premiers pas ; redoublons d'efforts à mesure que naissent les difficultés. Peu à peu l'habitude se forme, et alors tout devient aisé : Les fruits que nous recueillons après les travaux nous dédommagent par leur abondance et par leur douceur. Nous les avons goûtés une fois, nous voulons les goûter encore ; pourvu que, dans la carrière que la vertu nous ouvre, nous ne détournions pas les yeux de dessus la perspective avantageuse qu'elle nous offre.

Et de quoi se plaint-on dans l'exercice de la vertu ? D'une peine momentanée qui est bientôt changée en plaisir durable. Celui qui suit ses penchants au préjudice de la vertu est, au contraire, bientôt après agité par l'ennui, les regrets et la douleur.

Voilà la sanction de la loi naturelle : ce sont cet ennui, ces regrets, cette douleur qu'on rencontre toujours, quand on cède à l'attrait de ses penchants. Le Philosophe combat la résistance qu'on doit leur faire; nous ne voulons que l'ennui, les regrets et la douleur, qui suivent infailliblement la satisfaction que les penchants procurent pour prouver qu'ils sont interdits. Si nous nous répétons, qu'on nous pardonne en faveur de la Religion dont nous voulons démontrer la nécessité, contre ceux qui prétendent que la société n'a besoin pour se conduire que des lois qui émanent de son propre tribunal.

II. Rien n'a été omis dans la loi de la nature pour celui qui ne ferme pas l'oreille à sa proclamation. Elle a même la force contraignante; et cela convenait à la sagesse du souverain Législateur; parce que autrement rien n'arrêterait une imagination et des sens qui ont la plus grande acilité d'être entraînés. L'on est pressé, sollicité par le plaisir du moment : le moment est ce qui détermine le plus souvent l'imagination et les sens. Pour augmenter l'autorité de la loi, l'attrait présent est encore balancé par le poids immense de l'avenir. Et voilà la nécessité de la Religion, qui seule peut ouvrir cet avenir sans lequel, comme nous l'avons dit, les sacrifices de la vertu ne pourraient trouver aucune compensation parmi les hommes.

La Religion peut seule encore lever le scandale que prennent les Philosophes, en voyant la vertu traînant après elle son infortune. Il faut même convenir que quand ce cas n'arriverait qu'une fois, ce serait trop; mais il est commun, grâce à la méchanceté des hommes. Ce que prouvent cet état de la vertu, la privation de son prix, son humiliation, son abandon, ce n'est pas que l'Être suprême qui nous en fait une loi nous l'ordonne gratuitement; mais il a voulu nous apprendre qu'en servant les hommes elle doit porter ses vues plus loin, et chercher sa récompense ailleurs que sur la terre. Ainsi le ciel lui ouvre l'avenir pour qu'elle y trouve son prix.

Bien loin de blâmer la Providence souveraine d'avoir fait cette disposition, il faut la remercier. Si la vertu eût toujours été heureuse en cette vie, on eût manqué du moyen le plus propre à l'exercer. L'adversité la soutient, l'épure, la perfectionne ; la prospérité ne peut que la faire échouer. Le juste qui chérit la vertu, au milieu de l'indigence et de l'ignominie, en augmente le mérite et la rend recommandable ; c'est par là qu'il multiplie ses droits à la récompense qui lui est due. Excluez la Religion, faites trouver dans la société les avantages de la vertu ; ils ne seront jamais assez précieux.

III. Mais, en récapitulant ce que j'ai dit jusqu'ici, je répète que si, d'un côté, il ne faut pas être vertueux par la vue des récompenses que pourrait donner la main des hommes, de l'autre, il ne faut pas faire consister la vertu dans l'utilité qu'on peut en retirer, parce qu'alors les circonstances décideront de notre conduite, et l'on ne saurait plus où prendre la vertu. Car, dans ce système, la vertu n'ayant pour mobile que le tempérament, l'habitude, le goût, les préjugés différents des hommes, les membres de la société humaine sont portés à sacrifier le bien public à des intérêts particuliers ; à commettre des crimes pour acquérir un bonheur apparent ; et plus ces crimes auront d'heureux effets, plus ils seront jugés dignes de porter le nom excellent de vertu.

Avant d'en venir là, il faut convaincre les hommes que le plus subtil poison vaut autant pour la santé que le meilleur remède. Au lieu de l'horreur dont un Catilina s'est couvert aux yeux de sa patrie qu'il avait résolu de mettre à feu et à sang, il fallait lui élever une statue, comme à un héros qui procura par la révolution qu'il causa la prospérité de Rome. Il faut couronner cet incendiaire qui, en répandant l'alarme parmi ses concitoyens au milieu de la nuit, les a mis en état de repousser l'ennemi qui venait les surprendre.

Point de système plus contraire à la vertu que l'égoïsme favorisé par les Philosophes qui font de l'utilité la nature de cette vertu. Et qu'on ne dise point que la Religion étaie ce système par la récompense dont elle se sert pour nous attirer : elle le détruit par l'intention dont elle veut que toutes nos actions soient animées, de les rapporter au souverain rémunérateur. Elle regarde l'amour-propre et la complaisance comme un ver rongeur qui consume tout ce à quoi il s'attache. Rien ne lui déplaît tant que la vanité et l'orgueil : elle en condamne le vice par l'exemple des Anges, qui, pour s'y être livrés, se sont précipités du haut des cieux au fond des enfers. Si, dans l'intérêt et la politique qui nous font agir, elle trouve d'autres motifs que celui de plaire au souverain Législateur, ce sont, à ses yeux, de bas sentiments qui déshonorent et dégradent notre âme. Créés à l'image de Dieu, elle veut que nous nous rendions semblables à lui, et que nous n'ayons en vue d'autre gloire que la sienne. Est-ce là de l'égoïsme ? C'est montrer, au contraire, que les actions humaines seraient défectueuses, si l'on n'en faisait pas hommage à l'Être souverain à qui tout est dû, puisque tout vient de lui.

Mais ce qui prouve que l'essence de la vertu n'est pas l'utilité, c'est qu'il y a toujours eu des hommes qui se sont très-bien trouvés d'avoir commis de grandes injustices, et d'autres qui, pour avoir été justes, ont très-mal réussi. La même conduite qui enrichit l'un ne plonge-t-elle pas l'autre dans la misère ? N'a-t-on pas vu que les mêmes actions qui ont élevé l'un au faîte des honneurs ont conduit l'autre à l'échafaud! Qu'on fasse donc consister la vertu dans l'utilité, ou l'égoïste n'aura point de motif pour s'y déterminer, ou s'il en a quelqu'un il le tirera des circonstances, du moment et de son adresse.

Un État qui se règlerait sur ces principes devrait entretenir des courtisanes, des femmes galantes le plus qu'il pourrait. Il est des cas où l'on en tire de grands services; il est arrivé parfois que le public a tourné à son profit l'adresse qu'elles ont d'arracher les secrets les plus importants : Fulvie ne découvrit-elle pas le secret de Catilina? Je conseillerais encore à un homme qui serait trop lâche pour tourner son bras contre l'ennemi de devenir espion, s'il en avait les talents. Dans l'idée de la philosophie, ce métier lui vaudrait mieux qu'une épée, et il en serait loué comme si le métier de traître méritait des louanges. Ou si, loin d'être lâche, il avait autant de cœur qu'Ajax, pourquoi ne deviendrait-il pas aussi furieux ? On sait que la fureur de ce capitaine, un des plus vaillants qui fut au siége de Troie, fut très-utile aux assiégeants. Mais on sait aussi que les utilités d'une passion n'empêchent pas qu'elle ne soit mauvaise. La société tire avantage des passions et des vices des hommes: Un philosophe moderne à prétendu de là que la société ne pouvait s'en passer, et qu'elle devait, pour son bien, les entretenir au lieu de les détruire, nous verrons plus loin l'idée qu'il faut prendre de ce paradoxe.

IV. En attendant, je conclus qu'il est faux que la vertu réside dans l'utilité. Sous cet aspect, elle serait trop sujette à varier elle dépendrait de la situation où l'on serait, des vues que l'on se proposerait, et du caractère que l'on aurait ; la ripponnerie, en un mot, pourrait devenir honnêteté, et l'homme qui ne serait qu'un frelon serait aussi estimable que celui qui procurerait la même utilité que l'abeille. Non, ce n'est pas ainsi que la vertu doit nous être connue. Ce n'est là tout au plus que la vertu des Romains et celle des ambitieux qui leur ressemblent.

Mais quelle indigne vertu! Mobile comme l'intérêt qui la fait naître, elle vous échappe au moment où vous voulez la contempler. Attachée aux circonstances, vient-elle de se produire? Déjà elle n'est plus. Qu'on juge de son caractère par ce trait:

Des soldats de la Campanie, connus sous le nom de Mamertins, avaient été envoyés en garnison à Messine. Ces défenseurs devenus tyrans voulurent contenter les passions que ressent un soldatesque effrénée.— Richesses, femmes, jeunesse, tout devait servir à leurs débauches. Ils complotèrent à cet effet, saccagèrent la ville, en égorgèrent les chefs et les principaux, massacrèrent une partie des citoyens et abusèrent de l'autre au gré de leur fureur. Tant d'atrocités méritaient d'être punies ; et on devait s'y attendre. Les Romains avaient châtié leurs propres soldats, quand ceux-ci commirent de pareils attentats contre les habitants de Reggio. Mais cette fois, une bande de soldats offrait l'occasion de se rendre maître des îles riches et fertiles de Sicile et de Sardaigne; on ne rougit point, au lieu de châtiment, de leur accorder de la protection.

La voilà la vertu philosophique, celle qu'on fonde sur l'intérêt. Fille du moment et de l'occasion, elle ne vit qu'autant de temps qu'il lui en faut pour naître. Si elle s'offre un instant à l'admiration, elle disparaît le moment d'après pour faire place à l'horreur qu'un nouvel intérêt exige. En combat avec les circonstances, elle est victorieuse et vaincue tour-à-tour. Elle ne chasse jamais le vice que pour le voir rappeler, quand un bien d'une nouvelle espèce le fera juger nécessaire.

Où se fit donc le code qui autorise ce dérèglement? Et quelle vertu que celle qui autorise les passions! On rougit de voir nommer du beau nom de vertu un acte si passager. La permanence fait le caractère de la vertu. Un gouvernement qui se règlerait sur celle qu'on fait dépendre d'une utilité momentané serait bien à plaindre. La perfidie en pourrait faire la base, et le débordement des mœurs, par la plus affreuse alternative, y aurait sa place comme la vertu, selon le besoin qui seul pourrait apprendre lequel on devrait entretenir le plus longtemps.

Chérissons la vertu, pratiquons-la de toutes nos forces ;

que la société en profite : la vertu seule peut la soutenir Je connais en cela la sagesse et la bonté de Celui qui créa les hommes pour vivre ensemble. Mais pratiquer la vertu pour en obtenir le prix de la part de ceux à qui elle est utile, c'est le moyen de la voir disparaître de dessus la terre. Elle doit être pratiquée pour plaire à Celui qui la commande et qui, en la commandant, promet d'en être le rémunérateur. Sans cet espoir qui anime et encourage, la vertu faute d'appui, disparaîtrait.

CHAPITRE VI

LE VICE N'EST PAS NÉCESSAIRE AU MAINTIEN DE LA SOCIÉTÉ

I. Il faut avoir abjuré tout sentiment d'ordre et de paix pour oser dire que le vice est nécessaire pour le maintien de la société. C'est *Mandeville* qui l'a dit (1); et il a fait bien des raisonnements pour le prouver. Mais est-ce à des hommes qu'il parle ? Ils sont naturellement sociables ; que ne leur dit-il en propres termes d'être vicieux, ce serait bien plus court ; mais il a craint l'indignation et l'horreur générale. Qu'a donc fait l'auteur de cet étrange paradoxe ? Comme ses confrères les Philosophes, il a fait l'apologie des passions ; il a chargé ses principes de couleurs intéressantes ; il a employé pour les tracer un pinceau séduisant. De cette manière, on trouve facilement des lecteurs et des approbateurs. Mais l'imagination qui s'échauffe à la vue du tableau se calme après et cède à la raison qui condamne.

En effet, la réflexion permettra-t-elle jamais de croire que, sans l'orgueil et la vanité, le commerce périra, et que l'ouvrier mourra de faim sans le luxe ? Se persuadera-t-on qu'il n'y aurait point de circulation si l'avare ne livrait à la dissipation du prodigue les richesses qu'il tient cachées dans son coffre ? Admettra-t-on que l'ouvrier qui n'attend dans le fond de sa boutique que le prix de son travail mourra pressé par l'indigence, si le luxe n'a besoin de son

---

(1) Voy. *Fable des Abeil.,ou les Honn.; Fripons* dans le corps de l'ouvrage.

art ? Et laissera-t-on dire impunément qu'il n'y aura plus de communication, que l'homme restera isolé et gémira sur ses besoins sans pouvoir les satisfaire, si la vanité, qui envoie chercher dans les pays les plus éloignés de quoi se contenter, ne fait d'immenses dépenses ? Tels sont les paradoxes avancés par Mandeville et cent autres philosophes, qui se disent en cela les amis de la société. Nous ne nous chargeons pas de les réfuter tous en détail. Mais nous disons qu'il faut que la terre soit bien ingrate, et l'homme bien difficile, si son pays et ses bras ne lui procurent pas ce qu'il lui faut. Un ancien philosophe disait qu'heureux était l'homme qui, content de l'héritage paternel, le cultivait et en tirait sa subsistance

> Beatus ille qui procul negotiis.
> Ut prisca gens mortalium,
> Paterna rura bobus exercet suis,
> Solutus omni fœnore. (Hor., *Od.* 2.)

Il est vrai que la société bien gouvernée tire parti de tous les vices ; mais il est faux que ces vices soient nécessaires au bonheur du monde. On fait de très-bons remèdes avec des poisons ; mais ce ne sont pas les poisons qui nous font vivre.

O homme ! ta vie est trop courte pour t'occuper des avantages factices qui agitent la société; cherche le bien réel : tu commenceras à le goûter dans ton existence actuelle si tu combats tes vices; et par ce combat, tu t'en assureras la possession dans ton existence future! Le moment est précieux, fais-en le sacrifice et tu gagneras l'éternité ! Voilà ce que la Philosophie te cachera toujours, en étouffant la raison sous le voile spécieux du raisonnement ! Le mal, c'est qu'on nous berce dans un tourbillon trop étroit ; par les agréments qu'on y procure, la cupidité y trouve son compte, et c'est tout ; la raison n'y gagne rien.

II. Nous nous regarderions comme inhumains si nous ne

rendions à la société tout ce qui lui est dû dans les règles d'une véritable utilité. Mais loin de nous prêter à tous les vices qu'on y préconise, nous soutenons, contre les promoteurs de ces vices, qu'avec les vertus contraires, avec de l'humilité, par exemple, de la sobriété, de la modération, et de la simplicité, les richesses ne seraient que plus abondantes; elles ne circuleraient pas moins; et les hommes auraient une communication plus aisée et plus libre.

Voyez seulement cet homme orgueilleux qui a poussé, en sa faveur, les avantages de la société au point d'avoir à lui seul ce qui servirait tous les jours à plusieurs milliers de ses semblables : Quelle insolence ! Quelle morgue ! Quelle difficulté dans l'accès vers sa personne ! Quelle oppression dans ce qui l'entoure ? il ne faut plus le prendre pour un homme; c'est une divinité capricieuse qui écrase tous les êtres qui ne rampent pas pour l'adorer.

Ce qu'on regarde comme nécessaire à la société, nous offre des tableaux insupportables dans tous les genres. Si les hommes sociables eussent eu plus d'économie et moins d'avidité, ils auraient pu, comme ils ont fait, parcourir les deux hémisphères, mais ce n'aurait été que pour y porter des bienfaits et en retirer, et non pour y importer et en exporter la mort avec la soif insatiable de l'or et des richesses.

Les besoins simples de la vie donnent assez d'occupation et d'âme à la société ; n'y joignons pas, pour un plus grand malheur, les besoins compliqués. Que de crimes se fussent épargnés nos sociétés, si elles n'eussent pas arboré le pavillon sanglant de la cruelle avarice ! Et que de portes fermées au commerce pour y avoir fait entrer trop d'avidité ! Le Japon ne s'ouvrait plus à aucun étranger, parce qu'on y avait introduit les vices dont on nous prêche les avantages; et toutes les colonies anglaises se sont soulevées, parce qu'on leur faisait sentir le poids des mêmes vices.

Sont-ce donc les richesses qui font le bonheur ? La satisfaction intérieure qui accompagne la vertu, voilà ce qui y contribue plus que l'opulence. Cela est aussi vrai pour les États que pour les particuliers ; ce sont les familles qui forment l'État. Or, si le luxe et la débauche font vivre quelques familles, combien n'en voit-on pas davantage qui en sont ruinées ? On vit des vices d'autrui : la société tire des particuliers déréglés un certain profit ; mais assurément elle retirerait un bien plus considérable de leurs vertus.

Ainsi, au lieu de faire tant valoir ce qui ne contribue au bonheur que d'un petit nombre et renverse tout le reste, il serait bien plus philosophique, c'est-à-dire bien plus sage d'établir, autant que la chose est possible, le bien-être de tous. Le moyen, ce serait de faire régner l'abondance en bannissant le luxe destructeur. Un travail habilement conduit fait naître cette abondance ; et plus de modération et d'humanité de la part du riche procurera au pauvre plus de ressources et lui laissera moins de privations.

Les admirateurs de l'état actuel du commerce ont beau s'extasier ; l'ami de l'humanité n'y voit que des besoins multipliés, l'appétit aiguisé des milliers d'hommes enlevés à la culture des champs, à la génération, et livrés, quand ils sont sur mer, à la merci des vents pour rapporter en Europe le fléau le plus terrible et quelques marchandises que le sage regardera toujours comme très-indifférentes. En effet, quel bien ont produit les riches mines du Pérou ? Tout considéré, elles ont fait plus de mal que de bien par la perte des membres de la société qui y ont été employés : il a péri des milliers d'hommes dans les entrailles de la terre pour les exploiter ; et leur sang et leurs travaux n'ont servi qu'à nous charger d'un poids incommode.

Quand l'argent comptant de Rome était de cuivre, que ce métal servait à la fois et d'armes et de monnaie, pour trois ou quatre livres de cuivre on avait un bœuf. Ne trouvait-on pas le nécessaire au marché, comme on le trouve aujourd'hui ? Et les hommes n'avaient-ils pas, comme de tout temps, la nourriture et le vêtement ? On trouvait tout cela au Pérou où l'on n'employait pour monnaie que le *quipos*; et on le trouvait en bien d'autres lieux où l'on ne connaissait aucune espèce de monnaie, et où tout le commerce se faisait par échange. On veut de l'industrie et du travail ; et l'échange des denrées est peut-être le moyen le plus puissant d'exciter l'une et l'autre. L'indolence espagnole et portugaise est sortie des mines métalliques du nouveau monde.

III. Il faudrait savoir contenir ses désirs dans les bornes de la nécessité. Mais, loin d'accepter cette heureuse circonscription, on s'étend au-delà des choses utiles, et on va chercher le superflu pour accroître son supplice. Ce qui devrait nous appaiser nous aigrit, et ce qu'on nous donne pour assouvir notre faim ne sert le plus souvent qu'à l'irriter. Tous les animaux ont exactement les facultés nécessaires pour se conserver, l'homme seul en a de superflues.

« N'est-il pas bien étonnant, dit J.-J. Rousseau, que ce
» superflu soit l'instrument de sa misère ? Dans tout pays,
» les bras d'un homme valent plus que sa subsistance ; s'il
» était assez sage pour compter ce superflu pour rien, il
» aurait toujours le nécessaire, parce qu'il n'aurait jamais
» rien de trop. Les grands besoins naissent des grands
» biens. Et souvent le meilleur moyen de se donner les
» choses dont on manque est de s'ôter celles qu'on a. C'est
» à force de travailler pour augmenter notre bonheur, que
» nous le changeons en misère. Tout homme qui ne
» voudrait que vivre vivrait heureux (1). »

L'homme trouvera toujours sur son sol de quoi se suffire; que va-t-il chercher ailleurs ? Je sais que la patrie du sage est l'univers; mais je sais aussi que le sage se contente de ce qu'il a sous sa main. La vanité, l'ambition, la cupidité seules ont pu faire porter au loin des besoins qu'elles avaient fait naître.

---

(1) *Emile*, liv. 2.

On dira que l'homme, devenu plus délicat par des habitudes contractées, s'est fait des besoins auxquels il ne peut plus se refuser. Ce qui ne fut d'abord que commodité est devenu nécessité par la répétition fréquente de l'usage. Mais qu'on retourne graduellement dans l'état d'où l'on est sorti; qu'on se décharge de la mollesse qu'on a acquise; que, par une habitude contraire, on apprenne à ne pas trouver de la réalité dans des besoins qui ne sont que d'invention.

IV. Amateurs du luxe, je voudrais au moins que vous convinssiez que, avec tous ses vices, la société fait perdre en force ce qu'on a gagné en délicatesse; et cela vaut la peine d'être observé. Maintenant que l'homme a été gâté par les commodités de la vie, on ne sait plus jusqu'à quel point ses forces peuvent se porter. Mais ce qu'on peut dire avec fondement, c'est que l'homme ne fait plus tout ce que son habileté ou ses forces le mettraient en état de faire. Combien qui se cachent les efforts dont ils seraient capables, à force de s'effrayer du travail dont un autre s'acquitte? Pour se maintenir dans leur indolence, ils se contentent de regarder cet autre comme un mortel privilégié; ils disent : cet homme est heureux; il doit rendre grâces à la nature de l'avoir si bien constitué. Pour eux, ils succomberaient bientôt sous le fardeau de ses occupations.

Hommes délicats, la mollesse à laquelle vous vous êtes livrés, vous fait donner dans l'erreur! Mettez-vous à l'ouvrage, donnez-vous une tâche qui n'excède pas beaucoup celle que vous remplissez ordinairement; continuez tous les jours en prenant la précaution d'augmenter de temps en temps le travail que vous vous serez imposé; vous ne vous apercevrez pas de ces additions, et vous arriverez presque sans efforts à ce point qui, aujourd'hui, vous paraît supérieur à toutes vos forces! Tels sont les progrès de l'habitude.

Voyons maintenant les effets de la nécessité. On a reçu une éducation qui a influé sur le corps, et qui en a affaibli les organes. On ne croit plus, par là même, qu'on soit robuste comme ce manœuvre, ou ce laboureur vigoureux qui soutient les travaux les plus rudes. Mais qu'un revers de fortune réduise à une extrême indigence le sybarite qui croyait être si faible, vous le verrez infailliblement supporter les fatigues qu'il redoutait, avec autant de force que ceux qui étaient endurcis au travail dès leurs premières années, pour peu qu'il ait acquis par l'habitude. L'homme peut donc être autre qu'il est. Le tempérament du corps humain est comme celui de tous les animaux toujours analogue au climat. Il faudrait ne pas gâter ce tempéramment, nous nous accoutumerions à tout.

Non, l'homme tel que le fait la Philosophie ne connaît pas ses forces, il ne sait pas combien il en perd par la mollesse et combien il pourrait en acquérir par l'habitude. Homme rustique, toi que le manteau de l'habitude garantit des incommodités du climat, viens, présente toi devant ces personnes que le plus léger vent du nord oblige de rentrer dans des appartemens étoffés et de se couvrir de fourrures ; montre ta poitrine nue, tes pieds sans chaussures, tes habits pénétrables à la moindre influence de l'air, et dis-leur avec cette fermeté qui te fait braver les plus durs frimats, que jamais tu n'eus aucune fluxion et que tu ne connais le rhume que par les toussements et les plaintes de celui dont tu cultives les champs ; montre-leur ta famille aussi robuste que toi, et apprends-leur que le corps humain n'est pas fait pour la mollesse !

Il n'est pas nécessaire de faire beaucoup d'observations pour savoir que l'homme s'accoutume à tout. Sa force ou sa faiblesse dépend de l'éducation qu'on lui donne. Les aisances qu'on lui procure l'amollissent, le détériorent et abrègent même ses jours. Au contraire, une manière de vivre commencée et continuée dans la dureté prépare son corps à tous les assauts et le rend capable d'y résister.

CHAPITRE VII

SUITE DU MÊME SUJET

I. On craint que la société ne périsse si l'on vient à la purger des vices qui s'y sont introduits. On se persuade que le luxe lui est absolument nécessaire. Mais qu'est-ce que ce luxe ? Et d'abord pourquoi tant de choix et de délicatesse dans notre nourriture et nos autres manières ? L'homme n'est-il pas le même partout ? Cependant on trouve, dans la Laponie, des nations dont la table n'est jamais chargée que de poissons secs, de chair de rennes ou d'ours et d'un pain fait avec de la farine d'os de poisson broyés et mêlée avec de l'écorce tendre de pin et de bouleau. Leur boisson est l'huile de baleine et l'eau dans laquelle on laisse infuser des grains de genièvre. Néanmoins on n'y est presque jamais malade, et on y parvient généralement à une vieillesse extrême. Les vieillards y sont même si vigoureux qu'on a peine à les distinguer des jeunes gens.

Les îles Marianes sont peuplées d'hommes plus forts et plus robustes que les Européens. Leur taille est haute et bien proportionnée ; ils ont beaucoup d'embonpoint ; ils vivent longtemps, souvent un siècle les voit sans maladie. Cependant ils ne se nourrissent que de racines, de fruits et de poissons.

Transportons-nous dans les montagnes de Fez ; nous y trouverons les habitants si peu sensibles au froid, que, au milieu des neiges et des glaces dont leurs montagnes sont couvertes, ils s'habillent très-légèrement et vont tête nue toute l'année. Si cet exemple de l'habitude nous étonne, combien ne sert-il pas à nous en montrer les effets ?

En voici bien d'autres : les peuples de la Nicasie ont la bizarre coutume de se parler de loin, surtout à la campagne ; ils en ont pris une voix si forte, que, au rapport des voyageurs, ils se parlent ordinairement d'un quart de lieue. Ceux qui n'ont vu les stentors que dans les fables d'Homère, peuvent en trouver là. Sans doute l'antiquité nous paraîtrait moins fabuleuse si les hommes n'avaient pas éprouvé tant de changements.

Les femmes de la Floride, grandes, fortes, sont en même temps très-agiles : elles passent à la nage de grandes rivières, en tenant même leur enfant avec le bras ; elles grimpent avec une pareille agilité sur les arbres les plus élevés. Les femmes sauvages du Canada en font autant.

On traitera tout cela de barbarie. Il restera toujours à savoir ce qu'on entend par ce mot, et il ne sera pas moins vrai que c'est l'habitude qui rend tous ces peuples si différents de nous sous le rapport de la force physique; et que, en changeant celle que le luxe nous a donnée, nous acquerrerions les forces qu'ils ont et que nous n'avons pas.

On sait que, avant l'invention de la poudre, la force du corps décidait de tout dans les batailles. Aussi, les anciens se faisaient une gloire d'être robustes ; et pour le devenir, tous leurs exercices, jusqu'à ceux de leurs plaisirs, étaient des exercices violents. On ne passait point ses jours à se faire traîner dans des chars, à couvert des influences de l'air, pour aller porter languissamment d'une maison dans une autre, son ennui et son inutilité. Les hommes devenaient des Ajax, des Achille, des Hector. Mais aujourd'hui qu'on caresse tant les vices de la société, que devient-on ? des courtisans. La triste métamorphose !

Depuis qu'on a inventé la poudre et tous les instruments de destruction dont on se sert aujourd'hui dans les combats, les hommes les plus faibles peuvent l'emporter sur les plus robustes. On néglige ce qui faisait la force et l'agilité des anciens. Aussi, nous devenons de plus en plus des enfants en comparaison de ces grands hommes qui de corps à corps décidaient autrefois de la victoire et par conséquent du destin des États. On citera peut-être la force d'un comte de Saxe pour la comparer à celle des anciens, ou celle de ce *sotillo*, qui, le siècle dernier, donna à Madrid le spectacle d'une pierre pesant quatre quintaux lancée, par la seule force de son bras, à la distance de douze pas. On pourrait bien en trouver quelques autres ; mais ces exemples rares ne font rien contre des troupes entières que l'éducation formait autrefois.

Le canon fait aujourd'hui la force des armées ; mais avant que ce tonnerre artificiel se fasse entendre, la terre est jonchée de cadavres que le luxe a moissonnés. On ne cherche qu'à flatter son goût, sa délicatesse ; une excessive somptuosité précède les bataillons ; est-il étonnant que l'officier périsse avant d'avoir donné le signal du combat ? La mort, fille de la mollesse, a même marqué parmi les soldats quantité de ses victimes avant qu'on soit sur le champ de bataille.

Il y a plus, le luxe qui n'est qu'une dépense superflue, le luxe qui, ne connaissant point de bornes, s'étend sur tout, non seulement énerve les corps, mais il corrompt les mœurs. Nous n'aurions pas besoin de chercher nos preuves ailleurs que dans les nations modernes. Cependant, voyons Rome et Athènes. Ces deux exemples ont frappé tous les yeux. Il n'est personne qui ne sache que les vertus privées, la bienséance, l'humanité, trouvaient à se loger dans les cœurs tant que ces deux villes écartaient le luxe. Et combien de fois les observateurs n'ont-ils pas dit que la vertu imposante des Carthaginois ne cessa que quand ils eurent goûté les délices de Capoue ?

Amis faux, dangereux protecteurs de la société, quels coups meurtriers vous lui portez en soutenant la nécessité de ses vices ! Ne vous apercevez-vous pas que la population diminue partout où ils pénètrent ? Les contrées du Nord en ont été infectées : c'est depuis ce temps qu'elles ont cessé de fournir à ces émigrations fréquentes qui les faisaient auparavant nommer la pépinière du genre humain ! Tite-Live nous apprend que lorsque l'Italie était divisée en petits Etats républicains presque sans luxe et sans arts, elle était de moitié plus peuplée, que quand, ne faisant qu'un corps de tous ses membres rassemblés, elle portait tout l'attirail de la grandeur sous le nom de République romaine.

Oui, la société, avec ses vices, nourrira bien mille pauvres dans une ville ; mais combien n'en fait-elle pas périr dans la campagne ? Il n'y a d'avantage que pour les riches. Le pauvre n'a jamais que son industrie et son travail ; ce qui ne forme pas une balance qui l'emporte sur le faste, l'orgueil, la vanité, sur le luxe en un mot, père de cette insupportable famille. Son indigence le force à tout céder, et il est écrasé.

II. C'est se jouer de l'humanité que d'ouvrir la porte à un vice qui en produit tant d'autres. A la vue du luxe, l'horreur saisit, quand sur un tas d'apparentes utilités, on voit s'élever le canal d'où coulent l'ambition, l'avarice et l'injustice. Autant on est indigné que les Lucullus envahissent les champs pour y nourrir et chasser la bête fauve, — autant on loue le bonheur des peuples dont la façon de vivre renferme les désirs dans l'étendue des besoins réels. On regrette les mœurs des Galactophages, peuple dont Homère a fait le portrait, et chez qui l'équité, la bonté, la générosité étaient des vertus communes. Au contraire, on ne peut que plaindre d'autres peuples dont l'ambition armée par la force se met au-dessus de tout.

Observons ces derniers : rien n'y est sacré, tout y devient la proie de celui qui ose tout entreprendre.

César, l'ambitieux César se moque de l'exécration publique et s'empare de l'argent réservé après les guerres funestes que Rome avait eues contre les Gaulois. Il ne s'en tient pas là : dès que la passion qui dominait son cœur eut trouvé jour à se produire, il n'y eut pas de voies illicites qu'il ne se crut permises. Le crime heureux était une vertu pour lui ; et toute injustice glorieuse était dans son esprit une glorieuse action. Ce qui pouvait lui acquérir de la célébrité n'était point infâme ; et il ne se crut jamais obligé de délibérer si ce qu'il entreprenait était permis ou défendu, pourvu que sa réputation pût s'en augmenter et son nom devenir plus illustre dans l'histoire.

Hélas ! gardons-nous de vanter les vices de la société ; elle est bien à plaindre quand elle nourrit dans son sein des hommes aussi dangereux, et bientôt elle est renversée quand ils tombent en concurrence avec des hommes non moins ambitieux et aussi entreprenants.

Tels seraient encore nombre d'autres hommes puissants, si la loi, plus sage que la philosophie, ne réprimait, sous l'appui de la Religion, les vices dont on prétend nourrir la société. Mille gens portent un front assez dur pour ne rien craindre. Sans conscience, ou n'ayant que celle que leur inspirent le temps, l'exemple, le tempérament, l'intérêt, ils sont capables de tout entreprendre ; et où n'iraient-ils pas si la vertu dépendait d'un sophisme ?

De faux esprits font de l'élévation une perspective avantageuse pour la société. Je tremble alors que, séduit par leurs raisonnements l'ambitieux sans richesse, à qui l'or est nécessaire pour sortir de son obscurité, ne rompe jusqu'aux barreaux qui recèlent le dépôt public. Dangereux raisonneurs, loin de préconiser aucun vice, faites main basse sur tous et détruisez-les si vous pouvez : ou si vos yeux, incapables de fixer la vertu, ne savent pas la discerner, faites-vous un devoir du silence !

III. J'ai honte de le dire, mais les Philosophes qui se donnent pour les précepteurs du genre humain, loin d'adoucir l'aigreur que causent leurs prodigieux écarts, ne font que l'augmenter par leurs détestables maximes. La base, le nerf, le lien de la société, c'est l'amour des enfants pour ceux de qui ils ont reçu le jour. On lit, dans les écrits les plus recherchés, les plus caractérisés de la Philosophie, qu'un fils ne doit respecter son père qu'autant qu'il en reçoit des bienfaits. C'est Rousseau qui parle ainsi (1). Et ce qu'il y a de plus infâme, c'est que, dans la crainte sans doute que sa maxime ne fît pas assez de fruits, parce qu'on aurait pu la regarder comme l'idée fantastique d'un cerveau singulier, une société de philosophes a fait un dictionnaire, et la maxime y a été consignée par cette honteuse ampliation : « Ce n'est que par une suite de la faiblesse et de » l'ignorance où naissent les enfants, qu'ils se trouvent » naturellement assujettis à leurs parents. »

Il suit de ce principe, que, lorsque les enfants sont devenus forts et instruits, ils ne doivent plus naturellement aucune obéissance. Un père alors n'osera plus parler dans sa famille, on lui dirait : Taisez-vous, père importun, vos droits n'existent plus : notre force, nos connaissances les ont effacés. Si notre cerveau vient à se troubler, si nos forces viennent à se perdre, alors prenez la parole, nous vous écouterons. Jusque-là la nature nous le défend, et nous n'avons qu'elle à qui nous devions obéir.

Coupables ennemis d'un des points les plus essentiels de la morale, à quoi tiendra donc la société si vos principes sont mis en pratique ? L'existence que l'on a reçue de son père n'est-elle donc pas un bienfait ? Et si ce père refuse de fournir aux plaisirs de son fils ; s'il met obstacle à ses désirs insensés ; si des revers de fortune ou une misère opiniâtre l'ont mis dans l'impuissance de le secourir, ce fils ne lui devra-t-il plus rien ? Oubliera-t-il celui de qui il tient le jour ? Lorsqu'on rompt ainsi le lien le plus sacré de la société, pourquoi ne dit-on pas en même temps que c'est un devoir pour les enfants de porter la main sur leur père, de le châtier quand il a fait une faute : les fautes

(1) *Disc. sur l'inégal. des hommes*, IIe part.

d'un père plus instruit sont bien moins pardonnables que celles des enfants ; s'il n'y a que l'enfance qui doive être châtiée, les pères n'y tombent-ils pas en vieillissant ? — Je ne sais si on le croira, mais voilà comment la philosophie raisonne. Et si le paradoxe paraît outré, qu'on se souvienne que cette respectable école a fait dire d'elle par ceux qui la connaissent qu'il n'est point d'absurdité qu'elle n'ait soutenue.

Que la Philosophie nous montre bien de quoi l'homme est capable quand il est livré à lui même ! O vous nouveaux docteurs, partisans de l'art le plus dangereux, promoteurs du sophisme, — ouvrez les yeux, voyez les profonds abîmes où vous nous conduisez, où vous vous jetez vous-mêmes ; car si vous êtes pères, et si vos enfants, prenant au sérieux vos odieuses maximes, vous en faisaient l'application, n'auriez-vous pas à regretter amèrement votre funeste doctrine ! Renoncez à des principes qui tendent au malheur et à la destruction de la société! Le Dieu qui l'a formée l'appelle à lui, ne lui cachez pas sa destinée. Sans la religion tout périt. Il n'est plus de ressources contre nos inévitables misères.

CHAPITRE VIII

INSUFFISANCE DES LOIS DE LA CONSCIENCE

Pour renverser la Religion, les Philosophes prétendent que les lois suffisent au gouvernement des hommes. En dehors de la Religion, nous ne connaissons que les lois de la conscience et celles qui émanent de l'autorité civile et qui sont appliquées par ses tribunaux. Nous prouverons l'insuffisance de ces lois, et, par là, la nécessité de la Religion.

1. Et d'abord l'infraction des lois de la conscience est-elle toujours suivie de peine, et leur exécution de contentement, pour en faire un frein qui suffise ? L'homme qui peut se dire innocent, n'a-t-il pas besoin de la Religion pour être heureux ? Il manquera toujours quelque chose au juste à qui son propre témoignage ne pourra pas tenir lieu de tout. Or, ce bon témoignage sert bien quelquefois à tempérer les amertumes de l'affliction, mais il ne rend pas insensible. On a beau être innocent, la douleur ne laisse pas d'être un mal ; et la coupe de l'ignominie est néanmoins toujours amère. Ainsi l'on manque réellement d'adoucissement et de consolation, si on bannit l'idée d'un Dieu rémunérateur.

Les dogmes pompeux du Portique n'offrent qu'absurdité sous leur éclat. Que signifie ce Stoïcien qui dans le sein de la douleur s'écriait : « O souffrance ! non, je n'avouerai » jamais que tu sois un mal. » Il est aisé de voir que cet insensé se fit bien des contraintes avant de parler ; mais en souffrit-il moins ? Et son discours arrêta-t-il l'émotion trop violente ou le déchirement de ses fibres ? On est sensible tant que l'âme reste dans sa demeure mortelle. Autrement c'est orgueil ou fureur. Loin de nous un état qui ne peut être embrassé qu'à ces titres. Que la douleur continue vivement, on verra le Stoïcien le plus déterminé se plaindre, ou se faire des violences plus poignantes encore que la douleur. Le mal présent le subjuguera malgré lui ; et il sera d'autant plus malheureux qu'il aura plus longtemps à souffrir. Cessez vos efforts pour tendre un arc, il reviendra à lui même. Que l'orgueil ou la folie cesse à son tour, et l'homme sera sensible. C'est sa nature, il faut le laisser dans cet état. Mais aussi pour le rendre supérieur aux peines de la vie, faut-il lui offrir d'autres ressources que celles d'une vaine philosophie. La raison n'admet que celles qui font la tranquillité du Chrétien. Sa religion ne le laisse dans le creuset que pour le purifier et le rendre digne d'elle. Il le sait, il ne nie point que la douleur soit un mal ; mais il la souffre patiemment, et il se résigne à la souffrir tant qu'elle dure, parce qu'il voit dans un avenir heureux de quoi se dédommager du malheur présent.

Quelle différence de l'un à l'autre homme, du Philosophe au Chrétien ! La conscience calmera leur sort, mais le Chrétien seul sera en quelque sorte heureux au centre même du malheur. Sa Religion lui a appris que la souffrance est nécessaire en cette vie pour établir sa félicité dans l'autre.

Le sort le plus triste de la vie, c'est celui où l'on serait réduit à souffrir sans espoir d'aucun dédommagement. Eussiez-vous toute l'innocence en partage, si avec cela vous êtes persécuté, tourmenté, malheureux, il faut qu'un être consolant vienne vous dire : Tu seras délivré avec le temps ; le terme de ta peine sera la joie. La Religion seule nous en assure. Désolante Philosophie, cessez donc d'avancer que la conscience suffit pour rendre heureux !

II. La conscience, d'ailleurs, ne peut être conçue que sous l'idée du développement de la raison relatif et proportionnel à la connaissance des devoirs. Si la nature fut resté pure, il est certain que ce développement eût toujours fait sentir à l'être intelligent l'obligation de marcher dans la droiture, et que la conscience alors eût donné des lumières suffisantes pour parvenir au bonheur. Mais depuis que cette faculté de l'âme a été obscurcie par les ténèbres où elle se jeta dès l'origine, les obstacles qui répugnent à la vertu, l'affaiblissent de tant de manières, qu'elle est découragée et comme relâchée dès les premiers pas qui la conduisent dans les sentiers par lesquels elle y parviendrait.

Cette faiblesse ne se manifeste que trop dans ceux qui n'ont pour mobile que l'impression intérieure des lumières naturelles. Mais qu'on élève ses regards jusqu'à cet Être qui, en nous donnant l'existence, a exigé que nous fissions des progrès continuels vers la perfection, comme des moyens infaillibles d'avancer notre bonheur. Ce grand motif de conformer notre volonté à celle de Dieu nous remplit d'un zèle et d'une ardeur qui aplanit toutes les difficultés Quel motif plus puissant pour faire le bien, que la connaissance d'un maître qui a déclaré sa volonté, et qui a en main de quoi la faire respecter. Je le demande à la philosophie, y a-t-il ni dans la nature, ni dans les lois humaines, qui en approche ? Au jugement de la philosophie même, « Un
» cœur pénétré de ces sublimes vérités se refuse aux pas-
» sions des hommes ; la grandeur infinie de l'Être suprême
» le dégoûte de leur orgueil. Le charme de la méditation
» l'arrache aux désirs terrestres ; et quand l'Être immense
» dont il s'occupe n'existerait pas, il serait encore bon qu'il
» s'en occupât sans cesse, pour être plus maître de lui-
» même, plus fort, plus heureux et plus sage. (1) »

La conscience ne pousse pas toujours des cris assez forts pour arrêter le vice ; ni le témoignage qu'elle se rend d'avoir exercé la vertu ne lui donne pas toute la satisfaction dont

(1) ROUSSEAU, Nouv. Hél., lettre 30⁰

elle est susceptible. Car supposons un homme tyrannisé par une passion violente de laquelle il fera dépendre sa félicité : les cris seuls de la conscience l'empêcheront-ils de s'y livrer ? De quelque manière qu'ils se fassent entendre, empêcheront ils de courir à sa satisfaction celui qui sera agité par les mouvements impétueux de cette passion qui rend l'homme si faible ? Il sera sourd, quand il se verra seul et sans crainte d'être troublé, en face d'un objet aimé qui ne se défendra que pour l'irriter davantage. Je dis plus : sa passion lui fera trouver des sophismes qui étoufferont absolument les cris de sa conscience. Ne sait-on pas que les affections désordonnées corrompent le jugement ainsi que la volonté, et que la conscience s'altère et se modifie insensiblement dans chaque siècle, dans chaque peuple, dans chaque individu, selon l'inconstance et la variété des préjugés ?

Si l'on peut quelque chose avec cette faculté, ce n'est pas quand le plaisir accompagné de ses attraits les plus séduisants excite avec le plus de sensibilité. Pour peu qu'on ait de fougue, on est tombé avant qu'on s'en soit aperçu ; tout est muet dans ce cas, et conscience et bon témoignage. Celui-ci ne parle que quand, sorti des piéges d'une volupté dangereuse, on peut se glorifier d'y avoir échappé. Avant la chute, le bon témoignage ne dit mot, ou s'il dit quelque chose, ce n'est que dans le lointain ; sa voix est étouffée avant qu'elle puisse faire aucun effet. La conscience n'a guère d'empire que quand la passion garde le silence, et encore faut-il qu'elle ne soit pas erronée, et alors que lui sert son empire.

III. A un homme fougueux, prêt à se jeter dans les bras d'une volonté criminelle, il ne faut rien moins pour l'arrêter que le tonnerre d'un Dieu vengeur. La femme du chef des esclaves qui servaient au roi de Memphis ne l'eût-elle pas emporté si ce bruit terrible n'eût frappé les oreilles du chaste Joseph ? Et que serait devenue la vertueuse

Suzanne sans ce même bruit ? Quand Dieu tonne, il imprime une terreur qu'aucun de ceux qui croient en lui n'ose braver. Non seulement on résiste au plaisir, mais on aime mieux subir l'ignominie qu'encourir sa colère.

Comparons la vertu de Suzanne avec celle de Lucrèce, nous verrons la différence de la vertu religieuse avec la vertu philosophique. On se désespère quand on a perdu celle-ci ; on ne s'expose jamais à perdre celle-là, pour ne pas être privé du prix qui lui est réservé. L'une meurt de honte, et l'autre par courage. Il est glorieux de mourir pour ne pas ternir sa vertu ; mais mourir pour l'avoir perdue, c'est mettre un degré de plus à sa faiblesse et augmenter son ignominie. Suzanne plaît, et Lucrèce ne peut être regardée que comme une victime du désespoir (1).

Un frein véritablement réprimant, c'est donc la loi, non la loi du prince, on peut l'éluder, — ni la loi de la conscience, chacun l'interprète à sa façon, — mais la loi de Dieu, qui, invariable dans son objet, dirige tout sous la promesse infaillible de récompenser ou de punir.

Mille occasions se trouvent dans la société de faire son bonheur aux dépens des autres, sans courir aucun danger, sans perdre même l'estime et la bienveillance de ses semblables intéressés à cette indulgence. Un malheureux est tenté mille fois de sortir de sa misère par des moyens coupables, mais sûrs. Voilà des tentations bien délicates ! Conscience, bon témoignage, à quoi servez-vous dans ces conjonctures ? L'ambitieux, le misérable, tous sont sourds à vos cris ; tous ont l'art de cacher sous des couleurs favorables la difformité des actions que vous voudriez interdire ! De là votre insuffisance, de là tous les crimes ; de là aussi la nécessité d'une religion à qui rien n'échappe, dont l'œil perce partout, jusqu'aux mouvements les plus secrets du

---

(1) *Casta Suzanna placet. Lucretia cede Suzannæ :*
Tu post, illa mori maluit ante scelus.

cœur. — Nécessité bien sentie par un philosophe qui fait dire par son héroïne que « dans l'injuste crainte que lui » inspirait sa timidité naturelle, elle n'imagina point de » précaution plus sûre que de se donner incessamment un » témoin qu'il fallut respecter, d'appeler en tiers le juge » intègre et redoutable qui voit les actions secrètes et sait » lire au fond des cœurs. » « Elle s'environnait de la » majesté suprême ; je voyais un Dieu, dit son amant, sans » cesse entre elle et moi. Quel coupable désir eût pu fran- » chir une telle sauve-garde ? Mon cœur s'épurait au feu » de son zèle, et je partageais sa vertu. (1) »

III. Une autre raison de cette nécessité, c'est le prix promis par la Religion à la misère patiente. Celle-ci ne porte qu'avec peine le fardeau des misères dont elle est chargée ; elle est sans cesse occupée du soin de le secouer ; elle n'est soulagée que quand elle a obtenu le sort qui l'en délivre ; le chagrin la ronge jusqu'à cet heureux moment qui vient toujours trop tard. Mais mettez la sous le gouvernement d'un Dieu rémunérateur, la tranquillité l'accompagne dans tous ses combats ; elle les supporte avec une admirable soumission ; les amertumes de son état n'ont rien d'assez rebutant pour l'empêcher de s'en abreuver, et jusqu'à la lie le calice en est vidé sans répugnance, parce qu'elle est assurée d'en recevoir le prix.

Quelle différence entre cet espoir qui fortifie et console, non pour un temps, parce que le Dieu qui récompense est éternel, et ces biens qu'on trouve dans le bon témoignage d'une conscience qui ne console tout au plus que pendant l'instant qu'on vit ! Tout le monde même n'est pas capable de goûter le prix du bon témoignage ; nombre de gens, faute de savoir réfléchir, vivent à cet égard dans une entière privation.

Pour vous dérober aux yeux d'un Dieu qui voit tout,

---

(1) Rous., *Nouvel. Hél.*, III⁰ part., lettre 6.

cherchez, mortels, tant que vous voudrez, tous les moyens de contentement que peut vous fournir la nature, ils seront toujours vains comme elle ; ils manqueront de la permanence qui leur est nécessaire. Votre existence passe comme l'ombre : le prix que la nature peut donner à vos vertus ne durera pas davantage. Le supplice dû à vos crimes sera-t-il plus long s'il n'est pas infligé par une autre main? Et dans sa brièveté, y aura-t-il de quoi contenir le penchant qui vous porte au mal? Un tempérament robuste et un cœur pervers bravent le présent ; il faut les intimider par les terreurs de l'avenir ; c'est le seul moyen d'imposer véritablement aux mauvaises passions.

IV. Je sais que, pour ne rien céder à la Religion, on aura recours au prince dépositaire des richesses humaines. D'intarissables raisonneurs voudront trouver dans leurs trésors un ressort suffisant pour la vertu. Mais que, pour y exciter et la faire naître dans le cœur des hommes, ces chefs de la société répandent à pleines mains les biens qui sont à leur disposition, sur les âmes vertueuses, devrais-je avoir besoin de leur dire que la vertu ne s'en contentera pas? D'ailleurs, elle peut bien quelquefois briller aux yeux d'un chef vigilant, mais, si elle n'est pas simulée, elle se cachera toujours, et se cachera avec d'autant plus de soin qu'une partie essentielle de son mérite, c'est le secret. Point d'ennemi plus à craindre pour elle que l'ostentation. On cesse d'être vertueux dès qu'on veut se montrer pour tel. Aussi rien n'a été tant prêché par la philosophie même que l'indifférence pour les louanges. Amphiaraüs disait qu'il aimait mieux être honnête homme que de le paraître ; il était toujours en peine comment il pratiquerait la vertu, mais jamais s'il en serait loué.

Dans quelle dégénération sommes-nous tombés, s'il faut à nos yeux qu'une louange recherchée soit le prix de la vertu? N'est-ce donc pas une faiblesse de courir après la réputation? Faisons ce qu'il faut pour la mériter, mais qu'elle vienne d'elle-même, et ne l'appelons jamais. Elle n'a point d'oreilles pour les sons, elle n'a des yeux que pour les actes et mille bouches pour les publier, pourvu toutefois qu'elle ne soit point devancée par la partie intéressée. L'amour-propre la rend muette, ou fane les fleurs dont elle couvre son apothéose. C'est ainsi qu'on a dit de Caton, que moins il recherchait la gloire plus la gloire la suivait. Semblable à la poudre dont l'explosion est d'autant plus forte qu'elle est plus comprimée, sa vertu devenait plus éclatante à mesure qu'il prenait plus de soins de la tenir cachée.

Mille circonstances encore vont se présenter où il sera de la dernière difficulté de décider si telle action est bonne ou mauvaise. Les différentes opinions des hommes, et même des savants sur la vertu, ainsi que la contradiction où sont les lois des différentes nations entr'elles sur ce qui concerne le bien prouvent cette difficulté. En outre, est-on toujours à l'abri des passions qui du bien font un mal, ou du mal un bien ? Rien n'est plus commun, je ne dis pas seulement chez les hommes ordinaires, mais même chez ceux qui sont préposés pour maintenir l'ordre, de juger de la malice ou de la bonté d'une action relativement à l'intérêt qu'ils ont pris à cœur. Il est des actions évidemment mauvaises pour un esprit sans passion, qui passent pour bonnes aux yeux de ceux qui en sont agités. S'il n'est point d'œil attentif qui ne puisse s'en apercevoir presque à tous les instants, quel prix peut-on assurer à la vertu au milieu de tant d'aveuglements ?

Mais ce n'est pas tout de récompenser, il faut punir. Si les hommes se mènent par la récompense, ils se mènent encore plus souvent par le châtiment : espérance et crainte, tels sont les deux ressorts qui font agir le genre humain. Pourra-t-on aussi tout punir ? Souvent, hélas ! on serait obligé de baigner de sang tout un État. On sait qu'il est des maux que, en bonne politique, on regarde d'une tolérance indispensable. On sait qu'il est des cas où les passions se portent à un tel excès qu'il n'est possible de les réprimer par aucune loi, comme il en est où tout un peuple coupable ne saurait être puni sans y confondre bien des innocents.

Ce que nous venons de dire prouve déjà, contre le jugement des philosophes, que les lois humaines ne peuvent pas tenir lieu de tout dans un gouvernement, et qu'elles ne suffisent pas pour y maintenir l'ordre et la tranquillité. Mais pour sentir encore mieux que ces deux avantages ne naîtront jamais qu'à l'aide de la Religion, considérons encore quelle influence les lois humaines, sans la Religion, peuvent avoir sur les hommes.

CHAPITRE IX

INSUFFISANCE DES LOIS CIVILES

I. Il faut ne pas connaître la Religion, ou convenir qu'elle est un surveillant qui ne dort jamais. Sa nature est de donner des consolations et de promettre des dédommagements aux personnes qui souffrent. La vertu trouve toujours sa récompense auprès d'elle. Mais toujours active, elle garantit des malices préméditées, en arrêtant le bras du méchant ; et les malices exécutées, elle les punit tôt ou tard sur la tête de ceux qui s'en sont rendus coupables. Qui évite sa justice en ce monde ne l'évite pas dans l'autre.

Otez ce frein aux hommes, les voilà entre eux comme des animaux féroces, se déchirant les uns les autres et se livrant des combats où le plus fort renverse sous ses coups le faible qui fait obstacle à sa cupidité. Alors, regardez la terre comme un champ désolé qu'arrose le sang de ses habitants, et où les crimes naissent de toutes parts.

Qu'on le veuille ou non, ce qu'il y a de sûr, c'est que personne ne peut absolument éluder les lois de la Religion : elles jouissent d'une sanction inviolable. En peut-on dire autant des autres lois ? Quand la Religion ne leur communique pas son caractère, leurs effets sont à peu près nuls. Car on en publiera tant qu'on voudra ; on revêtira leur publication de tout ce qui peut inspirer la crainte de mal faire à ceux pour qui elles sont faites ; on en imposera par tous les moyens qu'on aura en main ; ne voyez-vous pas d'abord que le législateur lui-même n'aura point de frein ? Et les sujets, qu'est-ce qui les retiendra, si la Religion ne s'en mêle ? En général, ils se soulèveront quand ils se verront trop gênés ; et en particulier, il n'y en aura pas un qui ne brave le législateur quand son intérêt l'exigera, ou qu'il aura l'espoir que sa démarche ne sera point connue. Que de ruses seront employées, et combien qui réussiront !

Ce succès supposé, si quelqu'un est assez habile pour conduire une conjuration contre le législateur lui-même ; s'il devient assez puissant pour le détrôner ; s'il est assez heureux pour s'asseoir à sa place sous le dais et s'armer du sceptre, qui le punira ? Ce ne sera pas la loi ; en devenant chef, il s'est mis au-dessus d'elle. Ce ne seront pas ses sujets, sa puissance supposée commettrait de nouveaux crimes. Il faut donc encore revenir à la conscience, et dire que ce seront ses remords. Mais en est-il pour celui qui ne craint pas Dieu ? On a dit quelque part (1) : « Il n'est point de » l'intérêt d'un monarque athée de gouverner des athées. Si » ses sujets ne craignent point un Dieu, comment voudront-» ils avoir un maître ? » Et moi je dis : Comment les sujets seront-ils gouvernés, si la crainte de Dieu ne sert pas de frein au monarque ?

L'homme, que cette crainte ne pénètre pas, d'accord avec la philosophie moderne n'a pas de peine à regarder sa conscience comme un instinct trompeur, comme l'ouvrage du préjugé, comme le fruit de l'éducation ; et s'il tient à la vertu, ce n'est plus que pour le nom, qu'il ne respecte même qu'autant qu'il y trouve son avantage.

II. Il n'est qu'un principe qui donne aux préceptes moraux le caractère de devoir et d'obligation, c'est la volonté de Dieu imprimée dans la nature, ou révélée. Est-elle quelque chose auprès de celui qui ne craint pas cet Être suprême ? Dans ce cas, les passions connaissent-elles des bornes dans lesquelles elles veuillent se contenir ? « Qui n'a rien à craindre devient bientôt méchant. (2) » On en

---

(1) *Philosophie de la Nature*, Tome 6, l. 5, ch. 1er, art. 3.
(2) *Système de la Nat.*

convient dans l'athéisme même. Or, quand on ne craint pas Dieu, on n'a rien à craindre, parce qu'on s'étourdit contre les cris de la nature, et qu'on élude les poursuites des lois.

Tout homme qui agit conséquemment et qui n'est pas retenu par la Religion ne reconnaît pour loi que ses plaisirs et ses intérêts. Ses passions n'ayant d'autre frein que celui des lois civiles, rien ne l'arrêtera s'il peut se mettre au-dessus d'elles, ou les violer secrètement. Il y a plus, car l'ambition de la frénésie trouvera mille occasions de s'autoriser des lois mêmes, faites pour le bon ordre. Les lois humaines ont si peu de fond qu'on voit des crimes permis par les arrêts du Sénat et les décrets du peuple (1).

Nous sommes obligés de conclure que la Religion est le plus ferme appui des États. Cela est si vrai que, suivant l'observation de Plutarque, on bâtirait plutôt une ville en l'air, qu'on ne maintiendrait un État sans y établir l'idée de quelque divinité.

Oui, partout où la Religion ne dirigera pas les ressorts de l'activité humaine on verra l'amour-propre s'élever de degré en degré. De là, la ruine des concurrents ; de cette dégradation augmentée, la ruine des États, et, par un excès que rien n'arrêterait, le bouleversement de l'univers entier. Est-il un désordre auquel on ne donne une libre entrée, quand on s'est débarrassé du frein qui le réprimerait ? C'est alors qu'il conviendrait de dire avec l'oracle de la philosophie lorsqu'il ne se laissait pas conduire par sa haine impie : « Autant vaudrait être sous l'empire immédiat de » ces êtres infernaux qu'on nous peint acharnés contre » leurs victimes, que d'être dans un état sans Religion (2). »

Si la Religion n'était pas au secours des hommes, on en trouverait sans doute qui ne voudraient pas se compro-

---

(1) *Ex senatûs consultis, plebisque scitis, scelera exercentur.* (Senec., *Epist.* 95.)
(2) VOLTAIRE, *Hom. sur l'athéisme.*

mettre avec les lois qui leur défendent d'être méchants ; mais combien n'en trouve rait-on pas de merveilleusement adroits à chercher les moyens d'éluder celles qui leur ordonnent d'être bons et justes. Allons seulement au barreau : là, pour justifier une faute, l'avocat fera des prodiges d'éloquence ; et malgré les lois, la réalité de la faute est souvent dérobée aux yeux mêmes des juges, parce que, entre les mains d'un raisonneur subtil et ingénieux, ce qui est noir dans le fond, devient blanc par les formes. A l'occasion d'une affaire très-importante, Voltaire dit que « Ce qui
» pouvait induire les juges en erreur, ce n'était pas seule-
» ment la mauvaise foi des plaideurs, c'était surtout
» l'artifice des avocats. Autant les juges employaient de
» lumières à découvrir la vérité, autant les clients assem-
» blaient de nuages pour l'obscurcir. Ils se faisaient un
» mérite, un honneur, d'égarer les juges pour servir les
» accusés. De là est venue enfin la défiance que les minis-
» tres de la justice ont aujourd'hui de l'éloquence, ou plutôt
» de ces fleurs de rhétorique qui consistent dans l'exagéra-
» tion des plus minces objets, et dans la réticence des faits
» les plus graves ; dans l'art de tirer des conséquences qui
» ne sont pas renfermées dans le principe, et d'éluder celles
» qui se présentent d'elles-mêmes : dans l'art encore plus
» d'alléguer des exemples qui paraissent semblables, et qui ne
» le sont pas ; dans l'affectation de citer des lois détruites
» par d'autres lois, ou de les mal appliquer ou de les cor-
» rompre ; en un mot dans l'art de séduire (1) » Un juge peut être sans passion, sans intérêt, sans vices, non sans défauts. La vérité peut être le seul trésor qu'il cherche sans cesse ; mais avec tout cela, il se trompera parfois, parce qu'il est homme, et que Dieu seul est infaillible. Les prestiges de l'éloquence font souvent embrasser l'erreur. Un orateur s'empare des juges : il les intéresse, il les émeut,

---

(1) *Précis du procès du comte de Morangier.*

il les entraîne ; et la force du sentiment fait illusion sur la vérité. C'est ainsi que Cicéron se servit de l'enchantement de l'éloquence pour énerver la loi. Le chef-d'œuvre de cet orateur romain est sans doute la péroraison de sa harangue pour Fontéius, elle le fit absoudre ; et Fontéius n'était pas innocent.

De semblables faits rendent incontestables et la nécessité de la Religion et l'insuffisance des lois pour réprimer les passions des hommes.

III. D'ailleurs, pour que le ressort qui dirrige les actions des hommes soit suffisant, il faut qu'il soit immuable. Mais il n'est point de changement auquel les lois ne soient sujettes; elles ne jouissent d'aucune uniformité :

> Les lois que nous faisons, fragiles, inconstantes,
> Ouvrages d'un moment, sont partout différentes. (1)

Suivant elles, ce qui est bon pour un temps et dans un lieu ne vaut rien pour un autre. C'est qu'elles sont contraintes de se conformer aux mœurs, qui sont dans une mobilité perpétuelle. Les mœurs doivent se plier à sa règle, non la règle aux mœurs ; et cette règle, c'est la Religion.

Ainsi, le Philosophe a beau déprimer l'homme, il sera toujours vrai qu'il fut fait pour être régi par d'autres ressorts que ceux qu'il imagine. Les hommes ont publié jusqu'à présent des lois de toute espèce ; on pourrait les comparer aux échantillons que les marchands envoient pour essayer les goûts ; on ne sait lesquels choisir. On n'a pas encore pu parfaitement déterminer quel est le meilleur gouvernement, du monarchique ou du républicain. On n'a pas même fixé les lois de ces gouvernements ; tous les jours on a besoin d'y faire des réformes.

Alors, la paix que les lois devraient procurer et dont la

(1) Volt. *Loi Nat.* IIe partie.

nature est d'être invariable ne peut en sortir. On la voit chanceler, disparaître à proportion de la faiblesse des appuis sur lesquels on la fait reposer. Que d'interprétations il faut donner aux règlements ! que de représentations à leur égard ! Les murs des Chambres où ils doivent être enregistrés retentissent journellement des cris qu'ils font pousser. Mais qu'il soit permis d'aborder le magistrat ; du matin jusqu'au soir, on le trouvera occupé à examiner leur force et leur application. On a besoin d'une décision, on ne sait à laquelle s'attendre. Je ne crois pas qu'il y ait siége plus garni d'épines que celui du juge à qui on donne un cas à expliquer, une loi à interpréter. Et si, dans une affaire compliquée, il faut mettre d'accord plusieurs lois, la difficulté augmente, et le magistrat eût-il le fil d'Ariane ne peut sortir de ce labyrinthe.

Joignons à cela l'impossibilité fréquente de réclamer le pouvoir législatif, et les formalités interminables qui en accompagnent l'administration ; ce sont autant d'embarras qui excitent les plaintes plutôt que la recherche de ceux qui en ont besoin. On en vient même à rejeter les lois, par la raison qu'une courte injustice est souvent plus supportable qu'une justice longue et épineuse. Où est l'homme sans crédit, qui, mesurant son besoin sur la difficulté d'implorer l'appui des lois, ne soit tenté même avec les meilleurs sentiments de souhaiter leur abolition plutôt que leur existence. Et à quoi servent les lois dans les cas où, même suivant elles, il ne peut y avoir qu'une obligation naturelle ? Alors, le magistrat juste n'est-il pas obligé de céder au formaliste rigoureux ?

De ce que l'obligation de la Religion n'est autre chose que l'obligation naturelle il faut conclure que celle-là est indispensable. Elle montre sa supériorité sur les lois, par le serment que lui prêtent les juges de ne jamais blesser la justice. Combien de fois on voudrait plaire à l'autorité, si la Religion n'intervenait pour empêcher l'injustice.

IV. Voilà des principes; appuyons les par un exemple. Suivant certains philosophes, rien n'est plus admirable que l'ordre établi par les règlements chinois sur lesquels la Religion chrétienne n'exerce aucune influence. Et cependant, en Chine, le mal est plus grand encore qu'ailleurs. Il est fort ordinaire d'y voir la justice sacrifiée à un intérêt personnel. L'avarice, l'ambition, l'amour du plaisir ont beaucoup de part à tout ce qui s'y passe : on trompe dans le commerce; l'injustice règne dans les tribunaux; les intrigues occupent les princes et les courtisans; les officiers inférieurs trompent les mandarins supérieurs; ceux-ci en imposent aux tribunaux suprêmes, et les grands officiers cherchent à surprendre l'empereur. Ils savent si bien couvrir leurs passions sous les expressions les plus humbles et les plus flatteuses; ils affectent dans leurs mémoires un tel désintéressement, qu'il est difficile que le Souverain ne prenne pas le mensonge pour la vérité.

Dans ce pays, règne la douceur des mœurs; et l'égalité d'humeur préside à tout. Les voies de fait y sont inconnues. On a soin d'y réprimer toute marque apparente de violence et de passion. Mais y a-t-on de la droiture et de la probité ? Au contraire, l'hypocrisie, la fourberie, la cupidité y forment le caractère principal des habitants. Sans cesse réglé par la politesse et soumis aux bienséances, on n'y songe qu'à faire parade de ces façons doucereuses et méthodiques qui masquent l'amour-propre; mais ôtez ce voile, vous y voyez une entière corruption et une infection causées par tous les vices. Tout se conduit par la soumission, en Chine; mais on n'obéit pas, on rampe.

D'où vient ce désordre ? c'est qu'un frein est toujours insupportable, quand celui à qui on le met n'obtient pas de quoi se dédommager de sa servitude. Et quel dédommagement obtiennent les Chinois ? Quelques biens dans cette vie, nul bonheur dans l'autre. Leur Religion ne leur apprend pas à porter les yeux sur l'avenir : le ciel leur est inconnu, ils se bornent à la terre. Ainsi, on cherche à s'y procurer toute la félicité qu'on peut y trouver ; et quand la loi gêne pour cela, si on peut la violer impunément, c'est un fait sur lequel on ne balance pas. Là plus qu'ailleurs on dit : « Buvons, mangeons, aussi bien nous mourrons demain. » Il faut que la Religion par ses menaces aussi bien que par ses récompenses soit la règle des hommes.

Mais des gens qui croient que tout s'anéantit avec eux, qui n'ont ni espérance ni crainte pour un autre monde, ne s'imposent pas les mortifications, et ne souffrent pas les privations qu'il faudrait endurer pour devenir heureux dans un lieu dont ils ne connaissent pas l'existence. Ils ne comptent pour rien leur vertu et leur honneur, lorsqu'il faut les mettre en balance avec le profit, qui est le seul bien qu'ils peuvent avoir. Ils ne cessent pas d'être avides de richesses ; ils ne sont pas scrupuleux sur les moyens d'en acquérir, quand ils n'ont pas autre chose à espérer, et que l'illégitimité de leurs acquisitions ne sera pas suivie d'aucune peine. Telle est la foi des Chinois. — « Aussi, dit un » auteur qui a été missionnaire dans le Kataï, l'on ne sau- » rait croire jusqu'où va la souplesse des habitants de ce » pays et leur sensibilité, quand il faut ménager une bonne » occasion ou profiter des ouvertures qu'on leur donne. »

V. Il suffit d'avoir quelque connaissance des mœurs de la Chine pour être convaincu que le tableau que je viens d'en faire est d'après nature. Et pourrait-il en être autrement ? Partout où il ne s'agira que de plaire aux hommes, où la vertu n'aura pour pivot que l'agrément et l'utilité présente, où les signes qui la font connaître ne seront que des signes extérieurs, on ne trouvera que son fantôme. Je dis plus : les passions, contraintes sous ces signes, n'attendront que le moment de s'échapper ; et leur ravage sera d'autant plus terrible qu'on aura fait plus d'efforts pour les tenir cachées. Un torrent devient plus furieux à l'instant où sont rompues les digues qu'on lui avait opposées. — Quelles digues que les lois ! Ne les rompra-t-on pas toutes les fois que la Religion, unique frein qu'on ne peut éluder, n'arrêtera pas l'immodération des désirs.

Princes de la terre, chefs des États, législateurs, vos cabinets sont le sanctuaire des lois : c'est de ces lieux que sort la puissance directrice; — que la Religion préside à vos conseils, que la voix de Dieu s'y fasse entendre ! Alors, la tranquillité marchera avec vos décrets ; les mœurs et la vertu suivront votre législation. Si, régnant sur les autres hommes, vous venez à oublier que Dieu règne sur vous, vous voilà dès lors livrés à votre caprice ; et par un contre-coup pris de la nature du droit que vous voudriez vous arroger, nous voilà livrés à notre fantaisie. Qu'allons-nous devenir les uns et les autres ? plus d'autorité de votre part, plus de subordination de la nôtre. La chaîne qui devrait unir les membres avec le chef, la dépendance nécessaire entre les sujets et le Souverain s'anéantissent ; il n'existe plus qu'une anarchie qui fera votre malheur et le nôtre.

Que les hommes soumis à votre autorité ne se persuadent point que leur bonheur dépend d'un principe aussi mobile que votre propre volonté ; ou souffrez qu'on vous le fasse observer : nous avons la nôtre aussi ; de quel droit voudriez-vous l'annuler et nous empêcher de la suivre ? Nous vous obéirons si vous êtes les plus forts ; mais votre trône est renversé si nous venons à l'emporter. Lancerez-vous les foudres et les tonnerres ? A force de bras, nous les écarterons.

Les lois peuvent bien retrancher des coupables, prévenir quelques crimes par la terreur des supplices, remédier avec violence à quelques maux présents ; elles peuvent bien, pendant quelque temps, maintenir la même forme et le même gouvernement ; mais si cette existence précaire a quelque éclat, avec quelle solidité sera-t-elle soutenue ?

L'homme n'est pas une brute : on ne le conduit pas avec le mors et l'éperon ; pour le gouverner, il faut s'en prendre à son intelligence et parler à son cœur. C'est ce que fait la Religion : elle éclaire les mœurs et supplée ainsi à l'insuffisance des lois. Cette souveraine directrice civilise les peuples, et l'on a honte de se voir barbare sous la douceur avec laquelle elle gouverne. Ce qu'il y a de certain, c'est que son joug est embrassé universellement et perpétuellement soutenu ; tandis que les lois, tôt ou tard en contradiction avec les facultés humaines, on les secoue comme un poids pour lequel on n'est pas fait.

On croit faire merveille en envoyant les violateurs des lois humaines au gibet, ou dans les îles sauvages et insalubres ; on punit quelques scélérats ignorants, et on donne à des malheureux plus instruits le moyen de faire le mal avec adresse. Un homme pervers et éclairé pourra commettre bien des horreurs et ne pas craindre le glaive de la justice. Portons donc la lumière de la Religion dans l'âme de l'ignorant, elle éclairera son intelligence ; si on a besoin des lois, elles auront leur effet et le crime cessera. Pour cet heureux effet, non seulement la lumière de la Religion éclaire, mais elle intimide infailliblement. Cela est d'autant plus nécessaire que lorsque Dieu ne s'est pas fait entendre ; lorsque le tonnerre qui a grondé sur la montagne où il a publié sa loi n'a pas frappé les oreilles du peuple qui se divertit dans la vallée ; lorsque, en un mot, on vit sans Religion, on fait de son intérêt sa divinité et l'on sacrifie au veau d'or. Alors, si l'homme a des lois, il y est enchaîné, mais la volonté ne l'est pas ; on n'accomplit son devoir qu'avec répugnance ; et quand on peut sans crainte l'omettre ou l'éluder, il n'est point de transgression qu'on ne fasse ; on manque réellement de justice quand on n'est juste qu'avec les lois.

Dans un État où l'on aurait point d'autre appui qu'elles, on ne trouverait jamais que des hommes n'obéissant qu'aux lois tendant à leur avantage personnel. Sans la Religion, les lois ne peuvent être que la volonté du Souverain ; et alors elles trouvent toujours les cœurs rebelles. On est même obligé de les multiplier à proportion du nombre des prévarications. Ce nombre augmentant tous les jours, le code devient immense, et cette immensité prouve l'impuissance des lois qu'il renferme. Un signe certain de la grande corruption d'un État, c'est le besoin qu'il a de beaucoup de lois. Leur nombre sert bien plus à constater les crimes qu'à les corriger. Car « les mœurs, dit Platon, sont pitoyables partout où les lois abondent (1). » Tacite disait de son temps: Nous sommes à présent plus tourmentés par les lois, que nous ne l'étions autrefois par les vices. (2)

Dire maintenant que si les lois ne remédient pas à tout la Religion n'est pas plus efficace, c'est méconnaître celle-ci, comme on se joue des autres. Il faut donc rejeter tout ce qui sert à réprimer, car il n'est point de frein qu'on ne brise ; la méchanceté des hommes oblige d'en convenir. Mais la Religion servant de règle aux actes intérieurs comme aux actions publiques, il n'est rien qui ne soit de son ressort. Elle est d'un secours universel. Il ne faut parfois qu'un vice, même secret, pour troubler l'ordre ; mais si ce vice se dérobe à la rigueur des lois, il n'échappe pas à l'œil de la Religion. Les peines dont elle menace sont inévitables, et il n'est point de tête criminelle qui puisse s'y soustraire.

Non: la Religion n'arrête pas tous les crimes; mais elle est propre à les arrêter tous : caractère qui ne convient nullement aux lois et qui en fait sentir la prodigieuse différence. Pour connaître combien la Religion a de force pour arrêter les crimes, il faudrait pouvoir lire dans le cœur et dans la conscience de ceux que retient ce frein salutaire. L'homme religieux sait ce qui se passe en lui ; il dépose de l'utilité de la Religion en faveur de la vertu et contre le crime.

---

(1) *Corruptissima respublica, plurimæ leges.*
(2) *Ut olim flagitiis, sic nunc legibus laboramus* (*Annal*, l. III, c. XXV).

Mais que savent de tout cela les philosophes incrédules ? La Religion ne fait point d'impression sur leur cœur; et c'est une témérité de leur part de juger des autres par eux-mêmes. En vérité, est-ce aux insensés de prononcer sur les motifs qui font agir les sages ? La Religion pèse tout dans sa balance ; voilà ce qui la met audessus des lois, dont le poids étroit et faible ne saurait mesurer que certaines choses, et encore la plupart du temps sans équité. Malheur aux hommes s'ils viennent à oublier cette vérité ! L'intérêt du genre humain demande un frein qui retienne les Souverains et les peuples. Si la Religion ne leur prête ce secours, ils tomberont infailliblement dans les atrocités de l'anarchie ou sous les fers de la tyrannie.

Il est juste, il est nécessaire que les chefs de la société jouissent du pouvoir suprême ; mais qu'ils n'oublient jamais que la puissance qui y est attachée doit être un pouvoir raisonnable, fondé sur les lois mêmes et tempéré par elles; un autorité juste, modérée, réglée surtout par la Religion, parce que, sans elle, les lois et la raison ne trouveraient que trop de motifs de favoriser une action injuste. Le Souverain doit être à la tête de ses États, comme un père à la tête de sa famille, et la Religion doit présider à tous les rapports qui les unissent.

Peuples, retenez votre ambition ; repoussez les doctrines funestes qui vous poussent à la révolte et au mépris de la Religion ! Trop de liberté conduit à la licence ; la licence engendre les révolutions et l'anarchie ; l'anarchie tarit toutes les sources de la prospérité publique et engendre la misère ; et vous avez trop souvent fait la fatale expérience que, pour sortir de la misère, il vous a fallu accepter la plus humiliante servitude. C'est par cette affreuse gradation qu'ont passé tous les peuples rebelles. Souverains, mettez sur votre trône ou sur votre siége présidentiel tant de prudence et de sagesse que vous ne puissiez y trouver des raisons de vous avilir! Un modèle à suivre, c'est Epaminondas : ce grand homme s'était fait un devoir de ne tuer aucun tyran, ni ses complices sans les formalités de la justice; et il regardait comme un méchant celui qui, dans la bataille même, n'épargnait pas son ami combattant contre son parti (1). Mais quiconque consultera la Religion deviendra lui-même un parfait modèle.

Quel temps que celui des conjurations ! Dira-t-on qu'alors les lois arrêtent les crimes? Dira-t-on qu'elles puissent les punir tous. On ne connait pas toujours tous les conjurés, et on ne peut pas, on ne doit pas même toujours tous les connaître. Que la Religion, alors, est nécessaire pour inspirer aux cœurs mécontents ou ambitieux la crainte dont il est besoin pour les contenir dans le devoir ! Qu'elle est nécessaire pour punir ceux qui échappent aux poursuites des lois !

VI. Les lois sont indispensables. Mais tant de faits contre elles, auxquels on pourrait joindre un grand nombre d'autres, prouvent au-de-là leur insuffisance. Quand elles servent de voile à l'iniquité, il faut un bras qui le déchire; et quand elles en sont l'instrument, il faut le briser sous de plus grandes forces. Or la Religion, est seule capable de produire ces heureux effets, parce que toujours juste, elle seule rend à chacun ce qui lui est dû. Les lois cèdent souvent à la puissance et à l'adresse ; la Religion est inflexible. Son auteur ne se règle pas comme les mortels, il n'a pas, comme eux, un intérêt qui lui fasse oublier les injures ou les bienfaits.

Ne craignons pas de le répéter : Avec les lois seules sans la Religion, les sociétés offriraient le plus affreux spectacle: l'ambition, la vengeance, triompheraient dans les mains des hommes puissants et rusés. Et quelles seraient les digues que les passions ne trouveraient pas le secret de renverser? Ce qui pourrait les arrêter, c'est leur propre conflit et la

---

(1) PLUTARQUE *Ep. fam. de Socrate.*

crainte des châtiments ; mais la puissance artificieuse se garantit de tout.

Un crime fréquent contre lequel la loi a toujours été impuissante c'est le duel, ce monstre qu'enfanta la barbarie, qui a dévoré tant d'hommes et qui, malgré tout, n'est pas encore rassasié.

Il est triste et honteux de rappeler qu'il fut un temps où les lois judiciaires, bien loin de le proscrire, soutinrent son existence funeste. Les parlements l'ordonnèrent quelquefois ; et, sous Charles VI, Legris et Carrouge furent obligés de se battre sous peine de disgrâce. Si toutes les lois étaient semblables à celles qu'on employait dans ces temps malheureux, l'humanité, qui a besoin de règlements, ne pourrait que rougir de ceux qu'elle a faits. Quels temps affreux que ceux où l'homme qui se battait le mieux avait raison aux yeux de la nation aveuglée par la loi ! Quand on était accusé d'un homicide, on acquérait le droit d'en commettre deux, parce qu'il fallait se battre jusqu'à la mort de l'accusateur pour se purger.

Lorsqu'on fut devenu moins barbare, les rois opposèrent au duel leurs édits. Tout ce qu'ils ont obtenu, c'est de lui faire changer de nom. Aujourd'hui, ce n'est plus *duel*, c'est *rencontre*. Et tel qui est tué selon cette horrible invention est regardé comme mort subitement. Après cela, qu'on fasse des lois le seul nerf de la tranquillité publique, nous pourrons dire, et ce ne sera pas sans la plus vive sensibilité sur les misères de l'homme abandonné à lui-même, qu'il fut un temps où, pour un crime douteux, les lois permettaient un crime certain, et que, aujourd'hui même où les duels juridiques n'ont plus lieu, par un reste de l'ancienne barbarie la plus petite injure devient un prétexte pour s'égorger.

Il faut donc éclairer les mœurs ; c'est l'unique moyen d'empêcher le mal qui existe malgré les lois. Or, la lumière des mœurs, c'est la Religion. Les égards, les sentiments

généreux, la trempe de douceur nécessaire à l'homme pour sa tranquillité viennent de là. Sans elle, au contraire, les lois perdront leur empire ; on fera toujours beaucoup de mal par l'invitation des passions, et le torrent des mœurs qu'on n'aura pas éclairées rompra toujours les digues de la loi. Alors, l'intérêt chasse la politesse, l'humanité, l'honnêteté, la bienséance; et, par cette expulsion, il maintient ou introduit les mœurs atroces. Dans la Religion, tout est propre à faire le bonheur de l'humanité ; elle prescrit à chacun ses vrais devoirs. N'est-on pas sûr des mœurs, quand elles sont réglées par elle ? Oui, sous l'empire de la Religion, la tranquillité est maintenue; les services sont rendus; la vie devient douce ; nul mal étranger n'est à craindre ; on sait ce qu'on doit faire et ce qu'on doit attentendre. Elle nous apprend à nous supporter mutuellement ; elle nous fait un précepte de pardonner les outrages ; elle nous ordonne de nous prévenir par l'affabilité et les bonnes manières. De l'obéissance à ses ordres naissent des mœurs dont l'empire a plus de pouvoir, et dont un mot est mieux entendu que toutes les proclamations publiques. La loi qui qui parle ne fait pas toujours entendre la vertu; au lieu que la Religion ne dit jamais un mot qu'il ne s'agisse d'elle. « La vertu, dit un magistrat, jette une ombre qui fait assu-
« rément plus d'effet que la loi (1)... L'ombre de la vertu,
« ajoute ce sage, éclipse une foule de lois. »

En joignant à ce témoignage celui de deux anciens, il sera aisé de juger que c'est une vérité qui a été sentie de tout temps, que des mœurs vertueuses peuvent se passer de lois : « Le sage n'est pas obligé de vivre selon les lois,
« mais selon les règles de la vertu. » Ainsi s'est expliqué le chef des Cyniques (2). « Et quand il n'y aurait point de

---

(1) M. Servan, avocat général au Parlement de Grenoble. *Discours sur les Mœurs.*

(2) Antisthène.

« lois, ajoute le chef des Cyrénaïques (1), nous ne laisse-
« rions, pour cela, de vivre toujours de la même manière. »
De ces trois maximes, concluons que si la vertu se suffit
sans les lois, les lois ne peuvent suffire sans la vertu, et que,
la vertu n'étant pas l'objet des lois, il faut nécessairement
que la Religion, qui n'a qu'elle en vue, se fasse entendre.

(1) Aristippe.

CHAPITRE X

SUITE DU MÊME SUJET

La Religion est nécessaire ; les lois sont insuffisantes. C'est ce que prouve tout ce que je viens de dire sur cette matière. Confirmons ces preuves par d'autres raisonnements.

I. Et d'abord, dans une contestation où il s'agit de la supériorité de la Religion sur les lois, — quand on a l'aveu même des magistrats, la question ne semble-t-elle pas décidée ? Que le Philosophe fasse donc attention à ce que prononça le chef de la magistrature dans une de ces assemblées (1), où tout ce qui se dit doit être regardé comme un oracle de la vérité ; il rendra à la Religion l'hommage qui lui est dû. « La Religion, disait ce magistrat, est plus puis-
» sante que toutes les affections et toutes les attaches : le
» lien dont elle serre les hommes est plus étroit qu'aucun
» autre de la société civile. Les royaumes se maintiennent
» mieux par la Religion que par les frontières. »

Avec la Religion, qui seule met des entraves à tous les vices et arrête tous les troubles par son esprit de douceur, on ne craint rien dans quelque société qu'on se trouve. Mais avec les lois seules, on peut se rencontrer dans mille circonstances où l'on n'a que des dangers à courir. La finesse qui nous entoure rit de la vigilance et des précautions de la loi. On voit partout le vice s'aiguiser contre elle et devenir plus fort à mesure qu'elle devient plus ferme ; on dirait qu'il est tenté par les précautions mêmes prises

(1) *Les États d'Orléans.*

contre lui. On peut quelquefois le suivre dans son noir atelier : alors, si on ne le surprend pas à répandre le sang actuellement, on le voit rire de celui qu'il a versé et forger des clefs d'or pour rendre inutiles les clefs de fer sous lesquelles il mériterait d'être enfermé. Partout où il règne, il n'est occupé qu'à s'opposer à la réforme que la loi voudrait exercer. Celle-ci n'a qu'une force extérieure : elle couvre, mais elle ne détruit pas les vices qui tiennent à l'âme. Ainsi, quand la Religion qui pénètre jusque-là ne s'en mêlera pas, semblables à Pénélope les passions déferont toujours dans les ténèbres ce que les lois auront fait à la clarté du jour.

Supposons deux peuples dont l'un est religieux, et l'autre privé de religion. Ce dernier sera renversé à mesure qu'il parcourra plus vite la carrière dans laquelle il franchira les obstacles qui s'opposent à ses désordres; un récent et terrible exemple le prouve. La durée du premier sera aussi longue que la nature des choses le permettra, parce que partout où règne la vertu, fille de la Religion, tout se maintient bien et longtemps. Là, un abîme est ouvert; on marche jusqu'à ce que l'on soit englouti. Ici, tout est invariable comme les principes sur lesquels on se règle. Ces principes donnent aux lois mêmes un empire aussi sûr que respectable. Jusqu'au législateur tout est chéri, parce que tout en montre la bonté constante. Sous ce gouvernement, il n'y a point d'obéissance forcée : la loi n'a besoin que de se faire connaître; la volonté va au-devant de ce qui constate le devoir.

Qu'on ne donne même à la Religion qu'autant d'influence sur les mœurs qu'on en attribue à la législation, il est certain que la variation qui fait le caractère de celle-ci, n'entrant pour rien dans les règles de celle-là, la Religion doit obtenir une préférence incontestable.

Mais quand il n'est aucun penseur juste qui juge que les lois puissent être un frein universel, comment ose-t-on

croire qu'elles doivent avoir le droit exclusif de gouverner? Anacharsis était bien éloigné de le leur attribuer : Que faites-vous, disait cet homme judicieux à Solon composant des lois pour Athènes, prétendez-vous, par vos institutions, réprimer l'injustice et les passions des hommes ? Vous agissez exactement comme l'araignée dont la toile n'arrête que des mouches. « En effet, dit un moderne, c'est sur la
» médiocrité seule que s'exerce toute la force des lois;
» elles sont également impuissantes contre les trésors du
» riche et contre la misère du pauvre : Le premier les élude,
» le second leur échappe; l'un brise la toile, l'autre passe
» au travers. »

II. Lisons l'histoire : on a certainement essayé de tout pour gouverner les hommes. A-t-on jamais tenté de les policer en leur proposant seulement des lois ? Dans l'antiquité la plus reculée, on trouverait *peut-être* quelque exemple d'un gouvernement dont elles ont été le seul appui. Un exemple de cette nature doit être sans conséquence, parce que les témoignages qu'on en donne sont si suspects qu'on ne doit y ajouter aucune foi. Il est certain, au contraire, que de tout temps la Religion a été employée ; ou bien il a fallu se résoudre à égorger une partie de la nation pour gouverner l'autre. Quoiqu'il en soit des moyens employés pour établir la police chez les hommes, quelle barrière ne rompt pas l'iniquité jointe à la puissance ? La volupté sortait de l'âme de l'impératrice Julie : en s'offrant aux yeux de Caracalla, elle lui inspirait le désir d'immoler avec elle la victime qui commençait à brûler. Que ne m'est-il permis, lui dit l'empereur ? Permis ? répondit-elle, l'empereur fait la loi, mais il ne la reçoit pas ; ne connaissez-vous pas vos droits ? Ainsi, l'effronterie achevait d'abattre un reste de pudeur; ainsi, la loi cédait sous le pouvoir vicieux de ceux qui étaient faits pour la soutenir.

Et combien de fois la pernicieuse maxime qu'un Souverain fait la loi, sans la recevoir, n'est-elle pas répétée par la langue insinuante de la flatterie, ainsi que par celle des passions ? Le despotisme n'eut jamais d'autre moyen de se satisfaire. C'est par ce principe, que l'esclavage le plus dur se fait sentir aux peuples gémissants. C'est par ce principe, qu'en Turquie, par exemple, la sentence secrète d'un Divan suffit pour sacrifier les principales têtes aux soupçons les plus légers. Là, point de ressources pour le sujet opprimé; et il n'en est pas non plus pour le maître quand on conspire contre lui : un jour de révolution le fait tomber du trône où il était mal affermi. Une Religion bien éclairée rendrai tout plus tranquille.

Le despotisme montre jusqu'où l'on se porte avec la loi; excès de ce côté-là, mais que de défauts de toute autre part avec ce faible secours ! Arrêtera-t-on toutes les invasions, les usurpations, et maintiendra-t-on la bonne foi dans toute espèce de contrats par la force des lois. Sans témérité dans ses jugements, on peut dire que beaucoup de maisons se sont richement établies en faisant violence à la loi. Comment remédier à ces injustices ? Chacun serait bien embarrassé s'il était obligé de produire les titres de toutes ses possessions, je ne dis pas seulement parce qu'on ne pourrait pas les trouver à cause de leur ancienneté, mais parce qu'on dévoilerait aux yeux du public l'iniquité de ses pères. Pour ne pas éterniser les chicanes, la loi fait très-bien de prescrire un terme au-delà duquel l'on est exempt de toutes recherches. La prescription favorise la tranquillité des familles; mais, selon la définition d'un jurisconsulte, la prescription n'est pas moins un crime fait par l'autorité des lois : *Præscriptio est crimen legitima auctoritate patratum.*

Il n'y a point de loi qui protège entièrement les intérêts de tous les particuliers. Les lois se contentent de remédier aux plus grands maux ; elles punissent les crimes qui font éclat; mais combien n'en est-il pas contre lesquels il n'y a point de peines établies ? Ne peut-on pas être avare, menteur, ambitieux, ingrat..., et braver, sur ces crimes, les regards de la justice humaine ? Voyez cet envieux, ennemi de la vertu, qui frémit lorsqu'il la voit récompensée ; ce perfide qui viole ses engagements, qui révèle un secret, qui donne un conseil pernicieux : la loi les laisse tranquilles. On peut de même, sans crainte d'être puni, souhaiter une famine, désirer la ruine de sa patrie, refuser son concours aux malheureux. Tous les jours, on verra des gens qui, insensibles aux cris de la veuve et de l'orphelin, les laissent écraser sous le poids de l'iniquité. Pour comble de noirceur, les hommes coupables se couvrent des dehors d'une scrupuleuse probité ; ils évitent par là les châtiments qui devraient tomber sur leur tête criminelle. S'il n'est pas un Dieu vengeur, que de forfaits où l'on va se plonger sans crainte comme sans remords !

Il serait plus aisé de couper la tête toujours renaissante de l'hydre dont parle la fable, que de faire des lois qui pourvussent à tous les cas. Que de fraudes qui se commettent tous les jours dans les contrats et les autres affaires de la vie civile!! Tous les soins sont pris pour qu'elles ne soient pas connues. Mais il n'est point de ruse qui échappe à l'œil vigilant de la Religion. Jusqu'au désir de nuire, tout en doit craindre la lumière et l'équité.

III. Peut-on compter sur la loi, quand on sait que l'homme en est l'ennemi le plus dangereux, et que, par un instinct d'indépendance que la nature déchue lui donne contre toute espèce de joug, il a une adresse merveilleuse pour en découvrir la partie faible ? La loi n'a pas aussitôt parlé pour prévenir un inconvénient, qu'on a l'art funeste d'en faire naître un autre. La malice de l'homme a toujours fait tomber en défaut la sagesse de la législation. Ainsi, qu'on s'y prenne comme on voudra, il sera vrai de dire avec Cicéron : « Nous n'avons point de modèle solide » et positif d'un véritable droit et d'une justice par-

» faite ; nous n'en avons que l'ombre et quelque crayon léger (1). »

Avec la loi, on désarme le bras tout au plus; mais la Religion subjugue la passion. Le bras peut se cacher à la vigilance humaine ; mais la vigilance divine tire de son secret la passion la plus intime. « La Religion seule, en
» descendant du ciel sur la terre, a pu atteindre ce but
» inaccessible aux efforts de la plus savante politique, qui
» était le moyen de juger avec certitude toutes les affections
» des âmes, même celles qui sont les plus secrètes. La législa-
» tion civile récompense les actions d'éclat, et se borne à
» châtier les criminels publics. Son efficacité vient se
» perdre dans la nuit du mystère. Sous son empire,
» quiconque sait l'art dangereux de placer adroitement le
» masque de l'hypocrisie doit paraître irrépréhensible à
» ses yeux, et peut néanmoins être coupable de paresse, de
» lâcheté, de perfidie, d'avarice, d'envie, de médisance, de
» haine, d'ingratitude, et de tous ces vices obscurs qui
» avilissent l'homme, le dégradent, le corrompent. La Reli-
» gion a une vue plus pénétrante, et sa législation a bien
» une autre énergie ; le rideau du secret est toujours levé
» pour elle : les choses les plus profondément cachées ne
» sauraient lui échapper (2). »

La loi n'a point d'autre ressource que de couper la main qui commet le crime; mais la Religion fait plus essentiellement. Occupée à régler le cours des pensées, à les éclairer, à tempérer les désirs et à les intimider, elle prévient le mal. Ferez-vous chérir le joug avec la loi ? On le respectera peut être ; mais la Religion le fera porter avec plaisir et avec constance. Que fait-on avec la loi ? On oppose aux forfaits la terreur de la mort; la Religion leur oppose les ter-

---

(1) *Veri juris, germanæque justitiæ solidam et expressam effigiem nullam tenemus ; umbrâ et imaginibus utemur.* (De Offic., lib. III, cap. XVII.)

(2) M. Pichon, *Exam. de l'hom. d'Helvétius*, art. 20.

reurs de l'autre vie. Or, on reculera bien plutôt à la vue d'un supplice éternel qu'à la vue d'un supplice momentané. Le devoir que la loi offre pour motif à la vertu n'en impose qu'à la raison, il reste le sentiment par lequel les hommes doivent être conduits ; et c'est par là que la Religion les prend, en joignant à la raison du devoir l'attrait des récompenses.

Mais le législateur humain, renfermé dans des bornes de toutes parts, ne peut sortir de sa sphère. Faute de connaissance, bien des criminels échappent à sa justice ; et, faute de pouvoir, les coupables accrédités restent impunis. Le glaive des lois n'est guère suspendu que sur la tête du vulgaire ; mais le tonnerre de la Religion gronde sur celle même des rois. Ses lois forment une chaîne qui lie tout sans exception ; au lieu que la fuite, l'intrigue ou la force rompent celle qui a été faite par la main des hommes.

Souvent les lois sont dures et tyranniques. Alors, on a lieu de craindre qu'elles soient bientôt abolies. Si elles se maintiennent, ce n'est que par la violence. Le tyran, qui est seul contre tout un peuple qui n'a d'autre désir que de les voir supprimées, ne pourra les soutenir longtemps. Dans cette position, il lui restera la ressource d'en faire de nouvelles. Mais l'ignorance, compagne inséparable de l'homme, le met hors d'état de rien faire qui ne soit défectueux. Non, il n'est pas dans l'esprit humain le plus vaste, le plus profond et le plus vigilant de donner aux lois toutes la bonté qui devrait leur appartenir. Nos facultés ne peuvent ni tout connaître, ni tout prévoir ; les choses parfaites ne sont pas de notre ressort ; et l'erreur étant notre apanage, où prendrons-nous dans notre fonds de quoi faire un bon gouvernement ? Car il ne faut pas se contenter de diriger les actions extérieures, il faut encore régler les instruments qui font les actions ; et le pouvoir humain ne va pas jus ― ― es-là. Ce qui est encore impossible, c'est de fixer l'homme à son devoir. Tout au plus peut-on imposer à sa volonté quelques liens fragiles, qui ne seront jamais portés longtemps. Cependant supposons que nous ayons les lois les plus sages, nous garantiront-elle des injustices que, malgré lui et par un effet de son ignorance invincible, commettra contre nous le juge même le plus équitable ? « Lorsqu'on croit avoir mis tout en usage pour voir clair » dans une affaire, on ne laisse pas, disait un premier Pré- » sident, de faire des injustices, en ne croyant prononcer » que des arrêts d'équité. (1) »

D'où vient que tant de procès, qui avaient été perdus devant un tribunal inférieur, sont ensuite gagnés devant une Cour d'appel, pour être de nouveau perdus devant la Cour souveraine, sans que l'infirmation de la sentence n'imprime aucune tache au tribunal dont elle est émanée ? Tout cela ne fait-il pas sentir la faiblesse de la législation ?

IV. Il y a plus : sous l'empire des lois, tout homme reconnu pour détenteur du bien d'autrui est contraint à le restituer. Mais les Etats, en connaît-on qui se soient établis sans usurpation ? Les Romains, disait Carnéades, seraient obligés de retourner dans des cabanes s'ils voulaient agir justement, c'est-à-dire s'ils voulaient restituer les biens dont ils s'étaient emparés par la force. Et que deviendraient les Germains, les Sicambres, les Anglais etc. etc.? Les lois ne se mêlent point de ces sortes de restitutions. Mais il est bien triste de réfléchir que, dans les guerres, l'agresseur le plus juste trouve sous ses pas mille innocents pour un coupable. Il devrait exister un tribunal pour juger les démêlés des rois et les forcer à épargner le sang humain. Au moyen-âge, ce tribunal avait été établi du consentement des rois et des peuples; l'ambition des Souverains et les progrès d'une philosophie anti-religieuse et anti-sociale l'ont aboli. L'empereur Napoléon III avait essayé de le rétablir sur d'autres bases ; malheureusement la Puissance, la plus

---

(1) Disc. pron. à l'ouvert. des audiences à Paris, en 1693.

intéressée à maintenir la division entre les nations de l'Europe, s'y opposa formellement. Que les rois ambitieux et turbulents se souviennent que, si ce tribunal n'existe pas sur la terre, il en est un dans le ciel où ils seront cités.

Partisans de la force exclusive des lois, allez, instruisez-vous auprès de Numa-Pompilius! Cet homme consommé dans les principes des mœurs vous apprendra que tout est faible dans un gouvernement, excepté la Religion. Aussi proposa-t-il au peuple romain le Dieu Terme et la déesse de la foi, comme les principaux objets du culte. Il prétendait par là empêcher les injustices qui se font entre les hommes ; et il jugea qu'il s'y opposerait plus efficacement en traitant ces injustices de sacrilèges, qu'en les regardant simplement comme des actes préjudiciables à la tranquillité publique. — Numa était un législateu philosophe ; et cependant quel hommage il rend à la religion ! et quel témoignage de l'insuffisance des lois !

V. Une autre preuve qui démontre cette insuffisance, c'est qu'on trouverait mille raisons pour légitimer le parjure, si la Religion ne rendait le serment inviolable. Tous les enfants que forme la Religion sont des Régulus. Il s'en faut bien qu'une famille élevée par la loi soit aussi bien composée. O Romains, vous regardiez les Dieux comme les vengeurs du faux serment. Pour ne pas les irriter, vous préfériez les supplices au crime. Vous braviez les plus cruels tourments plutôt que de vous exposer aux torches des Euménides. Vos Généraux soumettaient leur conscience aux règles de la Religion; et ils couraient se jeter entre les mains de leurs ennemis, au risque d'en être impitoyablement tourmentés, plutôt que de manquer à leur parole. C'est ainsi que la vertu ne balance point à se sacrifier quand il le faut pour sa gloire; elle ne souffre pas que des sophismes viennent l'écarter de l'autel où elle est appelée.

Cependant la Religion de l'ancienne Rome n'était fondée que sur le mensonge. Que n'aurions-nous pas à espérer de la nôtre, descendue du séjour de la vérité, si tous s'accordaient à la soutenir, au lieu de chercher à la renverser ? Quels fruits, quelles vertus germeraient de cette tige féconde, si toutes les voix se réunissaient pour dire : Observons les commandements de Dieu, c'est là tout l'homme !

> Aimez Dieu... mais aimez les mortels :
> Voilà l'homme et sa loi. C'est assez ; le Ciel même
> A daigné tout nous dire en ordonnant qu'on aime. VOLTAIRE.

On a remarqué qu'on ne commença à se jouer des engagements les plus sacrés, et que la décadence de Rome ne fut accélérée que quand l'Epicuréisme eut corrompu les mœurs de cette fameuse république en détruisant le culte des Dieux. A Sparte, les lois ne se soutinrent longtemps que par la force du serment. Ce sont donc des hommes bien dangereux que ces philosophes qui, en anéantissant la Religion, rompent un nœud aussi utile. Seraient-ils jaloux du lien le plus fort qui puisse unir les hommes ? Que ces audacieux mortels viennent donc encore ravir à la France la gloire d'avoir nourri un second Régulus. Jean Ier (appelé par quelques historiens Jean II) était prisonnier à Londres. On lui accorda sur sa parole le retour dans son royaume pour y lever les sommes immenses qui devaient être le prix de sa rançon. Il y vint ; et trouvant ses peuples hors d'état de fournir à ses besoins sans s'épuiser, il aima mieux aller reprendre les fers qui l'attendaient à Londres. Sous un gouvernement régi uniquement par les lois, on ne sait ce que ce prince aurait pu craindre en restant au milieu de ses sujets. Mais il serait allé avec le même courage au-devant de la mort, parce que sa Religion lui avait appris que la bonne foi est sacrée et doit être gardée inviolablement.

Cette bonne foi fait toute la sûreté des actes humains ; et l'on ne saura plus où la prendre dès qu'on aura détruit, s'il était possible, les lois éternelles. Elles seules donnent à la vertu un appui inébranlable ; et faisant de l'univers entier un peuple de frères dont les intérêts sont communs, leur direction réprouve le bien qui arrive à l'un quand il devient un mal pour l'autre, et oblige le particulier, fût-il Souverain, à se sacrifier lorsque le salut général ne peut s'opérer autrement. Tous, sans distinction, courent à l'autel s'immoler pour sauver leurs semblables, parce qu'on sait que la loi qui l'ordonne récompensera ce dévouement, comme elle punirait celui qui se conserverait aux dépens d'autrui.

Ce qui impose cette grande obligation, c'est que les lois éternelles tiennent en main une vengeance à laquelle nul ne saurait échapper, dont la justice ne fait acception de personne, et dont les droits sont imprescriptibles. L'impuissance, au contraire, est le signe des lois humaines, parce que, si graves et utiles qu'elles soient, elles sont presque toujours éludées, violées aussitôt que promulguées.

Sous un gouvernement purement humain, on voit l'intérêt particulier ne cessant jamais d'attenter ou de mettre des entraves au bien public. Les princes et les magistrats veulent inutilement le régler par des lois écrites. De ce qu'ils ont échoué malgré toute leur sagesse, de ce qu'il est évident qu'ils ne réussiront jamais, concluons que le droit commun, l'équité naturelle, la bonne foi, fondés sur les lois divines, exempts par conséquent de toute interprétation arbitraire, doivent être le code universel. Dieu seul nous apprend ce qu'est la vertu et comment il faut la pratiquer ; il en exclut tout motif inspiré par la passion. Quant au crime, il n'est ni crédit ni ruse qui puissent rendre inutile la sanction des lois divines.

ERRATA

Page 2, ligne 7; au lieu de : *rehverver*... lisez : *renverser*.
Page 34, ligne 30 ; au lieu de : *de le trame*... lisez : *de la trame*.
Page 49, ligne 15; au lieu de : *Divine. Que*... lisez : *divine; que*.
Page 53, ligne 17; au lieu de : *Quant à ce concerne*... lisez : *Quant à ce qui concerne*.
Page 91, ligne 26 ; au lieu de : *célébrales*... lisez : *cérébrales*.
Page 110, ligne 33 ; au lieu de : *olecranienne*... lisez : *olécrânienne*.
Page 123, ligne 18 ; au lieu de : *elles ne*... lisez : *ils ne*.
Page 158, ligne 21 ; au lieu de *basane*... lisez : *basané*.
Page 241, ligne 3 ; lisez : *à l'âge de 5 ans et 5 mois*.
Page 254, ligne 35 ; au lieu de : *faut une*... lisez : *il faut une*.
Page 335, ligne 26; au lieu de : *Noé dit*... lisez : *Moyse dit*.
Page 336, ligne 29; au lieu de : *à Moyse*... lisez : *à Noé*.
Page 344, ligne 4; au lieu de : *scritto*... lisez : *scrillo*.
Page 376, ligne 25; au lieu de : *il valait bien donner la peine*... lisez : *il valait bien la peine de donner*.

TABLE DES MATIÈRES

Préface I
Division de l'Ouvrage VII

PARTIE I

DE L'HOMME CONSIDÉRÉ PAR RAPPORT A SON ORIGINE, SA
NATURE, SA CONDITION ET SA DESTINÉE. 1

Chapitre I.
De la Philosophie anti-chrétienne en général. 3

Chapitre II.
Erreurs de la Philosophie ancienne sur l'origine de l'homme 18

Chapitre III.
Erreurs de la Philosophie moderne sur l'origine de l'homme. 27

Chapitre IV.
Observations sur les systèmes précédemment exposés et sur quelques autres du XVIIIe siècle non moins absurdes. . 47

Chapitre V.
Il existe un principe indépendant et éternel de toutes les choses à qui l'homme doit son origine. 63

Chapitre VI.
Conséquences logiques de l'existence d'un premier principe de toutes choses 70

Chapitre VII.
Accord entre le récit cosmogonique de la Genèse et les conclusions les plus récentes de la science. 75

Chapitre VIII.

Monogénistes et Polygénistes. 83

Chapitre IX.

Quelle place l'homme occupe-t-il dans l'ordre de la création?. . . . 89

Chapitre X.

De la race humaine et de l'espèce humaine. 103

Chapitre XI.

La race humaine tire son origine d'un seul père et d'une seule mère 123

Chapitre XII.

Réfutation de quelques objections contre l'unité d'origine de la race humaine. 135

Chapitre XIII.

Réfutation, — par Buffon, Cuvier, Blumenbach, Lacépède, Virey et Wiseman, — des objections les plus importantes contre l'unité de la race humaine. 154

Chapitre XIV.

Nature de l'homme. 169

Chapitre XV.

Différence de l'homme avec la brute. 188

Chapitre XVI.

Différence de l'homme avec la brute (suite.) 201

Chapitre XVII.

Nécessité d'une révélation surnaturelle donnée aux hommes par leur Créateur. 211

Chapitre XVIII.

Le premier développement de notre parler et la première éclosion de notre raison sont simplement et uniquement dus à l'enseignement social. 218

Chapitre XIX.

La condition originelle de l'homme ne fut pas l'état de barbarie 230

TABLE DES MATIÈRES. 459

Chapitre XX.
Spiritualité et immortalité de l'âme 247

Chapitre XXI.
L'âme humaine n'est pas le produit du développement de la matière : elle est spirituelle et immortelle. 257

Chapitre XXII.
De la Liberté de l'homme. 278

Chapitre XXIII.
Tristes conséquences du fatalisme : Objections. 290

Chapitre XXIV.
De la Nature humaine en général et des Passions 299

Chapitre XXV.
Nécessité de réprimer la Nature ou les Passions mauvaises. 311

Chapitre XXVI.
Les Découvertes modernes, dans les sciences naturelles, ne sont pas et ne peuvent être en contradiction avec la Révélation divine en général, ni en particulier avec le fait de la Création et du Déluge de Noé. 322

Chapitre XXVII.
Destinée de l'homme : témoignages de la Raison et du Paganisme. 341

Chapitre XXVIII.
Destinée future de l'homme ; Témoignage de la Révélation. Objections 352

PARTIE II

DE L'HOMME CONSIDÉRÉ EN SOCIÉTÉ ; ERREURS DE LA PHILOSOPHIE PAR RAPPORT A LA SOCIÉTÉ.

Chapitre I.
Nécessité de la vertu dans la société ; son mobile, sa sanction. 360

Chapitre II.
Il n'y a point de véritable vertu sans Religion. 370
Chapitre III.
Suite du même sujet 381
Chapitre IV.
La vertu n'est point un préjugé. 390
Chapitre V.
La vertu ne consiste pas dans l'utilité présente. 399
Chapitre VI.
Le vice n'est pas nécessaire au maintien de la société . . 406
Chapitre VII.
Suite du même sujet 413
Chapitre VIII.
Insuffisance des lois de la conscience. 420
Chapitre IX.
Insuffisance des lois civiles. 429
Chapitre X.
Suite du même sujet 445

Arras. — Imp. H. Schoutheer.